Zu diesem Buch

«Distinguished Visitors» ist ein Buch über Amerika und Europa. Klaus Mann porträtiert berühmte Reisende, die im Laufe der Jahrhunderte ihre europäische Heimat verließen und die Neue Welt erkundeten. Entstanden ist ein Werk über Ferne und Nähe, über Abschied und Ankommen, über Liebe und Verzweiflung. Berichtet wird von Triumphen wie von Desastern – und oft liegt beides nahe beieinander. Das Buch enthält Kapitel unter anderem über Eleonora Duse, Sarah Bernhardt, Ivar Kreuger, Harriet Martineau, Madame von Riedesel, Peter Tschaikowski, Antonín Dvořák, Chateaubriand, Leo Trotzki, Thomas Masaryk und – Franz Kafka, der Amerika lediglich im Geiste (als Karl Roßmann) bereist hat. «Distinguished Visitors» entstand 1939/40, als der Autor selbst – von den Nazis aus Europa vertrieben – in den USA Zuflucht gesucht hatte.

Klaus Mann wurde am 18. November 1906 als ältester Sohn von Thomas und Katia Mann in München geboren. 1924 ging er als Theaterkritiker nach Berlin. Seine ersten eigenen Bühnenwerke und Prosabände machten ihn früh bekannt. Im März 1933 verließ er Deutschland. Aus dem literarischen Enfant terrible wurde ein Repräsentant der von den Nazis ins Exil getriebenen deutschen Kultur. Klaus Mann gab Zeitschriften heraus, sprach auf antifaschistischen Kongressen, veröffentlichte Romane. Sein «Mephisto» (1936) wurde eine literarische Abrechnung mit den Künstlern, die sich mit dem Dritten Reich arrangiert hatten – wie sein einstiger Freund und Schwager Gustaf Gründgens. 1938 übersiedelte Klaus Mann in die USA. Anfang 1944 kehrte er als Soldat der US Army nach Europa zurück. Er nahm am Feldzug in Italien teil und besuchte 1945 als Korrespondent der Armee-Zeitung «Stars and Stripes» Österreich und Deutschland. Zu einer Rückkehr in die alte Heimat konnte er sich nicht entschließen. Am 21. Mai 1949 starb Klaus Mann in Cannes an den Folgen einer Überdosis Schlaftabletten.

Sämtliche Werke Klaus Manns erscheinen im Rowohlt Taschenbuch Verlag. Ein Verzeichnis aller lieferbaren Titel findet sich am Ende des vorliegenden Bandes.

KLAUS MANN

DISTINGUISHED VISITORS

Der amerikanische Traum

Herausgegeben und mit einem Nachwort
von Heribert Hoven
Übersetzung Monika Gripenberg

ro
ro
ro

ROWOHLT

Veröffentlicht im Rowohlt Taschenbuch Verlag GmbH,
Reinbek bei Hamburg, Februar 1996
Die Originalausgabe erschien 1992
in der edition spangenberg, München
Copyright © 1996 by
Rowohlt Verlag GmbH, Reinbek bei Hamburg
Umschlaggestaltung Barbara Hanke
(Foto: Bildagentur Schuster/Liaison)
Druck und Bindung Clausen & Bosse, Leck
Printed in Germany
1890-ISBN 3 499 13739 9

ZU DIESER AUSGABE

Klaus Mann stellte im August 1940 die große Revue der reisenden Berühmtheiten, *Distinguished Visitors*, nach neunmonatigen intensiven Recherchen fertig. Das rund 450 Seiten umfassende englischsprachige Typoskript, von dem das Münchner Klaus-Mann-Archiv einen Durchschlag besitzt, boten der Autor und sein Agent Franz Horch zusammen mit einer ausführlichen Synopsis den amerikanischen Verlagen an.

Nach dem Erfolg von *Escape to Life* will sich Klaus Mann in den Jahren 1939/1940 auch als englischsprachiger Autor etablieren. Allerdings leidet er, wie er seinem Tagebuch wiederholt mitteilt, zeitweise unter der fremden, ihm nicht völlig geläufigen Sprache. Immerhin sind jetzt auch seine handschriftlichen Notate und Vorstudien in Englisch verfaßt.

Für sein neues Buch greift Klaus Mann zu einer auf den ersten Blick unverfänglichen Maske, einer List, die er dem amerikanischen Journalismus abgeschaut hat: Um sich die Aufmerksamkeit seines neuen Publikums zu sichern, wählt er illustre Köpfe aus der Geschichte und verpackt in deren persönliche Erfahrungen mit der Neuen Welt seine Forderung an Amerika, die neutrale Haltung gegenüber Nazi-Deutschland aufzugeben und auch für die Zukunft Europas Verantwortung zu übernehmen.

Das Angebot, durch die Brille fremder Besucher das eigene Land zu sehen, wird von den amerikanischen Verlagen jedoch nicht angenommen. Scheute man sich vor dem Blick in den Spiegel? Oder war Klaus Manns gegen den amerikanischen Isolationismus gewandter Appell vielleicht doch zu direkt?

Nachdem Klaus Mann inzwischen in Deutschland als Autor und in seinem politischen Engagement wahrgenommen wird und anerkannt ist, möchten Verlag und Herausgeber auch dieses bisher unveröffentlichte Typoskript unter dem Originaltitel, ergänzt um den erläuternden Untertitel, jetzt dem deutschen Lesepublikum in Buchform vorstellen.

Dieses Vorhaben beinhaltet die ungewöhnliche Aufgabe, Klaus Manns englischen Text in seine Muttersprache zu übertragen, nachdem ein halbes Jahrhundert seit der Entstehung dieses zeitbedingten Werkes vergangen ist.

Die Übersetzung konnte sich auf ein nahezu fehlerfreies, in flüssigem und differenziertem Englisch geschriebenes Typoskript stützen. Welche Anteile daran die von Klaus Mann beauftragten Redakteurinnen Ann Persor und Eleanor Clark hatten, läßt sich aufgrund der weitreichenden Korrekturen von fremder Hand, vor allem im letzten Kapitel, nur erahnen. Immerhin hat sich Klaus Mann im Verlauf der Arbeit an *Distinguished Visitors* von Ann Persor getrennt, weil sie zu stark in den Text eingegriffen hatte.

Die deutsche Übersetzung zielt nicht darauf ab, den bekannten ›Originalton‹ Klaus Manns zu imitieren. Nur einzelne, für Klaus Mann typische Ausdrucksweisen, die noch im Amerikanischen zu identifizieren waren, versucht sie widerzuspiegeln. Bei den vielen eingestreuten Zitaten weicht Klaus Mann häufig vom Original bzw. von bekannten deutschen Übersetzungen ab, – oft wurden sie von ihm wohl bewußt abgeändert, um so manches aus fremdem Munde pointierter sagen zu können. An diesen Stellen wurde die Version Klaus Manns zugrunde gelegt und ›neu‹ ins Deutsche übersetzt.

Es gibt in diesem Buch auch zwei Passagen, die bereits als deutscher Urtext von Klaus Mann bzw. als eine spätere Rückübersetzung seiner Schwester Erika vorlagen: Der Abschnitt über Tschaikowski basiert auf Klaus Manns Roman *Symphonie pathétique;* der Text über Masaryk dagegen wurde von Erika Mann für den Essay-Band *Heute und Morgen* (1969) ins Deutsche übersetzt. In beiden Fällen hält sich diese Ausgabe an die bereits vorliegenden deutschen Versionen.

Das ursprünglich geplante zehnte Kapitel, *Prophets*, das sich mit ›bemerkenswerten Amerika-Besuchern‹ wie Rudolf Steiner, Annie Besant und dem Theosophen Emanuel Swedenborg befassen sollte, wurde vermutlich nicht zu Ende geführt. Klaus Mann leitete es mit einer Übertragung von Goethes Gedicht *Amerika, du hast es besser* ein. Die Abschrift des deutschen Originals von Klaus Manns Hand und das Typoskript der Übertragung werden als Faksimile in diesem Buch auf Seite 366 wiedergegeben. Außerdem werden nahezu alle »erlauchten Besucher« im Anhang in kurzen biographischen Abrissen und, analog zu *Escape to Life*, mit Porträtabbildungen vorgestellt.

Eberhard Spangenberg   Heribert Hoven

INHALT

Vorwort		9
Kapitel I:	*Eine Kriegskorrespondentin.* Madame von Riedesel	13
Kapitel II:	*Dichter des Mississippi.* Chateaubriand	41
Kapitel III:	*Moderne Kreuzritter.* Harriet Martineau und andere	58
Kapitel IV:	*Eine russische Brigg.* Adelbert von Chamisso	90
Kapitel V:	*Glamour.* Sarah Bernhardt und andere	114
Kapitel VI:	*Symphonie der Neuen Welt.* Peter Tschaikowski, Antonín Dvořák	155
Kapitel VII:	*Die großen Kämpfer.* Lajos Kossuth, Georges Clemenceau, Leo Trotzki, Tomáš Masaryk	195
Kapitel VIII:	*Reise ans Ende der Nacht.* Herman Bang	242
Kapitel IX:	*Park Avenue 791.* Ivar Kreuger	266
Kapitel X:	*Der letzte Monolog.* Eleonora Duse	303
Kapitel XI:	*Traum-Amerika.* Karl May, Jean Cocteau, Franz Kafka und andere	320

ANHANG

Einige biographische Ergänzungen	357
Nachwort	367
Namenregister	375
Bildnachweis	381

FÜR
LIESL UND BRUNO FRANK

Amerika, du hast es besser
Als unser Kontinent, das alte,
Hast keine verfallene Schlösser
Und keine Basalte.
Dich stört nicht im Innern
Zu lebendiger Zeit
Unnützes Erinnern
Und vergeblicher Streit.

Benutzt die Gegenwart mit Glück!
Und wenn nun eure Kinder dichten,
Bewahre sie ein gut Geschick
Vor Ritter-, Räuber- und Gespenstergeschichten.

JOHANN WOLFGANG GOETHE

VORWORT

GEWALTIGE ANSTRENGUNGEN werden unternommen, um einen neuen Seeweg nach Indien zu finden – und dabei entdeckt man eine Unzahl Ebenen und Berge, Wälder und Wüsten, Seen und Flüsse: einen jungfräulichen Kontinent. Der Kontinent erhält einen Namen, und dann nimmt er, langsam, nach und nach, auf geheimnisvolle Weise Form an und entwickelt sich.

Was ist Amerika?

Die Amerikaner sind heute selbst mit einer mühevollen Forschungs- und Entdeckungsarbeit beschäftigt. Während sie sich wie skeptische und dennoch mitfühlende Fremde selbst analysieren, sind sie zu selbstbewußten und objektiven Betrachtern geworden. Sie bilden sich eine neue Meinung über ihre Geschichte und taxieren ihre Reichtümer. In ihren widersprüchlichen Herzen suchen sie nach dem kleinsten gemeinsamen Nenner des amerikanischen Wesens, auf daß ihre Zukunft als Nation in einer Welt, der man immer weniger trauen kann, nicht gänzlich unvorhersagbar sein möge. In den Schaufenstern türmen sich Bücher über Amerika und über die Demokratie: historische, regionale, proletarische Romane; Lebensbeschreibungen amerikanischer Helden und Banditen, Reiseführer für sämtliche Bundesstaaten, Sammlungen amerikanischer Volkslieder, ernsthafte soziologische Studien, Bücher über die Depression, den New Deal, die Zukunft der Demokratie, über die Sprache der Amerikaner, die amerikanischen Flüsse, Wörterbücher des amerikanischen Slangs, nahezu gänzlich unpersönliche Poesie, die sich enthusiastisch mit sozialen Problemen, mit amerikanischen Angelegenheiten befaßt ... Amerikanische Künstler haben sich von Europa abgewandt und malen jetzt im amerikanischen Stil. Radiokommentatoren präsentieren den idealen Durchschnittsamerikaner und preisen ihn Millionen geduldigen Zuhörern an, die in aller Demut ihre große Unterschiedlichkeit erkennen.

Amerikanische Intellektuelle, die lange als freiwillige Exilanten in Florenz, Paris oder Wien gelebt haben, kehren heim und begutachten die ihnen halb fremde, halb vertraute Szenerie. Einige fühlen sich abgestoßen von der »gigantischen, gefühllosen Maschinerie, die wir aus Amerika gemacht haben«, wo jeder einzelne »gewaschen, frisch gestärkt, desinfiziert, sterilisiert, kastriert und normiert in den Alltagstrott eingespannt ist«. Trotzdem, im Gegensatz zu den Ländern Europas haben die Weite und Vielfältigkeit ihres Kontinents, sein Mangel an Homogenität, für die Amerikaner etwas Beunruhigendes. Sie möchten wissen, was Amerika eigentlich ist – und jede Antwort scheint problematisch.

Was ist typisch amerikanisch?

Oder umgekehrt formuliert, was ist unamerikanisch? Man kann eine Definition versuchen, indem man das scheinbar Überflüssige wegläßt. Die Schwierigkeit dabei ist, möglicherweise auf so negative Art kreativ zu werden, daß, hat man Amerika erst auf eine subjektiv angenehme Größe reduziert, vielleicht sehr wenig übrig bleibt.

Die Amerikaner sind im Moment so intensiv mit sich beschäftigt, daß ich mir denke, ein andersgeartetes Buch über Amerika ist vielleicht willkommen. Ein Buch, das von Besuchern handelt, die sich zu den verschiedensten Zeitpunkten hier aufgehalten haben. Sie haben sich distanziert und neugierig und manchmal liebevoll umgesehen und sind mit etwas von Amerika, vielleicht auch nur mit dem Spiegelbild ihrer Impressionen, in ihr eigenes Leben in der eigenen Heimat zurückgekehrt.

Es war nicht leicht, diese Besucher auszuwählen. So viele wunderbare und phantastische und amüsante und bemerkenswerte Menschen sind hierher gekommen, daß man Jahr für Jahr, bändeweise, zahllose Geschichten über sie schreiben könnte. Es ist faszinierend, eine vertraute Landschaft durch die Augen anderer Menschen zu sehen, Menschen aus der Vergangenheit und Gegenwart, die man nicht kennt, die man sich daher nur vorstellen kann. Durch die Augen dieser Besucher gesehen, nimmt die Landschaft ganz andere Formen an.

Was haben sie gesucht, diese Prinzen und Schauspieler, Soldaten und Musiker, Philosophen, Hochstapler, Poeten und Clowns? Jeder einzelne kam und ging mit seiner eigenen Vorstellung, seinem Verlangen, seinen Hoffnungen, Ängsten und Verrücktheiten. Einige kamen um des Abenteuers willen, einige um eine neue künstlerische oder religiöse Botschaft zu verkünden, andere waren einfach bestrebt, soviele Dollars wie möglich zu verdienen. Es gibt unter ihnen Lebensfrohe und Überempfindliche, Arrogante und Bescheidene. Manche werden von Amerika angeregt, andere verwirrt oder inspiriert oder gar zerstört. Sie durchqueren den Kontinent auf Pferderücken, in Salonwagen, mit der Postkutsche, mit dem Flugzeug oder zu Fuß auf den Highways. Was sie sehen, irritiert und amüsiert sie oder regt sie an.

»Also das ist Amerika … diese wilde Landschaft, diese Yankees … Sie empfinden Hochachtung für das Wort *Independency*, für George Washington, Gegner der Sklaverei jedoch werden in Boston geteert und gefedert … Also das ist Amerika … Die Grenzen werden immer mehr nach Westen geschoben … In Kalifornien wurde vor 87 Jahren Gold gefunden … Edgar Allan Poe, Mark Twain, Emily Dickinson, Walt Whitman, Emerson, Thoreau, Ella Wheeler Wilcox, Frank Norris … Also das ist Amerika … Wolkenkratzer, Charlie Chaplin, Negerlynchen, Sacco und Vanzetti, Jazz, die Fordfabriken, Main Street, Hollywood, die Frauenvereine, Babbit, Father Divine, und der C.I.O. … Also das ist die amerikanische Tragödie, die amerikanische Komödie, das amerikanische Rätsel, das amerikanische Wunder … «

Die Reflexion des amerikanischen Lebens durch die Augen dieser *distinguished visitors*, dieser bemerkenswerten Besucher, mag oft einseitig und manchmal sogar verzerrt sein. Und doch ist das Bild immer erkennbar. Zumindest spiegelt es bestimmte Aspekte einer komplexeren Realität wider.

Die Art, mit der Amerika diese Besucher empfängt, ist sowohl für die Gastgeber als auch für die Gäste charakteristisch.

Wenn ich ihre Wege verfolge, wenn mir ihre Verzweiflungen und Freuden, ihre Triumphe und Fehler klar werden, empfinde ich Rührung und Belustigung. Ich werde mich bemühen, für jene Besucher aus fernen Orten und fernen Zeiten Dolmetscher und Erzähler zu sein. Ich bin immer noch Europäer genug, um ihre Wesenszüge und Schicksale zu verstehen; und gleichzeitig hoffe ich, genug über Amerika zu wissen, um zu verstehen oder zu erraten, warum diese Männer und Frauen in diesem Lande verehrt oder verhöhnt, geliebt oder verachtet wurden. Beinahe hätte ich gesagt, ich würde gerne Mittler zwischen diesen Fremden und *our own people* spielen, aber das wäre eine Übertreibung. Denn ein Mittler ist ein Vermittler, der Unterschiede ausgleicht – das Wort ist mir unwillkürlich in den Sinn gekommen, zweifellos aufgrund der angespannten Lage in unserer Zeit. Sehr wenige dieser Besucher hätten Verwendung für die Dienste eines Mittlers gehabt. Und andererseits – Amerika ist noch nicht meine Heimat. Ich habe hier noch nicht lange genug gelebt, um es ohne Überraschung und Staunen zu akzeptieren.

Einige Personen in diesem Buch sind zudem heimatlos. Und gerade die sind mir vielleicht am allerliebsten ...

Es gibt andere, die sich nirgendwo heimatlos fühlen. Sie sind überall dort zuhause, wo sie menschliche Kultur vorfinden. Nach der Überwindung des krankhaften Nationalismus unserer Zeit werden möglicherweise solche Menschen, Menschen ohne Haß und Vorurteile, sogenannte Weltbürger, die zukünftigen Epochen beherrschen.

Die Personen, die ich vorstellen werde, kommen aus einem weitaus weniger gefährlich bedrohten Europa, als das von 1940. Selbst das Europa der napoleonischen Kriege scheint eine Insel der Beschaulichkeit und Sicherheit verglichen mit dem modernen Europa der totalitären Kriege und der Gefahr der totalen Zerstörung. In der Tat, wir haben allen Grund, mit einer Dankbarkeit auf Amerika zu blicken, die diese berühmten oder abenteuerlustigen Besucher nicht gekannt haben können. Das Versprechen, in diesem Land leben zu dürfen, konnte für sie nicht das bedeutet haben, was es uns bedeutet.

Aber durch ihre Augen und ihre Erfahrungen können wir vielleicht, so ganz nebenbei, ein neues Amerika entdecken. Indem wir uns ihre fernen und vertrauten Gesichter ins Gedächtnis zurückrufen, erfahren wir vielleicht etwas über unser eigenes Leben, unsere eigenen Ängste, Hoffnungen und Möglichkeiten.

KAPITEL I

EINE KRIEGSKOR-RESPONDENTIN

MADAME VON RIEDESEL

Die »grossen Männer«, welche die Geschichte machen, sind nicht immer die zuverlässigsten Chronisten. Viele von ihnen neigen zur Unwahrheit. Aber von den einfachen, anonymen Zeugen großer Ereignisse erfahren wir möglicherweise die Wahrheit.

Ein General, beispielsweise, könnte in seinen Memoiren um seines Ruhmes und seiner Ehre willen Fakten verändern oder sogar verfälschen. Seine Frau hingegen, eine hingebungsvolle und doch nüchterne und tüchtige Person, sieht und erinnert sich an die einfachen Dinge, die wirklichen Dinge, die Wahrheit.

General John Bourgoynes amerikanischer Feldzug wurde von verschiedenen Koryphäen beschrieben, analysiert und beurteilt: von Historikern, Militärexperten, Dichtern, englischen Tories und amerikanischen Patrioten. Aber *Gentleman Johnny Bourgoyne* hatte, ganz unbeabsichtigt, eine wache Beobachterin in seiner unmittelbaren Umgebung, deren präzise Augenzeugenberichte heutzutage mehr oder weniger vergessen sind.

Baronin von Riedesel, die Frau eines deutschen Generals bei der englischen Armee, ist eine unermüdliche Korrespondentin und führt aufs gewissenhafteste Tagebuch. In fast täglichen Eintragungen berichtet sie vom Beginn des Feldzuges bis zum Ende der langen Jahre der Gefangenschaft. Eine amerikanische Ausgabe ihres Buches *Briefe und Erinnerungen über den amerikanischen Unabhängigkeitskrieg und die Gefangennahme der deutschen Truppen bei Saratoga* wurde 1828 in New York veröffentlicht.

DIE REISE

Am 14. Mai 1776 verlässt die Baronin Friederike Charlotte Luise von Riedesel mit ihren drei kleinen Töchtern, Gustava, vier Jahre, Friederike, zwei Jahre, und Caroline, erst zehn Wochen alt, die kleine deutsche Stadt Wolfenbüttel. Der »gute alte Rockel« hilft zuerst der Baronin in die Kutsche, und sie drückt das Baby fest an ihre Brust, als sie ihm zuschaut, wie er die kleinen Mädchen auf ihre Plätze setzt. Für gewöhnlich plappern die Kinder unausgesetzt mit ihren sanften, geschäftigen Stimmchen, aber jetzt sitzen sie da und starren, fast atemlos, ihre Mutter an. Besorgnis überkommt Madame von Riedesel. Zur Umkehr ist es noch nicht zu spät. War ihr Entschluß richtig, die Kinder die weite Strecke nach Amerika mitzunehmen? Rockel würde sein Leben für sie geben – er dient ihrer Familie seit Jahren –, und die Dienstmädchen, die in einer Kutsche weiter hinten folgen, hat sie mit größter Sorgfalt ausgewählt. Nur Gott weiß, welchen Gefahren sie begegnen werden. Plötzlich erinnert sie sich an den überzeugten Ton in der Stimme einer Freundin, die sie gewarnt hat, sie und ihre Kinder könnten von Wilden aufgegessen werden und »daß die Menschen in Amerika von Pferdefleisch und Katzen lebten«. Ihre Mutter, die Witwe eines Staatsministers, hat auch versucht, sie umzustimmen, und hat schließlich die Abreise mit ihrer ganzen Autorität untersagt. Aber die Baronin ist standhaft geblieben. »Es tut mir sehr leid, aber zum ersten Mal muß ich willentlich ungehorsam sein. Es ist mir unmöglich, hierzubleiben, wenn der beste und liebste Gatte seine Zustimmung erteilt hat, daß ich ihm folge.«

Halb lächelnd erinnert sie sich an den unterdrückten Jubel in seinem Brief, als er schreibt, der Herzog von Braunschweig habe ihn vom Oberst zum Generalmajor befördert, der für die gesamten deutschen Truppen in Amerika verantwortlich ist. Natürlich ist Englands Auseinandersetzung mit seinen Kolonien nicht die Angelegenheit deutscher Fürstenhäuser, aber Englands König und Königin sind beide deutscher Abstammung, und so tat der Herzog recht, ihnen zu helfen. Mit Stolz denkt sie daran, daß der Herzog der erste unter den sechs deutschen Regenten war, der Ihrer englischen Majestät vertraglich zusicherte, mit Infanterie und unberittenen Dragonern zu Hilfe zu kommen. Sie weiß, daß manche Leute sagen, der Herzog habe seine Männer wie Vieh verkauft. Aber das ist nicht wahr. Die Kolonisten haben sich von einigen schlechten Menschen in die Irre führen lassen, und es ist nur rechtens, die Engländer zu unterstützen. Und es ist auch richtig, daß England bezahlt – denn der Herzog von Braunschweig ist arm. Er hätte seine geliebte Oper und sein entzückendes französisches *corps de ballet* aufgeben müssen, ohne diese substantielle Hilfe aus dem Ausland. Die Behauptung kann doch nicht stimmen, daß man Leute in den Militärdienst gezwungen habe. Die Baronin jedenfalls hat persönlich keinen solchen Fall erlebt. Solches Gerede ist nicht nur skandalös: es ist aufrührerisch!

Ihr geliebter Friedrich! Die Trennung ist für ihn sehr schmerzlich und kaum erträglich. Er hat ihr täglich geschrieben, während er, vor der Abreise nach England, seine Soldaten drillte: Auf der Reise von England nach Kanada und von Montreal nach Quebec berichtet er jedes kleinste Detail vom Leben an Bord des Schiffes. Es ist, als ob all seine Erlebnisse nicht wirklich wären, solange er sie nicht mit seiner Frau teilen kann. Vielleicht finden die Leute sie ein wenig lächerlich, sie, eine dreißigjährige Frau, vierzehn Jahre verheiratet, Mutter dreier Kinder, verhält sich wie ein junges, liebeskrankes Mädchen, und das ihrem eigenen Ehemann gegenüber. Ihr Friedrich ist schwerfällig geworden, er ist nicht mehr der schneidige junge Offizier von damals.

»Liebe mich ... liebe mich immer«, schreibt er. »Erhalte Dir Deine kostbare Gesundheit um meinetwillen.« Sie fühlt seine Sehnsucht nach ihr in den Briefen, eine Sehnsucht, die nicht allein der Gewohnheit und Einsamkeit entspringt, sondern wie ein quälender Hunger ist. Dennoch kommt der Vorschlag, ihm zu folgen, von ihr. Er ist erleichtert, glücklich und angstvoll. »Ich gestehe, ich zittere bei dem Gedanken daran«, schreibt er. Es sei gefährlich, die Kinder könnten seekrank werden, sie sei eine zarte Dame. »Die Schiffsmannschaft besteht im allgemeinen aus schmutzigen und rohen Menschen, deren Hauptnahrungsmittel halbrohes und kaum eßbares Pökelfleisch ist. Das Wasser wird nach kurzer Zeit so faulig und ekelerregend, daß man es unmöglich trinken kann.«

Auf der Überfahrt nach Dover will einer der Matrosen Caroline halten. Es ist drollig, ihn, einen rauhen, schwarzbärtigen Seemann, zu beobachten, wie er behutsam wie ein Heiliger mit dem Kind umgeht. Gustava und Friederike lachen fröhlich und spielen Fangen auf Deck. Jetzt braucht sie sich nicht mehr gegen die Schrecken zu wappnen, die sie vor den Kindern verborgen hat. Ein Gastwirt hat ihr erzählt, die Straßen seien voller Räuber und man habe innerhalb von vierzehn Tagen einhundertunddreißig Menschen gehängt. Sie beschließt, nicht nach Einbruch der Dunkelheit durch die Wälder zu fahren, aber einmal, in der Dämmerung, als die Pferde ins Schrittempo verfallen, streift sie ein in der Luft baumelnder Gegenstand durch das offene Kutschenfenster. Madame von Riedesel stößt ihn weg.

Ohne hinzusehen, weiß sie, daß sie den Tod berührt hat. Es ist der Körper eines Gehängten, und sie hat seine Wollsocken gefühlt. Sie darf niemals mehr daran denken.

Von Dover fahren sie nach London und dann nach Bristol. Dort trifft die Baronin Mrs. Foy, die amerikanische Frau eines englischen Kapitäns. Der General hat es arrangiert, daß seine Frau gemeinsam mit Mrs. Foy den Atlantik überqueren soll, denn es schickt sich nicht für eine Dame, ohne Begleitung zu reisen. Aber Mrs. Foy ist eine leichtlebige und verantwortungslose, kokette und alberne Person, die sich nicht entschließen kann oder will. Drei oder vier Monate vergehen, und die Baronin ist immer noch in Bristol, auf der anderen Seite des Atlantiks.

Sowohl die Baronin als auch Rockel können nur einige Worte Englisch, und sie weint viel während der einsamen Stunden in ihrem Zimmer. Sie ist eine gute *Hausfrau,* die den Wert des Geldes wohl kennt, und sie weiß, daß sie von Gastwirten, Kutschern und Bediensteten schamlos ausgebeutet wird. Sie kann es nicht ertragen aufzufallen, und man hält sie auch noch für eine Französin, was sie empört. Einmal, als sie in einem mit knisterndem grünen Taft verzierten neuen Kalikokleid und einem kecken kleinen Fächer die Straße hinuntergeht, grölt ihr eine Gruppe betrunkener und lärmender Seeleute hinterher. »Französische Hure«, rufen sie ... »Französische Hure« ... Sie ist sich so schön vorgekommen in diesem Kleid. Sie hat es so gemocht. Jetzt ist es abscheulich geworden, und sie muß es der Köchin schenken ...

Falls Mrs. Foy nicht abreisen will, wird sie die Kinder und die Mädchen nehmen ... und Rockel würde sich um sie alle kümmern. Aber in Portsmouth bekommt sie nur zu hören, daß die Jahreszeit bereits zu weit fortgeschritten sei, daß sie den St. Lawrence Strom wahrscheinlich zugefroren vorfinden würde und den Hafen von Quebec geschlossen. Sie muß mehrere Monate warten. Sie weint in der Nacht, wenn sie an seine Briefe denkt. »Wo bist Du jetzt?« schreibt er. »Vielleicht auf See, vielleicht in großer Gefahr. Oh! Ich hoffe, Gott beendet bald meine Ängste und gewährt mir das Glück, Dich in meinen Armen zu halten ...«

Aber sie macht auch eine sehr befriedigende Erfahrung. Die Königin hat den Wunsch geäußert, sie zu sehen, und am ersten Januar 1777 präsentiert sie sich bei Hof. Man hat ihr erzählt, der König küsse nur Engländerinnen und Gräfinnen, und dann beugt er sich recht unvermittelt zu ihr hinunter und berührt mit seinen Lippen ihre Wange. Sie kann ein tiefes Erröten nicht verhindern. Weil die Königin weiß, daß sie auch eine Mutter ist, führt sie sie ins Kinderzimmer, um ihr die zehn glücklichen Königskinder zu zeigen. Als Madame Riedesel bekennt, all ihre Gedanken beschäftigten sich mit Kanada, ist Ihre Majestät beeindruckt.

»Haben Sie keine Furcht vor der See? Ich liebe sie gar nicht.«

Die kleine Deutsche kann ein Zittern in der Stimme nicht unterdrücken. »Ich auch nicht, Madam. Aber da es keine andere Möglichkeit gibt, meinen Mann wiederzusehen, werde ich also guten Mutes reisen.«

Es ist wieder Frühling, April, und fast ein Jahr her, daß sie Wolfenbüttel verlassen hat. Schließlich ermöglicht ihr ein alter Freund ihres Vaters die Passage auf einem seiner Handelsschiffe. Den Kindern geht es gut, Mrs. Foy wird überredet mitzukommen, und endlich, endlich, als der Wind die Segel bläht und die Möwen am regnerischen Himmel immer seltener werden, kann sie wieder an die Worte ihres Mannes glauben, die er kurz nach seiner Abreise, niedergeschrieben hat: »Gott liebt uns zu sehr, um uns lange zu trennen.«

Zwei Monate später, als das Handelschiff stolz den St. Lawrence Strom aufwärts segelt, bringt Madame von Riedesel die Kinder an Deck, um mit ihnen den ersten Blick auf Quebec zu genießen. Verschleiert und lieblich liegt die Stadt im nebligen, gelben Sonnenlicht, und als sie zitternd dasteht, mit Leib und Seele der Neuen Welt zugewandt, das Baby im Arm, Gustava und Friederike an ihren Röcken hängend, geben alle Schiffe im Hafen einen Salutschuß ab.

Sie sucht die Menge der rufenden, winkenden Leute am Kai ab, schaut gespannt von Gesicht zu Gesicht. Ihr Herz macht eine Satz ... da! ... sie kann nicht länger warten. Die letzte Woche ist beinahe unerträglich gewesen. Aber da nähert sich ein Kanu, kommt rasch längsseits, und ein Seemann klettert gewandt wie ein Eichhörnchen die wacklige Strickleiter herauf an Deck. Sie erkennt die Handschrift, noch ehe sie, ganz benommen, die Hand nach dem Brief ausstreckt. Ihr Mann mußte mit General Bourgoyne nach St. John aufbrechen, und sie würde noch ein paar Tage warten müssen.

Sie kann nicht, nicht jetzt, da sie den Ozean überquert hat. Er ist vor mehr als einem Jahr, im Februar, aufgebrochen und kennt das Baby noch gar nicht. Sie plant, ihm am nächsten Tag nachzureisen. Die Kinder würden schon genügend ausgeruht sein.

Die Kaleschen, die man hier an Stelle von Kutschen benutzt, sehen zu leicht aus, um sicher zu sein, und ihre Mädchen weigern sich, darin zu reisen, wenn nicht Rockel in ihrem Wagen mitfahre. Die Kinder sind begeistert. Friederike lacht, als die Baronin sie aus Sicherheitsgründen sorgfältig in einer Ecke festzurrt: die fest schlafende Caroline hält sie auf dem Schoß. Bald würden sie ihren Vater sehen …

Sie trifft ihren Mann zwei Tage später in Chambly, und weinend sinken sie einander in die Arme.

Wie müde er aussieht. Hatte er sie wirklich so sehr vermißt, wie sie ihn – in all den schlaflosen Nächten? Hatte er wirklich lange Zeit nicht gewußt, wo sie war oder ob seine Briefe sie erreichten? Wie albern von ihm, sich Sorgen zu machen. Es ist überhaupt nicht schlimm, den Atlantik zu überqueren, nicht so wie er gedacht hatte. Oh, den Kindern hat es auf See gut gefallen. Sie sind großartige Seeleute, besonders Caroline.

Nur Gustava, die älteste, erkennt den Vater. Sie umarmt ihn, als wolle sie ihn niemals wieder loslassen. Aber Friederike fürchtet sich vor der seltsamen Uniform und dem müden Gesicht. Sie klammert sich an ihre Mutter und schluchzt: »Nein, nein! Das ist ein häßlicher Papa! Mein Papa ist schön!«

Zwei ziellose, ungestüme, schöne Tage – erst später, in einer schweren Zeit, sollen sie als solche richtig geschätzt werden! Aber er muß wieder weg. Bourgoyne erwartet ihn in Montreal. Sie will ihn begleiten: »Warum nicht? Sag mir Friedrich! Warum nicht?« Aber er besteht darauf, sie solle nach Trois Rivières gehen und dort auf ihn warten. »Es ist deine Pflicht, meine Liebe! Vergiß nicht, daß du die Frau eines Soldaten bist.«

Welche Macht und Faszination dieses magische Wort auf ihn ausübt, Pflicht! Sein Gesicht wird starr, seine Stimme feierlich und gleichzeitig barsch und aggressiv, wenn er das Wort Pflicht erwähnt. Seine ergebene Frau fühlt eine plötzliche Beklemmung, als sie diese schreckliche und mysteriöse Verwandlung der geliebten und vertrauten Gesichtszüge sieht. »Männer sind von abstrakten Ideen besessen. Abstrakte Ideen sind schädlich und verwirrend. Sie komplizieren das Leben nur. Das Leben sollte einfach sein. Mein Leben ist recht einfach. Die Geburt eines Kindes, eine

Krankheit, schönes Wetter, schlechtes Wetter, Essen und Schlafen: das ist Leben. Und Liebe. Ich liebe ihn. Das ist mein Leben und meine Pflicht und sonst gar nichts. Ich bin seine Frau, und ich habe ein Recht, bei ihm zu sein. *That's all, voilà tout, das ist alles.* Ich will bei ihm sein.«

Sie denkt an die schönen Zeilen, die sie einmal in einem alten Buch gefunden hat.

»Wohin dich auch das Schicksal treiben wird, über die stürmischen Wogen des Ozeans oder durch mannigfaltige und furchtbare Gefahren zu Lande, ich werde immer an deiner Seite sein. Es gibt keine noch so schreckliche Gefahr und keine noch so grausame Todesart, die nicht leichter zu ertragen wären, als so fern von dir zu leben.«

Die Baronin hat diese Worte in ihr Tagebuch notiert.

DIE INVASION

MITTE JULI LEGEN DIE BARONIN und die drei kleinen Mädchen eine Rast in Ticonderoga ein. Sie befinden sich auf dem Weg nach Fort Edward, um dort den geliebten General zu treffen. Die Soldaten, die Ticonderoga besetzt halten, können es gar nicht erwarten, ihr die Neuigkeiten mitzuteilen. Hat Madame Riedesel schon gehört? Es steht außer Frage, daß Bourgoyne in vierzehn Tagen in Albany sein wird. Der Krieg mit diesen Bauern ist ein Kinderspiel. Wie können sie auch erwarten, gegen Europas Spitzenregimenter durchzuhalten? Bourgoynes Männer haben Fort Ticonderoga eingenommen, ohne einen einzigen Schuß abzufeuern. *Gentleman Johnny* weiß, wo es lang geht, und er könnte keine fähigeren Generäle haben, als Phillips, Fraser und ihren Mann. Kaum zu glauben! Diese Geschwindigkeit! Am 1. Juli verläßt Bourgoyne Montreal mit achttausend Mann, führt sie nach Lake Chaplain und hat sie am 5. in einem Lager bei Crown Point untergebracht. Er umstellt nur das Fort, und am 6. machen sich General St. Clair und seine Männer wie gehetzte Kaninchen aus dem Staub. Aber, Madame von Riedesel, wissen Sie, das war das Seltsame daran. Gott allein weiß, wie sie da herausgekommen sind und auch noch den Großteil ihrer Vorräte mitnehmen konnten oder wohin sie geflüchtet sind, praktisch eingeschlossen von einer Armee. Bourgoyne hat Riedesel und Fraser mit ihrer Verfolgung beauftragt, aber sie bekommen die Amerikaner in diesem wilden Land nicht einmal zu Gesicht. Die Feiglinge kämpfen wie Indianer und schießen aus dem Hinterhalt, und die Briten haben ein paar Mann verloren, nicht viele, einige Hundert, größtenteils Braunschweiger.

Bitte, verzeihen Sie, Baronin. Ich will Sie nicht erschrecken. Ihrem Gatten geht es gut. Er ist wieder bei der Armee, und sie marschieren von Skeensborough nach Fort Edward.

In der Tat, sie kann nun, da die Briten den Lake George beherrschen, schnell zu ihm gelangen. Sie verschicken nämlich jetzt das schwere Gepäck und die Artillerie über den See nach Fort George und weiter über Land nach Fort Edward, und so ist es der Baronin möglich, noch am gleichen Abend mit einem der Boote überzusetzen. In Fort George kann sie dann leicht ein Gefährt mieten, welches sie nach Fort Edward bringt. Sie wird wahrscheinlich noch vor ihrem Mann dort eintreffen.

Ja, das sind gute Neuigkeiten, und Friedrich ist in Sicherheit. Sie kann wieder atmen. Ständig liegen Angst und Furcht in ihrem Herzen auf der Lauer und warten nur darauf, sie zu vernichten. Diese zu verbergen und zu besiegen kostet all ihren Mut und ihre Stärke. Warum kann Friedrich nicht verstehen, daß es für sie leichter ist, bei ihm zu sein, egal was geschehen mag, solange sie es nur weiß. In Trois Rivières hat sie, von mildtätigen Ursulinen aufs beste versorgt, mit jeder nur erdenklichen Todesart gerechnet. Haben die Kinder es in ihrem Gesicht gelesen?

Eine kühle Brise weht, als sie den Lake George hinuntersegeln, und plötzlich spürt sie ein köstliches Glücksgefühl.

Die Landschaft um Fort Edward ist wunderschön, seltsam lethargisch und friedlich. Die Truppen lungern im Lager herum, manchmal exerzieren sie – aber die meiste Zeit gehen sie fischen oder streifen durch die Wälder und warten auf Bourgoynes Befehl, nach Albany vorzustoßen. Die Baronin wüßte gerne, worauf er eigentlich wartet. Von der amerikanischen Armee keine Spur, und Kundschafter bringen eine Botschaft nach der anderen, die besagen, daß der Feind den Hudson überquert und sich bis zum Mohawk zurückgezogen hat. Dieser Marsch durch ein von seinen Bewohnern verlassenes Land ist überhaupt nicht wie ein Krieg.

Nahezu vierzehn Tage lang hört man keinen Schuß, und doch ist ihr lieber Friedrich besorgt. Er kann nicht verstehen, wieso Bourgoyne den Männern befohlen hat, alles außer dem Allernötigsten abzulegen, und den Rest der Vorräte zurück nach Fort George geschickt hat. Natürlich, die Armee kann mit solch leichter Ausrüstung schneller vorrücken, aber dann müßten sie sich damit beeilen. Die Rationen sind bereits sehr mager. Was hält Bourgoyne zurück? General von Riedesel ist nahezu außer sich. Ohne Probleme haben sie Fort Ticonderoga und Fort George eingenommen – aber sie sind weitermarschiert – und haben so gut wie keine Truppen zum Schutz der eroberten Forts zurückgelassen, bloß eine Handvoll Männer. Die Amerikaner könnten sie nach Belieben zurückerobern. Und das würde bedeuten, daß sie von Kanada abgeschnitten wären.

Als sie später darüber nachdenkt, kann sich die Baronin nicht mehr erinnern, wann sie die ersten Gerüchte über die riesigen Vorräte in Bennington, an der nördlichen Grenze Neu-Englands gehört hat. Jeder scheint davon zu wissen. Sie seien so gut wie gar nicht bewacht. Es gäbe genügend Pferde für all die unberittenen Dragoner, Zugpferde für die schweren Vorratswagen, eine große Rinderherde und Scheunen voller Weizen und Gemüse. Die Soldaten haben Hunger. Man muß sie nur ansehen, um zu wissen, daß sie von immer kleineren Rationen leben müssen. Man hört nur noch ein Thema: Bennington. Eine Schlacht scheidet aus. Die Vorräte laden ja förmlich zur Eroberung ein.

Sechshundert Braunschweiger Dragoner brechen auf, der General ist nicht dabei. Ein Hauptmann würde ausreichen. Und dennoch steht Madame von Riedesel an diesem klaren Augustmorgen früh auf, um ihrem Aufbruch zuzusehen. Es sind alle über sechs Fuß große Männer, die Elite der herzoglichen Truppen. Sie folgt ihnen durch das hohe Gras und sieht sie in den düsteren, dichten Wald verschwinden. Sie winkt und ruft ihnen zum Abschied zu. Mühsam stapfen sie in ihren schweren Reitstiefeln mit den riesigen Sporen, die sich im Unterholz verheddern, voran, mit ihren lächerlichen Zöpfen und Federhüten, ihren klappernden, nutzlosen Säbeln, die sich in den Ästen und Büschen verfangen. Viele von ihnen sind Freunde aus ihrer Kindheit.

Tage vergehen ohne eine Nachricht. Die Männer tun ihre Pflichten, aber die Angst hängt wie ein schwerer Mantel über dem Lager.

Es ist erschütternd, daß Berichte über das tatsächlich Geschehene, als sie im Lager eintreffen, beinahe Erleichterung auslösen. Bourgoyne ist völlig falsch informiert gewesen. Mehr als zweitausendfünfhundert Mann bewachten die Vorräte in Bennington, und die Braunschweiger Abteilung war in weniger als zwei Stunden ausgelöscht.

Die Baronin notiert das Datum in ihr Tagebuch, 16. August 1777.

Wieviel Geld bedeutet das für den Herzog, bei 35 Dollar pro Kopf, für ihre Freunde, die niemals die Elbe, die Weser oder das liebliche Rheintal wiedersehen werden? Was, wenn ihr Friedrich mit ihnen gegangen wäre? Zufällig ist er es nicht. – Es ist kein Zufall, sondern Vorsehung. Gott selbst hat ihren Mann verschont. Er nimmt ihn ihr nicht weg, weil er weiß, wie sehr sie ihn liebt. Obwohl nicht herzlos, hat sie für die toten Männer keine Tränen übrig. Sie ist realistisch. Liebe ist selbstsüchtig. Die Männer anderer Frauen interessieren sie nicht. Nur eines ist wichtig: Friedrich ist in Sicherheit. Sie betrachtet ihn wie einen Besitz.

Die Riedesels leben, von englischen und deutschen Truppen umgeben, in einem roten Haus, mitten im Wald, wo sie bei gutem Wetter im Freien essen und mit den Kindern lachen und spielen. Bourgoyne ist gezwungen, nahezu einen Monat auf Nachschub vom Lake George zu warten, bevor er weitermarschieren kann. Madame von Riedesel berichtet in ihrer eleganten, für das 18. Jahrhundert typischen Schrift heiter von dem Glück dieser Tage und schließt allen Schrecken der Zukunft davon aus. »Als Folge der unglücklichen Geschehnisse in Bennington hatte ich das Glück, ihn – General von Riedesel – am 18. August wiederzusehen. Von da an verbrachten wir drei Wochen in erquicklicher Ruhe.« Die kleine Baronin kostet zum ersten Mal Bärenfleisch und ist begeistert.

Die Armee marschiert am 11. September weiter, und sie will unbedingt mit. Der General läßt für sie eine große Kalesche bauen, und seine Frau, die Kinder, zwei Dienstmädchen und Rockel schaukeln gemächlich, mit der Verzögerung einer Marschstunde, den königlichen Truppen hinterher. Die Soldaten sind guter Stimmung und singen, während sie »durch endlose Wälder und großartige, von ihren Bewohnern, die sich der Armee des amerikanischen Generals Gates angeschlossen haben, verlassenen Ländereien marschieren.« Am 13. setzt die Armee zum Westufer des Hudsons über und gelangt dann nur langsam vorwärts, höchstens ein paar Meilen am Tag, da Straßen freigemacht und Brücken instand gesetzt werden müssen.

Am 19. September bricht bei Freemans Farm, einige Meilen südlich von Saratoga, die verschollen geglaubte amerikanische Armee ganz unvermittelt aus dem Dickicht hervor. Diese riesige Horde Männer unter den Generälen Gates und Benedict Arnold, deren Uniform aus Bibermützen, grobem Wollstoff, Wildleder und Mokassins besteht, verhalten sich still wie die Indianer und schießen aus den Baumwipfeln – sie sind nahezu unsichtbar in den Herbstwäldern.

Hinter den Linien werden den ganzen Tag über die Verwundeten und Sterbenden in das Haus gebracht, in dem sich die Baronin und die Kinder aufhalten. Man hört die Schlacht in jedem Raum, das klare Geräusch der kleinen Geschütze, die Explosion der Kanonen. Die Kinder drängen sich wortlos zusammen und pressen sich gegen eine Wand, als böte sie Deckung – sie empfinden den Schrecken mehr, als daß sie ihn begreifen. Die Baronin läuft zwischen den Verwundeten umher und spricht mit ihnen in ihrem gebrochenen Englisch und flüssiger in ihrer tröstlichen, vertrauten Muttersprache Deutsch ...

Ihr Friedrich treibt die Feinde zurück – jedenfalls verschwinden sie wieder in das hinter ihnen liegende Land. Wohin sind sie verschwunden? Wieviele sind dort? Albany scheint so weit entfernt wie Samarkand oder Bagdad.

Im Morgengrauen bewegt sich die königliche Armee vorwärts, schmutzig, zersprengt und erschöpft – dieses Mal nach Norden. Die Verwundeten stöhnen auf den Transportkarren, die für die Vorräte gedacht waren. Es ist ein langsamer, müder Rückzug, nicht sehr lang, nur ein paar Meilen den Hudson aufwärts. Die Männer reden untereinander leise, ohne Groll, eher mit einer melancholischen, gleichgültigen Hoffnungslosigkeit. Die Amerikaner haben Ticonderoga angegriffen und halten es praktisch im Belagerungszustand. Es ist nicht einmal möglich, bis Fort George zu gelangen, und die Flotte auf dem See zwischen den beiden Forts, die den britischen Nachschub sichern sollte, ist ebenfalls in der Hand der Rebellen. Ein schneller Rückzug nach Kanada steht nicht zur Debatte – sie sind gleichsam ausgesetzt. Wie lange können sie durchhalten? Was können sie tun?

Der Wind weht heftig, und es beginnt zu regnen, große Tropfen, die mit leichtem, deutlich knallendem Geräusch auf die von den Bäumen sich lösenden Blätter fallen, ein Blätterregen, der roten und gelben, durch einen Schuß aufgeschreckten Vogelschwärmen gleicht. Es riecht stark nach Balsam und frischer Erde. Das Geräusch des Regens vermischt sich mit den lauten Wogen des Hudsons, mit dem Ächzen der hölzernen Räder und mit dem schmatzenden Geräusch schwerer Stiefel, die in die aufgeweichte Erde einsinken. Die Verwundeten auf den Karren haben aufgehört zu stöhnen. Sie liegen ganz ruhig, mit geschlossenen Augen – manchmal schluchzt einer leise vor sich hin.

Die Nacht bricht herein. Die Männer verkriechen sich, wie bei einer geheimen Verschwörung, in ihren Zelten, die einer zerbrechlichen Nomadenstadt gleichen. Hinter den Linien zieht die Baronin wieder in ein verlassenes Haus, dessen Räume noch an die Familie erinnern, die darin in Frieden und Freude gelebt hat.

General Riedesel befindet sich bei der Hauptabteilung der Armee, die »mit kleinen Scharmützeln ohne erwähnenswerte Konsequenzen« beschäftigt ist. Die Baronin kann ihren Mann jeden Morgen besuchen, mit ihm Mittag essen, und von Zeit zu Zeit kann er zum Abendessen nach Hause kommen. Es ist kein richtiges Zusammenleben – sie gehört einfach zu ihm. Keiner weiß, wie lange dies alles dauern wird. Sie will sich ein eigenes Haus bauen lassen, eine Blockhütte aus wohlduftendem Fichtenholz. Der Bau wird nur ein paar Tage dauern. Dann kann Friedrich bei ihr sein, wo sie richtig für ihn sorgen kann.

Hilfe ist unterwegs, wenn die Truppen nur durchhalten. Wenn die Männer doch ihre elende Resignation überwinden, wenn sie soviel Kampfgeist aufbringen könnten, die sie umgebenden amerikanischen Linien zu durchbrechen, dann würden sie auf das britische Bataillon unter General Clinton stoßen, welches den Hudson aufwärts bis Kingston gesegelt ist und Nachschubposten der Rebellen zerstört hat. Gemeinsam könnten sie wieder südlich in Richtung Albany marschieren.

Am 7. Oktober beschließt Bourgoyne, mit fünfzehnhundert Mann einen Aufklärungsmarsch zu Freemans Farm zu machen, um zu erkunden, ob man es wagen kann, die Amerikaner anzugreifen. Die Männer bewegen sich mit einer Art bitterem Mut der Verzweiflung durch die aufgegebenen Felder. Sie marschieren, aber nicht wie eine Armee, sondern eher wie eine Schar Krieger. Sie marschieren bewußt zusammen und keiner hat irgendwelche Abschiedsworte ausgesprochen, denn das bedeutete, nicht an ein Gelingen zu glauben. Dies zuzugeben wäre das Ende, und so rufen sich die Männer dann und wann joviale, muntere Bemerkungen zu. Keiner erwähnt England oder Deutschland – oder das, was vor diesem Marsch passiert ist.

Madame von Riedesel und die Kinder sehen sich das Blockhaus an, das schon beinahe bezugsfertig ist. Die Kinder stochern hier und da an dem Mörtel zwischen den Balken herum, der den Wind abhalten soll. Es ist ein himmlischer Ort, und die kleinen Mädchen quietschen vor Vergnügen.

Aber jetzt müssen sie artig sein und bei Lena, dem Kindermädchen, bleiben. Sie müssen jetzt kleine Damen sein und nicht herumstrolchen – denn Mutter hat heute nachmittag viel zu tun. Papa bringt die drei anderen Generäle, Bourgoyne, Phillips und Fraser, zum Abendessen mit.

Es würde, trotz knapper Rationen, ein schönes Essen werden. Rockel hat genügend Forellen gefangen, und sie hat der Verpflegungsstelle zwei Hühner abschmeicheln können. Jetzt braten sie in dem holländischen Ofen neben dem Kamin in der Küche. Bourgoyne ist ein Feinschmecker. Sie möchte, daß das Essen besonders gelingt.

Sie mag Bourgoyne nicht. Er ist ein zügelloser Trunkenbold, allzu schnell bei der Hand mit flammenden, immer etwas ironisch klingenden Komplimenten. Seine Schamlosigkeit ist kompromittierend. Er nimmt seine Geliebte öffentlich überall mit hin. Man sagt, er habe zu Hause eine Frau, die er aufrichtig liebe. Wie kann das sein? Aber Männer verhalten sich seltsam in solchen Dingen – jedenfalls ist es gut gewesen, daß sie nach Amerika gekommen ist – obwohl sie sich Friedrich nicht mit einer anderen Frau vorstellen kann.

Der Tisch sieht bezaubernd aus. Im Haus gibt es schönes Porzellan und echtes Silber. Sie hat das Zimmer mit den buntesten Herbstblättern, die sie finden konnte, geschmückt. Wo bleiben die Männer? Friedrich ist sonst immer pünktlich. Der Braten wird verderben. Vom Fenster aus kann sie beträchtliche Truppenbewegungen, sogar in den hintersten Linien, wahrnehmen. Über den fernen Wäldern hängt ein dichter Nebel aus schwarzem Rauch, und plötzlich erschüttert das dumpfe Grollen der Kanonen das Haus. Die Kinder sind mit Lena in der Küche. Essen hin oder her, sie möchte sie bei sich haben.

»Lena, bringe die Kinder zu mir, sofort, hörst du?«

Sind es englische oder amerikanische Kanonen? Die schweren Geschütze sind von der Flottille nicht mehr geliefert worden, und diese ist jetzt auch noch in der Hand der Amerikaner. Lieber Gott, lasse es diesmal gut ausgehen!

Am Rande der Lichtung befindet sich ein Beet Astern, die verwelkt auf ihren geschwärzten Stengeln die Köpfe hängen lassen. Genau an dieser Stelle treten aus dem Dickicht zwei Männer mit einem Schubkarren, auf dem ein Mann liegt. Es kann doch nicht sein ... Sie wirft einen Schal um und rennt los.

Es ist General Fraser, der junge Earl von Balcarres. Seine Kleider sind schmutzig und blutig. Seine blauen Augen müssen sich bereits anstrengen, die anwachsende Dunkelheit zu durchbrechen. Er hat einen Beckenschuß erlitten. Noch stärker als die atemlose Erleichterung der Baronin ist ihre lähmende Scham. Sie versucht, die Lippen anzufeuchten, aber ihre Kehle ist trocken. General Fraser schaut sie an, als kenne er ihre Gefühle, und er lächelt ihr, unter all seinen Schmerzen, bestätigend, fast humorvoll zu. Er versucht, den ernst dreinschauenden Kindern zuzunicken, als man ihn in ihr Zimmer trägt. Er ist ein liebenswürdiger junger Mann und so ein guter Soldat, sagt ihr Mann.

Für General Fraser kommt jede Hilfe zu spät. Das weiß sie sofort. Er stöhnt erbarmungswürdig nach Wasser, aber sie können es ihm nicht geben – das wäre zu schmerzhaft. Die Geschütze dröhnen den ganzen Nachmittag. Sie verstummen auch nicht bei Sonnenuntergang. Am Abend kommt ihr Mann mit Bourgoyne. Bourgoyne setzt sich neben den jungen Earl, hält seine Hand, streicht ihm das feuchte Haar aus der Stirn und weint ganz offen vor den Kindern, was sie selbst niemals tun würde. Nach dem Ausgang der Schlacht braucht man nicht zu fragen. Sie muß nur in Friedrichs verwirrtes und eingefallenes Gesicht sehen, um zu wissen, daß es Unheil bedeutet.

Gustava, Friederike und Caroline schlafen jetzt. Sie würden vergessen. Aber die kleine Baronin sitzt noch Stunden da und betrachtet ihre Kinder. Sie wagt nicht, sich an ihren Mann zu wenden, der bitter gedemütigt dasitzt. Sie ist »ständig in Angst, die Kinder könnten aufwachen und weinen und so den armen Sterbenden stören, der sich immer wieder für die Umstände entschuldigt, die er macht.«

Der Morgen bricht an und dann der Mittag, und den ganzen Tag geht das Schießen sporadisch weiter – sogar in der Abenddämmerung, als sich der gesamte Generalstab auf einer Hügelkuppe zu General Frasers Begräbnis versammelt. Die Dunkelheit wird von plötzlichen Blitzen erleuchtet. Kanonenkugeln fliegen um und über die Männer. Ein dünner Nieselregen fällt, als man den Leichnam zur letzten Ruhe bettet und General Bourgoyne mit zögernder, tiefbewegter Stimme einige Worte spricht. Die Soldaten packen ihre Marschvorräte ein. Es regnet noch immer, als sie in jeder Himmelsrichtung Feuer entzünden und ihre Zelte zurücklassen, ein hoffnungsloser und kindischer Versuch, ihren Rückzug zu verbergen.

Die ganze Nacht hindurch schleppt sich die Armee mühsam durch die Wälder. Die Baronin, ihre Kinder und Dienstboten befinden sich wieder in der Kalesche. Caroline und Gustava schlafen tief und fest, aber Friederike beginnt, ängstlich zu weinen. Sie fürchtet sich vor den geheimnisvollen Wäldern und dem verzweifelten Schweigen der Männer. Ihre Mutter preßt ihr ein Taschentuch auf den Mund.

Um sechs Uhr morgens ordnet Bourgoyne eine Pause an. Die Soldaten schlafen auf der Erde; sie sind zu müde, sich um den Regen zu kümmern. Baron von Riedesel schläft an der Schulter seiner Frau drei Stunden lang. Dann marschiert die Armee, den Feind immer in Sichtweite, umgeben von versprengten Indianern, weiter in Richtung Heimat. Gegen Abend, bei Saratoga, schlagen die Männer ein Lager auf.

Ihre einzige, verzweifelte Hoffnung zu entkommen liegt in einem schnellen Rückzug nach Fort Edward, und die Baronin richtet an General Phillips indigniert die Frage, wieso sie nicht weitermarschieren, solange noch Zeit dazu ist.

»Gute Frau«, sagt er, »Sie versetzen mich in Erstaunen! Sie sind durch und durch naß und haben dennoch den Mut, weiterzugehen zu wollen, bei dem Wetter! Wären Sie doch unser kommandierender General! Er hält an, weil er müde ist und weil er hier die Nacht verbringen und uns ein Abendessen geben will!«

Am nächsten Tag um zwei Uhr haben die Amerikaner sie eingeholt und eröffnen das Feuer. Die Baronin setzt sich mit den Kindern in die Kalesche und flüchtet zu einem verlassenen Haus am Hudson. Als sie die Einfahrt erreichen, sieht sie fünf oder sechs Männer mit auf sie gerichteten Gewehren auf der anderen Flußseite. Unwillkürlich wirft sie die Kinder auf den Boden der Kalesche und sich selbst schützend darüber. In diesem Moment feuern die Männer und zerschmettern den Arm ihrer Eskorte, eines unglückseligen, englischen Soldaten.

Die Kinder schreien, als sie sie zur Haustüre zerrt. Sie flüchten sich in den Keller. Das Haus liegt Tag und Nacht unter dem Beschuß der Kanonen, deren Kugeln mit ohrenbetäubenden Schlägen gegen die Wände donneren. Madame Riedesel legt sich in eine Ecke in der Nähe der Tür. Die Kinder liegen auf der Erde, die Köpfe in ihrem Schoß, und weinen. Es hat jetzt keinen Sinn, mit ihnen zu sprechen ...

Sie fürchtet sich nicht mehr. Es ist erstaunlich, wie einfach ihr Leben geworden ist: reduziert auf etwas, das es zu schützen galt. Um wieviel komplizierter ist ihr Leben mit sechzehn gewesen, umschwärmt von all den jungen Offizieren. Ihr Leben war erfüllt von halbgelungenen Intrigen, plötzlichen Eingebungen, die sie später bereute, und von einer unverständlichen, schmerzlichen Sehnsucht. Doch an dem Tag, als sie Friedrich traf, passierte etwas in ihrem Herzen. Sie heirateten am 21. Dezember 1762, drei Tage vor Weihnachten. Ist das schon so lange her?

Kein Mädchen hatte je eine prächtigere Hochzeit. Sie erinnert sich an die tanzenden Bauern, die fahnengeschmückten Häuser, die Parade der Adjutanten und Offiziere, wie sie in ihren Ausgehuniformen die Straßen auf und ab galoppierten. Mit Geschenken beladen, kamen die Bauern und Stadtleute aus ganz Braunschweig zum Anwesen ihres Vaters. Wichtige Persönlichkeiten, Herzog Ferdinand, Prinz Friedrich, hatten sich, als Geschenk für sie, in Lebensgröße porträtieren lassen. Die Bilder hängen jetzt in der langen Eingangshalle in Wolfenbüttel – wird sie sie jemals wiedersehen? Und kurz vor ihrer Hochzeit waren die hübschesten Mädchen Braunschweigs ausgewählt worden, um für ein Gemälde zu posieren, das die vier Jahreszeiten darstellen sollte. Sie trug ein Kleid in zartestem Grün, im Arm lauter Maiglöckchen und Veilchen, ihr Kopf von zarten, weißen Blüten umkränzt, deren Blätter mit ihren blonden, hüftlangen Haaren, verschlungen waren. Sie verkörperte den Frühling.

Langsam gewöhnen sich ihre Augen an die Dunkelheit, und sie kann die Gesichter um sie herum unterscheiden: ihre Mädchen; eine große Zahl verwundeter Soldaten, zwei fremde Frauen. Keiner sagt ein Wort. Was denken sie, diese stummen, geisterhaften Leute?

Das Haus bebt, als nochmals eine Kanonenkugel einschlägt. Gustava und Caroline schlafen jetzt, ihre Tränen trocknen langsam auf ihren Wangen. Nur Friederike weint noch herzerweichend. Immer Friederike, sie ist ein geplagtes Kind. Sie soll damit aufhören. Aber sie tut es nicht.

Einer der verwundeten Offiziere bietet seine Hilfe an. Er setzt sich neben der Baronin auf den Boden. »Magst du Kätzchen, ganz kleine Kätzchen?«

Das Kind antwortet nicht.

Er miaut. Man glaubt das graue, wollige Fell, die kleinen, spitzen Ohren und die großen Augen mit den dunklen Pupillen zu sehen. Dann schnurrt er, ein tiefes, zufriedenes Schnurren.

»Hier ist ein kleines Lämmchen, das seine Mutter verloren hat.« Er blökt traurig. Das Schluchzen des Kindes läßt etwas nach. Sie wendet ihm ihr unglückliches kleines Gesicht zu. Die Kanonen donnern wieder. Friederike zittert heftig, aber sie weint nicht mehr.

Er ist ein Zauberer. Er ist ein Hund, ein Wolf oder ein Löwe. Er ist eine Henne, die gerade ein Ei legt, oder ein Hahn, der triumphierend kräht. »Darf ich die Kleine nehmen? Sie müssen sehr müde sein, Madam.«

Vertrauensvoll begibt sich das kleine Mädchen in seine Arme, spricht mit ihm und lacht leise. Bald schläft sie ein, und das abgespannte Gesicht des jungen Offiziers ist genauso friedlich wie das des Kindes.

Am Morgen liegt das Haus unter Beschuß von der anderen Seite, aber die Baronin ist es schon etwas gewohnt. Es dringt ausreichend trübes Licht in den Keller, so daß sie die drei großen, modrigen Räume inspizieren kann. Madame Riedesel nimmt alles in die Hand. »Ich riet allen, eine Zeitlang den Keller zu verlassen, währenddessen ich ihn säubern wollte, damit wir nicht alle krank würden. Sie befolgten meine Aufforderung, und ich ging sogleich ans Werk, was mehr als notwendig war: denn Frauen und Kinder, die sich nicht ins Freie trauten, hatten den ganzen Keller beschmutzt.« Die Räume werden ausgefegt und ausgeräuchert, indem man Essig auf glühende Kohlen spritzt. Die Schwerverwundeten werden in einem Raum, Frauen und Kinder in einem anderen und alle übrigen in einem dritten untergebracht.

Sechs Tage lang halten sie sich in dem Keller auf, sie leben, inzwischen an die Dunkelheit gewöhnt, wie in einer versunkenen Welt. Wasser ist knapp und kann nur unter größter Lebensgefahr hereingebracht werden, dennoch stehlen sich die Männer hin und wieder hinaus, weil sie das Stöhnen der

Verwundeten nicht mehr ertragen können. Es gibt kaum etwas zu essen, und nur die Kinder spüren den Hunger nicht. Einmal zerbersten elf Kanonenkugeln, eine nach der anderen, im Haus. Einem Soldaten, dem gerade ein Bein amputiert werden soll, wird das andere Bein während der Operation weggeschossen. Er stirbt sofort! Es ist keine Zeit für Verzweiflung. Der Baronin wird bewußt, wie unbeirrt das Leben weitergeht, auch unter diesen düstersten Umständen.

Am 13. Oktober erklärt sich Bourgoyne bereit, mit dem Feind zu verhandeln. Am 17. Oktober 1777 kapitulieren die Briten. Unter dem Kommando ihrer eigenen Offiziere marschieren die Truppen durch das amerikanische Lager und legen ihre Waffen nieder.

KRIEGSGEFANGENE

MADAME VON RIEDESEL FÜRCHTET, die siegreichen Amerikaner könnten sie grob und verächtlich behandeln. So wagt sie kaum, die Augen zu erheben, als ihr Mann nach ihr schickt und sie am Nachmittag der Kapitulation durch das Lager der Rebellen reitet. Die Kinder sehen benommen aus, als sie sie das erste Mal aus dem Keller ans Tageslicht führt – ihre Augen sind wie die neugeborener Babys, die unterschiedliche Helligkeit wahrnehmen, aber keine Gegenstände, und sie ist überrascht, daß sogar sie selbst das fahle Licht dieses grauen Tages als zu grell und überwältigend empfindet. Sie hat das benommene Gefühl völliger Leere, und als ein älterer Mann auf sie zukommt, die Kinder aus dem Wagen hebt, ihnen einen Kuß gibt und dann ihr beim Aussteigen hilft, beginnt sie zu zittern.

»Sie brauchen keine Angst zu haben«, sagt der Mann halb entschuldigend. »Ich bin General Schuyler.«

Das also ist der Kommandeur der amerikanischen Nordtruppen! Er ist ein Gentleman. Aber was hat sie denn erwartet? Als könne er ihre Gedanken lesen, schießt ihr das Rot in die Wangen. Dann jedoch erholt sie sich und versichert ihm, sie könne keine Angst vor einem Mann haben, der so zärtlich mit Kindern umgehe.

In General Gates Zelt findet sie ihren Mann, Bourgoyne und Phillips, die so liebenswürdig mit Gates und Benedict Arnold plaudern, als seien sie alte Freunde. Sie werden zusammen zu Abend essen.

General Schuyler glaubt, sie fühle sich vielleicht als einzige Frau unter so vielen Männern unwohl, und bringt sie zu seinem eigenen Zelt, wo er ein Festmahl für sie vorbereitet hat. Er hat eine besondere Art mit Kindern umzugehen, einen drolligen, feinen Witz, und sofort scharen sie sich kichernd um ihn. Sie ertappt sich, daß sie ihm, dem Feind, vertraut, und als er sie und ihre Familie in sein Haus nach Albany einlädt, General Bourgoyne würde auch da sein, nimmt sie sofort an.

Endlich in Albany, aber als Kriegsgefangene! General Schuyler, seine Frau und seine Töchter sind so zuvorkommend, daß man den zwischen England und Amerika herrschenden Krieg nicht wahrnimmt. Es ist erstaunlich, daß sie so freundlich zu General Bourgoyne sind, »obwohl er ihre prächtigen Häuser niederbrennen ließ – ohne Notwendigkeit, wie man behauptet. Aber sie benahmen sich uns gegenüber wie ein Volk, das sein Unglück angesichts der Verluste anderer vergessen kann.«

Sie bleiben drei Tage, und die Baronin wäre gerne noch länger geblieben. Aber sie müssen nach Boston. Unter der Bedingung, daß sie nicht mehr am Revolutionskrieg gegen die Amerikaner teilnehmen würden, hat General Gates versprochen, alle Truppen nach England zurückzusenden, sobald man ihm Schiffe schicke.

Es ist schwierig, ihren Mann aus seiner Niedergeschlagenheit zu reißen. Hätte sie ihn davon abhalten können, ständig an die Niederlage zu denken, wäre die Reise von Albany recht angenehm gewesen.

Wie seltsam doch die Amerikaner sind! Einige der begleitenden Generäle sind Schuster und schämen sich ganz und gar nicht, ihr Handwerk auszuüben. An Rasttagen machen sie Stiefel für die Offiziere und reparieren sogar die Schuhe der gemeinen Soldaten. Einmal hört sie, wie ein englischer Hautpmann, dessen Stiefel zerfetzt waren, einem amerikanischen General, der ein gutes Paar Stiefel besaß, eine Guinee dafür bietet. Der General steigt sofort von seinem Pferd, nimmt das Geld, zieht seine Stiefel aus und die kaputten des Offziers an! Natürlich, amerikanisches Geld ist damals so gut wie nichts wert. Aber das hier ist ein neues Land!

Die Truppen dürfen nicht nach Boston hineinmarschieren. Etwas ist geschehen. Der Kongreß konnte sich nicht darauf einigen, die Gefangenen freizulassen. Sie müssen warten. Die Soldaten werden in elende Baracken einquartiert, ohne Böden, es gibt nicht einmal ein wenig Stroh, um darauf zu schlafen, kein Feuerholz, aber undichte Dächer, durch die es hereinregnet. Sogar den Riedesels wird nur ein winziger Raum auf einem Bauernhof zugewiesen. Die Mädchen müssen auf dem Boden schlafen und die Männer im Flur. Es ist schmutzig, und die Bauernfamilie haßt sie.

Und doch ist der General erzürnt, als sie nach Cambridge beordert werden. Nach Boston sollten doch die Schiffe kommen, die sie zurück nach England bringen würden. Jetzt ist alles unsicher geworden. Bourgoyne ist so töricht gewesen, sich auf das Wort General Gates zu verlassen. Der General läuft in dem winzigen Zimmer auf und ab, und seine Frau leidet mit ihm.

Cambridge ist eine reizende Stadt. Sie sind in einem schönen Haus untergebracht, das früher Royalisten gehört hat. Während des langen Winters verläuft ihr Leben heiter und bequem. Sie freundet sich mit vielen amerikanischen Familien an, und diese hätten nicht freundlicher sein können. Der Frühling kommt, ihr Garten ist voller Blumen, Flieder, Phlox und Hyazinthen.

Im Juni gibt sie anläßlich des vierzigsten Geburtstages ihres Mannes ein Abendessen und einen Ball. Sie lädt dazu sämtliche Generäle und Offiziere ein. Haus und Garten sind von Fackeln erleuchtet, deren Licht weich auf die weißen, rosafarbenen und roten Kletterrosen fällt. Während des Essens erhebt sich ihr Mann, bringt einen Trinkspruch auf den König und den Herzog von Braunschweig aus, und alle singen *God Save the King*. Plötzlich ist das Haus von aufgebrachten Amerikanern umringt. In Neu-England nämlich sind brennende Fackeln ein Zeichen für drohende Gefahr, jeder gesunde Mann läßt dann sofort seine Arbeit stehen, ergreift sein Gewehr und eilt in Richtung des Signals. Die Baronin hat ihr Haus so hell erleuchtet, daß die Amerikaner gedacht haben, es sei Alarm und die Gefangenen planten eine Meuterei. Als sie erfahren, daß es sich um eine Festlichkeit handelt, entschuldigen sie sich und kehren sofort wieder um.

Madame Riedesel ist ein gesellschaftlicher Erfolg. Ihr Haus »ist immer voller englischer Gentlemen«, wie sie stolz in ihrem Tagebuch vermerkt. Die Leute mögen sie, sie ist beliebt und wird respektiert. Einer ihrer Besucher in dieser Zeit nennt sie »die liebenswerte, kultivierte und vornehme Baronin«. Er schwärmt auch von ihren »entzückenden blauen Augen, die sich mit Tränen füllen, wenn sie von ihren Leiden erzählt«. Sie hätte »ausreichend *embonpoint* und ein hübsches Gesicht«, fügt er hinzu.

Ihr Mann dagegen wird immer trübsinniger. Er verbringt die meiste Zeit damit, an einem militärischen Memoire zu arbeiten, in dem er den Feldzug von 1777 beschreibt und analysiert. Es soll seine endgültige Rechtfertigung und Entschuldigung darstellen.

Er beginnt seinen Bericht mit folgender bezeichnenden Aussage: »Vom Anfange der Campagne im Jahre 1777 ist der General Riedesel weder in den Kriegsrat der englischen Generalität, die Bewegungen dieses Feldzugs betreffend, zugelassen, noch sind demselben die Instruktionen mitgeteilt worden, die der General Bourgoyne vom englischen Ministerium erhalten hatte.« Seinen eigenen Angaben zufolge, konnte er nur »Bourgoynes Anordnungen unter allen Umständen mit größter Genauigkeit ausführen.« Also ist Bourgoyne allein verantwortlich für das, was geschehen ist. Er und niemand sonst ist schuld. »Ich bin unschuldig«, versichert der deutsche General.

Riedesel weiß offenbar nicht oder will es nicht wahrhaben, daß Bourgoyne seinerseits das Opfer einer Verwechslung des englischen Kriegsministers geworden ist. Als sich der General im November 1776 auf Urlaub in London aufhält, nimmt er die Gelegenheit wahr, König Georg III. und dem Kriegsminister, Lord George Germaine, einen Plan für den Amerikafeldzug von 1777 vorzulegen. Er schlägt vor, eine Armee solle von Montreal aus nach Süden, eine zweite von Oswega aus nach Osten und eine dritte von New York aus nach Norden marschieren – alle drei sollten sich bei Albany treffen, Neu-England von den anderen Staaten abschneiden und dabei ausreichend Truppen zum Schutze Kanadas zurücklassen. Der Plan wird für gut befunden. Bourgoyne erhält das Kommando über die nördliche Armee und den Befehl, nach Albany zu marschieren und sich dort mit General Howe zu treffen. Nur, Howe weiß nichts davon.

Im Dezember des gleichen Jahres schreibt General Howe, der mit ungefähr zwanzigtausend Mann in New York steht, an Lord Germaine und schlägt einen anderen Plan vor, in dem er zusätzliche dreißigtausend Mann anfordert, um gegen Neu-England und New Jersey vorzugehen und den Süden zu halten. Germaine antwortet, der König denke wohlwollend über seinen Plan nach, schlage aber auch einen Ablenkungsangriff der Truppen auf die Küsten Massachusetts' und New Hampshires vor. Dies ist der letzte Brief, den Howe von Germaine erhält, ehe er im folgenden Sommer nach Philadelphia aufbricht.

Riedesel unterbreitet bis zum bitteren Ende der Tragödie immer wieder hilfreiche und vernünftige Vorschläge, die von dem arroganten und verantwortungslosen General Bourgoyne verächtlich abgetan werden. Wären die Dinge nach den Vorstellungen des deutschen Offiziers verlaufen, gehörte Amerika womöglich heute noch zum britischen Empire.

Im November 1778 werden die Gefangenen nach Virginia beordert. Die Baronin empfindet Trauer und Bedauern bei dem Gedanken, ihre zahlreichen neuen Freunde und das liebgewonnene Haus verlassen zu müssen. Es fällt ihr schwer, wieder über Land zu reisen. Die Kinder finden das allerdings aufregend. Sie freuen sich lautstark über die elegante englische Kalesche und den gedeckten Wagen für die Vorräte, die ihr Vater für sie gekauft hat, und tun so, als wären sie alle Zigeuner. Es ist jetzt November, und es würde eine lange Reise werden.

Sie erreichen Virginia Mitte Februar 1779. Sie kamen durch Connecticut, New York, New Jersey, Pennsylvania und Maryland und legten in zwölf Wochen sechshundertachtundsiebzig englische Meilen zurück. Es ist eine harte Reise. Die Straßen sind die meiste Zeit eisbedeckt, es regnet, schneit, und es weht ein schneidendkalter Wind. Oft übernachten sie in den Wäldern, wo die armen, zu Fuß marschierenden Soldaten, in tiefen Felsritzen oder im Dickicht schutzsuchend, auf der blanken Erde lagern müssen. Die Riedesels schlafen in ihrem Wagen, aber es ist unmöglich, die Kinder ausreichend warm zu halten. Wenn sie in der Nacht weinend aufwachen, singt ihnen die Baronin deutsche oder kleine französische Volkslieder vor.

Nach der Reise gibt es für Madame von Riedesel keinen Zweifel mehr über das Verhältnis der Amerikaner zu ihrem Mutterland. Während ihrer Reise denkt sie oft an Bourgoynes naive Hoffnung, Tausende Königstreuer würden sich unter des Königs Banner stellen. Die Amerikaner haben den Krieg noch nicht gewonnen – aber sie sind keine Siedler mehr. Sie sind eine Nation.

Oft will man den Riedesels keine Vorräte verkaufen. Auf ihre Bitte, ihnen irgendetwas zu verkaufen – ein bißchen Gemüse – ein paar Eier – schreit sie eine Dame grob an: »Ihr sollt keinen Krümel erhalten. Ihr seid in unser Land gekommen, um uns zu töten und unseren Besitz zu verwüsten. Jetzt seid ihr unsere Gefangenen.« Aber als die kleine Caroline, nunmehr zweieinhalb Jahre alt, sagt, daß sie Hunger habe, gibt ihnen die Frau ganz beschämt alles, was sie wollen. In Virginia, lediglich eine Tagesreise von ihrem Ziel entfernt, besitzen sie nur noch Tee. Die Baronin bettelt bei den Bauern um Essen für die Kinder. Den »Royalisten-Hunden« würden sie nichts verkaufen ...

Im Haus eines Oberst Howe hört sie, wie seine hübsche, vierzehnjährige Tochter beim Anblick glühender Kohlen ausruft: »Oh! Wäre doch der König von England hier, mit welcher Genugtuung würde ich ihn in Stücke schneiden, sein Herz herausreißen, es auseinandernehmen, auf diese Kohlen legen und verzehren.«

Die Baronin schaut sie mit Entsetzen an. »Ich schäme mich fast, einem Geschlecht zuzugehören, das imstande ist, sich solche Vergnügungen auszudenken.«

Die Riedesels werden in Colle einquartiert, einen Zweistundenritt entfernt von Charlottsville, Virginia, wo die Truppen stationiert sind. Sie mieten das Haus eines Italieners. Als es Frühling wird, pflügen und bepflanzen sie die Gärten und Felder. Wie fruchtbar dieses Land ist! Die Saat scheint über Nacht zu keimen, und das Gemüse ist köstlich. Sie bauen ein Gatter für die wilden Truthähne, die ganz zahm und manchmal über fünfzig Pfund schwer sind. Im Frühling fliegen diese großen, wohlgenährten Vögel davon, um in den Wäldern zu brüten, und die Baronin denkt, sie seien für immer weg, aber sie kehren zurück, gefolgt von einer riesigen Herde Küken.

Die Riedesels halten sich bis August in Virginia auf. Es sind, trotz der Üppigkeit des Landes, schreckliche Monate. Baron von Riedesel ist ständig voll grollender Wut oder, noch schlimmer, voll stummer Verzweiflung. Zunächst schreibt er den Amerikanern in aufgebrachten Briefen, daß doch den Truppen anständige Behandlung zugesichert worden sei. Bei ihrer Ankunft, es ist immer noch bitter kalt, bestehen die Baracken in Charlottsville aus Reihen unfertiger Blockhäuser, ohne Putz, ohne Türen und Fenster. Die Gefangenen sind zehn Tage später als erwartet angekommen, und das für sie vorgesehene Fleisch hat man, mit Asche statt Salz präpariert, in einem Erdloch gelagert. Die oberen Lagen sind alle von der Sonne verdorben, oft müssen die Männer ihre Fleischration wegwerfen, und nur manchmal gelingt es, etwas davon zu retten, indem man das Stück abwäscht, salzt und in die Sonne hängt. Eine Anzahl Männer wird krank und stirbt. Der General kann sich nicht einfach zurücklehnen und zusehen, wie seine Männer verhungern: er ist für ihr Wohlergehen verantwortlich. Aber die Truppen bringen in Schwerstarbeit ihre Quartiere in Ordnung. Später entsteht eine hübsche kleine Stadt mit Gärten und Geflügelkäfigen hinter jeder Baracke.

Der Baron ist nicht länger der geduldige, angenehme Mann, als den seine Frau ihn gekannt hat: sein Temperament gleicht dem Klima. Bei großer Hitze pflegt er brütend dazusitzen, immer wieder Briefe an Washington und Jefferson zu richten mit der Bitte um Austausch, ungeduldig auf Antwort zu warten und höfliche Ablehnungen zu erhalten. Er gibt Lafayette die Schuld, da er das Gefühl hat, daß dessen Einfluß den amerikanischen Kongreß dazu bewegt hat, sein Wort zu brechen, obwohl doch der feierliche Schwur bestand, den britischen Truppen die Rückkehr nach Europa zu gestatten.

Die Baronin erinnert sich an ihr Zusammentreffen mit Lafayette auf ihrem Weg nach Süden, in Hartford, Connecticut. Sie hat ihn gedemütigt und ist glücklich darüber. Lafayette ißt mit den Riedesels zu Abend und spricht mit Wehmut über England und das Wohlwollen, das der König ihm entgegengebracht hat. Madame von Riedesel kann ihre Zunge nicht im Zaum halten. Wie konnte er nur so weit gehen, die Freundlichkeit des Königs anzunehmen, wo er doch beabsichtigte, gegen ihn in den Krieg zu ziehen. Lafayette hat den Anstand, beschämt dreinzuschauen. »Es ist wahr, daß mir so ein Gedanke eines Tages durch den Kopf ging, als der König mir seine Flotte zeigen wollte. Ich antwortete, daß ich hoffte, sie eines Tages zu sehen. Und dann zog ich mich ganz ruhig zurück, um der Peinlichkeit zu entgehen, das Angebot ausschlagen zu müssen, sollte er es wiederholen...« War er wirklich ein Spion gewesen, wie die Leute in England immer vermuteten?

Im Hochsommer ist der Baron von der Hitze derart angegriffen, daß sie nach Frederick-Spring, einem nahegelegenen Kurort fahren. Dort ist es angenehm, und sie machen die Bekanntschaft der Familie General Washingtons und Madame Carrolls, einer liebenswerten Frau und glühenden, doch vernünftigen amerikanischen Patriotin. Sie besuchen Tanzvergnügen auf dem Lande, und die Baronin amüsiert sich sehr. Diese stumpfsinnigen Virginier lieben den Tanz: bei dem geringsten Anlaß springen sie im Handumdrehen auf und tanzen; wenn ein Schottischer für sie gespielt wird, »ergreifen die Männer sofort die Frauen, die dann wie besessen herumhüpfen; aber sobald sie wieder auf ihren Plätzen sind, sitzen sie da wie die Holzklötze«.

In Frederick-Spring erreicht sie schließlich die Nachricht, daß Riedesel und Phillips die Erlaubnis hätten, sich nach New York zu begeben, um dort ausgetauscht zu werden. Während ihr Mann also nach Colle zurückkehrt, um das Kommando über die deutschen Truppen Oberst Specht zu übergeben, nimmt die Baronin ihre Kinder und macht sich im August 1779 auf die Reise, um Mrs. Carroll in ihrem Heim in Maryland zu besuchen. Später will sie ihren Mann in Yorktown, Pennsylvania, treffen.

Ihr letzter Eindruck des Südens ist der von Zärtlichkeit und Schönheit. Das Haus der Carrolls ist exquisit ausgestattet, doch das allerschönste ist der Garten. »Wir besteigen den Weinberg auf einem gewundenen Pfad, der bis zur Hügelkuppe emporführte. Zwischen den einzelnen Weinstöcken blühte jeweils eine Stockrose und ein Amarant.« Vor ihrer Abreise entwerfen sie und Hauptmann Freeman – ein Engländer, den der General zu ihrem Schutz abgestellt hat – einen Tempel für Madame Carrolls Garten, schmücken ihn mit Blumen und widmen ihn der »Freundschaft und Dankbarkeit«. »In diesem Land würde man es als Verbrechen erachten, einem Fremden die Gastfreundschaft zu verweigern.«

New York ist noch immer in Händen der Royalisten, und als sich die Riedesels im Winter 1779 dort niederlassen, werden sie mit Freundlichkeiten überhäuft. Die Baronin hat zwar nunmehr zahlreiche amerikanische Freunde, die sie aufrichtig schätzt, aber es ist doch schön, wieder unter Menschen der gleichen Überzeugung zu sein. Generalgouverneur Tryon stellt ihnen sein Haus, so lange sie es wünschen, zur Verfügung. General Patterson und Lord Cornwallis machen ihre Aufwartung. Es ist eine hohe Ehre für eine Deutsche, unter allen vornehmen Damen der Stadt auserwählt zu sein, beim Ball zu Ehren des Geburtstages Ihrer Majestät die Königin repräsentieren zu dürfen. Obwohl hochschwanger, »mußte sie den Ball am Arme eines der Generäle mit einem klassischen Menuett eröffnen«.

An New York sind zwar die unmittelbaren Schrecken des Krieges vorbeigegangen, aber es herrscht unglaubliche Not in der Stadt. Die Baronin stellt fest, daß fünfzig Dollar in englischer Währung ihre kleine Familie keine zwei Tage ernähren können – was muß das erst für die Armen bedeuten? So sehr die Engländer auch bitten mögen, es erweist sich als unmöglich, den Bauern der Umgebung Essen abzukaufen. Das Nationalgefühl ist in der unmittelbaren Nachbarschaft New Yorks genauso stark wie überall sonst im Land. Schließlich schickt man Plündertrupps los; aber die Amerikaner vergraben ihre Ernte, verstecken ihre Möbel in den Wäldern, und die Engländer finden nur verlassene Häuser und leere Scheunen, aber kein Vieh vor.

Glücklicherweise sind Gustava, Friederike und Caroline robuste kleine Mädchen, denn der Winter ist eisig, und die Riedesels frieren in dem zugigen Tryon-Anwesen. Der Klafter Holz kostet, wenn überhaupt erhältlich, ein Pfund – gerade ein schwaches Feuer können sie damit in einem der Kamine unterhalten. Schließlich befiehlt ein Stadtkämmerer gegen viele Einwände, einige der schönsten Alleebäume im unteren Manhattan fällen zu lassen, und schickt das Holz an die Baronin, »denn es ist besser, ein paar Bäume zu opfern, als eine Familie, die dem König so aufopfernd gedient hat, Not leiden zu sehen«.

Die Stadt krankt nicht nur an Entbehrungen, sondern auch an Seuchen. Als die Riedesels ankommen, wüten die Pocken in New York. General Clinton, der es versäumt hatte, General Bourgoyne zu helfen, bietet ihnen eiligst seinen Landsitz an, wo sie die Kinder impfen lassen können. Im März 1780 bringt die Baronin, zum milden Ärgernis ihres Gatten, eine weitere Tochter zur Welt und vermerkt in ihrem Tagebuch, daß die Pocken wieder eine Bedrohung darstellen und daß der besorgte General darauf bestanden hatte, auch die kleine *America* impfen zu lassen.

In der Sommerhitze fegt ein bösartiges Fieber durch die Stadt, und im Haus der Riedesels bleiben von dreißig Personen, die Dienerschaft eingeschlossen, nur zehn gesund. Die Kranken leiden an Fieberanfällen und Schüttelfrost. Madame von Riedesel eilt tagelang von Patient zu Patient, ohne sich Ruhe zu gönnen, »außer wenn ich dem Baby die Brust gab«.

Und so geht das Leben arbeitsreich und anstrengend weiter. Es zeichnet das hübsche Gesicht der Baronin, es hinterläßt seine Spuren, sie ist jetzt nicht mehr jung. Als sie ein alter Freund – General Loos von der hessischen Armee – nach vielen Jahren wiedersieht, ruft er aus: »Ha ha! – Was haben Sie mit Ihrer eleganten Figur, Ihrem makellosen Teint und Ihren schlanken, weißen Händen gemacht? Das alles ist verschwunden, aber Sie haben viele Länder gesehen und bei Ihrer Rückkehr zu den alten Freunden werden sie viel zu erzählen haben.«

Im Herbst 1780 werden die Generäle von Riedesel und Phillips ausgetauscht, obwohl der Rest der Truppen, die bei Saratoga gefangengenommen wurden, bis zum Ende des Krieges in Gefangenschaft bleibt.

General Clinton gibt dem Baron ein Kommando auf Long Island. Er ist glücklich und sein Herz ist jetzt für seine Frau offen. Es ist herrlich, wieder ein Baby zu haben, America, so dick und gesund, ein Sinnbild all dessen, was ihr die neue Welt gebracht hat: Gefahr und Rettung und Liebe.

RÜCKKEHR

DER AUFENTHALT AUF LONG ISLAND ist nur von kurzer Dauer. Dann wird der General nach Kanada beordert, wo er und seine Familie bis Sommer 1783 bleiben, bis sie die Nachricht erreicht, die Vorverhandlungen für einen Friedensvertrag seien unterzeichnet und die Truppen könnten möglicherweise noch im gleichen Jahr zurück nach Europa. Im Herbst 1782 bringt die Baronin noch ein kleines Mädchen zur Welt, das sie *Canada* nennt. Aber Canada ist ein zartes Kind und lebt nur fünf Monate – zum Kummer der Familie, besonders Gustavas, die sich nicht trösten lassen will und vor Schmerz ganz krank wird. Madame von Riedesel braucht vor ihrer Abreise nach Europa wieder und wieder die Versicherung, daß ihre kleine protestantische Tochter auf dem katholischen Friedhof ihre letzte Ruhe finden darf.

Ihre englische Majestät wünscht, daß die Riedesels jeglichen Komfort genießen sollen. Sie erhalten ein prächtiges Schiff für ihre Heimreise. An Bord befindet sich eine Kuh mit ihrem Kalb, um die Versorgung der Kinder mit frischer Milch sicherzustellen; Hühner, Schafe und Mengen an frischem Gemüse werden auf das Schiff gebracht. Das Oberdeck wird mit Erde bedeckt, und Salatpflanzen werden gesetzt.

Im September 1783 landen sie in Portsmouth.

Die Königin möchte sie sehen, und die Riedesels trinken in einem Wohnzimmer vor einem hellen Kaminfeuer mit der königlichen Familie Tee. Die Prinzessinnen können von den amerikanischen Abenteuern nicht genug kriegen, sie rücken immer näher und unterbrechen sich gegenseitig mit eifrigen Fragen. Die Baronin leidet an einem schlimmen Husten. »Prinzessin Sophie persönlich holte mir Gelee aus schwarzen Johannisbeeren, das sie als besonders gute Medizin empfahl, und sie zwang mich förmlich, ein ganzes Glas davon anzunehmen.« Der Prinz von Wales kommt herein. Seine jüngeren Schwestern umringen ihn, und er umarmt sie und tanzt mit ihnen herum. Der König spricht deutsch mit dem Baron. Er nickt, schüttelt den Kopf, lächelt und versteht all seine Schwierigkeiten.

Als sie das Feuer und den König sieht, erinnert sich Madame von Riedesel plötzlich an Oberst Howes Tochter. »Ich würde sein Herz herausreißen, es auseinandernehmen, auf diese Kohlen legen ...«

Vor mehr als sieben Jahren haben sie Wolfenbüttel verlassen. Das ist zu lange her, als daß die Kinder sich erinnern könnten. Jetzt steht die kleine *America* in der Kutsche und preßt ihre kleine, neugierige Nase gegen das Fenster, und Carolines Puppe fällt zu Boden. Gustava und Friederike sitzen ganz ruhig da. Sie sind junge Damen geworden. Rockel, mit schneeweißem Haar und tränenfeuchten Augen, kehrt mit ihnen zurück. Auf den Feldern ist das Heu zu hohen, süß duftenden Hügeln aufgeschichtet, und friedlich liegen die Bauernhöfe da. Sie kommt wieder nach Hause, und ihr Friedrich ist bei ihr. Die Kutsche rollt durch die Tore ihres alten Hauses. Es überfällt sie ein Schwindelgefühl. Ihr Mann würde ihr durch die Türe helfen müssen, denn ihr Glück ist fast unerträglich. Sie muß zu Gott beten und ihm danken für seinen Schutz in vielen Gefahren, für das Leben ihrer Lieben und für den Zuwachs ihrer Familie durch die kleine America ...

Die Baronin lebt bis zu ihrem zweiundsechzigsten Lebensjahr und bereichert ihren Haushalt um weitere fünf Kindern, darunter einen Sohn. »Es ist absolut erstaunlich«, schreibt sie in ihr Tagebuch, »was der Mensch aushalten kann, und auch was ich durchgemacht habe. Aber ich war gesund und mit einem fröhlichen, glücklichen Wesen gesegnet, das es mir ermöglichte, den kleinsten Hoffnungsschimmer mit echter Freude und Dankbarkeit zu empfangen.«

KAPITEL II

DICHTER DES MISSISSIPPI

CHATEAUBRIAND

»Ich will nach Amerika gehen, großartige Dinge entdecken!«

»Was werden Sie entdecken? Christoph Columbus hat bereits gute Arbeit geleistet.«

»Ich habe gehört, es gibt noch unerforschte Gegenden. Ich muß sie finden. Die Nordwestpassage …«

»Welche Nordwestpassage? Und warum?«

»Außerdem möchte ich die Wildnis, die Wilden studieren.«

»Was soll Ihnen das nützen? Sind Sie Naturforscher? Anthropologe?«

»Ich bin Dichter. Ich werde das große Epos von Mensch und Natur schreiben!«

Wer ist dieser ehrgeizige, beharrliche junge Mann, der durch Paris eilt und einflußreiche Leute besucht, die er behelligt, amüsiert, belästigt und ergötzt? Er bittet um Gefälligkeiten, er verspricht Wunder. Er braucht Geld, Empfehlungsschreiben, Ratschläge aller Art. Die Leute empfangen ihn, hören ihm zu und halten ihn für sehr klug, obschon etwas konfus. Vielleicht ist er ein Genie. Zugegeben, er scheint kompliziert und rätselhaft. Er ist empfindsam und melancholisch, gesprächig, prätentiös, sogar arrogant, und charmant, manchmal gleichgültig, manchmal rücksichtslos und energiegeladen und immer darauf aus, zu beeindrucken, zu verblüffen und zu überraschen. Er lechzt nach Ruhm wie ein Verdurstender nach Wasser. »Ich bin mit einer Überdosis Leben belastet«, sagt er von sich selbst und scheint doch gleichzeitig des Lebens überdrüssig und bereit, es um des Ruhmes willen aufs Spiel zu setzen. Er ist sehr jung, erst dreiundzwanzig Jahre alt. Sein beeindruckender Name ist François René Vicomte de Chateaubriand.

Er vergißt keine einzige Minute, daß er aus einer der vornehmsten Familien Frankreichs stammt. Zwei seiner Vorfahren waren mit dem englischen Königshaus verbunden, ein anderer hatte in das spanische Herrscherhaus eingeheiratet. Aber all dieser Glanz ist jetzt nur noch Geschichte. Nach dem Tode seines Vaters findet sich der junge François René am Rande der Armut. Er besitzt nichts außer seiner glühenden Phantasie, seiner grenzenlosen Eitelkeit und einer unerschütterlichen Entschlossenheit, eine außergewöhnliche Karriere zu machen.

Mit hartnäckigem Enthusiasmus insistiert er: »Ich muß nach Amerika.«

Die vornehmen Damen des Faubourg St. Germain fragen ihn: »Fürchten Sie denn nicht das Meer, cher ami?«

Er scheint beleidigt zu sein. »Im Gegenteil, chère Madame. Ich bin in St. Malo in der Bretagne geboren – das ist eine Hafenstadt, wie Sie sich vielleicht entsinnen. Meine Vorfahren kannten die wilden Launen des Ozeans – und ich kenne sie auch. Ich bewundere seinen gewaltigen Atem – le grand souffle de l'océan ...«

Die aristokratischen Damen, indessen sind nicht so leicht zu überzeugen. »Wenn wir nicht irren, gibt es dort drüben furchtbare Wilde ...«

Der junge Abenteurer, so scheint es, ist von den Wilden noch mehr angetan als vom offenen Meer. »Sie sind unschuldig, stark und gut. Ihre unverdorbenen Herzen reagieren auf jeglichen edlen, hochherzigen Appell. Die Verderbtheit, die Sündhaftigkeit der Menschen ist ganz und gar ein Resultat der Zivilisation. Der Mensch ist von Grund auf gut. Oh, retour à la nature ...«

Die Damen nicken nachdenklich und entzückt. Denn diese betörende Weise kennen sie alle: Es ist die verführerische Melodie Jean-Jacques Rousseaus. Die Menschen hören mit Vorliebe immer wieder dieselben Schlagwörter. Die wohlbekannte Maxime klingt vertrauenerweckend und beruhigend – sogar, wenn ihr wirklicher Inhalt in der Tat gefährlich und sogar aufrührerisch sein mag.

Der junge Dichter setzt seine verlockenden Ausführungen fort. Er will den Mississippi besuchen, dessen wirklicher Name, nebenbei gesagt, Meschacebé ist. Er hat den Ruf seiner Wasser, seiner bezaubernden Ufer vernommen. Er würde dort eine faszinierende Landschaft vorfinden, die vollendete Schönheit des Garten Edens. Hatten sie denn nicht die Stiche von Pater Lafiteau gesehen und bewundert? Das war ein großer Künstler, ein Gelehrter und heiliger Mann. Seine Vision von der Entdeckung des gemeinsamen Ursprungs aller menschlichen Rassen, war sie nicht fesselnd? Er hatte in der Neuen Welt die Universalreligion studieren wollen, die einstmals alle Völker der Erde gemeinsam hatten – wahrhaftig eine edle und anregende Konzeption! – und er hatte unter den Wilden bedeutende Spuren dieser verlorengegangenen religiösen Gemeinschaft gefunden.

In seinen Bildern von den Wettspielen, Ritualen und Kämpfen der amerikanischen Indianer porträtiert er die Wilden mit dem Zauber und der Würde griechischer Statuen, und der Dichter würde keine Ruhe finden, bis er sich selbst überzeugt hat, ob Pater Lafiteau recht gehabt hatte. Waren diese unzivilisierten Wesen wirklich so wunderbar, wie er sie beschrieben hatte?

Die Damen sind an Pater Lafiteaus Theorien über die Universalreligion nur mäßig interessiert. Ihr Verständnis wächst jedoch, als ihr jugendlicher Besucher erklärt, er habe die Zivilisation bis oben hin satt. Die Damen stimmen zu: Die Aussichten sind ziemlich schlimm. Wie weit ist der aufgebrachte Mob fähig und willens zu gehen? Und was könnte Ihrer Majestät zustoßen? Im Paris von 1791 herrscht in den aristokratischen Salons eine apokalyptische Stimmung. Niemand ist richtig in der Lage, die furchterregenden und ungeheuerlichen Ereignisse zu verstehen; aber alle haben düstere Vorahnungen. Die Zivilisation scheint kurz vor dem Zurücksinken ins Chaos zu stehen. Dies bedeutete eine Umwälzung, die die grundlegende Basis von Moral, Kultur, Religion hinwegfegt. Es ist wie ein Erdbeben. Alles scheint auseinanderzubrechen und ins Schwanken zu geraten: Eine soziale Ordnung – ihre soziale Ordnung – fällt auseinander.

Die Damen aus dem Faubourg St. Germain geben zu, daß die Wilden wohl kaum blutrünstiger, gefährlicher und habgieriger sein können als die Pariser Revolutionäre. Warum sollte ein junger Mann aus guter Familie nicht sein Glück in Übersee versuchen, da zu Hause solch abscheuliche Dinge vor sich gehen?

Im Gegensatz dazu befinden andere Freunde Chateaubriands, daß in diesem Augenblick, in dem die Wut der aufgebrachten Massen alle geheiligten Traditionen – und die Privilegien der herrschenden Klasse – bedrohe, der Platz eines jeden Adeligen in Frankreich zu sein habe. Die Traditionen, wie auch die Privilegien müßten verteidigt werden. Ein junger Mann wie François René solle lieber zu Hause bleiben und kämpfen, statt eine phantastische Expedition zu planen.

Der junge Vicomte hingegen verhält sich immer seltsam ausweichend, wenn ihn jene adligen Freunde nach seiner Haltung im gegenwärtigen

Streit befragen. Denn in seinem lebhaften Geist gibt es einen Widerspruch, eine Gefühlsverwirrung. Einerseits ist er intellektuell Kind und Produkt seiner Zeit, mit den Lehren der Aufklärung erzogen und davon etwas vage geprägt, beeinflußt von dem revolutionären Pathos der Freiheit und vor allem von dem feinsinnigen und zugleich bilderstürmenden Geist Jean-Jaques Rousseaus. Andererseits teilt er mit seiner sozialen Schicht die natürliche Abneigung gegen Unordung und Chaos. Zudem wird sein ästhetisches Empfinden abgestoßen durch schreckliche und grausame Szenen, wie sie zwangsläufig jede gewaltsame Änderung einer Gesellschaft mit sich bringt und denen er beiwohnen muß. Er ist in sich gespalten und wählt die bequemste und, seiner Meinung nach, nobelste Lösung. »Ich habe mit beiden Lagern nichts zu tun«, ruft er in arroganter Resignation aus. »Mein wirkliches Leben spielt sich in höheren Regionen ab ... für mich: die Wälder ...«

Endlich sind die Vorbereitungen abgeschlossen, er hat seiner Mutter und dem alten Familiensitz in Combourg in der Bretagne ein sentimentales Adieu gesagt und ist nun bereit, sich einer französischen Expedition anzuschließen, die von St. Malo nach Baltimore segelt. Die *St. Pierre* ist ein langsames und kleines Schiff von nur einhundertsechzig Tonnen, das Meer ist unruhig und eine Gruppe Seminaristen bietet wohl kaum sehr anregende Gesellschaft. Außerdem wird der Frischwasservorrat an Bord knapp. Am 6. Mai muß die *St. Pierre* ihre Reise unterbrechen und auf den Azoren vor Anker gehen. Der begeisterte junge Reisende allerdings nimmt die Unannehmlichkeiten kaum wahr. Seine Brust ist von berückenden Hoffnungen, wunderbaren Erwartungen erfüllt, und sein phantasievoller Geist von großartigen, wenn auch etwas vagen Überlegungen fiebrig erregt.

Die Neue Welt! Dieser Gedanke ist ergreifend, allumfassend, zukunftsverheißend und geheimnisvoll. Sie verspricht nicht nur die Heilkraft der Einsamkeit, die Schönheit des Lebens in der Wildnis, sondern auch die ideale Erfüllung bester europäischer Traditionen. Denn Chateaubriand erwartet ein Amerika, zur einen Hälfte paradiesische Wildnis, zur anderen Hälfte vollkommene Republik, bevölkert von römischen Helden und tugendhaften Quäkern; ein Land, das alle anregenden Qualitäten und vernünftigen Errungenschaften der Revolution, ohne ihre unangenehmen, prosaischen und grausamen Gegenstücke bietet.

Als die *St. Pierre* Anfang Juli 1791 endlich Baltimore erreicht, ist der schwärmerische Passagier von seinen Gefühlen und Erwartungen überwältigt. Da ist er nun endlich! – der sagenhafte Kontinent, der dem Altertum unbekannt gewesen ist und auch danach viele Jahrhunderte lang keine Beachtung gefunden hat.

Chateaubriand setzt seinen Fuß auf amerikanischen Boden – und das erste Lebewesen, das ihn im Land der Freien willkommen heißt, ist eine junge Sklavin, ein fünfzehnjähriges Negermädchen, *belle comme la nuit*, armselig und lieblich.

Die Enttäuschung ist unvermeidlich, da er zuviel erwartet hat. Aber er ist kaum geneigt, dies zuzugeben – nicht einmal vor sich selbst. Nur während der ersten Wochen seines Amerikaaufenthaltes vertraut er hin und wieder seinem Tagebuch an, daß die Neue Welt doch nicht ganz seinen Hoffnungen entspricht. Wo ist die paradiesische Wildnis? Er bemerkt sie nicht, als er, nach einem Tag Aufenthalt in Baltimore, mit der Postkutsche nach Philadelphia reist. Mit einer gewissen angstvollen Ahnung spürt er, daß das Land weder phantastisch noch malerisch, sondern ziemlich flach und dürr ist – »mit ganz wenigen Vögeln, wenigen Bäumen, einigen vereinzelten Häusern und überhaupt keinen Dörfern«. Und Philadelphia ist nicht viel besser. »Kalt und eintönig«, findet er. »Keine Denkmäler!« klagt er. »Vor allem keine antiken Denkmäler!« Sogar die Quäker, »diese tugendhaften Abkömmlinge von William Penn«, entsprechen nicht seiner idealistischen Vorstellung. Tatsächlich beobachtet er sogar zwei unwürdige Quäker, die sich in einem Geschäft in Philadelphia gegenseitig zu betrügen versuchen – eine Szene, die er später mit Abscheu beschreibt.

Wie verbringt er die vierzehn Tage in Philadelphia? Sein Tagebuch gibt darüber keine klare Auskunft. Es ist nicht einmal bekannt, ob er die Kunstsammlungen und wissenschaftlichen Ausstellungen, die die Stadt zu bieten hat, besucht. Über jeden Zweifel erhaben scheint wenigstens die Tatsache, daß er einmal von George Washington empfangen wurde. Doch sogar dieses Ereignis pflegen skeptische Biographen aufgrund des Fehlens jeglicher authentischer Dokumente, ausgenommen Chateaubriands eigener, nicht sehr glaubwürdiger Darstellung, in Frage zu stellen. Kürzlich allerdings entdeckte man Chateaubriands Empfehlungsschreiben an den Präsidenten. Da der Brief von Oberst Armand geschrieben war – einem Mann, den

Washington sehr schätzte – ist es wahrscheinlich, daß dieser einwilligte, den Dichter zu empfangen. Das Treffen kann jedoch kaum mehr als ein paar Minuten gedauert haben; denn Washington war zu jener Zeit von Bittstellern aller Art geradezu umlagert.

Der Besuch aus Frankreich setzt all seine geübte und geschliffene Beredsamkeit ein, um Washingtons Interesse für sein Projekt, »die Entdeckung der Nordwestpassage«, zu wecken. Aber der Präsident bleibt distanziert. Der Dichter versucht, ihn zu überzeugen: »Bestimmt ist es leichter, die Nordwestpassage zu finden, Eure Exzellenz, als eine Nation zu gründen!« – Worauf der große Amerikaner antwortet: »Well, well young man ...« Und diese vier Worte sind die ganze Reaktion George Washingtons auf das leidenschaftliche Vorhaben seines Besuchers.

Das ist entmutigend, sogar demütigend, bedenkt man Chateaubriands stolze Empfindlichkeit. Um diese peinliche Abfuhr zu kompensieren, erfindet er später die Einladung des Präsidenten zum Abendessen. In seinen Memoiren erinnert er sich – gewiß etwas träumerisch und vage – an dieses denkwürdige Mahl, an dem angeblich Washington und »fünf weitere Gäste« teilgenommen haben, deren Namen aber offensichtlich nicht erwähnenswert sind. Laut dem Bericht in *Voyage en Amérique* dreht sich die Unterhaltung während des Essens um die aktuellen Ereignisse der französischen Revolution. Ein gewisses Schamgefühl jedoch hindert den erfinderischen Autor, Einzelheiten der Unterhaltung mit dem amerikanischen Staatsmann wiederzugeben. Er sieht davon ab, Bemerkungen seines berühmten Gastgebers zu zitieren, präsentiert stattdessen einige recht allgemeine und verschwommene Beobachtungen über Washington – dessen Persönlichkeit er »nicht außergewöhnlich« findet. Dem folgt ein langatmiger Vergleich zwischen Washington und Napoleon, der mit der Feststellung beginnt, Washington gehöre keineswegs zu der »Familie Cäsars und Alexanders«, die, wie auch Napoleon, menschliche Dimensionen überstiegen. Washington, so teilt er uns mit, ist nicht von der dämonischen Ruhelosigkeit besessen, die Bonaparte heimsuchte und ihn von Memphis nach Wien, von Cadiz nach Moskau trieb. Jeder Teil, jede Episode aus Napoleons Biographie sind aufsehenerregend, unverkennbar und tragisch – während die Taten und die Persönlichkeit George Washingtons in Schweigen gehüllt sind. Da ist kein tollkühner Abenteurer, sondern ein Mann, langsam in seinen Handlungen, immer sich seiner großen geschichtlichen Aufgabe bewußt. Ein Mann, der sich stets als einen »Verwalter der Freiheit der Zukunft« sieht.

Indem er psychologische oder historische Parallelen zieht, versucht Chateaubriand, die Aufmerksamkeit seines Lesers – und vielleicht seines eigenen Geistes – von der traurigen Tatsache abzulenken, daß der Besuch beim Präsidenten einfach ein Fehlschlag gewesen ist. Daher muß er sein konfuses und anmaßendes Entdeckungsvorhaben, zumindest zu diesem Zeitpunkt, aufgeben. Er findet jedoch Trost im Traum von einer weiteren Expedition nach Amerika. Diese erste Reise, so versichert er sich selbst immer wieder, ist nur ein unbedeutendes Vorspiel im Vergleich zu der zweiten, die besser vorbereitet und sicherlich viel erfolgreicher sein würde. Das nächste Mal würde er etwa neun Jahre lang in diesem Land bleiben: Er würde Kanada und Kalifornien und die Quellen des Mississippi aufsuchen!

Er verläßt Philadelphia nach einem ziemlich langweiligen und nichtssagenden vierzehntägigen Aufenthalt und setzt seine Reise fort. Er ist noch immer auf der Suche nach unbekannten und unvorstellbaren Schönheiten und Urwäldern, in denen geheimnisvolle Gefahren lauern ... Einige Wochen lang können wir seinen Spuren folgen. Wir sehen ihn auf dem Weg nach New York – eine Stadt, die für ihn überhaupt nichts Interessantes hat. Von dort fährt er nach Boston, wo er die Schlachtfelder des amerikanischen Freiheitskampfes besichtigt: »J'ai vu les champs de Lexington!« ruft er aus, eilt nach New York zurück und genießt eine Fahrt auf dem Hudson. – »Rivière majestueuse!« – Jene Fahrt wird durch die bezaubernde Gegenwart eines hübschen Quäkermädchens aus Philadelphia verschönt. Sie singt eine herzbewegende Ballade über den Tod von General André, und bald hat der Dichter seine bitteren Gefühle gegen jene beiden unredlichen Quäker in dem Geschäft in Philadelphia vergessen. Einige Tage später finden wir ihn in Albany, wo er einen holländischen Führer mietet und zwei Pferde kauft. Denn jetzt soll die echte Expedition in die Wildnis, das wirkliche Abenteuer beginnen. »Keine Städte mehr, keine engen Häuser mehr, keine Präsidenten, keine Republiken, keine Könige mehr; vor allem keine Menschen mehr ...«

Kurioserweise ist das erste menschliche Wesen, das er in den wilden Wäldern antrifft, ein Franzose namens Violet – ein ehemaliger Koch General Rochambeaus. Dieses außergewöhnliche Treffen zwischen dem reisenden

Dichter, phantasievoll als Indianer verkleidet, und seinem vielseitigen Landsmann, der als Tanzlehrer der Irokesen Karriere gemacht hat, mutet wie eine Szene aus einer klassischen französischen Komödie an. Monsieur Violet war bei den *messieurs les sauvages und mesdames les sauvagesses* hoch angesehen. Sie betrachteten ihn als Experten für elegantes Benehmen und graziöse Bewegung. Der Dichter mit seinem langen Bart, mit wehender Mähne, ohne Kopfbedeckung und mit bloßem Hals; und der ehemalige Koch, der sich in einen *maître de plaisir* für die Wilden verwandelt hat, benehmen sich inmitten der dichten Wälder wie zwei Herren in einem Pariser Salon. Monsieur Violet schreibt für Monsieur Chateaubriand Empfehlungsschreiben an seine Freunde, die Onondaga-Indianer, dem letzten von sechs Irokesenstämmen. Folglich wird Monsieur de Chateaubriand von den Indianerhäuptlingen in ihrem Lager am Lake Onondaga höflich empfangen.

Wir sehen unseren erstaunlichen Reisenden auf seinem Weg von Albany zu den Niagarafällen in einer theatralischen Maskerade – er hat sich von den Indianern ein vollständiges Originalkostüm gekauft. Wir beobachten ihn, wie er sich mit Indianerhäuptlingen, die ein wenig Französisch oder Englisch verstehen, unterhält; wie er niedlichen Indianermädchen, die lächelnd für ihn singen und tanzen, den Hof macht. Eines namens Mila ist besonders anziehend, und so etwas wie eine kleine Romanze – obschon sicher eine rein platonische – entwickelt sich dort in den Wäldern. Er inspiziert die Genesee-Siedlung und ist von der seltsamen Mischung aus zivilisiertem und primitivem Leben fasziniert. Er macht eine Exkursion, um einen Franzosen mit dem Namen Le Cocq zu befragen, der bei den Wilden lebt, eine Indianerin geheiratet und seine Lebensgewohnheiten vollständig den Gebräuchen und Ritualen der Ureinwohner angepaßt hat. Chateaubriand verbringt zwei Tage in seiner Hütte und fragt ihn vor seiner Abreise: »Bist du glücklich, Philippe?« Woraufhin ihm sein entfremdeter Landsmann nach einer langen und nachdenklichen Pause – unbestimmt und doch emphatisch – antwortet:«Heureux? – Oui,oui: Heureux dépuis je suis sauvage ...«

Diese ereignisreiche Reise von Albany zu den Niagarafällen ist die letzte Episode von Chateaubriands Amerikareise, die von ihm selbst zufriedenstellend und glaubwürdig beschrieben wird. In dem Augenblick, da er die

Fälle erreicht hat, wird seine Person immer nebulöser, als ob die tosenden Wasser seine Züge und Gesten eingehüllt hätten. Er verschwindet auf geheimnisvolle Weise in dieser phantastischen Kulisse; denn, man möge bedenken, zu jener Zeit ist das große Schauspiel von Niagara wirklich noch phantastisch und noch nicht von Reklametafeln, Highways, Eisenbahnschienen, Hot-Dog-Ständen und gräßlichen Souvenirshops verdorben.

Er verblaßt – oder verwandelt sich vielmehr in einen Schatten, ein lästiges Irrlicht, das sich hinter seinen erstaunlichen Lügen, der sublimen Absurdität seiner Erfindungen versteckt wie ein antiker Gott hinter einer Wolke. Gelehrte und Biographen versuchen noch immer, die verwischten Spuren seines Weges zu rekonstruieren. Der unsichtbare Reisende jedoch führt sie mit seinen endlosen Widersprüchen, Prahlereien und Verzerrungen oder, indem er Tatsachen vermischt oder gar auslöscht, absichtlich in die Irre.

Wohin wendet er sich von den Niagarafällen aus? Wieviel Zeit hat er von seiner Ankunft bei den Fällen bis zu seiner Abreise von Amerika zur Verfügung gehabt? Ungefähr hundert Tage – stellen die Gelehrten und Biographen nach gründlicher Untersuchung aller wichtigen Einzelheiten fest. Wo und wie verbringt er jene vieldiskutierten hundert Tage – die, wie es scheint, für die französische Literatur fast so bedeutend sind, wie die hundert Tage nach Napoleons Flucht von Elba für die französische Geschichte. Was hat er tatsächlich gesehen? Hat er den Mississippi mit eigenen Augen erblickt?

Es bestehen immer noch Zweifel, ob er den Meschacebé jemals wirklich gesehen hat – den geliebten Strom, dessen Loblied er später so bezaubernd zu singen wußte.

In einigen seiner Schriften behauptet er, auf einer ausgedehnten Reise dem Lauf des Ohio und dem Oberlauf des Mississippi gefolgt zu sein. Nach diesem nicht sehr überzeugenden Bericht besucht er die Natchez – und kehrt über Nashville und Knoxville in zivilisiertere Gegenden zurück. All dies klingt recht unwahrscheinlich. Denn in jenen bewegten Tagen des Herbstes 1791, als sich viele Indianerstämme in offener Revolte befanden, hätte ein einzelner, unbewaffneter Europäer bei einer so gewagten Expedition nur eine geringe Überlebenschance gehabt. Nicht allein in den verschiedenen Schriften Chateaubriands tauchen erstaunliche Widersprüche auf, sondern auch zwischen seinen Darlegungen und den verläßlicheren Berichten zeitgenössischer Reisender. In wieder anderen Fällen eignet er sich offensichtlich das Material von Autoren, die jene Gebiete tatsächlich gesehen und beschrieben haben, für seinen Zweck an. Ein berühmter französischer Gelehrter, Gilbert Chinard – ein Experte in Sachen Chateaubriand – hat herausgefunden, daß der Vicomte innerhalb seines eigenen Textes ganze Abschnitte, sogar ganze Seiten von Gilbert Imlays *Topographische Beschreibung der westlichen Territorien Nordamerikas* (London, 1792) sehr großzügig verwendet. Als Ergebnis dieses Plagiats präsentiert Chateaubriand den Ohio vom Jahre 1780, der Zeit von Imlays Studien – erwähnt aber nicht, wie es am Ohio im Jahre 1791 wirklich ausgesehen hat. Man findet zum Beispiel genaue Ausführungen über die Ruinen von Scioto, aber keinen Hinweis auf die neue, in der Nähe etablierte französische Kolonie. Ebensowenig erwähnt Chateaubriand die 1787 zur Ehre Königin Marie Antoinettes gegründete Stadt Marietta. Er hat sicherlich weder Imlay noch einen anderen seriösen Wissenschaftler bewußt zitiert, sondern sich von seiner Vorstellungskraft hinreißen lassen, wenn er Beobachtungen niederschreibt wie, daß es einen »bewundernswerten Kontrast« in der Vegetation, im Klima und in der Szenerie der beiden Ufer des Mississippi gibt. Wie ein Zauberkünstler, der die leere Bühne mit zahllosen weißen Tauben oder bunten Eiern aus den Taschen seines engen Smokings heraus füllt, stattet Chateaubriand die Wellen und Ufer des Mississippi großzügig mit einer verblüffenden Vielfalt an herrlichen Blumen, Krokodilen, Papageien und zauberhaften und schrecklichen Kreaturen aller Art aus.

Vielleicht reiste er nach seinem ermüdenden Ausflug von Albany nach Niagara überhaupt nicht mehr, sondern verbrachte jene geheimnisvollen hundert Tage lieber in den Wäldern mit einer indianischen Schönheit oder einfach in einem bescheidenen Gasthof in Boston, Philadelphia oder New York. Zweifellos hat er den Mississippi gesehen; aber möglicherweise nur in seinen Träumen und Visionen. Chateaubriand einen Lügner zu nennen, weil er seine Amerikaerfahrungen überzeichnet und verfälscht hat, hieße ein oberflächliches, wenngleich vermutlich zutreffendes Urteil fällen! Was ist in dem Werk eines Dichters Wahrheit – was Erfindung? Wer würde es wagen, die heikle Grenze zwischen künstlerischer Schöpfung und gemeiner Lüge zu definieren? Ein großer Künstler hat einmal gesagt, jedes Kunst-

»Wie seltsam doch die Amerikaner sind! Einige der begleitenden Generäle sind Schuster und schämen sich ganz und gar nicht, ihr Handwerk auszuüben.« Friederike Charlotte Luise Riedesel, nach einem Gemälde von Tischbein

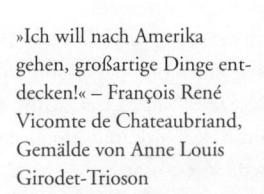

»Ich will nach Amerika gehen, großartige Dinge entdecken!« – François René Vicomte de Chateaubriand, Gemälde von Anne Louis Girodet-Trioson

»Ein Mann ohne Schatten ist wie ein Mann ohne Vaterland.« Adelbert von Chamisso in der Kajüte der *Rurik*, Bleistiftzeichnung von Ludwig Choris

werk sei »eine mehr oder weniger überzeugende Lüge«. Was Chateaubriand betrifft – er ist vollkommen überzeugt, daß seine Interpretation der Dinge bedeutender, authentischer, in der Tat wirklicher als die Wirklichkeit ist.

Für jene Biographen allerdings, die hartnäckig auf der objektiven, prosaischen historischen Wahrheit beharren, taucht er als Mensch von Fleisch und Blut am 10. Dezember 1791, kurz vor seiner Abreise nach Europa, wieder auf. In einer englischen Zeitung hat er die erschütternde Neuigkeit von der Flucht Ludwigs XVI. gelesen. In Koblenz wird eine Armee aus Emigranten unter der Flagge der französischen Prinzen organisiert – und, seinem eigenen Bericht zufolge, betrachtet es der junge Dichter als seine Pflicht, sich dieser Freiwilligenlegion von Adligen anzuschließen. Es könnte allerdings sein, daß diese Erklärung seiner etwas überstürzten Abreise wiederum nicht ganz mit den historischen Fakten übereinstimmt. Gewisse Anzeichen deuten darauf hin, daß der ruhelose Reisende bereits jener vielgepriesenen »Einsamkeit Amerikas« überdrüssig geworden ist. François René findet es amüsanter, in Europa als der Mann aufzutreten, der – wenn auch nur für fünf Monate – Amerika gesehen hat, als seinen tatsächlichen Aufenthalt zu verlängern. Als er – von dem Gesehenen halb ernüchtert, halb inspiriert – abreist, spuken die phantastischen Ideen und Illusionen von der Neuen Welt, die er vor der Abreise gehegt hat, noch immer in seinem Kopf herum. Die Unordnung in seinen Gedanken ist so chaotisch wie der bedauernswerte Zustand seiner Notizen. Nichts hat Form angenommen; alles ist in einem sprudelnden Prozeß der Vorbereitung und Umarbeitung. Er hat sich noch nicht entschieden, ob er seine realen Eindrücke von Amerika oder seine poetischen Träume niederschreiben will. Schließlich verweben sich seine Erinnerungen an bestimmte reale Geschehnisse mit den erfundenen Geschichten, und vermutlich objektive Berichte mit Bildern und Melodien aus der Traumwelt. In seinem *Essai sur les révolutions* in *Voyage en Amérique* und in seiner Autobiographie mit dem geheimnisvollen Titel *Mémoires d'outre-tombe*, tritt er mit dem Anspruch eines Mannes auf, dessen Aussagen Glauben und ernsthafte Überlegungen verdienen. In *Les Natchez* – wo er in großem epischen Stil die Rebellion der Louisiana-Indianer »nach Jahrhunderten der Unterdrückung« beschreibt, beansprucht er für sich die Würde und Verläßlichkeit eines großen Historikers; in *Le génie du christianisme* zeigt er sich als Moralist und Philosoph – während er sich nur in den zwei kurzen Indianerromanen, *Atala* und *René*, zu dem bekennt, was er in jeder Zeile, die er schrieb, wirklich war: ein Poet.

Seine amerikanischen Erfahrungen repräsentieren – ungeachtet der Kürze seines Aufenthaltes und des oberflächlichen Charakters seiner Beobachtungen – in gewisser Weise das geistige Rückgrat und Zentrum seines gesamten literarischen Schaffens. Es ist erstaunlich, wie ökonomisch der Autor – trotz seines scheinbar unerschöpflichen, überschwenglichen Redeflusses – dasselbe Material immer wieder benutzt. In fast allen seinen Büchern tauchen seine amerikanischen Erinnerungen aufs neue auf. Diese Bücher sind auf seltsame Art miteinander verbunden und bilden so in ihrer Gesamtheit ein anregendes, wenn auch nicht sehr zuverlässiges Selbstporträt. *Atala*, die Geschichte des lieblichen Indianermädchens – »l'épopée de l'homme de la nature«, wie er den Roman mit einer sehr rousseauhaften Formel nennt – ist ursprünglich Teil von *Les Natchez* und später von *Le génie du christianisme*, Chateaubriands großem religiösen und philosophischen Bekenntnis gewesen. *René*, die rührselige Schilderung eines jungen Franzosen, der 1725 »von Leidenschaften und Unglück verfolgt« nach Louisiana kommt, ist eng mit *Atala* verknüpft und taucht auch in *Les Natchez* auf, bevor René zum Helden des gleichnamigen kleinen Buches wird. Wesentliche Elemente dieser exotischen Geschichten werden sowohl in verschiedenen Aufsätzen, wie auch in der gefeierten Autobiographie *Mémoires d'outre-tombe* verwendet. Dieser frühe Kontakt mit amerikanischem Boden, das Zusammentreffen mit den Wilden sind entscheidende Einflüsse auf Chateaubriands intellektuelle Entwicklung. In immer neuer Form beherrschen die Erinnerungen dieser Reise alle seine Schriften als gefühlvolles und künstlerisches Leitmotiv.

Die meisten der Geschichten, die von seinem »Ausflug in die Wildnis« handeln, schreibt er viele Jahre, einige sogar Jahrzehnte nach seiner Rückkehr aus Amerika. Eines der interessantesten Kapitel aus *Voyage en Amérique* – eine Art Schlußfolgerung oder Epilog mit der Überschrift *États-Unis* – stammt aus dem Jahr 1825. Hier lobt und beklagt Chateaubriand den erstaunlichen Fortschritt, den die Vereinigten Staaten seit seinem Besuch in vielerlei Hinsicht gemacht haben. »Führe ich heute dorthin, würde ich das Land kaum wiedererkennen«, meint er, bevor er die eindrucksvolle Entwicklung der amerikanischen Zivilisation analysiert. Die Highways! – die

Postgebäude! – das beständige Anwachsen der Bevölkerung; 1790 nur drei Millionen neunundzwanzigtausend; 1810 mehr als sieben Millionen – und 1820 beinahe zehn Millionen Einwohner: Der Dichter nennt diese Zahlen mit einer Art wehmütigem Enthusiasmus. Denn einerseits trauert er der Wildnis nach, seiner geliebten »Einsamkeit« der nach und nach verschwindenen Wälder, die vom raschen Fortschritt des modernen Lebens zurückgedrängt werden – andererseits aber zeigt er auch echten Stolz über die Entwicklung, die Amerika – sein Amerika! – gemacht hat. »Man muß sich Städte wie Boston, New York, Baltimore, Philadelphia oder New Orleans vorstellen, wie sie, bei Nacht hell erleuchtet, voller Pferdewagen, alle Freuden des kultivierten Luxus anbieten ...«

In diesem prosaischen Kapitel drückt der *homme du monde*, der Politiker Chateaubriand, seine Ansichten aus. Er befaßt sich ganz vernünftig eher mit realistischen, politischen Problemen als mit sentimentalen oder ekstatischen Stimmungen. Die kürzlich erfolgte Konstituierung der angrenzenden lateinamerikanischen Staaten ist eines der Themen, welche ihn interessieren und beunruhigen. Seiner Meinung nach könnten sich Mexiko, Chile, Kolumbien und Peru als bedrohliche Gefahr für die USA erweisen. Wirtschaftliche Rivalität könne, so glaubt er, früher oder später zu einer bewaffneten Auseinandersetzung führen. Dennoch ist seine Schlußfolgerung optimistisch. Denn »was immer die Zukunft bereit hält, der Geist der Freiheit wird Amerika niemals ganz verlassen«.

In anderen Teilen von *Voyage en Amérique* zeigt sich Chateaubriand als Naturwissenschaftler und Forscher. Allerdings ist die Stichhaltigkeit seiner *Histoire naturelle* noch zweifelhafter als die Genauigkeit seiner politischen Prophezeiungen. Seine Betrachtungen über verschiedene Tiere, die er angeblich in Amerika gesehen hat, sind von erstaunlicher Naivität. Zum Beispiel erfahren wir, daß es in den Vereinigten Staaten drei verschiedene Arten von Bären gibt – braune, schwarze und weiße – und die Abschnitte über Wild, Füchse, Vögel, Ratten, Wölfe usw. sind nicht viel aufschlußreicher. Was Fische betrifft, beschränkt sich unser Forscher auf folgende Feststellung: »Die Fische in den Seen Kanadas und besonders in Florida sind von bewundernswerter Schönheit.« Er teilt auch mit, daß Amerika »die Heimat der Schlangen« – *la patrie des serpents* – ist.

Aber weder die Werke des Naturwissenschaftlers Chateaubriand noch die des politischen Propheten faszinieren und beeinflussen die französischen Leser, sondern der rhetorisch begabte Romantiker, der Visionär, der begeisterte Schwärmer wird berühmt. Die Wörter strömen aus ihm heraus – unentwegt, unwiderstehlich; enthusiastische Wörter, zärtliche, ekstatische, gewalttätige, lyrische Wörter; eine Flut an Wörtern, Feuerwerke, Kaskaden, Ströme von Wörtern. Generationen lassen sich von der Eleganz und Melancholie, der überzeugenden Beredsamkeit, der verführerischen Melodie seiner poetischen Prosa in den Bann ziehen. Noch heute, da Chateaubriands literarische Art eher überladen und sogar künstlich erscheint, bleiben der fesselnde Rhythmus und der schwungvolle Stil bemerkenswert.

Seine Zeitgenossen, die deutschen Romantiker, haben eine tiefgründigere Botschaft, die sie mit größerer Wahrhaftigkeit verkünden. Dennoch haben dieser schwärmerische *Grandseigneur* aus St. Malo und jene begabten Träumer in den deutschen Provinzstädten vieles gemeinsam. Vor allem teilen sie eine grenzenlose Melancholie – von den Deutschen mit dem schönen Wort *Weltschmerz* bedacht, mit jenen zwei Silben, die das ganze Leid der Erde ausdrücken. Diese hoffnungslose, tiefe Melancholie läßt René als »wild unter Wilden« erscheinen. Und Chateaubriand ruft, von seiner poetischen Verzweiflung hingerissen, aus: »Tu n'existe que par la malheur, tu n'es quelque chose que par la tristesse de ton âme et l'éternelle mélancolie de ta pensée ...«

Auf der Suche nach Heilung von ihrem Weltschmerz fliehen die deutschen Romantiker in das Zwielicht des Mittelalters, in die Pracht und in den Schrecken gotischer Raserei und Weisheit. Für Chateaubriand verkörpert die exotische Szenerie des Mississippi ebendas, was für seine deutschen Kollegen der malerische Hintergrund alter Schlösser, Verließe und Kathedralen bedeutet. Während sie ihre Kerker und Paläste mit eisernen Rittern, vornehmen Damen und bösartigen Intriganten beleben, bevölkert Chateaubriand seine bizarre Wildnis mit edelmütigen Indianern, die mit fahrenden jungen Franzosen aus gutem Hause poetische Artigkeiten austauschen. Die Blaue Blume, das magische Symbol der deutschen Schule der Romantik, verwandelt sich in der Vorstellung des französischen Dichters in eine üppige, farbenfrohe tropische Pflanze. Das Bild des edlen Indianers ist eine der ästhetischen und moralischen fixen Ideen jener Zeit. Indem Chateaubriand dem zeitgemäßen literarischen Muster folgt, intensiviert er eigentlich nur diese Idee, die seinen empfänglichen Geist von jeher angeregt und beflügelt hat. Er besetzt seine Geschichten mit romantischen Personen, die mit dem Zeitgeschmack sehr im Einklang stehen: der würdevolle Indianerhäuptling Chactas – das bedeutet »Harmonische Stimme« – ausgestattet mit der feierlichen Bürde hohen Alters und tiefer Weisheit; Atala, die dunkle Schönheit, »voller Kraft und Leidenschaft; man mußte sie hassen und bewundern«; die religiösen Einsiedler, die den Wilden das Reich Gottes predigen, bis Atala ekstatisch herausschreit: »Der Himmel hat dich geschickt, um meine Seele zu retten, heiliger Mann! Ich bin eine Christin!« Es gibt Tränen, Hymnen und Gebete, den sinnlichen Klang der Flöte und die majestätische Stimme des Waldes, des Flusses und der Prärie. Gelegentlich wird diese gesegnete Idylle durch blutige Kämpfe, heidnische Zeremonien oder fröhliche Jagden gestört. Und über dieser verzauberten Landschaft schwebt, einer lichten Wolke gleich, der feinfühlige Geist des Dichters, der diese Welt erschaffen und zum Leben erweckt hat.

Als Chateaubriand *Atala* schreibt, ist er ein unglücklicher Mensch im Exil, der in jenen edlen, ihm so fernen Indianern seine tragischen Leidensgenossen sieht. Zum Teil aus Selbstmitleid verströmt er sein herzerweichendes Mitgefühl mit den unterdrückten, vornehmen Wilden.

»Unglückliche Indianer, die ich mit der Asche ihrer Vorfahren durch die Wüsten der Neuen Welt habe wandern sehen! Ihr, die ihr mir, ungeachtet eures Elends, Gastfreundschaft gewährt habt! Gegenwärtig kann ich es euch nicht vergelten; denn ich bin, wie ihr, auf der Wanderschaft, der Gnade der Menschen ausgeliefert; und glückloser in meinem Exil, denn ich trage die Gebeine meiner Väter nicht bei mir.«

Der junge Mann von dreiundzwanzig Jahren, der im Dezember 1791 die Vereinigten Staaten verläßt, hat kaum eine Ahnung, was das Schicksal zu Hause in Europa, auf der anderen Seite des Atlantiks, für ihn bereithält. Mit all seinem Stolz und all seinem Genie, seiner Traurigkeit und seinem Ehrgeiz fährt er zurück. Eine Episode – vielleicht die bedeutenste seines ereignisreichen Lebens – ist beendet. Neue Abenteuer und Enttäuschungen, neue Triumphe und neues Unglück warten bereits auf ihn. Die freund- und geldlose Zeit des Exils in London sollte erst noch kommen; der Offiziersdienst in der französischen Emigrantenarmee, die Rückkehr in die Heimat, die diplomatische Karriere unter verschiedenen Herrschern, der literarische Ruhm, die Liebesaffären, die gesellschaftlichen und politischen Intrigen, die Reisen, die Skandale, Glanz und Elend. Auch der Trost der Religion erwarteten ihn. Er wird *le génie du christianisme* entdecken und preisen. Er sollte die rebellische Skepsis seiner Jugendtage ablegen und die Rousseausche Philiosophie wie eine gefährliche Krankheit überwinden. Aber er sollte niemals mehr zur Ruhe kommen. Altwerden hat für ihn nichts Friedliches, sondern ist eher eine Zeit neuer Bitterkeit, neuen Kummers und des Verfalls. Am 4. Juli 1848 erwartet ihn seine letzte Stunde, und eine Frau, Madame Récamier, seine ergebene Freundin, ist Zeugin seiner Qualen. Frankreich windet sich nochmals in den Zuckungen der Revolution. Noch ein Regent wird aus dem Weg geschafft: Louis Philippe, der Bürgerkönig, mit seinem drolligen Regenschirm. François René Vicomte de Chateaubriand, der das Kommen und Gehen so manchen Herrschers erlebt und überlebt hat, ist bei dieser jüngsten Katastrophe ein ironisch distanzierter Beobachter. Würde die mit so viel Zuversicht und gut gemeintem Jubel ausgerufene Republik einen dauernden Frieden garantieren? Ah, ganz sicherlich nicht den von ihm herbeigesehnten Frieden …

Er hört ein Flüstern, süß und schrecklich zugleich – sehr nah; sehr entfernt … Ist das die Friedensbotschaft, die das rastlose und stolze Herz trösten und beruhigen soll? Ist es Madame Récamier, wie sie die letzten Gebete für die sündige Seele ihres scheidenden Freundes murmelt? Oder ist es das Lied des Ozeans, den er als Junge in St. Malo so geliebt hat? Vielleicht ist es Chactas, die »Harmonische Stimme«; oder Atalas kindliches, verführerisches Lied – das ewige Lied des Flusses, den er beschworen hat, als er noch jung und ehrgeizig und auf große Taten begierig gewesen ist:

»Puisse mon récit avoir coulé comme tes flots, ô Meschacebé!«

KAPITEL III

MODERNE KREUZRITTER

*HARRIET MARTINEAU
UND ANDERE*

MISS HARRIET MARTINEAU, DIE erfolgreiche englische Autorin und Verfasserin von Pamphleten, verkörpert eine seltsame Mischung Mensch. Sie ist zugleich anregend und abstoßend; intelligent, sogar amüsant – und doch unerträglich. Eine Unterhaltung mit ihr bedeutet, teilweise aus technischen Gründen, Schwerstarbeit. Denn sie ist nahezu taub, und man muß in ein großes Hörrohr schreien, das sie nicht ohne eine gewisse kokette Grandezza handhabt. Im übrigen macht es wenig, ob sie die anderen Leute versteht oder nicht, da sie sowieso alles besser weiß.

Ihr deutlich herausgestelltes Selbstbewußtsein wirkt immer irgendwie gekünstelt, ein wenig unsicher – wie das bei Menschen der Fall ist, die körperliche Mängel überwinden und ausschließlich aufgrund ihrer Beharrlichkeit eine eindrucksvolle Karriere machen. Harriet Martineau ist nämlich nicht gerade von der Natur verwöhnt, selbst wenn man von ihrer bedauerlichen Hörschwäche absieht. Sie ist weder hübsch noch charmant, obendrein fehlen ihr Geruchs- und Geschmackssinn. Ihre Familie stammt von den Hugenotten ab, hat jedoch den unitarischen Glauben angenommen. Harriets einzige Heiratschance bietet sich durch einen armen, aber rechtschaffenen Mann namens Worthington. Als Harriets Vater sein ganzes Vermögen verliert, macht ihr Mr. Worthington sofort einen Antrag. Einige Wochen darauf jedoch verfällt er dem Wahnsinn. Miss Martineau sagt später einmal, sie sei im Grunde dankbar, den Fesseln der Ehe entronnen zu sein. »Weder war ich seitdem einer weiteren Versuchung ausgesetzt, noch habe ich im Zusammenhang mit jenen Dingen, die für Frauen als so überaus wichtig erachtet werden – nämlich Liebe und Ehe – je gelitten.«

Mit siebenundzwanzig steht sie allein und ohne Geld da. Schließt man den Sprung in die Themse aus, was konnte sie tun? Sowohl Musikunterricht als auch eine Stellung als Gouvernante – damals die übliche Lösung für gebildete Mädchen ohne Vermögen – kommen für sie nicht in Frage. So beginnt sie zu schreiben – zunächst anonym für eine unitarische Monatszeitschrift, *Monthly Repository*. Zu dieser Zeit beschäftigt sie sich hauptsächlich mit religiösen Themen; ihre Artikel tragen Titel wie *Female Writers on Practical Divinity* oder *Devotional Exercises and Addresses, Prayers and Hymns*. Sie erweist sich bei religiösen Themen als gewandte und kluge Journalistin. 1830 schreibt die *Central Unitarian Association* einen Wettbewerb für Essays aus, die Katholiken, Juden und Mohammedanern den Unitarismus näherbringen sollen. Unter drei verschiedenen Namen schreibt Harriet Artikel in allen drei Kategorien, gewinnt sämtliche Preise und widmet sich dann Politik und Wirtschaft. Eine Artikelserie mit dem Titel *Illustrations of Political Economy* hat das bemerkenswerte Ziel, »den Armen behilflich zu sein, ihr eigenes Geschick in die Hand zu nehmen«. 1832, im Alter von zweiunddreißig Jahren, wird sie in London zu einer Modeerscheinung: sie wird herumgereicht. Der französische König Louis Philippe bestellt ihre Artikel für jedes Mitglied seiner Familie, ebenso der russische Zar. Doch als dieser einen Blick in Miss Martineaus Texte wirft, gerät er in Zorn, bezeichnet die Artikel als schlechtes, gefährliches Machwerk und verbietet der Autorin, je sein Reich zu betreten. Die Regierungen von Österreich und von Italien folgen unverzüglich seinem Beispiel. Harriet ist eher amüsiert und geschmeichelt als beunruhigt. Sie erklärt, ihre Schriften seien für das Volk gedacht; gekrönte Häupter müßten sich klar darüber sein, was von einer aufgeklärten Repräsentantin moderner britischer Weiblichkeit zu erwarten sei.

Als sie 1834 zu einer Reise in die Vereinigten Staaten aufbricht, ist sie bereits vom Erfolg sehr verwöhnt; außerdem ist sie erschöpft und krank. Was sie braucht sind Ferien, Erholung und – neues Material für ihre Feder. Vor ihrer Abreise versucht ein englischer Verleger für vierhundert Pfund die Rechte auf ihre Eindrücke im voraus zu erwerben, was sie entschieden ablehnt. Bei ihrer Rückkehr, zwei Jahre später, bietet man ihr zweitausend Pfund – ein eindrucksvolles Zeichen für Miss Martineaus steigenden Wert und das wachsende Interesse der englischen Leser an Amerika. Was für ein Leben ist das dort drüben in der Neuen Welt? Was essen diese Menschen? Was ziehen sie an? Welche Hobbies, welche Vorurteile, welche Überzeugungen haben sie? Jedes Buch über die Vereinigten Staaten ist ein potentieller Erfolg; genauso wie etwa hundert Jahre später sämtliche Bücher über Rußland überaus gefragt sein werden. Man betrachtet die Vereinigten Staaten damals als eine Art Utopia – ein riesiges Gelände für großangelegte und gewagte Experimente. Literarische Reisende kommen mit vorgefaßten Meinungen, törichten Antipathien oder übertriebenen Erwartungen dorthin. Manche finden, die Realität übersteige sogar ihre Hoffnungen, andere sind enttäuscht.

Die »Engländerin«, die *Views of Society and Manners in America during the Years of 1818, 1819, 1820* verfaßt hat, ist von beinahe allem Amerikanischen beeindruckt und begeistert. Natürlich gibt es einige Dinge, die Miss Frances Wright stören und sogar ärgern. Sie ist nicht ganz zufrieden mit der Stellung der amerikanischen Frau, und sie ist entschieden gegen die Sklaverei. Ihr Buch endet jedoch mit dem optimistischen Ausspruch Präsident Monroes: »Der Tag ist nicht mehr fern, an dem man in Amerika keinen einzigen Sklaven mehr finden wird.«

Miss Wrights enge Freundin, Mrs. Trollope, kehrt aus der Neuen Welt mit weit weniger günstigen Eindrücken wieder. Ihr Bericht *Domestic Manners of the Americans* strotzt vor Bosheit und offensichtlichem Groll. In England gescheitert – oder besser gesagt, in ständigen Schwierigkeiten wegen ihres Mannes, eines erfolglosen Rechtsanwalts und Tunichtguts – erleidet sie auch in den Vereinigten Staaten einen abgrundtiefen Mißerfolg. Es war Mr. Trollopes Idee, seine Frau in Cincinatti Nippes verkaufen zu lassen; mit katastrophalem Ergebnis. Sie verstrickt sich in Peinlichkeiten ohne Ende, in erhebliche Schulden und ist zutiefst unglücklich. Allerdings sammelt sie Material für ihr gehässiges Buch, das sich als großer Erfolg erweist: Es ermöglicht ihr sogar, den Unterhalt ihrer Familie einschließlich des begabten Sohnes Anthony und ihres unglückseligen Mannes, der vor seinen Gläubigern aus dem Land fliehen mußte, zu bestreiten.

Mrs. Trollope zeichnet ein recht düsteres Bild des Landes, dessen Gastfreundschaft sie genossen hat. Für sie ist es ohne jede Fröhlichkeit und ohne jedes Amüsement öffentlicher wie privater Art: sogar Billard und Kartenspiel sind gesetzlich verboten. Alles Englische – bemerkt sie – betrachten »die Amerikaner entschieden als mauvais ton«. Sogar sie selbst, Fanny Trollope, wird von den strengen Puritanerinnen in Cincinatti schief angesehen – allein wegen ihrer Nationalität. Harriet Martineau, der Mrs. Trollope zutiefst zuwider ist, glaubt, und sie äußert das auch öffentlich, – daß

»die arme Fanny« die biederen Gefühle der Amerikaner nicht nur durch ihre britische Nationalität schockiert habe, sondern auch oder sogar vorrangig durch ihr unprofessionelles Verhalten und ihre albernen Überspanntheiten. Sie und Frances Wright, die in die Vereinigten Staaten zurückgekehrt ist, sind unzertrennlich. Frances Wright lockt begeisterte Zuhörer an mit ihren weitreichenden Forderungen nach Gleichberechtigung, dem Recht der Arbeiter auf freie Schulen für ihre Kinder, dem Zehnstundentag und der sofortigen Befreiung der Sklaven. Beide, Fanny Trollope und Frances Wright stehen auf vertrautem Fuß mit dem englischen Philanthropen und Sozialphilosophen Robert Owen.

Dieser zweite Don Quichotte – zwar bemerkenswert begabt, aber auch ziemlich konfus – betrachtet die Vereinigten Staaten als geeignete Domäne für seine Experimente. Die Lamarck-Werke, von ihm zusammen mit anderen idealistischen Reformern gegründet, sollen nach dem Prinzip funktionieren, »daß jeglicher Profit, der pro Jahr fünf Prozent des investierten Kapitals übersteigt, für die Aus- und moralische Weiterbildung der Arbeiter auf die Seite gelegt werden soll«. Später gibt er die Leitung des Betriebs auf und hält vor dem Komitee des Unterhauses eine seltsame Rede über das Armengesetz, in der er als »einziges wirksames Mittel gegen die andauernde soziale Not« die sofortige Organisation vieler kleiner Gemeinschaften von etwa zwölfhundert Leuten auf einem Gebiet von etwa tausend bis tausendfünfhundert Quadratmetern vorschlägt. Die Arbeit und der Genuß ihres Ertrags sollen gemeinschaftlich erlebt werden. Er hat sein Projekt bis ins kleinste Detail überzeugend ausgearbeitet. »Und vergrößere sich die Anzahl dieser Bezirke, würden föderative Unionen mit Zehner-, Hunderter- und Tausendereinheiten gegründet werden, bis sie mit ihrer gemeinsamen Zielsetzung die ganze Welt umschlössen.«

Das klingt alles sehr attraktiv und auch einigermaßen vernünftig; gewisse einflußreiche Herren zeigen sogar Interesse für Mr. Owens Ideen, die Chancen stehen eigentlich gut, viele seine Wunschträume verwirklicht zu sehen – aber er schockiert die Öffentlichkeit mit der überraschenden Verkündung seiner Verachtung »für alle etablierten Religionsformen«. Das bringt natürlich seine Theorien sämtlich in Mißkredit. Da er sich als böser Atheist erweist, sieht es für viele so aus, als könne dieser seltsame »Sozialismus« auch eine gefährliche Entwicklung nehmen.

Er geht 1825 nach Amerika und gründet dort in Harmony, Indiana, eine Mustersiedlung, mit der er beweisen will, daß der Mensch nicht, wie die Theologen behaupten, von Grund auf schlecht ist, sondern von seiner Umgebung geprägt wird. Er findet eine Menge begeisterter Anhänger – Vagabunden, Abenteurer, Philosophen, arme Teufel, Gauner und harmlose Narren. Nach einem zweijährigen Versuch scheitert das Experiment auf der ganzen Linie. Dies sei, laut Mr. Owen, allein deswegen geschehen, weil man von seinen ursprünglichen Prinzipien zu weit abgewichen wäre.

Er kehrt nach Europa zurück – nachdem er sich dadurch unbeliebt gemacht hat, daß er die Kirche in Person des Reverend Campbell aus Bethany – »nicht in Judäa, sondern in Kentucky«, wie Mrs. Trollope scherzhaft bemerkt – herausfordert. In ihrem Buch schildert sie diese merkwürdige Kontroverse in Kentucky. Mr. Owen versucht demnach mit allen Kräften, den Reverend davon zu überzeugen, daß »die Prinzipien aller Religionen falsch seien und ihre Ausübung eine Ungerechtigkeit der Menschheit gegenüber darstelle«. Der Reverend erachtet die Religion natürlich als eine gute Sache. Beide Herren wissen ihren Standpunkt zu vertreten, aber die meisten Amerikaner, die überhaupt etwas von der merkwürdigen Diskussion erfahren, geben eher dem Reverend recht.

Miss Martineau wird etwas nervös angesichts all dieses transatlantischen Klatsches, dieser Bücher, Reden und peinlichen Geschichten. Viele Engländer haben Amerika bewußt anders interpretiert, und sie haben sich zu Narren gemacht. Es gibt jedoch einige, die es zu begrenztem Erfolg bringen: Miss Fanny Kemble zum Beispiel, das jüngste Mitglied des berühmten Kemble-Clans. Bezeichnenderweise beschließt Harriet, die eindeutigen Fehler ihrer jüngeren Kollegen zu vermeiden und in den Vereinigten Staaten einen größeren Triumph zu feiern als alle ihre Landsleute bisher.

Am 4. August 1834 sticht sie in See, ausgerüstet mit Empfehlungsschreiben von allem, was Rang und Namen im sozialen, politischen oder literarischen Leben Englands hat. Begleitet wird sie von Miss Louise Jeffrey, die als Privatsekretärin und Reisebegleiterin fungiert; sie selbst ist mit ihrem Hörrohr, ihrer Arroganz, ihrer lebhaften Intelligenz und ihrer Neugierde bestens ausgestattet.

Über die gegenwärtigen amerikanischen Angelegenheiten zeigt sie sich recht gut informiert, im besonderen über die erschreckenden Entwicklungen hinsichtlich der Sklavenfrage. Sie hat die zahlreichen Petitionen auf Abschaffung der Sklaverei, die seit den Tagen Washingtons an den Kongreß gegangen sind, studiert, und sie ist auch vertraut mit den ausweichenden Antworten: daß Sklaverei – »da eine private Einrichtung« – der Gesetzgebung der einzelnen Staaten, nicht aber der Regierung unterworfen sei, dies natürlich in Übereinstimmung mit dem altehrwürdigen Prinzip der »Nichteinmischung«. Ende 1819 gibt es in der Union ebenso viele Staaten mit Sklaverei wie freie Staaten. Als der Sklavenstaat Mississippi im Herbst 1818 um Aufnahme in die Union bittet, wird die Frage hochaktuell, inwieweit der Kongreß einem Staat Einschränkungen aufzwingen kann. Miss Martineau hat aufmerksam alle Einzelheiten der Diskussionen um die Missouri-Gesetzesvorlagen verfolgt, die dann 1820 zu dem von Präsident Monroe unterzeichneten »Missouri-Kompromiß« geführt haben. Ihre Stellungnahme ist eindeutig. Sie verachtet den Kompromiß, durch den sowohl der sklavenhaltende Staat Missouri als auch das gegen Sklaverei eingestellte Maine zur Union zugelassen werden. Sie nennt ihn »die Schande des Nordens« und erklärt, daß »eine kleine Minderheit der Versuchung nachgegeben habe, eine zeitweilige Zweckdienlichkeit den ewigen Prinzipien vorzuziehen«.

Sie geht nicht nur als Beobachterin nach Amerika, sondern vor allem als Partisanin, als Kämpferin im Zeichen einer guten Sache. Es ist ihr klar, daß die Vereinigten Staaten in Lager pro und kontra die Sklaverei aufgeteilt sind – oder richtiger gesagt, in drei Parteien: die Pro-Sklaverei Mehrheit, die neutralen Siedler und die Abolitionisten. Und ihre Stimme hat Miss Martineau, sogar noch vor Verlassen ihres Heimatlandes, ganz offen und aufrichtig den Abolitionisten gegeben. Sie ist aus moralischen und politischen Gründen gegen die Sklaverei und auch aus dem Gefühl heraus, daß man als »moderner Mensch« einfach dagegen sein muß. Es bleibt offen, ob Harriet den Mut und die Unabhängigkeit besessen hätte, eine wirklich isolierte Stellung einzunehmen, um eine Sache allein, ohne fremde Unterstützung durchzukämpfen. Sie besitzt jedenfalls den Mut und die intellektuelle Integrität, sich auf die Seite einer tapferen Minderheit zu stellen, die die Zeichen und das moralische Postulat ihrer Zeit richtig versteht und nach diesem ethischen Befehl handelt.

Manche Einrichtungen und Gepflogenheiten des öffentlichen Lebens erweisen sich in einem bestimmten geschichtlichen Moment als schändlich und untragbar. Die Griechen und Römer hielten es für das selbstverständliche Recht eines Herren, einen Barbaren als Privateigentum anzusehen. Und auch noch im Jahr 1619, als ein holländisches Handelsschiff zwanzig farbige Menschen aus Westindien nach Virginia bringt, wird es allgemein akzeptiert, daß diese niedrigen Kreaturen als Sklaven arbeiten müssen. Kaum jemand hat einen Einwand gegen den anwachsenden Import von Sklaven, der sich als gewinnbringender Handelszweig entpuppt. Die gesamte zivilisierte Welt weiß von den abstoßenden Praktiken der Sklavenjäger, die die Schwarzen aus Afrika rauben, sie wie wilde Tiere aneinanderketten, sie mißhandeln, sie mit Rum gefügig machen. Aber das Gewissen der Menschheit ist nicht zimperlich: es regt sich nur langsam und widerwillig – wenn überhaupt. Zu der Zeit, da das Übel noch allgemein akzeptiert wird, sind zunächst nur einige vereinzelte Stimmen der Anklage zu vernehmen. Bereits 1688 erheben die Quäker Protest gegen die Sklaverei. Doch der Handel mit Menschen blüht weiter. In dem Originalentwurf der Unabhängigkeitserklärung beschuldigt Thomas Jefferson – selbst Sklavenhalter – König Georg III., er habe den Sklavenhandel begünstigt »und damit die heiligsten Menschenrechte eines fernen Volkes, nämlich die auf Leben und Freiheit, verletzt. Menschen, die ihm nie etwas getan hätten, lasse er fangen und für eine fremde Welt versklaven, und er nehme ihren elenden Tod auf dem Transport dorthin in Kauf.«

Amerika erhält seine Unabhängigkeit und Freiheit: seine farbigen Einwohner nicht – im Jahre 1790 sind es ungefähr siebenhunderttausend. Dieser Zustand – die Anwesenheit von mehreren hunderttausend Sklaven im Lande der Freien – ist ganz offensichtlich unvereinbar mit den Grundprinzipien der christlichen Religion und der Demokratie.

Der Eifer der Sozialreformer, die militante Leidenschaft der moralischen und religiösen Kämpfer konzentrieren sich natürlicherweise auf die Frage der Sklaverei, unter all den Übeln einer unvollkommenen Demokratie das offensichtlichste und verabscheuungswürdigste. Prediger des Abolitionismus ziehen durch das Land, sprechen bei Versammlungen, wenden sich an Schulen und Kirchen und gründen Gesellschaften gegen die Sklaverei. Viele tapfere und entschlossene Männer machen die Sache der Schwarzen zu ihrer Lebensaufgabe. Sie halten zahllose Reden, stellen unzählige Pamphlete zusammen und geben Magazine mit solch blumigen Titeln heraus wie *Genius of Universal Emancipation*. Der Herausgeber eben dieser Monatszeitschrift, ein Quäker aus New Jersey namens Benjamin Lundy, befürwortet die Organisation von Siedlungen für befreite Skalven auf Haiti. Sein früherer Mitarbeiter und Mitstreiter, William Lloyd Garrison, geht einen entschiedenen Schritt weiter und verkündet, daß »alle Sklaven das Recht auf sofortige und vollständige Freilassung hätten«. Er baut in Boston seine eigene Zeitung auf, obwohl er außer seiner unerbittlichen, unnachgiebigen Leidenschaft kein Kapital besitzt. *The Liberator* wird das wichtigste Forum der Abolitionisten-Avantgarde. Und als in Southampton, Virginia, ein paar verzweifelte Schwarze sechzig Weiße, meist Frauen und Kinder, töten, machen viele erzürnte Südstaatler Garrison und seinen *Liberator* für diese Greueltat verantwortlich.

Nach dem Missouri-Kompromiß und dem Virginia-Massaker erstirbt jede freie Diskussion über das Sklavenproblem im Süden; sie wird als »Hochverrat an den Lebensinteressen des Landes« erachtet. Garrison und einige andere jedoch agitieren weiter – verdoppeln ihre Anstrengung – tapfer, unermüdlich, fest davon überzeugt, daß sie im Einklang mit dem erhabenen Willen des Herrn sprechen und handeln.

Garrison verkündet:

> Wenn wir die Wahrheit flüstern mußten.
> Flüst're Du nicht mehr;
> Erhebe Deiner Stimme Sturm,
> Stärker und noch mächtiger.

Und er singt mit aggressivem Stolz:

> Ich bin ein Abolitionist!
> Bin stolz auf diesen Namen,
> Obwohl mich Sklaventreibers Freund verhöhnt –
> Sie kennen kein Erbarmen.

> Ich bin ein Abolitionist!
> Dräng' mich nur nicht zu rasten,
> Denn freudig bin auch ich dabei
> Und trag der Freiheit Lasten.

Es entspricht zutiefst der Natur der Miss Harriet Martineau, sich dem Strand eines großen und sturmerprobten Landes nähernd – in diesen militanten Refrain einzustimmen.

Miss Harriet Martineau entpuppt sich als gesellschaftliche Sensation in New York, Philadelphia, Washington und Boston. Da sie berühmt ist und alle wichtigen Leute in England kennt, ist man anfangs geneigt, ihr häßliches Hörrohr, ihre taktlosen Bemerkungen und ihren Hang zu radikalen Ideen zu übersehen. Während der ersten Monate ihres Aufenthaltes wird sie von allen Salonlöwen und Prominentenjägern der Nord- und Südstaaten empfangen und gefeiert. Sie reist herum wie eine Besessene, getrieben von Neugierde und Ehrgeiz; sie gestattet sich keine Pause, kein Vergnügen, keine Entspannung, sie ist immer angespannt und wachsam – ständig dabei, neue und erstaunliche Beobachtungen über das, was ihr begegnet, anzustellen. Sie hat das Gefühl, ihre Meinung über Menschen und Dinge sei wichtiger als diese Menschen oder Dinge selbst. Probleme, Zahlen und Ereignisse werden erst dann zu Realität, wenn sie von Harriet in ihren Notizbüchern, Briefen, Artikeln und Pamphleten unsterblich gemacht sind.

Ihre Besessenheit, alles niederzuschreiben, ihre starrsinnige Leidenschaft, alles Papier mit Buchstaben vollzuschreiben, ist pathetisch und grotesk zugleich. Sie ist nach Journalismus süchtig. Schreiben ist ihr beherrschender, wenn nicht sogar einziger Lebensinhalt. Wie eine Nonne ihr Leben dem Gebet, so verschreibt sie ihr Leben der sonderbaren Beschäftigung, Dinge zu beobachten und sie zu beschreiben. Sie eilt von Stadt zu Stadt, von Fest zu Fest, ihr Hörrohr sowie ihr Notizbuch schwingend – auf einer gnadenlosen Jagd nach Neuigkeiten, nach berühmten Gesichtern und Orten; seltsam isoliert inmitten eines solchen Stimmengewirrs durch ihre Taubheit: eine beeindruckende Person – gierig und asketisch zugleich; jemand, der die Realität um des trügerischen geschriebenen Wortes willen ausbeutet und sein eigenes Leben auf dem Altar desselben Götzen opfert.

Am 19. September 1834 kommt sie in New York an und begibt sich umgehend nach Patterson, New Jersey, um dort die Baumwollfabriken bei Passaic Falls anzusehen. Sie besucht Freunde am Hudson und in Stockbridge, Massachusetts; dann eilt sie am 6. Oktober quer durch den Staat New York nach Albany – ihre erste Reiseerfahrung auf einem amerikanischen Highway. Es mißfällt ihr nicht, und sie beschwert sich lediglich über den Mangel an Privatsphäre in amerikanischen Gasthäusern und über »die unangenehme Angewohnheit, im Stuhl zu schaukeln, was man hier bis zum Exzeß betreibt«.

Trenton Falls, Auburn, Buffalo, Niagara Falls; eine Fahrt über den Eriesee bis Pennsylvania und die Weiterreise durch Meadville nach Pittsburgh, über die Alleghenies nach Northumberland; das ist nur der erste Teil von Harriets Reise. Während ihres zweijährigen Aufenthaltes in den Vereinigten Staaten legt sie zehntausend Meilen zurück. Sie reist in Wagen, in Postkutschen, auf den besten und schlimmsten Dampfern und zu Pferd. Damals gibt es nur wenige Eisenbahnlinien; die erste Dampflokomotive ist erst vor vier Jahren, 1830, auf der neuen, dreiundzwanzig Meilen langen Strecke der Baltimore-Ohio-Bahn eingesetzt worden. Ihre körperliche Ausdauer ist ebenso beeindruckend wie ihr unersättlicher Appetit auf neue Erkenntnisse und neue Impressionen.

In Philadelphia trifft sie Fanny Kemble, die gerade Mrs. Pierce Butler geworden ist: Der Mann der gefeierten jungen Schauspielerin ist ein reicher Rechtsanwalt, »so etwas wie ein politisch Engagierter«, ein ziemlich labiler und egozentrischer Charakter. Fanny Kemble ist noch sehr jung – erst fünfundzwanzig: genau vor fünf Jahren hat sie als Julia ihre glänzende Karriere in London begonnen. Und schon drei Jahre nach ihrem englischen Debut erobert sie das Publikum der Neuen Welt. Die Kritiker in Philadelphia schreiben: »Die Stadt im Kemble-Fieber«, und als sie in Washington auftritt, besuchen zwei ehemalige Präsidenten die Vorstellung. Sie wird von den höchsten Gesellschaftskreisen nicht nur akzeptiert, sondern sogar hofiert – was damals nicht gerade selbstverständlich ist.

Dennoch reagiert sie verwirrt wie ein kleines Kind, als sie Harriet Martineau vorgestellt wird, und ist völlig verunsichert, als sie all die Komplimente, die sie so sorgfälig für ihre berühmte Landsmännin vorbereitet hat, in das berüchtigte Hörrohr schreien muß. Und dennoch freut es sie ganz naiv, die gefeierte Frau kennengelernt zu haben. »Wir könnten sogar gute Freunde werden«, notiert Fanny in ihr Tagebuch.

Das Gefühl beruht nicht auf Gegenseitigkeit. Harriet mag Mrs. Butler nicht – vielleicht aus Neid auf ihre besonderen Gaben, wie Jugend, Schönheit und ein strahlendes Lächeln. Miss Martineaus Meinung nach ist Fanny Kemble ausgesprochen leichtfertig und nicht sehr intelligent.

Ausgerechnet die Frage der Sklaverei bringt die beiden Damen etwas näher. Fanny ist bisher rein gefühlsmäßig vage gegen die Sklaverei, hat jedoch noch nicht die Dringlichkeit des Problems erkannt. Harriet klärt und hetzt sie auf. Plötzlich ist Mrs. Butler ganz entsetzt darüber, daß ihr Mann, der Plantagen im Süden besitzt, auch ein Sklavenhalter ist. »Oh, ich wünschte, ich wäre ein Mann!« ruft Fanny aus. »Wenn ich doch diese Sklaven besäße! Ich würde sie mit Freuden freilassen, anstatt von ihrer unbezahlten Arbeit zu leben.«

Mrs. Butler hat versucht, sich anzupassen und wie eine richtige Hausfrau aus Philadelphia zu wirken, und es ist ihr auch bis zu einem bestimmten Grad gelungen, obwohl einige strengere Quäkerinnen »dieser englischen Schauspielerin« noch immer mißtrauen. Harriet dagegen zeigt keinerlei Neigung, sich der öffentlichen Meinung zu beugen; im Gegenteil, sie ist für sie eine ständige Herausforderung. Sie selbst besitzt die Möglichkeit, die öffentliche Meinung zu prägen; außerdem hört sie die gehässigen Bemerkungen in ihrer Umgebung nicht; sie ist isoliert durch ihre Taubheit, ihren Ruhm und den unerschütterlichen Glauben an ihre eigene Unfehlbarkeit.

Öffentlich erklärt sie, sie sehe kein Problem in Mischehen, vorausgesetzt, beide Teile liebten sich aufrichtig. Viele Amerikaner, sagt sie, hätten farbige Geliebte. Warum sollten sie diese nicht heiraten? Das verlange ja schon die Moral.

Das ist eine nie dagewesene Provokation: Es ist in der Tat ein Sakrileg, und relativ viel Toleranz – oder Snobismus – sind notwendig, dies als harmloses Steckenpferd eines berühmten Gastes zu entschuldigen. In Philadelphia wendet sich eine Dame an Miss Martineau und fragt: »Ist es wahr, was mir Ihre Freundin erzählt hat? Sie sagt, Sie würden, wenn eine junge, Ihnen bekannte Person, sich zu einem Neger hingezogen fühlt, nichts unternehmen und ihre Heirat nicht zu verhindern versuchen.« Woraufhin Harriet prompt antwortet, sie vertrete generell den Standpunkt, daß man sich nicht in Heiratsangelegenheiten von Liebenden einmischen sollte. »Die Hautfarbe eines Menschen ist für mich kein Grund zum Eingreifen.« Sie weist auf das rapide anwachsende Mulattenelement in der Bevölkerung hin und fragt, ob es die Religion sei, die einen Unterschied zwischen der heiligen Ehe und der verhaßten »Verschmelzung« mache.

Die ehrenwerte Matrone aus Philadelphia ist wie versteinert. Schließlich nimmt sie sich zusammen und feuert den letzten Schuß ab: »Wenn Sie jemals heiraten sollten, Miss Martineau, und Töchter bekämen – würden Sie ihnen erlauben, Niggerbräute zu werden?« – Die jungfräuliche Journalistin erklärt entschieden, aber doch etwas ausweichend, daß sie nicht die geringste Absicht habe zu heiraten und daß sie das Problem rein vom sozialen und allgemeinen und nicht von einem persönlichen Standpunkt aus betrachte.

Ihre schockierenden Bemerkungen werden von den Klatschmäulern weitergegeben und sogar in den Zeitungen veröffentlicht. Man warnt Harriet davor, sich weiter nach Süden als bis Philadelphia zu begeben: sie würde sich Beleidigungen, womöglich schlimmeres Unheil zuziehen. Sie lacht, zuckt die Achseln und sagt, sie fürchte sich nicht. Sie bricht, immer in Begleitung ihrer treuen Freundin, Miss Jeffrey, nach Baltimore und Philadelphia auf. In Washington macht man die beiden wagemutigen Frauen darauf aufmerksam, daß schon Menschen eingesperrt und sogar getötet worden sind für Meinungen, wie sie Miss Martineau in ihren zahlreichen Artikeln und Gesprächen vertritt. Der Staat Südkarolina verfüge über drastische Gesetze gegen das Verbrechen der Anti-Sklaverei-Agitation. Düstere Andeutungen hinsichtlich der Chancen der beiden Reisenden, lebendig wiederzukommen, werden ihnen präsentiert.

Harriet breitet eine große Südstaatenkarte mit den Gebieten aus, welche sie, vermutlich die meiste Zeit ohne Eskorte, durchqueren müssen. Und immer würde allen Leuten, die sie erkennen, sofort ihre Haltung gegen die Sklaverei in den Sinn kommen. »Also, Louise«, sagt sie zu ihrer Freundin, »es sieht nicht sehr gut für uns aus. Wenn du auch nur die leiseste Furcht verspürst, sag es jetzt! Wir können noch immer unsere Route ändern.« – »Nicht die leiseste Furcht«, verkündet die robuste Sekretärin. »Wenn Sie keine Furcht haben, habe ich auch keine.«

Sie verbringen eine herrliche Zeit in Washington, wo sie fünf Wochen bleiben. Harriet trägt Briefe an alle führenden Staatsmänner mit sich. Sie wohnt Sitzungen des Obersten Gerichtshofs und der beiden Häuser des Kongresses bei, lernt so gut wie alle wichtigen Senatoren kennen und ist bald mit führenden Mitgliedern der Administration und einigen Richtern des Obersten Gerichtshofs auf freundlichem oder sogar vertrautem Fuße. Sogar vom Präsidenten wird sie eingeladen.

Fanny Kemble, die ebenfalls Andrew Jackson vorgestellt wird, sagt über ihn folgendes: »Ein typisches Exemplar der Gattung alter, tüchtiger Haudegen; sehr groß und schlank, aber von aufrechter und würdevoller Haltung; seine Manieren sind einfach und zurückhaltend und allein dadurch schon gut.« Harriets Beschreibung des Generals ist detaillierter, aber fast ebenso unzureichend. Sie kann die seltsame Kombination von Qualitäten, die jenen »Kriegshäuptling im Weißen Haus«, den ehrwürdigen Helden von New Orleans, den viel gefürchteten und viel geliebten »Old Hickory« ausmachen, nicht verstehen – oder zumindestens nicht analysieren. Sie stellt fest, daß »der arme Präsident ständig von Autogrammjägern verfolgt wird; und das ist ihm ein echtes Ärgernis, da Watts poetische Hymnen ihn nicht trösten können.« Aber sie gibt uns nur ein nebulöses Bild dieser komplexen und eindrucksvollen Person, die so brutal und freundlich, so schlau und anmaßend war – der Autokrat des Weißen Hauses und der Meister der Demokratie.

Besser kommen ihre Talente zur Entfaltung, wenn sie sich mit Washington beschäftigt. Es gelingt ihr, einige von General Jacksons geheimen Beratern zu beobachten, und sie freundet sich mit einigen seiner erbittersten Feinde an. Sie hat »das große Glück, einen Blick auf einen der bemerkenswertesten Männer Amerikas, den unsichtbaren Amos Kendall, werfen zu können. Er soll die Triebfeder der gesamten Administration sein; der Denker, der Planer und der Macher; aber das alles liegt im dunkeln.«

Der ehemalige Generalpostmeister und Herausgeber des *Patriot* in Georgetown, Kentucky, Mitherausgeber des *Argus of Western America*, vierter Präsident der Oberrechnungskammer der Vereinigten Staaten, Hauptstütze beim Aufbau der Anti-Bank-Politik des Präsidenten – dieser Generalpostmeister Amos Kendall ist der geheimnisvollste Mann der Hauptstadt. Harriet ist fasziniert, als sie ihn sieht, »wie er mit gesenktem Kopf an einem Stuhl lehnt und zu einem Kongreßmitglied aufsieht, mit dem er sich ernsthaft unterhält, und ein paar Minuten später ist er weg.«

Weder Henry Clay noch eines seiner Familienmitglieder verlieren je ein Wort über Mr. Kendall. Harriet, die sehr freundschaftlich mit Mr. Clay verkehrt, weiß, daß der frühere Innenminister sehr von Kendalls Talenten und seinem Wissen beeindruckt gewesen ist: er hat ihn sogar als Lehrer für seine Söhne gewonnen. Aber später hat es Streit, Trennung und Feindschaft gegeben.

Das Porträt, welches Harriet Martineau von Henry Clay zeichnet, ist das lebendigste Kapitel ihrer Washingtoner Erinnerungen. Es gelingt ihr, die etwas melancholische Aura dieses hochbegabten Mannes einzufangen, der bis dahin zweimal als Präsidentschaftskandidat gescheitert ist – erst von J.Q. Adam und dann von Andrew Jackson geschlagen. Er war 1831 dem Senat beigetreten und leitet jetzt die neue Whig-Partei und die Opposition gegen Jacksons Regierungspolitik. Harriet kann den Mann wohl kaum bewundern, den sie selbst als »Verantwortlichen für den Missouri-Kompromiß« bezeichnet. Aber sie kennt ihn gut, und sie mag ihn.

Die Beschreibung Clays erscheint in dem Buch *Retrospect of Western Travel* als ausführlicher Vergleich dieses Staatsmannes und Redners mit Daniel Webster, den sie gesellschaftlich kennt und sehr als Redner bewundert, als sie ihn im Obersten Gerichtshof hört. Sie ist gebannt von Websters »großer Anziehungskraft«; seinen »träumerischen Augen«, die nichts um ihn herum wahrzunehmen scheinen; »von seiner ungekünstelten Lässigkeit und seinem sorglosen Selbstbewußtsein«. Harriet findet seine Argumentation »genial, und voller moralischer Schönheit«. Was Clay – Miss Martineaus »persönlichen Freund« – angeht, bemerkt und anerkennt sie »seine subtile, gefällige, mit Scharfsinn vermischte Freundlichkeit«. Sie findet ihn ein bißchen formell, sogar steif, manchmal von tiefernster Gemütsverfassung, häufig reizbar und leidenschaftlich. Verschiedene Senatoren laden sie ein, sie auf ihrer Reise in den Süden zu besuchen. Sie nimmt an, betont aber, daß die Gastfreundschaft von Sklavenhaltern sie, was das Thema Sklaverei angeht, nicht zum Schweigen bringen würde. Die Senatoren antworten, sie würden es niemals wagen anzunehmen, irgendwer oder irgendetwas könne Miss Martineaus glänzende Beredsamkeit eindämmen. »Im Gegenteil«, fügen diese Herren weltgewandt hinzu, »wir haben die Hoffnung, Sie werden das, was Sie in unseren Städten und Plantagen zu sehen bekommen, vollkommen offen und genau beschreiben.«

Später werden sie allen Grund haben, ihre sorglose Großzügigkeit zu bereuen.

Überall behandelt man Miss Harriet mit größter Freundlichkeit. Mr. und Mrs. Madison laden sie auf ihr Anwesen in Montpellier, Virginia, ein. Sie fährt »an einem lieblichen Frühjahrstag« dorthin und führt mit dem früheren Präsidenten interessante Gespräche über die Sklaverei. Er räumt ein, es handle sich da um eine schlechte Einrichtung. Sie sprechen über die großen toten und die unbedeutenden lebenden Politiker der Vereinigten Staaten und enden bei der Literatur. Mr. Madison erzählt seiner Besucherin, er sei schon immer für ein Abkommen zur Sicherheit der Urheberrechte in der ganzen Welt gewesen. Er möchte, daß englische Autoren vor jeglicher Piraterie in den Vereinigten Staaten geschützt werden. Was er nicht erwähnt – oder was Miss Martineau zu zitieren unterläßt – ist die Kehrseite der Medaille: daß nämlich das Fehlen eines internationalen Urheberrechts die Interessen amerikanischer Autoren ebenso schädigt. Die beschweren sich bitter über die machtvolle Konkurrenz englischer Bücher, welche die amerikanischen Verleger so gut wie nichts kosten und deshalb sehr großzügig nachgedruckt werden. Mit Ausnahme pädagogischer und religiöser Literatur sind damals neun Zehntel aller Bücher in den Vereinigten Staaten Wiederauflagen englischer Werke.

Von Madisons Residenz aus sind es nur ungefähr fünfunddreißig Meilen nach Monticello, dem Landsitz Thomas Jeffersons, wo der große Amerikaner vor achzig Jahren gestorben ist. Harriet fährt hin und stattet auch der Universität von Virginia, »Jeffersons Universität«, einen kurzen Besuch ab, deren Schönheit und Bedeutung – so stellt sie fest – »von britischen Reisenden nur selten erkannt wird«. Sie bewundert die Bibliothek, zum größten Teil von dem verstorbenen Staatsmann und Denker zusammengetragen.

Das Stadt- wie auch das Landleben im Süden genießt und studiert sie. Mit ihrer gewohnten Energie interviewt sie sowohl die Sklaven als auch die »peitschenbewehrten Sklaventreiber«. Sie sieht »den ganzen Schmutz und das Ungeziefer in den Kleidern und an den Menschen«: dieses beklagenswerte Elend der Männer, Frauen und Kinder – dieses ganze Elend, welches später Fanny Kemble-Butler so schockieren und erschrecken sollte, als sie sich auf der Plantage ihres Mannes aufhält. Aber Fanny unternimmt eigenhändig den Versuch, die schmutzigen Sklavenhütten auszufegen, eine Anstrengung, die die Farbigen erstaunt und belustigt; sie tut ihr bestes, sie dazu zu überreden, sich zu waschen; sie kümmert sich um die Babies; sie schneidet Kleider für Frauen und Kinder zu und besorgt den Männern kleine Nebenbeschäftigungen. Mit anderen Worten, Fanny tut etwas – während Harriet beobachtet und schreibt.

Es gibt bei dem Sklavenproblem auch freundlichere Aspekte, und sie entgehen Harriet keineswegs. Ein Kapitel des Buches, welches sie vorbereitet – *Society in America* – soll den Titel *Morals of Slavery* tragen, und wie die Autorin in der Einführung unterstreicht, »ist das nicht als Spott gemeint«. Denn sie hat Gelegenheit, verschiedene Beispiele für Freundlichkeit und Geduld in der Beziehung zwischen Sklaven und ihren Besitzern zu beobachten. Dieses patriarchalische Element gibt es jedoch nur, wenn Sklaven und Herren Seite an Seite leben. Sind die Besitzer überwiegend abwesend, werden die Plantagen von Aufsehern auf einer rein kommerziellen Ebene geführt. Harriet hat reichlich Gelegenheit, die gnadenlose Ausbeutung, die Narben und die Wunden zu betrachten; sie hört die Schreie der Geschlagenen. Und sie zieht folgenden einfachen Schluß: »Die Unterdrückung der Neger ist das übelste Laster, das einem Fremden in diesem Land ins Auge sticht.« – Bei Gesprächen mit Südstaatlern stellt sie gewöhnlich fest, daß die Idee der Menschenrechte sich in ihren Köpfen auf einen knappen Grundsatz reduziert hat: ausreichend Verpflegung für harte Arbeit.

In New Orleans führt man sie auf das Schlachtfeld, »den ursprünglichen Boden von General Jacksons politischem Aufstieg«. Dort schreibt sie folgendes nieder: »Die britischen Verluste beliefen sich auf dreitausend Mann; die Amerikaner hatten sechs Tote und sieben Verwundete zu vermelden. Nach den Berichten zeigte General Jackson sich während des kurzen Feldzugs stets als äußerst fähiger Mann, und die britischen Führer legten eine nicht weniger bemerkenswerte Torheit an den Tag.«

Solch abwertende Feststellungen über ihr eigenes Volk tauchen oft in ihren Schriften auf – eine Tatsache, die ihre gelegentliche Taktlosigkeit amerikanischen Institutionen oder Persönlichkeiten gegenüber etwas abmildert. Über ihren Aufenthalt am Eriesee schreibt sie:

»Niemals erblickten meine Augen das kanadische Ufer ohne das Gefühl, wie absurd es war, daß dieses arme Land uns gehören sollte, wo doch seine Armut und hoffnungslose Passivität, zu unserer Schande, in solch krassem Gegensatz mit der wohlhabenden Geschäftigkeit des gegenüberliegenden Ufers stand.«

Sie mag Charleston, das es »verdient, für seine Gastfreundschaft berühmt zu sein«; aber ihren Gastgeber, einen Pfarrer namens Gilman, mag sie nicht. Mr. und Mrs. Gilman kommen beide aus dem Norden und »waren in eine Art Bewunderung für die Sklaverei verfallen, wie sie die Einheimischen selbst nicht kannten«. Die meisten Damen aus den Südstaaten, die Harriet trifft, sprechen von der Sklaverei als einer Sünde und einem Fluch – einer Bürde, die ihr Leben bedrückt; wogegen Mrs. Gilman darauf besteht, eine Rasse müsse die andere dominieren. Sie gibt dieser Meinung während eines Besuches der beiden Frauen auf dem Sklavenmarkt von Charleston lautstark Ausdruck. Direkt neben ihnen wird eine farbige Frau mit ihrem Kind feilgeboten. »Sprechen Sie doch wenigstens nicht so laut!« flüstert Harriet. »Das arme Wesen könnte Sie doch hören!«

Die Pfarrersgattin zuckt die Achseln: »Na, und? Mir würde es jedenfalls nichts ausmachen, mit meinem Kind hier auf diesem Tisch zu stehen und an den Meistbietenden verkauft zu werden, hätten die Schwarzen jemals die Oberhand.«

Mrs. Gilmans unmenschliche Haltung demonstriert nur um so deutlicher die von zahlreichen Zeitgenossen bestätigte Tatsache, daß nämlich der radikale Abolitionismus im Norden wesentlich unbeliebter ist als die Sklaverei. Garrison findet in Neu-England »die Verachtung bitterer, die Opposition aktiver, die Herabwürdigung hemmungsloser und die Vorurteile starrsinniger« als im gesamten Süden. Nicht in Charleston oder New Orleans, sondern in Boston zerrt ein Mob respektabler Bürger den Herausgeber des *Liberator* durch die Straßen und droht, ihn zu lynchen – und auch Harriet Martineau sollte ausgerechnet in Boston eine ähnliche Erfahrung machen.

Nachdem sie den Sommer und frühen Herbst in New York und an verschiedenen Orten auf dem Land in Massachusetts und anderswo verbracht hat, fährt sie im Oktober 1835 nach Boston. Dort diskutiert man noch immer über die Versammlungen vom August, die den Abolitionisten zur Warnung abgehalten worden sind. Man hatte Männer wegen Agitation gegen die Sklaverei geteert und gefedert. Dennoch beschließen die weiblichen Abolitionisten, wohl wissend, daß es sie das Leben kosten kann, am 21. Oktober ihr eigenes Treffen abzuhalten. Entgegen eindringlicher Warnungen von Freunden stimmt Harriet sofort einer Teilnahme zu.

Sie weiß natürlich, was »lynchen« bedeutet, und bezieht sich in ihren Schriften häufig auf »Richter Lynch – das ist der Pöbel bewaffnet mit Lederriemen, Teer und Federn.« Natürlich kommt es ihr niemals in den Sinn, daß sie, Harriet Martineau, das Orakel von Großbritannien, je selbst

Opfer eines solchen Angriffs werden könnte. Ihre Tapferkeit ist zum Teil in ihrer Anmaßung und zum Teil in ihrem unerschütterlichen Glauben an die eindeutige Rechtmäßigkeit ihrer Sache begründet. »Ich habe an Kolonisationsversammlungen und an all den anderen Zusammenkünften, von denen ich mehr über Sklaverei zu erfahren hoffte, teilgenommen«, erklärt sie ruhig. »Ich bin nicht nur willens, sondern gespannt darauf, zu hören, was die Abolitionisten zu sagen haben.«

In Begleitung von Miss Jeffrey geht sie hin.

Während der Versammlung wird ihr eine Botschaft überreicht:

»Wir kennen Ihre Einstellung und möchten nur wissen, ob Sie etwas dagegen hätten, denjenigen ein teilnahmsvolles Wort zukommen zu lassen, die hier für das, was Sie anderenorts verfochten haben, sehr leiden müssen. Es wäre ihnen ein großer Trost.«

Sie zögert nur ganz kurz. Sie weiß, wenn sie dieser Bitte nachkommt, verschließt sie sich höchstwahrscheinlich in den Vereinigten Staaten sämtliche Türen, mit Ausnahme der der Abolitionisten. Der Zorn gegen »ausländische Aufwiegler« ist groß. Häuser werden geplündert; Kinder aus ihren Betten entführt; Reisende werden auf Marktplätzen und in den Wäldern gelyncht; es gibt keine Sicherheit für denjenigen, ob einheimisch oder ein Fremder, der das tut, wozu sie sich jetzt genötigt sieht.

Denn sie kann sich nicht weigern. Sie steht auf und spricht.

»Ich wurde von einem Freund hier gebeten, etwas – und sei es nur ein Wort – zu sagen, um meine Sympathie mit den Zielen dieser Versammlung auszudrücken. Ich nahm an, meine Anwesenheit hier wäre als Sympathiebeweis ausreichend. Aber da ich gebeten wurde zu sprechen, werde ich das sagen, was ich überall im Süden, in jeder Familie, die ich besuchte, gesagt habe; daß ich Sklaverei als unvereinbar mit den Geboten und der Vorsehung Gottes erachte. Ich sollte sicherlich, was diese Abscheulichkeit angeht, im Norden nicht weniger sagen als im Süden, – und ich erkläre hiermit, daß ich mit Ihren Prinzipien völlig übereinstimme.«

Man applaudiert ihr begeistert. Aber bald wird die Begeisterung dieser spontanen Ovation durch andere, schrille und häßliche, von draußen kommende Töne unterbrochen. Eine Menschenmenge sammelt sich rasch an. Sie schreien, pfeifen und werfen Schmutz an die Fenster. Sie stoßen Drohungen und Beleidigungen aus. Sie toben. Sie haben ganz verzerrte, unmenschliche Gesichter. Sie scheinen zu jeder Untat, einschließlich Mord bereit zu sein.

Einige der Fenster gehen entzwei. Jeden Moment kann der blutrünstige Mob hereinbrechen.

Inmitten der von panischem Schrecken ergriffenen Frauen und dem tobenden Durcheinander steht Harriet Martineau. Das erste Mal, seit sie in Amerika ist, benötigt sie nicht ihr Hörrohr, um zu verstehen, was die Leute sagen. Es klingt wie ein entfernter, hohler Lärm, aber sie versteht: »Tötet sie! Reißt sie in Stücke!«

Die Frau neben ihr packt ihren Arm und beschwört sie mit verzweifelten Gesten, ihr zu folgen, zu fliehen. Aber Harriet bleibt noch einige Sekunden lang bewegungslos. Sie wartet und weiß nicht worauf. Sie beobachtet die Szene. Sogar jetzt, da ihr Leben auf dem Spiel steht, beobachtet sie und macht sich innerlich Notizen.

Gleichzeitig fühlt sie, etwas vage, aber doch intensiv, daß dies der schrecklichste und zugleich großartigste Augenblick ihres Lebens ist. Das ist Abenteuer, Wirklichkeit. Natürlich wird sie darüber schreiben. Aber es ist großartiger, viel schrecklicher und bedeutsamer, als es je in Worten auszudrücken ist. Sie setzt ihr Leben für die Sache von einigen Hunderttausend Farbigen aufs Spiel. Sie riskiert alles – ihren Ruf, ihre Karriere und ihr Leben. In einigen Minuten kann man sie zu Tode schlagen oder sie durch die Straßen tragen, eine groteske Figur, blutend, verstümmelt, geteert und gefedert.

Sie hat niemals geliebt. Ihre höheren Gefühle sind in ihrem Leben immer enttäuscht worden. Sie ist eine boshafte Frau – klug, distanziert, wachsam und ehrgeizig. Aber jetzt setzt sie ihr Leben aufs Spiel. Diesmal ist sie nicht Beobachter, sondern sie leidet selbst. Sie ist ein Mensch. Sie zittert.

Sie flieht durch eine Hintertür.

Sie ist zu weit gegangen. Der gefeierte Gast von gestern wird plötzlich zum Paria. Dieselbe Frau, vor einigen Monaten vom Präsidenten der Vereinigten Staaten empfangen, wird nun von der Bostoner Gesellschaft boykottiert. Dieselben Leute, die sie hofiert haben, meiden sie plötzlich. Die Zeitungen lassen die ganze Wut an ihr aus.

Beschimpfungen gegen Harriet Martineau verbreiten sich von Boston aus und sind in nahezu der gesamten Presse der Union zu lesen. Zeitungen aus den Südstaaten bieten höhnische Einladungen an, doch nochmals die Sklavenstaaten zu besuchen und zu erleben, wie man ausländische Aufwiegler empfange. Man würde sie hängen, ihr die Zunge herausschneiden und auf einen Abfallhaufen werfen. Sie wird als bezahlte Agentin hingestellt, um ihre schändlichen Aktivitäten zu unterbinden.

Als sie im Frühling 1836 nach New York zurückkehrt, hat sich die öffentliche Meinung auch dort gegen sie gekehrt. Ihr Gastgeber, an dessen Arm sie einen Ballsaal betritt, wird prompt von vierzehn seiner alten Freunden geschnitten. Harriet bemerkt zwei junge Herren, die sie anstarren und offenbar über sie reden. Mit Hilfe ihres Hörrohrs hört sie zu. Einer erklärt mit großer Heftigkeit: »Meiner Meinung nach ist Miss Martineau entweder eine Person, die sich auf impertinente Weise in unsere Angelegenheiten einmischt oder eine Frau von Genie, aber ohne gesunden Menschenverstand.«

»Frau von Genie klingt ja noch schmeichelhaft«, denkt sie mit düsterer Zufriedenheit. »Aber impertinent ist ein starker Ausdruck.«

Solche Äußerungen der öffentlichen Meinung, die sie nun aushalten muß, sind weitaus realistischer und wesentlich unerträglicher als der Ärger Seiner Majestät des Zaren, nachdem er ihre Pamphlete gelesen hat. Denn der russische Herrscher ist weit weg – eine ferne, fast schon legendäre Figur. Es ist leicht, seinen Ärger zu ignorieren. Aber die amerikanische Öffentlichkeit ist sehr nahe und verfügt über eine Million Stimmen. Sie ist unberechenbar wie ein wildes Tier; grausam und schlau wie ein spanischer Inquisitor.

»Dieses Land, welches der Welt das Beispiel physischer Freiheit gegeben hat, schuldet ihr auch das der moralischen Befreiung; denn die steht bisher nur auf dem Papier. Die Inquisition durch die öffentliche Meinung ist in der Praxis stärker als die theoretische, durch Gesetze gesicherte Freiheit.«

Sie ist beeindruckt von diesen Worten Thomas Jeffersons und notiert sie für ihr Buch.

Die erschreckende Macht der öffentlichen Meinung in Amerika sollte einer der Hauptgedanken ihrer kritischen Schriften über die Vereinigten Staaten werden. Sie findet heraus, daß manche Amerikaner sogar Angst haben zu wählen.

Gedankenfreiheit – ja, im Prinzip ist genau das der Grundstein dieses stolzen Landes, was aber immer mehr in Vergessenheit gerät. Harriet zitiert einen Bostoner Schriftsteller, der gesagt haben soll, »daß hier die sogenannte öffentliche Meinung eine Diktatur errichtet hat, wie es sie sonst nirgends gibt. Die öffentliche Meinung – ein Tyrann, der sich im Dunklen aufhält, eingehüllt in den Mantel der Täuschung und unklarer Schrecken; keiner weiß, wo seine Macht herrührt; er gleicht einem asiatischen Herrscher, unnahbar, unanfechtbar, nicht zu entthronen, vielleicht illegitim – aber unwiderstehlich in seiner Macht, das Denken zu verhindern, Handeln zu unterbinden und die Überzeugung zum Schweigen zu bringen.« (*Sober Thoughts on the State of the Times,* Boston 1836).

Sie bemerkt diesen vernichtenden Einfluß der öffentlichen Meinung sogar in der Religion und beklagt sich bitter über »den großen Schaden, der aus der Angst, sich zu kompromittieren resultiert, was den Klerus veranlaßt, sich aus den aktuellen Problemen herauszuhalten.«

Nichts als Lob hat sie für die wenigen Kirchenmänner, die es wagen, weitverbreiteten Vorurteilen entgegenzutreten und von der Kanzel das zu verkünden, was auch sie als die bestürzende Wahrheit betrachtet. Vor allem schätzt und bewundert sie den unitarischen Prediger William Ellerly Channing, einen ihrer engsten Freunde in den Vereinigten Staaten. Sie widmet ihm ein langes Kapitel in ihrem Buch *Retrospect of Western Travel* und bemerkt, daß »er unter allen Persönlichkeiten des öffentlichen Lebens in Amerika diejenige ist, für die sich die Engländer am stärksten interessieren«. Seine durch und durch abolitionistischen Predigten haben ihn bei den Sklavenhaltern im Süden und ihren Freunden im Norden derart in Verruf gebracht, daß er in diesen Tagen nicht einmal die Hälfte der Bundesstaaten ohne Lebensgefahr besuchen kann. Er unterstützt Garrison, als dieser große Kämpfer der bestgehaßte Mann Bostons ist. Er ist furchtlos, aufrecht und menschlich. Seine Aufgabe als Prediger sieht er darin, die Menschen von ihrer unterwürfigen Vorstellung von Gott zu befreien. Er verkündet, die Bibel sei »ein von Menschen für Menschen geschriebenes Buch und ihre Bedeutung sei auf die gleiche Weise herauszufinden, wie bei anderen Büchern«. Und er liebt Bücher und Schriftsteller. In Europa hat er Wordsworth und Coleridge kennengelernt. Sein Bruder, Edward Tyrrel Channing, ist Schriftsteller und Student der klassischen griechischen und römischen Philologie; er ist jahrelang über der Herausgeber der berühmten *North American Review* – der ersten erwähnenswerten Literaturzeitschrift Amerikas – gewesen.

Harriet Martineau und Dr. Channing haben eine Menge gemeinsam: die Liebe zur Literatur, liberale Grundsätze und den unitarischen Glauben – wenn auch die Religion eine immer untergeordnetere Rolle in Harriets intellektuellem Leben spielt. Darüber hinaus werden beide von einer feindseligen und reaktionären Gesellschaft zurückgewiesen und sogar bedroht.

Während der Vorbereitungen zu ihrer letzten Reise in den Vereinigten Staaten erhält Miss Martineau von allen Seiten deutliche Warnungen: »Kommen Sie nicht, wenn Ihnen Ihr Leben lieb ist!« Auf den Dampfern, in einsamen Straßen, sogar in Hotelhallen könnten aufgehetzte Raufbolde auf sie lauern. Sie sei an ihrem berühmten Hörrohr leicht zu erkennen. An manchen Orten, zum Beispiel in Cincinatti, will man gegen sie Anklage erheben, wohingegen sie am Ohio gute Aussichten hat, gelyncht und am Pier aufgehängt zu werden, ehe ordentliche Leute ihr zu Hilfe eilen können. Aber sie fürchtet die »ordentlichen Leute« mehr als die Raufbolde. Denn sie weiß von vielen vertrauenswürdigen Zeugen, daß sich der Lynchmob in Boston und anderen Städten ausschließlich aus Gentlemen zusammensetzt. Die Armen beteiligen sich kaum an diesen Ausschreitungen, darauf beharrt Harriet. Bei einem Übergriff, der sich kürzlich ereignet hat, ist es der einzige beteiligte Arbeiter, ein Fuhrmann, der das Opfer rettet.

Sie hat hier und da loyale und einflußreiche Freunde, die ihr freundlicherweise Schutz anbieten. Aber sie will nicht nur für sich selbst eine Sicherheitsgarantie. In Detroit erwirkt sie das Versprechen des Gouverneurs von Michigan, jeden Abolitionisten innerhalb der Grenzen seines Staates »mit allen Kräften« zu beschützen.

In Cincinatti wird sie nicht angeklagt, sondern verlebt dort eine erquickliche Zeit. »Alle Festlichkeiten, die ich in Cincinatti besuchte, waren sehr amüsant aufgrund der Verschiedenheit der Leute aus dem Osten und Westen und ihrer Angewohnheiten.« Sie besucht ein Konzert in Mrs. Trollopes Warenhaus – für die Gesellschaft dieser Stadt das erste Konzert überhaupt. Über den Geschmack ihrer Landsmännin ist sie entsetzt und bezeichnet das Warenhaus als »den größten Schandfleck der Stadt.«

»Glücklicherweise steht es nicht an exponierter Stelle ... Vom Fenster meines Pensionszimmers aus sticht es allerdings ins Auge: ein Ziegelbau mit gotischen Fenstern, griechischen Säulen und einer türkischen Kuppel, ursprünglich mit ägyptischen Ornamenten geschmückt, die aber alle unter dem Kalkanstrich verschwunden sind.«

Eine der Personen, mit denen sie sich in Cincinatti anfreundet, ist Miss Harriet Elizabeth Beecher, »eine herausragende Dame, was Bildung, Talent, sowie ihren pädagogischen Eifer angeht.« Der Vater dieser außergewöhnlichen jungen Frau ist Reverend Dr. Beecher, Präsident des Lane-Seminars in der Nähe von Cincinatti. Für ihn, einen calvinistischen Puritaner der strengen und fanatischen Sorte, verkörpert seine Heiligkeit der Papst »den Antichrist« und Rom das scharlachrote Weib der Apokalypse. Eine seiner leidenschaftlich anti-katholischen Predigten entflammt die Zuhörer in solchem Maße, daß sie ein Kloster plündern und niederbrennen, die armen Nonnen für das scharlachrote Weib halten und sie entsprechend behandeln. Seine begabte Tochter soll in Kürze die Braut des im gleichen Seminar tätigen Reverend Calvin E. Stowe werden. Als Harriet mit Miss Beecher plaudert, kann sie nicht ahnen, daß von dieser ernsthaften jungen Dame der stärkste Anstoß einer einzelnen Person zum Entstehen eines allgemeinen und weltweiten Engagements für die Sache der Schwarzen ausgehen sollte. Erst fünfzehn Jahre später wird *Onkel Toms Hütte* veröffentlicht, zunächst als Fortsetzungsgeschichte in *The National Era*.

Überraschenderweise gibt Harriet Martineau, die so zahlreiche Aspekte amerikanischen Lebens beschrieben und kritisiert hat, keinen genauen und umfassenden Bericht über amerikanische Literatur. Sozusagen *en passant* erwähnt sie die Personen des literarischen Lebens, die sie trifft. Sie lernt Emerson kurz nach seinem Rücktritt als Pastor der *Second Church* in Boston und kurz vor seiner zweiten Heirat mit Miss Lidian Jackson kennen. Sie findet ihn »noch in der Blüte seiner Jahre ... Man erwartet Großes von ihm, und wenn er lange genug lebt, um seinen Weg zu machen, wird er nur Großes vollbringen. Er ist ein Denker und Gelehrter.«

Man muß aber auch bedenken, daß zu Miss Martineaus Zeit die amerikanische Literatur als solche noch nicht »in voller Blüte« steht, sondern sich eher in einem Stadium des Wachsens und der Vorbereitung befindet. Die wenigen allgemein anerkannten Schriftsteller wie Washington Irving und James Fenimore Cooper verdanken die amerikanischen Lorbeeren hauptsächlich ihrem europäischen Erfolg: Man jubelt ihnen zu, als sie, berühmt geworden, aus dem Ausland heimkehren, aber ihre Berühmtheit hierzulande ist alles andere als gefestigt. Der gefeierte Autor des Buches *Der letzte Mohikaner* erfährt eine ernsthafte Einbuße seiner Beliebtheit, als er 1833 nach sieben Jahren von der anderen Seite des Ozeans zurückkehrt. Die Leute reagieren verärgert auf seine ständigen Klagen über das niedrige intellektuelle und moralische Niveau und die allgemeine Geldgier, die er in seinem Heimatland vorzufinden meint. Während Harriet Martineaus Aufenthalt in den Vereinigten Staaten veröffentlicht er den nicht sehr erfolgreichen satirischen Roman *The Monicins*.

Washington Irving, den Fanny Kemble als »immer einfach, verständnisvoll, freundlich und gut« preist, wird beinahe als englischer Autor betrachtet. Sein Buch *History of New York by Diedrich Knickerbocker* ist außerordentlich populär in England. Der Verleger John Murray veröffentlicht in London eine Ausgabe von *The Sketch Book* und ist der erste Herausgeber von *Bracebridge Hall* und *Tales of a Traveller*. Es ist bekannt, daß der große Verlag dreitausend Guineen für das Copyright von Irvings *Life and Voyages of Christopher Columbus* bezahlt hat. Irving reist als sehr junger Mann durch Europa, verbringt später einige Zeit in Spanien, und noch später, 1830, erhält er eine Medaille der *Royal Society of Literature*, während er sich in London als Sekretär der amerikanischen Gesandtschaft aufhält.

Dann gibt es William Cullen Bryant, zwar noch ohne seinen patriarchalischen Bart, aber bereits ein reifer Mann und als Dichter bereits berühmt aufgrund von *Thanatopsis* und seinem didaktischen Gedicht *The Ages*, welches sich zu einem glühenden Loblied auf das neue Volk, das Amerika hervorbringen wird, erhebt. Aber die meisten der Repräsentanten amerikanischer Literatur des 19. Jahrhunderts sind noch unbekannt oder noch nicht gänzlich anerkannt. Lowell beispielsweise ist ein Harvardstudent und hat seine literarische Karriere gerade als *poeta laureatus* seines Jahrgangs begonnen. Hawthorne hat einige unbedeutende Skizzen veröffentlicht und sollte der Herausgeber einer gleichfalls unbedeutenden Zeitschrift namens *American Magazine for Useful and Entertaining Knowledge* in Boston werden. Zu dem Zeitpunkt von Harietts Ankunft ist Longfellow ein junger Mann von siebenundzwanzig Jahren und verdankt seine Bekanntheit einigen Artikeln über ausländische Literatur, die er nach seiner ersten Europareise für die *North American Review* verfaßt hat.

Wie konnte ein fremder Besucher zu diesem frühen Zeitpunkt die problematische Größe eines Edgar Allan Poe erfassen? Dieser ist damals eng mit der Zeitschrift *Southern Literary Messenger* verbunden. Er ist ständig berauscht von den alkoholischen Getränken, die ihn zerstören sollten und von den ekstatischen Gefühlen für seine Cousine und zukünftige Frau, Virginia Clemm, die er zugrunderichten wird.

Wie konnte Miss Harriet ahnen, daß ein junger Mann aus Brooklyn mit dem Namen Walt Whitman, der in Landschulen lehrt und das Druckerhandwerk erlernt – in seinem Herzen und Verstand die mitreißendste Rhapsodie der Neuen Welt birgt? Wer von all den Menschen, mit denen sie spricht, hätte ihr über einen weiteren unbekannten Schulmeister, Herman Melville, etwas sagen können? Man schreibt das Jahr 1834, und es vergehen noch sieben Jahre ehe er, fasziniert von fernen Meeren und Inseln, auf einem New-Bedford-Walfänger anheuert und dabei noch nicht einmal im Traum an die schweigende, monströse Majestät des Weißen Wals denkt.

Zu jener Zeit hat der intelligente europäische Beobachter bei einem Besuch der Vereinigten Staaten weder die Poesie, noch neue literarische Werte im Auge. Ein ernsthafter Besucher wie Harriet Martineau erforscht in der Neuen Welt ganz gezielt soziale Einrichtungen, praktische Errungenschaften und ökonomische Systeme. Sie besucht Gefängnisse, Irrenanstalten und Krankenhäuser, literarische und wissenschaftliche Organisationen, Sklavenmärkte, Gerichtshöfe und Fabriken, Seemannsschulen, Blindenheime, Gesellschaften für abstinentes Leben, politische Versammlungen, Bibliotheken, Taubstummenanstalten, Plantagen, Friedhöfe und sogar Verstecke entlaufener Sklaven. Ihr umfangreiches Werk *Society in America* beinhaltet Kapitel zu jedem nur erdenklichen Thema – Poesie ausgenommen. Sie schreibt über politische Parteien, über den Regierungsapparat, über Moral und Politik, über Gesetzestreue, regionale Vorurteile, die politische Nicht-Existenz der Frauen und die Bürgerrechte der Farbigen. Sie formuliert ihre dezidierte Meinung über Landwirtschaft und Handel, Transport und Absatzpolitik, die Moral der Wirtschaft und die Probleme der Industriearbeit. Sie schreibt über Erziehung, Religion und viel über Frauen. Sie kommt zu dem Schluß, daß die Amerikaner in der Behandlung der Frauen nicht nur weit hinter ihren eigenen demokratischen Prinzipien zurückgeblieben sind, sondern auch hinter der Praxis so mancher Teile der Alten Welt.

»Während der Intellekt der Frau beschnitten, ihre Moral zerrüttet, ihre Gesundheit ruiniert, ihre Schwächen ermutigt und ihre Stärke bestraft werden, sagt man ihr, daß ihr Schicksal sie ins Paradies der Frauen geführt hat: und es gibt kein anderes Land, wo man stolzer auf die Ritterlichkeit wäre, mit der sie behandelt wird. Das bedeutet – sie bekommt den besten Platz in der Postkutsche; wenn es nicht genügend Sitzplätze gibt, müssen die Herren stehen; sie kann bei öffentlichen Anlässen rednerischen Ergüssen über Frauen und Heim und unzähligen Ansprachen für Frauen lauschen ... Kurz, man bietet ihr Vergünstigungen als Ersatz für Gerechtigkeit ...«

Ehe und Mutterschaft können als Hauptbeschäftigungen der amerikanischen Frauen angesehen werden – beobachtet Miss Martineau. Wenn sie das nicht haben, haben sie gar nichts. Aber ihrer gestrengen Richterin zufolge sind sie sogar in diesen Bereichen gänzlich inkompetent. Ärgerlich und zurechtweisend gleich einer frustrierten Gouvernante nimmt sie sie wegen ihres unentschuldbaren Mangels an Erfahrung und Geschicklichkeit im Stärken und Bügeln, Backen und Suppe kochen ins Gebet. Auf alle Fälle soll eine Hausfrau wenigstens in der Lage sein, ein annehmbares Essen zuzubereiten, besonders weil doch die Herren gewöhnlich die Geschäfte in die Hand nehmen, und »das ist doch nur gerecht«. Und außerdem, was bleibt den Frauen, wenn sie von allen öffentlichen Funktionen ausgeschlossen werden und unglücklicherweise für jegliche Küchenarbeit zu verwöhnt oder zu faul sind? Wohltätigkeitsarbeit – »Gutes tun oder Schaden anrichten, je nach geistiger Verfassung der Ausführenden« – und die relativ fruchtlose Beschäftigung mit Literatur. Harriet trifft eine Menge Damen, die Latein verstehen, bruchstückhaft Hebräisch oder Deutsch können. Mit Ausnahme der letzteren Sprache scheint ihnen solches Wissen, außer als harmlose Übung, nicht zu vielem nutze zu sein. Sie trifft keine einzige gute Künstlerin in den Vereinigten Staaten. Es gibt allerdings gewisse Bemühungen auf dem Gebiet der geistigen und moralische Philosophien: »aber je weniger Worte man darüber verliert, desto besser.«

Das ist weder sehr schmeichelhaft, noch gerecht. Ihre Schriften sind voll solcher Bemerkungen, die sowohl beleidigend wie ungenau oder zumindest einseitig sind. Sie beschwert sich über das Essen, das sie ungenießbar findet – was angesichts ihres totalen Mangels an Geschmackssinn um so erstaunlicher ist; über das Wetter, das entweder zu heiß oder zu kalt ist; (»Nur an den heißesten Tagen des Sommers fühlte ich mich nicht in der Lage mit dem unerschöpflichen amerikanischen Frohsinn zu hadern«). Sie beschwert sich über die amerikanische Konversation, die sie langweilig findet.

Aufrichtig erstaunt und enttäuscht ist sie, als die Amerikaner sich durch ihre laute Kritik an ihren Gewohnheiten und Einrichtungen beleidigt fühlen. Denn sie spürt das ernsthafte Bedürfnis, sich in den Vereinigten Staaten Freunde zu schaffen. »Freundschaften bilden den großen Gewinn einer Reise, ob durch einen Kontinent oder durch das Leben ... « In diesen ihren Worten liegt ein gewisses Pathos, wenn man die beachtliche Anzahl der Leute bedenkt, die sie sich in diesem Land zu Feinden gemacht hat.

Es gibt aber auch Leute, die sie mögen und sogar bewundern – wie Maria Weston Chapman, die berühmte Abolitionistin, zu jener Zeit eine junge Frau von kaum dreißig Jahren. Später betont diese oft, wieviel sie Harriets anregendem Einfluß verdankt. »Die Sklavenhalter haben mich geblendet und getäuscht; sie aber ergriff im Namen der Sache Partei für die Abolitionisten.« Vierzig Jahre später, 1877, – ein Jahr nach Harriets Tod – gibt Maria Weston Chapman die Autobiographie ihrer verstorbenen Freundin heraus.

Es ergeben sich jedoch nicht viele dauerhafte Beziehungen dieser Art als Resultat ihrer Amerikareise. Die meisten Menschen, die ihr gastfreundlich begegnen, bekämpft und beleidigt sie. Sogar jene, die bereit sind, der tauben Frau ihre erstaunlichen gesellschaftlichen *faux pas* zu vergeben, geraten in Zorn, als sie später ihre beiden Bücher – die literarische Verwertung der amerikanischen Impressionen von Miss Martineau – lesen. Es herrscht großes Interesse an dem, was sie über Amerika zu sagen hat, und die Erwartung ist nicht nur in London, sondern auch in New York und überall in den Vereinigten Staaten höchst gespannt. Kurz vor ihrer Abreise führt sie ein Gespräch mit Mr. Harper, den sie »den Chef eines gefürchteten Piratenverlages in New York« nennt. Er sagt ihr:

»Jetzt verraten Sie mir schon, was Sie für Ihr Buch verwenden werden?«

»Welches Buch?« fragt sie etwas heuchlerisch.

Darauf Mr. Harper: »Oh! Ich weiß, Sie werden ein Buch über dieses Land schreiben. Lassen Sie sich von mir ein paar Ratschläge geben.«

»Aber mir selbst ist gar nicht bekannt, daß ich eines schreiben werde.«

»Na jedenfalls kann ich Ihnen sagen, wie Sie es ganz einfach hinkriegen. Bedenkt man die Strecken, die Sie zurückgelegt haben, müssen Sie doch einiges aufgeschnappt haben. Nun, wenn Sie das ein bißchen à la Trollope aufbauschen, können Sie ein lesbares Buch daraus machen. Ich würde Ihnen ein gutes Angebot machen. Sagen Sie schon, wieviel wollen Sie?«

Sie ist ziemlich verärgert – besonders über den taktlosen Hinweis auf ihre Kollegin, Mrs. Trollope, deren Buch *Domestic Manners of the Americans* eine Art Skandalerfolg erzielt hat. Es ist ein höchst infamer Vergleich.

Sie erklärt, daß es unter ihrer Würde sei, für Geld zu arbeiten – und reist ohne Vertrag ab.

In Liverpool warten großzügige Angebote verschiedener englischer Verleger auf sie. Jedermann geht davon aus, sie sei mit Unmengen an sensationellem Material zurückgekehrt, und sie verfügt ja auch tatsächlich über Notizen und Geschichten für mehrere Bände.

Ihre beiden Werke, *Retrospect of Western Travel* und *Society in America,* werden in den Vereinigten Staaten nicht gerade wohlwollend aufgenommen; besonders das zweite, das die theoretischen Überlegungen zu ihren Beobachtungen zusammenfaßt, wird als gemeiner Verrat an der Gastfreundschaft betrachtet. Beinahe jedes Schiff von Amerika nach England bringt peinliche Post für Miss Martineau – Schmähbriefe, beleidigende Zeitungsausschnitte. Sie wird als hartgesottene Person, ohne Takt, Geschmack und Dankbarkeit geschildert. Sie ist im Land herumgereist, hat die Freundlichkeit der Amerikaner mißbraucht und alles, was sie gesehen hat, verächtlich gemacht. »Hier ist eine Frau, die sich an amerikanischen Delikatessen gütlich getan hat, statt an labbrigen Butterbroten, Magermilch und wässrigem Tee – nichts anderes bekommt sie nämlich zu Hause vorgesetzt – und die die Kühnheit besitzt, unser Essen zu kritisieren!« Sie wird als Spionin, anarchistische Gleichmacherin und malthusianische Wasserjungfer beschimpft.

Diese heftigen Ausbrüche patriotischer Verärgerung sind – obwohl teilweise gerechtfertigt und verständlich – auf ihre Weise ebenso naiv und einseitig, wie Harriets plumpe Übertreibungen. Aber es wäre eine grobe Fehlinterpretation, Harriet Martineau als eine durch und durch gemeine Frau darzustellen, die allein journalistischen Sensationen und der Befriedigung ihrer grenzenlosen Eitelkeit nachjagt. Sie hat, das ist richtig, etwas

Bösartiges an sich, und ihre entsetzliche Selbstsicherheit verführt sie dazu, ihre Ansichten wie eine Art Orakel von sich zu geben, zum Teil mit schockierender, zum Teil mit lächerlicher Wirkung. Da sie taub ist und nicht wirklich zuhören kann, hat sie die Angewohnheit, selbst den trivialsten Gedanken freien Lauf zu lassen. Den beiläufigsten Überlegungen verleiht sie das Gewicht grundsätzlicher Erkenntnisse, was häufig eine törichte oder sogar drollige Wirkung erzielt, wie zum Beispiel: »Der wichtigste Aspekt eines Friedhofs ist – abgesehen davon, daß er sicher und anständig sein soll – daß er einen heiteren Anblick bietet.« Oder: »Sind die Republiken Nordamerikas auch jung, die Ideen der Leute sind alt«. Hier opfert sie offensichtlich die vielschichtige Wahrheit für ein schwaches Epigramm.

Und dennoch gibt es eine andere Seite ihrer Kritik an amerikanischen Institutionen – einen wirklich engagierten Ton, der die Ernsthaftigkeit ihres moralischen Strebens und ihr unerbittliches Suchen nach Wahrheit unter Beweis stellt. Die Amerikaner sind zu dieser Zeit noch nicht fähig oder willens, den ethischen Ansatz solcher Warnungen oder Vorhaltungen zu erfassen – besonders wenn sie mit irritierenden Feststellungen und kleinlichen Bemerkungen vermischt sind. Im letzten, zusammenfassenden Abschnitt ihres Buches erwähnt Harriet Martineau die nationale Selbstgerechtigkeit als die bemerkenswerteste Besonderheit des amerikanischen Charakters.

»Als Ergebnis von Apathie wäre diese verachtenswert: gäbe es nicht die Verbindung zu Aktivität und Fortschritt, wäre sie absurd. Aber so wie es ist, muß ich diese nationale Eigenschaft mit Hochachtung betrachten.«

Nur ein einziger Satz dieser Art – ehrlich, ernsthaft und intelligent – ist Beweis genug dafür, daß ihr Interesse an amerikanischen Problemen über bloße journalistische Neugier hinausgeht.

Sie ist aufrichtig bemüht, Amerika von dem Standpunkt aus zu interpretieren, den sie für amerikanisch hält. Sie hat eine bestimmte Vision der transatlantischen »Modellrepublik«, und sie möchte herausfinden, inwieweit die Realität den von den Gründern der Vereinigten Staaten vorgegebenen Idealen entspricht. Nach breitgefächerten und intensiven Studien kommt sie zu folgendem Schluß:

»Die Zivilisation und die Moral der Amerikaner liegt weit hinter ihren eigenen Grundsätzen zurück. Dies genügt als Aussage und ist vernünftiger, als sie europäischer Moral und Zivilisation gegenüberzustellen oder sie damit zu vergleichen.«

Die Realität der Ära Jackson, mit ihren politischen Kämpfen, ihrer Korruption, der permanenten Spannung zwischen Norden und Süden – das Amerika der *Gag-Resolutions* im Kongreß zur Sabotage der Petitionen der Sklavereigegner, des Kampfes gegen die Nationalbank, wilder und zweifelhafter Spekulationsgeschäfte mit Land und dem Eisenbahnbau – das Amerika von 1836 ist in der Tat weit entfernt von den Versprechungen der amerikanischen Revolution. Die Sklaverei ist ein grelles Zeichen für seine generelle Unvollkommenheit. *The Martyr Age of the United States* lautet der Titel eines Artikels von Harriet Martineau, der in der *Westminster Review* kurz nach ihrer Rückkehr erscheint. Mit Märtyrertum meint sie das der Abolitionisten, deren Forderungen sie ihren britischen Lesern anschaulich beschreibt.

Ein ausgesprochen christliches Pathos ist – nicht nur in diesem Titel – sondern auch in anderen Teilen der Schriften Harriet Martineaus vorherrschend. Das mag paradox klingen angesichts des etwas oberflächlichen Rationalismus und Materialismus, der für ihre geistige Haltung charakteristisch zu sein scheint.

In der Begeisterung für humanitäre Anliegen der meisten prämarxistischen Sozialisten und Reformer findet man – zwar oft versteckt – ein religiöses, wenn nicht gar mystisches Pathos. Ihr fester Glaube an die Vervollkommnungsfähigkeit des Menschen wäre unlogisch, begriffen sie nicht, bewußt oder unbewußt, den Menschen als auf gewisse Weise durch Natur und Auftrag verbunden mit und verantwortlich einem ewigen Wesen, welches das Prinzip des Guten als solches und in aller Vollkommenheit darstellt. Letztendlich sind jeglicher Glaube und jegliches Interesse an menschlichem Fortschritt notwendigerweise und grundsätzlich religiös.

Reformer glauben an Wunder. Die verschiedenen Reformer des 19. Jahrhunderts glaubten, sie könnten die Menschheit durch besondere Kost, Wasserkuren, absolute Enthaltsamkeit, das Tragen besonderer Kleidung, Mesmerismus, Praktizieren freier Liebe, Spiritualismus oder Landreformen retten. Rationalismus, traditionelle Philosophien der Aufklärung und mystische Trends – ein Hang »zurück zum verlorenen Paradies« – treffen und vermischen sich auf seltsame Weise. Bemerkenswerterweise wandte sich der »Begründer der englischen Arbeiterbewegung«, Robert Owen, in späteren Jahren von einem unreifen Sozialismus ab und dem Spiritualismus zu. Was Harriet Martineau angeht, so erwacht bei ihr nicht nur für Auguste Comte Interesse, sondern auch für den Mesmerismus: Sie schreibt eine Reihe von Briefen, die sich mit jenen halb wissenschaftlichen, halb mystischen Experimenten befassen.

All diese Menschen sind Kreuzritter unserer Tage, die leidenschaftlich für eine Botschaft kämpfen, von der sie glauben, sie sei »modern«, »fortschrittlich« und »wissenschaftlich«. Sie sind mutig und naiv; manchmal sind sie etwas töricht und legen eine völlige Ignoranz hinsichtlich der Komplexität und der unberechenbaren Tiefen der menschlichen Natur an den Tag. Wenn die Menschen ausschließlich Gemüse essen und die Negersklaven befreit werden, dann – so meinen sie – könnte die Menschheit in kürzester Zeit den Weg zurück ins Goldene Zeitalter finden.

Es ist nicht ganz fair, die Abolitionisten – diese strengen und vernünftigen Kämpfer – in irgendeiner Weise mit gewissen Gruppierungen hysterischer oder ignoranter Reformer in Verbindung zu bringen. Mit diesem Vergleich beabsichtigen wir nicht im geringsten, die heldenhaften Anstrengungen dieser tapferen Männer und Frauen herabzusetzen oder ihren positiven Einfluß auf die Entwicklung dieses Landes zu schmälern. Wir bemühen uns lediglich, die geistige und ethische Zusammengehörigkeit bestimmter Tendenzen und Stimmungen nachzuweisen, die scheinbar keinen Zusammenhang besitzen. Dabei spielt es eine geringe Rolle, ob die einzelnen Grundsätze beziehungsweise Methoden gewisser Gruppen oder Einzelpersonen vernünftig oder absurd sind. Die Tatsache bleibt bestehen, daß alle diese intellektuellen und politischen Unternehmungen einer jungen bürgerlichen Gesellschaft von den gleichen geistigen Quellen gespeist und auf ein gemeinsames Ziel gerichtet sind. Die beiden Quellen dieses religiös-rationalistischen Pathos' sind der christliche Glaube, besonders die puritanische Variante, und die militante, utopische Botschaft der französischen wie der amerikanischen Revolution, geistig wohlvorbereitet durch Rousseau und Voltaire. Das endgültige Ziel ist, die Menschheit zu bessern, sie näher zu Gott zu bringen, sie zu vervollkommnen – sowohl durch Aufklärung wie auch durch die Neuorganisation ihrer Lebensbedingungen und das Anheben ihrer substantiellen Würde.

Eine Frau wie Harriet Martineau trägt, trotz ihres begrenzten intellektuellen Weitblicks und ihrer Charakterschwächen, zu diesem edlen Vorhaben bei und arbeitet ihr ganzes Leben lang, von dieser Zielsetzung angespornt, diesen Traditionen entsprechend. Wie die meisten Menschen ist sie nicht von Grund auf gut. Aber sie glaubt, daß die Menschen unter bestimmten Bedingungen dazu gemacht werden können. In vielerlei Hinsicht mißversteht sie das Leben in Amerika und seine Bewohner. Ihrer vehementen Kritik mangelt es an Maß und Takt. Und doch ist ihre Grundhaltung keinesfalls antiamerikanisch oder gar unamerikanisch, entspricht sie doch einigen der ehrwürdigsten Traditionen Amerikas.

Einen Augenblick, wenigstens, erreicht sie das Format der großen amerikanischen Kämpfer: als sie bei der Bostoner Versammlung furchtlos ihr Leben für die Sache der Abolitionisten riskiert.

Diese taube Verkünderin des Fortschritts langweilt ihre Zuhörer oft mit einem seichten Redeschwall, und nicht immer vermag sie das hämische Lachen zu vernehmen, das ihre geschwätzige Arroganz hervorruft. Zuweilen jedoch wird ihr Hörrohr – von ihr nicht ohne eine gewisse kokette Grandezza gehandhabt – zu einem magischen Instrument, und das schwatzhafte Orakel erhascht die wahre Bedeutung eines fernen und geheimnisvollen Flüsterns. Ihre Ohren werden hellhörig, und einige bedeutsame Momente lang versteht sie die Botschaft, die sie so oft vereinfacht oder verfälscht hat – das große Versprechen des *American life*.

KAPITEL IV

EINE RUSSISCHE BRIGG

ADELBERT VON CHAMISSO

»RURIK, 1. OKTOBER 1816.
... habe ich die Ehre, Eurer Exzellenz mitzuteilen, daß wir uns der kalifornischen Küste nähern. Begünstigt von einem starken Wind aus Nord und Nordwest, mit gelegentlichen Stürmen, legten wir die Reise von Unalaschka bis Kalifornien in sehr kurzer Zeit zurück. Um Mitternacht konnten wir im Mondlicht das Kap de los Reyes sehen...«

Kapitän Otto von Kotzebue ist sehr müde. Es ist spät, und er hat in seiner engen Kabine stundenlang an einem ausführlichen Bericht für seinen mächtigen Förderer, den früheren Außenminister und Kanzler des russischen Reiches, Graf Romanzoff, gearbeitet. Der große Mann hat sich 1815 aus dem Staatsdienst zurückgezogen, besitzt aber noch immer großen Einfluß hinter den Kulissen. Hie und da unterbricht der Kapitän seine Arbeit und blickt voll Achtung zu Romanzoffs großem Porträt an der Wand. Der eindrucksvolle und kriegerisch aussehende Herr ist in dunklen Farben gemalt, beinahe völlig in Schwarz. Kotzebue lächelt verächtlich, als er sich daran erinnert, daß ihn einmal, irgendwo in Chile, ein unwissender Kerl gefragt hat, ob der finstere Mann auf dem Bild ein Schwarzer sei. Seine Exzellenz der Graf Romanzoff – ein Nigger!

Er ist der Ausrüster und heimliche Leiter dieser Expedition. Mit Hilfe seines Experten und Beraters für Nautik, Admiral Krusenstern, hat er den Plan für eine ausgedehnte Reise erarbeitet, die dem Doppelzweck dienen soll, sowohl bestimmte Teile der Südsee zu erforschen als auch die Möglichkeit einer Nord-Ost-Passage durch die Bering-Straße in die Arktis und von da in den Atlantik auszukundschaften. Die *Rurik*, eine Brigg von lediglich hundertachtzig Tonnen, wird auf Kosten des kaiserlichen Kanzlers ausgestattet und sticht in Kronstadt am 1. August 1815 in See. Ihre Besatzung besteht aus siebenundzwanzig Seeleuten und einem wissenschaftlichen Team. Die drei Naturwissenschaftler und der Zeichner an Bord sollen Pflanzen und Bäume, Gesteinsstrukturen, Flußläufe und die Gebräuche der Eingeborenen in verschiedenen Regionen des amerikanischen Kontinents und der Südseeinseln untersuchen und beschreiben. Es sind hingebungsvolle Gelehrte, die bereits ähnliche Aufgaben in Brasilien und Chile und später am nördlichen Polarkreis, in Kamtschatka, der Halbinsel in Ostsibirien, in verschiedenen Teilen Alaskas und in der Bering-Straße, wo Sibirien und Alaska fast aneinanderstoßen, bewältigt haben.

Kapitän von Kotzebue ist sich jedoch bewußt, daß die frühere Leitfigur des russischen Imperialismus ein so kostspieliges Unternehmen weder ausschließlich, noch hauptsächlich aus purem Wissensdrang finanziert. Tatsächlich ist der rein wissenschaftliche Aspekt zweitrangig gegenüber den politischen Gesichtspunkten. Die unter russischer Flagge segelnde *Rurik* soll die Welt von den Fähigkeiten der kaiserlichen Marine überzeugen und den russischen Imperialismus fördern. Als kühnem Schachzug mit dem Ziel einer permanenten russischen Herrschaft über ein derzeit noch unter spanischer Oberherrschaft stehendes Gebiet kommt dem Besuch Kaliforniens besondere Bedeutung zu. Herr von Kotzebue, ein ehrgeiziger und scharfsinniger Untertan seiner mächtigen Herren, weiß, daß Seine Hoheit der Exkanzler präzise Informationen von ihm darüber erwartet, wieviel Widerstand noch von dem geschwächten Organismus des spanischen Kolonialreiches zu erwarten ist. Er ist sich auch über die strategische Bedeutung des Hafens von San Franzisko im klaren, wo die südwärts gerichtete Expansion des russischen Imperialismus mit Spanien kollidieren muß.

Bösartige Leute behaupten, Otto von Kotzebue, der Sohn des berühmten Dramatikers August Friedrich von Kotzebue, sei ein schlechter – oder jedenfalls kein erstklassiger Seemann. Niemand kann jedoch bestreiten, daß er ein kluger und erfahrener Politiker ist. Er besitzt klar umrissene und umfassende Kenntnisse der aktuellen internationalen Vorgänge. Politische Dilettanten lassen sich noch immer von Spaniens Macht auf dem amerikanischen Kontinent beeindrucken. Denn der spanische Besitz erstreckt sich entlang einer durchgehenden Linie von Kap Horn bis dreihundert Meilen nördlich von San Franzisko. Er umfaßt nicht nur ganz Südamerika – außer Brasilien und Guyana – sondern auch das riesige Gebiet westlich des Mississippitals. Die spanische Krone besitzt Ost-Florida, und beansprucht einen weiteren Landstreifen, nämlich West-Florida, das sich am Golf von

Mexiko entlang der Florida-Bay bis an die Mündung des Mississippi erstreckt. Aber der russische Kapitän weiß, daß die Vereinigten Staaten Spaniens Anspruch auf West-Florida anfechten. Das Außenministerium in Washington befindet, daß dieses Territorium ein Teil des ursprünglichen Gebietes von Louisiana ist, folglich in den Transfer von spanischem Landbesitz an Napoleon im Jahre 1800 eingeschlossen und dadurch drei Jahre später in Napoleons Verkauf Louisianas an die Vereinigten Staaten enthalten sei. Es spielt kaum eine Rolle, daß die Spanier diesen Standpunkt natürlich nicht teilen. »Allein die Macht zählt«, denkt der Sohn des deutsch-russischen Dichters mit einer Art melancholischem Zynismus. Die Vereinigten Staaten machten sich daran, das umstrittene Gebiet in Besitz zu nehmen, und hätten es auch gegen jeglichen Protest Spaniens behalten, hätte nicht Großbritannien Einspruch erhoben. Klugerweise zieht Präsident Madison 1813 die amerikanischen Truppen ab.

Auf lange Sicht gesehen, würde sich Spanien allerdings als zu schwach erweisen, seine Autorität zu behaupten: das weiß Kapitän Kotzebue, und er findet keinen triftigen Grund, warum Rußland nicht von der mißlichen Lage Spaniens profitieren sollte. »Warum den Raub Großbritannien oder den Vereinigten Staaten überlassen?«

Wie der kluge Beauftragte des Grafen Romanzoff sich selbst und seinem Vorgesetzten versichert, legen die Vereinigten Staaten einen sehr gesunden Appetit an den Tag: nämlich eine natürliche Gier, das Merkmal heranwachsender Jugend. Und es wird schnell deutlich, daß sie auch die Kraft und den Willen haben, sich ihre verständlichen Wünsche zu erfüllen. Das Tempo und die Geschicklichkeit ihrer Expansion nach Westen ist beachtlich. Kotzebue hält Jeffersons Erwerb von Louisiana für ein diplomatisches und kaufmännisches Meisterstück. Fünfzehn Millionen Dollar – von denen über drei Millionen fünfhunderttausend an amerikanische Bürger im Westen als Entschädigung für den ihnen entstandenen geschäftlichen Schaden ausbezahlt werden müssen – sind sicherlich kein zu teurer Preis für eines der kostbarsten Gebiete der Erde, welches das Territorium der Vereinigten Staaten verdoppelt. »Über Jeffersons Gesandte in Paris, Mr. Livingstone und Mr. Monroe, darf man ganz sicher nicht die Nase rümpfen«, befindet Kotzebue mit der sachkundigen Anerkennung des Experten. »Nicht einmal Monsieur Talleyrand war ihnen gewachsen.« Es scheint jedoch, daß

Mr. Madisons Regierung bereits ein Auge auf die Schätze Kaliforniens geworfen hat. Die junge Republik hat noch mehr Probleme und Aufgaben. Der gerade beendete Krieg mit Großbritannien hat sich auch für so ein starkes und mutiges Volk als ein doch relativ anstrengendes Abenteuer erwiesen. Außerdem beansprucht Großbritannien immer noch das riesige Gebiet von Oregon, zwischen den Rocky Mountains und dem Pazifik. Der Zar betrachtet weder den König in London noch den Präsidenten in Washington als ernstzunehmende Rivalen in Sachen Kalifornien. »Und Spanien?« Der Kapitän lacht verächtlich. »Man wird sehen ... «, beschließt er. »Ich halte meine Augen offen. Der alte Romanzoff wird zufrieden sein ... «

Er bedenkt seinen hochstehenden Schutzherrn mit diesem informellen Namen, weil er sehr müde ist. Das Geplauder der Offiziere an Deck irritiert ihn. »Was ist denn los heute abend?« Er ist verärgert. »Manchmal sprechen sie tagelang gar nicht – sitzen da wie Taubstumme – und dann auf einmal werden sie geschwätzig wie alte Weiber. Wieso diese Aufregung über unsere Ankunft in Kalifornien? Die alberne Begeisterung dieses poetischen Narren Chamisso scheint ansteckend zu sein ... «

Adelbert von Chamisso, einer der Naturforscher an Bord, hat beim Abendessen erklärt, daß er sich auf San Franzisko mehr als auf alle anderen Stationen der gesamten Reise freue – woraufhin Kotzebue etwas säuerlich bemerkt: »Das höre ich nicht zum ersten Mal, Adelbert Loginowitsch. Sie erwarten ja von jeder Insel und von jedem Hafen wahre Wunder ... « Herr von Kotzebue hat die Angewohnheit, seinen ersten Naturforscher an Bord mit Sticheleien und Fangfragen zu ärgern. Chamisso rächt sich an dem Kaptitän mit Kritik. Er führt Tagebuch, und Kotzebue ist überzeugt, daß es voller boshafter kleiner Angriffe gegen ihn, den Kapitän, ist. Er mag Chamisso nicht, weil er ein Dichter ist, keine Ehrfurcht vor Autorität zeigt und weil er wunderlich, zu intelligent und irgendwie unberechenbar ist.

Es macht Kotzebue ärgerlich, wenn er sie sich alle zusammen da draußen in der lauen Nacht vorstellt – den Maler, den jungen Choris, den zweiten oder »freiwilligen« Naturforscher Martin Petrowitsch Wormskiold, Dr. Eschscholz, den Arzt, die beiden Offiziere und Chamisso mit seinem endlosen Gerede. Worüber mag er reden? Es sieht ja wirklich nach einer Verschwörung aus ...

Chamisso spricht über Amerika. Er hat seinen Kameraden erzählt, wie glücklich er darüber ist, sich diesem Kontinent zu nähern, obwohl Kalifornien noch unter spanischer Herrschaft steht. »Ich bin dennoch überzeugt«, erklärt Chamisso, »daß die Vereinigten Staaten sich eines Tages über den gesamten amerikanischen Kontinent erstrecken werden.« Der Zweite Offizier erkundigt sich ganz trocken: »Einschließlich Alaskas, Adelbert Loginowitsch? Meinen Sie, dieser Teil des russischen Reiches sollte gleichfalls zu den Vereinigten Staaten gehören?« Chamisso gibt eine ausweichende Antwort und geht dazu über, Thomas Jefferson zu preisen, einen wirklichen Edelmann und echten Mann des Volkes. »Da hat endlich einmal jemand ein wirklich plausibles Konzept von Demokratie, welches mit den Idealen der Aristokratie nicht unvereinbar ist ... « Und mit einem wissenden, sinnlichen Lächeln, wobei er seine Lippen mit der Zungenspitze berührt, als schmecke er etwas Süßes, fügt er hinzu: »Und außerdem ist er einer der besten Schriftsteller unserer Zeit. Welche Prosa! Knapp und doch beredt, deutlich, überzeugend.«

Er redet über den Glanz, das ständige Wachstum und das neue Nationalbewußtsein Amerikas. Er lobt den Frieden von Gent als die Vollendung der amerikanischen Unabhängigkeit, die bis dahin zwar offiziell anerkannt, aber in der Praxis nicht wirklich respektiert worden ist. »Das Jahr 1815 kennzeichnet eine Epoche der amerikanischen Geschichte«, erklärt er. Alle nicken, nur der Zweite Offizier scheint etwas gelangweilt. »Nun ja, in San Franzisko werden wir nicht viele von diesen freien Amerikanern zu Gesicht bekommen«, sagt er. »Nur ein paar spanische Soldaten. Man sagt, es sei kein besonders aufregender Ort.«

Der junge Maler Choris – an Bord *Kleiner* gerufen – hat das Gegenteil gehört, die kleine Siedlung San Franzisko sei sehr reizend und farbenfroh. »Man kann dort sehr schöne Arten von Blumen finden«, verspricht er den Naturwissenschaftlern. »Und erst die spanischen Mädchen ... « Choris sucht immer und überall attraktive Modelle für seine *Voyage pittoresque,* eine Skizzenserie, an der er für einen Pariser Verlag arbeitet.

Der Zweite Offizier gähnt – »Dort gibt es keine hübschen Mädchen, das kann ich Ihnen sagen« – und der Erste Offizier, Gleb Simonowitsch Schischmareff, schlägt vor: »Reden wir über etwas anderes.« Er ist ein großgewachsener, gutmütiger Bursche mit einem kugelrunden Mondgesicht.

Alle schweigen. Das Meer hat sich beruhigt. Man hört nur die Wellen leise an den Bug schlagen. Schließlich verkündet Choris: »Ich möchte euch eine Geschichte erzählen.« Das kommt ziemlich überraschend. »Ein Märchen«, sagt Choris. Hin und wieder hat er solch unvermittelte Einfälle. Er ist jung und phantasievoll. Sie haben ihn gern. Er ist ein zarter Junge mit einer angenehmen Stimme und einem glatten, hübschen Gesicht. Sie lachen: »Also, unser Kleiner möchte eine Geschichte erzählen!« Und Choris, der Künstler, beginnt:

»Es war einmal vor langer langer Zeit in einem unbekannten Land. Da lebte ein Mann namens Peter Schlemihl. Der war der reichste und zugleich der ärmste Mensch auf Gottes Erde. Denn er verkaufte seinen Schatten an einen Herrn, den er auf einem Fest getroffen hatte. Der Herr besaß gute Manieren und trug einen eleganten grauen Überrock. Der Haken an der Sache war, daß er der Teufel war. Er wollte Herrn Schlemihls Schatten und seine Unterschrift in Blut. Als Gegenleistung gab er ihm eine gewöhnlich aussehende Lederbörse, die stets voll Gold blieb, egal wieviel man herausnahm. Peter Schlemihl hielt den Handel für sehr vorteilhaft, aber er sollte sich geirrt haben. Denn ein Mann ohne Schatten befindet sich bald in einer peinlichen, vielleicht sogar tragischen Lage. Er fällt auf und verursacht schließlich einen öffentlichen Skandal, durch eben die Abwesenheit dieses farblosen Kameraden, den wir, solange er uns stumm und ergeben folgt, gewöhnlich nicht beachten. Peter konnte seine unerschöpfliche Zauberbörse nicht genießen. Er war sehr einsam. Man mied ihn, strafte ihn mit Verachtung, und hielt ihn für ein Ungeheuer. Den Mädchen jagte er Angst ein, und die Männer fühlten sich von ihm provoziert. Er mußte das warme Sonnenlicht scheuen, und sogar der sanfte Strahl des Mondes wurde ihm zur Gefahr ... «

Die Zuhörer blicken ängstlich zu Chamisso hinüber und erkennen mit Erleichterung, schwach, aber deutlich, im fahlen Mondlicht seinen Schatten auf dem Holzboden des Decks. Adelbert hat eine nervöse Art, Valet, den kleinen Hund – ein sehr nettes Tier – zu streicheln: er hat ihn gern. Es scheint, als spreche er zu dem Hund und nicht zu seinen Freunden, als er schließlich sagt: »Siehst du, Valet? Ich habe ihn noch, meinen Schatten, – sogar einen sehr schönen und kräftigen ... «

Die anderen lachen, doch es klingt nicht sehr fröhlich.

Chamisso streichelt noch immer den Hund, er vermeidet es, in die Augen seines jungen Freundes Choris zu sehen, als er sagt: »Warum erzählst du deine Geschichte nicht zu Ende?«

Choris – das sieht man sogar im Mondlicht – errötet und antwortet: »Es ist deine Geschichte, Adelbert. Jeder weiß, *Peter Schlemihl* ist dein Werk und ein sehr erfolgreiches noch dazu.«

Chamisso nickt ernst. »Ja, es ist meine Geschichte. Und ich weiß genau, worum es geht, wenn ich das ganze Elend und die Demütigungen des armen Schlemihls schildere. Ich weiß, was er durchgemacht hat. Jeder Gauner kann verächtlich herabsehen auf ihn, der das verloren hat, was noch jeder Bettler besitzt. Er ist ein Außenseiter, ein Paria, zu Schmach und Isolation verurteilt. Ein Mann ohne Schatten ist wie ein Mann ohne Vaterland. Und ein heimatloser Mann gleicht einem schattenlosen Mann ...«

Die anderen hören verständnisvoll zu. Sie alle wissen, daß Chamisso selbst kein Vaterland hat – oder besser gesagt, zwei, was auf dasselbe hinausläuft. Sein vollständiger Name ist Louis Charles Adelaide de Chamisso. Er ist auf dem alten Schloß von Boncourt in der Champagne geboren. Während der französischen Revolution, als er neun Jahre alt ist, muß seine Familie Frankreich verlassen. Einige Jahre später wird Charles-Adelbert Page am Hofe Friedrich Wilhelms II. von Preußen. Als Napoleon Erster Konsul wird, kehrt seine Familie nach Frankreich zurück, aber Adelbert bleibt in Deutschland. Obwohl er den preußischen Militarismus verabscheut, ist er in die Armee eingetreten. Er liebt die deutsche Sprache, versucht sich in deutscher Poesie und freundet sich mit deutschen Dichtern der Romantik an. Als er seine Familie in Frankreich besucht, fühlt er sich seinem Vaterland völlig entfremdet. Bei der Rückkehr nach Deutschland wird ihm bewußt, daß er auch hier ein Fremder ist.

»Ein Leben ohne Vaterland muß sehr traurig sein«, bemerkt der Erste Offizier, Gleb Simonowitsch. »Ich kann mir nicht vorstellen, wie ich mich ohne mein großes Mütterchen Rußland fühlen würde.« Er versteht als einzige Sprache Russisch und glaubt unerschütterlich, treu und kindlich an die Unfehlbarkeit des heiligen Väterchens, des Zaren aller Russen.

Choris, der Künstler, wirft etwas hastig ein: »Auf diesem Schiff sind wir jedenfalls ein recht bunt zusammengewürfelter Haufen. Unser Kapitän ist russischer Untertan, das mag schon sein, aber sein berühmter Vater schreibt deutsche Komödien und verbringt sein Leben zwischen Berlin, St. Petersburg, Wien, Weimar und Reval in Estland. Dr. Eschscholz scheint mir ebenfalls zwischen zwei Nationen zu stehen: halb deutsch, halb russisch. Sie sind irgendwo in den baltischen Provinzen geboren, nicht wahr, Doktor?

Übrigens bin ich selber auch eine Art Mischling: Herkunft deutsch, Erziehung russisch und Franzose aus Neigung. Denn ich halte Frankreich für das großartigste Land der Welt. Findest du nicht auch, Adelbert?«

»Frankreich ist schön«, antwortet Chamisso.

Und Choris fügt mit etwas hektischer Lebhaftigkeit hinzu: »Ich habe Heimweh nach Paris! Vergiß nicht, mir das Empfehlungsschreiben für Madame de Staël zu geben, Adelbert!«

Chamisso lächelt: »Wir haben noch viel Zeit ... «

»Sie muß eine wunderbare Frau sein!« Choris ist ganz aufgeregt. »Wie beneide ich dich um ihre Freundschaft, Adelbert!«

»Ich verdanke ihrer Freundschaft sehr viel«, sagt Chamisso. »Übrigens«, er wendet sich plötzlich an Dr. Eschscholz, »habe ich Ihnen überhaupt erzählt, daß ich unter ihrer Aufsicht das Botanikstudium begonnen habe? Ja, in der Schweiz! Ich habe den Sommer mit ihr verbracht ... In Berlin habe ich dann natürlich eine gründlichere Ausbilung erhalten.«

Der Zweite Offizier lacht leise. »Sie waren im Jahre 1813 während der Befreiungskriege, als die Preußen euren großen Kaiser besiegten, Blumen pflücken, Adelbert Loginowitsch?«

»Ganz recht«, gibt Chamisso sehr ernsthaft zu. »Der Gedanke, gegen Frankreich kämpfen zu müssen, war mir unerträglich – obwohl ich Preußens heldenhaftes Streben nach Freiheit von ganzem Herzen billigte. Also ging ich von Berlin weg und fand Zuflucht bei Freunden auf dem Land. Dort setzte ich, während der Kampf tobte, meine botanischen Studien fort – und ich schrieb die Geschichte von Peter Schlemihl.«

»Du mußt uns noch das Ende deines Märchens erzählen, Adelbert!« erinnert ihn Choris. »Wir sind noch nicht bei den wunderbaren Stiefeln.«

Diesmal lacht Chamisso leise in sich hinein. »Ja, diese Stiefel sind zweifellos wunderbar. Denn sie legen mit einem Schritt sieben Meilen zurück. Der arme Peter Schlemihl – heimatlos, schattenlos und ohne Freunde – findet einen gewissen Trost darin, die Kontinente und Ozeane zu bereisen, vom Nordpol bis zur Sahara, von den Sandwichinseln zu den Bayerischen

fährlichen Winden geschützt ist und sowohl über hervorragenden Ankergrund als auch ausreichend tiefes Wasser verfügt.

Die Geschichte des russischen Besuches in San Franzisko im Oktober 1816 hat etwas von einer komischen Oper an sich. Hintergrund und Handlung muten irgendwie unernst, sogar unrealistisch an, und der Ort der Handlung ist fast zu farbenfroh, um wahr zu sein: die im Hafen vor Anker liegende Brigg; an Land die improvisierten Zelte, in denen die Russen die spanischen Offiziere empfangen. Selbst der Siedlung San Franzisko haftet etwas Bühnenhaftes und Improvisiertes an; eine malerische Gruppe niedriger Häuser, Forts und Hütten; beherrscht wird das Bild von der Garnison, die eine etwas schlampige Militärautorität repräsentiert. In der Missionsstation, dem Zentrum religiöser Aktivität, einige Meilen entfernt in *splendid isolation* gelegen, beschäftigen sich die Mönche mit schmackhaftem Essen und hervorragenden Weinen, während die Eingeborenen für sie schuften.

Im Grunde gäbe es ausreichend Material für zwei oder drei komische Librettos. Denn kein Theater könnte sich all die für eine solche Prunkschau erforderlichen Extras und Kulissen leisten. Da gibt es neben dem Chor der Indianer und Mönche den Chor der Seeleute und den der spanischen Offiziere und Soldaten. Und welche Chance für den Kostümbildner! Die stattlichen Uniformen der Seeleute, der Offiziere, Soldaten und hohen Würdenträger, daneben die phantasievollen Gewänder an den braunen Körpern der Wilden. Auch die Hauptpersonen erfüllen alle Anforderungen aufs beste: Kotzebue, der ehrgeizige Intrigant, anmaßend und bärbeißig; Adelbert, ein fahrender Poet und Gelehrter, ein jüngerer, harmloser Bruder des Fliegenden Holländers; der spanische Gouverneur, der auf den schönen Namen Paolo Vicente de Sola hört, herbeigeeilt aus seiner Residenz bei Monterey; und schließlich ein zweifelhafter Charakter namens Kuskoff, Schurke und politischer Agent, Geschäftsmann und Gauner. Aber dieser düstere Charakter entführt uns bereits mitten in die tatsächliche Handlung – in eine typische Intrige, wie in der musikalischen Komödie üblich, mit zwei mächtigen Monarchen, dem russischen Zar und dem König von Spanien, unsichtbar im Hintergrund.

Der Streit um den ungenügenden Salut für die russische Flagge ist nur ein kleiner Zwischenfall, sozusagen der Auftakt zu aufregenderen Ereignissen. Er wird schnell beigelegt, wobei Chamisso als Vermittler zwischen dem

Garnisonskommandanten und dem erregbaren Kapitän agiert. Leutnant Don Luis de Arguello, gegenwärtiger Kommandeur des Forts, schickt seine Entschuldigung und mehrere Körbe mit Obst und Gemüse. Kotzebue besteht jedoch starrsinnig auf dem, was er für sein gutes Recht erachtet und endlich nach langen Verhandlungen auch erhält: Die Spanier ehren die russischen Farben mit zwei zusätzlichen Böllerschüssen. Bei dieser Gelegenheit müssen sie erneut die russische Flagge hissen, was großen Ärger bereitet. Der Fahnenmast ist abgebrochen, und kein spanischer Soldat besitzt genügend Geschicklichkeit oder Mut, ihn zu erklimmen. Der Kommandant muß sich einen Matrosen der *Rurik* ausborgen, damit der Fahnenmast repariert werden kann. Zur gleichen Zeit schickt Leutnant de Arguello einen Boten zum Gouverneur von Neu-Kalifornien, Don Paolo Vicente de Sola, um ihn über die Ankunft der russischen Brigg zu informieren. Inzwischen bekommt Kapitän Kotzebue Kontakt zu Mr. Kuskoff, womit die dramatische Intrige ihren Anfang nimmt.

Die Aktivitäten Mr. Kuskoffs, ja bereits seine bloße Anwesenheit in diesen Breiten stellen eine permanente Störung und Provokation der örtlichen spanischen Autoritäten dar. Er ist ein Agent der russisch-amerikanischen Handelskompanie und hat sich etwa dreißig Meilen von San Franzisko entfernt in Bodega niedergelassen. Dort hat er auf spanischem Territorium ein richtiges Fort – Fort Ross – errichtet, mit dem erklärten Ziel, den nach spanischem Gesetz verbotenen Handel an der kalifornischen Küste weiterzubetreiben und zu schützen. Dies alles geschieht auf besonderen Befehl Mr. Baranoffs, dem gefürchteten und bestgehaßten Chef sämtlicher russischer Niederlassungen in Amerika. Die Spanier haben allen Grund, Baranoffs Machenschaften als skandalös und für ihre eigenen Interessen als höchst bedrohlich zu empfinden. Denn er hat seine Agenten überall, einschließlich der Südseeinseln. Der fragwürdigste, durch einen Geheimagenten Baranoffs ausgelöste Zwischenfall hat sich auf einer hawaiischen Insel, Oahu, damals unter der Herrschaft eines unabhängigen Eingeborenenkönigs, Tameiameia, zugetragen. Ein Abenteurer namens Dr. Scheffer – vormals russischer Chirurg, anschließend einer von Baranoffs Agenten – konspirierte mit einem der regionalen Häuptlinge, Tamari, gegen dessen Lehensherrn Tameiameia. Zwei Kapitäne der russisch-amerikanischen Handelskompanie gingen soweit, die Insel in Besitz zu nehmen, indem sie die russische Flagge im Hafen von Hana-ruru – Honolulu – hißten. Die Bevölkerung erhob sich voller Zorn, die Russen mußten bald die Insel verlassen und schworen, nach einer baldigen Rückkehr fürchterliche Rache zu üben.

Was Kuskoff betrifft, so hat er bereits 1808, Romanzoff ist gerade russischer Außenminister geworden, mit großer Sorgfalt den Boden für eine Niederlassung in der Nähe der kleinen Bucht von Bodega vorbereitet. Natürlich wissen die wohlinformierten Herren in St. Petersburg genau, daß es angesichts der Lage in Madrid nur ein geringes Risiko bedeutet, die Spanier in Amerika zu verärgern. Die Ansprüche Spaniens auf die kalifornischen Territorien werden von Amerikanern und Engländern genauso wenig respektiert wie von den Russen.

In San Franzisko stationierte Offiziere und Soldaten sind zu einer höchst peinlichen Untätigkeit verdammt, sie sind gezwungen, in wirklichem Elend zu leben, von ihrem Mutterland Mexiko sechs oder gar sieben Jahre lang vergessen und im Stich gelassen. Die allgemeine Unzufriedenheit wächst, als der Gouverneur von Monterey, Don Paolo Vicente de Sola, strenge Gesetze gegen den Schmuggel erläßt, durch den sich die Soldaten bisher wenigstens mit den lebensnotwendigsten Gütern versorgt haben. Angesichts seines unverhohlenen Kampfes gegen jeglichen illegalen Handel wird der Ärger des Gouverneurs über die schmutzigen Aktivitäten Kuskoffs nur allzu verständlich.

Er ist darauf aus, diesen hartnäckigen Störenfried loszuwerden, und eilt deshalb von Monterey nach San Franzisko in der Hoffnung, Kapitän Kotzebue überreden zu können, Kuskoffs Rechtsbrüchen Einhalt zu gebieten. Allerdings ist es eine für einen erfahrenen Politiker recht naive Annahme, der russische Kapitän wäre willens oder in der Lage, sich in die Machenschaften seines Landsmannes einzumischen. Mr. Kuskoff weist die berechtigten Beschwerden der Spanier regelmäßig zurück und übertreibt gewiß nicht, als er frei heraus sagt: »Das geht mich nichts an. Ich bin lediglich Baranoffs Agent und werde Bodega erst verlassen, wenn ich von ihm den Befehl dazu erhalte.« Allein der Name Baranoff versetzt die spanischen Regierungsbeamten in Schrecken. Ist ihnen nicht klar, daß Herr von Kotzebue auch nur ein Werkzeug in den Händen derselben Mächte ist, die jenen armseligen Bösewicht Kuskoff befehligen?

Der erste Schock und die erste Überraschung für Gouverneur de Sola ist Kotzebues rüde Weigerung, ihn in der Garnison aufzusuchen. Der arrogante Kapitän will, daß der rangältere Offizier an Bord der *Rurik* kommt. Keiner der beiden möchte den ersten Schritt tun, und die Lage wird allmählich ernst. Wiederum benutzt der Kapitän Adelbert von Chamisso als Mittler; spricht er doch ein wenig Spanisch und hat angenehme Manieren. Aber Chamisso behagt der Gedanke gar nicht, nochmals als Stellvertreter seines Kommandanten in der Garnison vorsprechen zu müssen. Die Szene zwischen dem peinlich berührten Dichter und dem gekränkten Gouverneur stellt den Höhepunkt unseres hypothetischen Librettos dar.

Don Paolo Vicente de Sola ist ein kleiner, rundlicher Mann – eine Tatsache, die ihn beträchtlich verdrießt und deprimiert. Er empfängt seinen Besucher in einer mit Orden übersäten Galauniform, was einen reizenden Kontrast zu der auf dem Kopf vergessenen Schlafmütze bildet. Bis zum letzten Augenblick hat er angenommen – oder jedenfalls glauben wollen – der junge Mann käme als eine Art Vorreiter oder Bote, um die Ankunft seines Herren anzukündigen. Als der arme Adelbert ihm mitteilen muß, er sei nur beauftragt mit der Überbringung der recht kühlen Entschuldigung des Kapitäns und seines Wunsches, den Gouverneur an Bord der *Rurik* zu empfangen, – als Don Paolo, in all seinem abgetragenen Glanz, schlußendlich begreift, daß der russische Seemann ihn absichtlich beleidigen will – bricht er beinahe in Tränen aus; reißt sich dann aber zusammen, beißt sich auf die Lippen und antwortet schließlich in einem verzweifelten Versuch, seine Würde zu wahren, in diesem Fall müsse er auf das Vergnügen verzichten, Herrn von Kotzebue kennenzulernen, da er die See auf nüchternen Magen nicht vertragen könne.

Was Chamisso selbst angeht, so ist auch er den Tränen nahe. Die Vorstellung, wie dieser stolze und hilflose kleine Herr in seine trostlose Residenz nach Monterey zurückreitet, ohne den Kapitän getroffen zu haben, ist mehr als sein empfindsames Herz ertragen kann: es ist qualvoll. Aber er kann nichts tun, außer »Es tut mir schrecklich leid« zu murmeln – was ja stimmt –, eine höfliche Verbeugung zu machen und zu gehen.

Dank eines glücklichen Mißverständnisses kann der endgültige Bruch zwischen dem Gouverneur und dem russischen Kapitän vermieden werden. Als nämlich Herr von Kotzebue gegen Mittag an Land geht, hat er nicht vor, die Garnison zu besuchen, sondern will lediglich das von seinen Männern in der Nähe der Zelte improvisierte russische Bad und das Observatorium inspizieren. Die eifrigen Garnisonsspione jedoch sichten sofort das Boot des Kapitäns und informieren den Gouverneur, der annimmt, Kotzebue käme nach einer plötzlichen Meinungsänderung nun doch, um dem Repräsentanten der spanischen Krone seine Reverenz zu erweisen. Der gutmütige Mann – von der vermeintlichen Höflichkeit seines Besuchers gerührt, eigentlich sogar überwältigt – eilt sofort hinunter, den lang ersehnten Gast zu begrüßen. Spanien und Rußland begegnen sich am sonnigen Strand, und nur der pazifische Ozean ist Zeuge der bewegenden Szene ihrer Versöhnung.

Einige Stunden später sieht man spanische und russische Offiziere einträchtig unter einem geschmückten Zelt speisen. Don Paolo und seine ausgehungerten Offiziere sind außer sich vor Freude über das üppige und wohlschmeckende Essen, welches die Besucher in der Missionsstation gekauft haben.

Das einzige, was unserer Geschichte fehlt, ist eine richtige Liebesaffäre. Hätte der berühmte Vater des Kapitäns, der alte Kotzebue, das Stück geschrieben, wäre jetzt sicher ein reizendes, spanisches oder indianisches Mädchen aufgetreten. Sie wäre vielleicht die Tochter des Gouverneurs, und beide, Kapitän und Dichter, überwältigt von deren Reizen, brächten ihre Gefühle in leidenschaftlichen Arien und zärtlichen Duetten zum Ausdruck; vielleicht hätte es sogar ein humorvolles Eifersuchts-Terzett gegeben. Zu schade, daß die überdiskreten Chronisten der *Rurik* dieses gefühlvolle Intermezzo, welches sich durchaus zugetragen haben könnte, verschweigen.

Nackte Tatsache ist vielmehr, daß die Spannungen und geheimen Gefühle, wie in Chamissos Memoiren beschrieben beziehungsweise angedeutet, alles andere als zart gewesen sind. Die meisten der beteiligten Gruppen und Personen können sich untereinander nicht ausstehen. Die Russen und die Spanier verachten sich gegenseitig, die Garnison steht auf schlechtem Fuße mit der Mission und die Indianer hassen alle Weißen. Die Soldaten sind unzufrieden: Seit sieben Jahren haben sie keinen Sold erhalten, und die reichen Priester lassen es tatsächlich zu, daß die Soldaten verhungern, da sie die erforderlichen Geldmittel nicht aufbringen können, um Lebensmittel zu kaufen. Chamisso hegt eine Abneigung gegen Kapitän Kotzebue, wohingegen der wiederum jeden und alles geringschätzig betrachtet. Er hält die Spanier für schlechte Soldaten und noch schlechtere Organisatoren; er ist aber ebenso angewidert von den Indianern. Auf Befehl der Missionare führen sie einen Kriegstanz für ihn auf – und Herrn von Kotzebue gefällt die Darbietung überhaupt nicht. Er findet »nichts Bemerkenswertes« an dieser Pantomime, und die Gesichter der Indianer findet er »häßlich und dumm«. Er stellt eine Ähnlichkeit zwischen den kalifornischen Eingeborenen und den Schwarzen fest: »Sieht man davon ab, daß man einen Schwarzen vergleichsweise gutaussehend nennen könnte.«

Die Verhandlungen die Bodega-Niederlassung betreffend, die sich während des gesamten Aufenthalts der *Rurik* in San Franzisko hinziehen, sind eine einzige Farce. Endlose Konferenzen, Streitigkeiten, Sackgassen, Entschuldigungen, Versprechungen, Lügen, Beschwichtigungen, neue Strategien und darauf folgende Aussöhnungen lösen einander ab. Mr. Kuskoff trifft aus Bodega ein und wiederholt seine Behauptung, er könne ohne Mr. Baranoffs Befehl gar nichts tun. Mr. Kotzebue verhält sich manchmal katzenhaft schlau und diplomatisch, dann wieder arrogant und grob, ist aber immer so ausweichend wie möglich. Er verspricht, diesen komplizierten Fall sofort Seiner Majestät dem Zaren zu melden. Ihre Majestät würde umgehend Anweisungen an Mr. Baranoff ergehen lassen, der sich dann sofort mit Mr. Kuskoff in Verbindung setzen würde. Inzwischen verfassen die Herren in San Franzisko ein feierliches und detailliertes, für die beiden Herrscher in St. Petersburg und Madrid bestimmtes Protokoll. Chamisso fungiert als Dolmetscher und Zeuge. Er war einer von denen, die das Dokument besiegelten, welches – wie Chamisso ironisch in seinen Memoiren vermerkt – »seinen Bestimmungsort in St. Petersburg erreichte und, ohne je dem Kaiser vorgelegt worden zu sein, irgendwo in einer Regierungsabteilung bei den Akten verschwunden ist«. Mr. Kuskoff nutzt die Zeit auf eine sehr praktische Weise: Während der Unterzeichnung des Protokolls in der Garnison geht er mit einigen seiner Männer im rückwärtigen Teil der Bucht auf Otternfang. Kapitän Kotzebue weiß natürlich genau, selbst während des Handschlags mit Don Paolo Vicente de Sola, was sein verschlagener Landsmann zu diesem Zeitpunkt gerade tut; es ist ihm auch bewußt, daß Otternfang nach dem spanischen Gesetz eine strafbare Hand-

gig. Sie betrachten die Indianer als Kinder und behandeln sie entsprechend; sie schauen applaudierend bei ihren wilden Tänzen zu und erlauben ihnen sonntags sogar ihr geliebtes Freizeitvergnügen, das Glücksspiel. Die Indianer sind leidenschaftliche Spieler und verlieren oft alles bis auf die dünnen Fetzen, mit denen sie sich kleiden. Chamisso erinnert sich, daß die freundlichen Mönche den überaus neugierigen Indianern ihr Boot geliehen haben, damit sie einen genaueren Blick auf die *Rurik* werfen können, als sie in die Bucht einlief. Solch mitfühlendes Verständnis für die kindliche Neugierde der Unwissenden ist sicherlich menschlicher als irgendein Charakterzug, den Chamisso jemals an Kotzebue entdecken konnte. Außerdem fragt er sich, wieso der Kapitän, der sich nicht im mindesten um die Opfer des russischen Imperialismus gekümmert hat, solch eine unvermittelte Sensibilität für soziale und menschliche Angelegenheiten entwickelt. Haben es die eingeborenen Söhne Alaskas etwa so idyllisch als Untertanen Seiner Majestät des Zaren? Und was ist mit der Herrschaft der russisch-amerikanischen Handelskompanie, die die nördlichen Kolonien kontrolliert und ausbeutet? Und Mr. Baranoff – ist er etwa ein Menschenfreund? Die vorgebliche Funktion und Aufgabe der Handelskompanie besteht darin, das Land zu besiedeln, seine Bodenschätze zu erschließen, den wahren Glauben zu verbreiten und den russischen Einfluß in Nordamerika auszudehnen. Aber der Generaldirektor der Gesellschaft, Baranoff, – obwohl unter nomineller Kontrolle der kaiserlichen Handelskammer – übt eine despotische, ja oft grausame Macht in seinem fernen Reich in Amerika aus.

Während ihres Aufenthaltes in San Franzisko haben Chamisso und seine Freunde von der *Rurik* mehrfach Gelegenheit, den Charakter und das Schicksal einer Reihe von Aleuten und Kodiaker zu studieren. Don Paolo Vicente de Sola bietet, als herzliche Geste den Gästen aus St. Petersburg gegenüber, die solche Großzügigkeit wohl kaum verdienen, die Freilassung mehrerer russischer Gefangener an. Unter den Gefangenen befinden sich zufällig auch einige Eingeborene Alaskas, die vor sieben Jahren ein amerikanischer Kapitän zum Otternfang in spanischen Häfen eingesetzt hat. Denn die Russen beuten die nordischen Menschen nicht nur selbst grausam aus, sondern pflegen sie später auch noch zu verkaufen. Chamisso hat große Lust, den Kapitän mit diesen Mißständen zu konfrontieren. Herr von Kotzebue ist jedoch an den Opfern von Baranoffs Politik kaum interessiert. Er weigert sich sogar, sie an Bord der *Rurik* aufzunehmen, und erklärt nur kurz, sein Schiff sei überfüllt. Er läßt allerdings drei Russen, ältere Bedienstete der russisch-amerikanischen Handelskompanie, die in Bodega gearbeitet haben und angeblich vor Heimweh sterben, an Bord. »Wir können ohne Mütterchen Rußland nicht länger leben.« Ihr rührseliger Chor ist nur das Vorspiel zum rauschenden Finale. Einer der sentimentalen alten Kerle, Iwan Strogonoff, scheint besonders entzückt über die Heimkehr in sein armseliges russisches Dorf. Da er sich offensichtlich nicht als Seemann eignet, beschließt Kotzebue, ihn als besonderen Diener für die Offiziere einzusetzen, und es verursacht allgemeine Enttäuschung, als er einen Jagdunfall bei San Franzisko erleidet. Er stirbt an Bord der *Rurik*, – fast »auf russischem Boden«, wofür man schon dankbar sein muß. Die letzten Worte, die er hört, sind russisch – wenn auch nur die ärgerlichen Flüche des Offiziers Gleb Simonowitsch, der mit Strogonoffs Tod auch die letzte Hoffnung auf geschwärzte Stiefel für diese Reise dahinschwinden sieht.

Nach diesem traurigen, jedoch unbedeutenden Zwischenfall bleibt nurmehr die Abschiedsfeier. Sie ist eine heitere Angelegenheit mit großen Mengen an Essen, Liedern, Tänzen, Reden und allgemeiner Trunkenheit auf Seiten der Russen, der spanischen Soldaten, der Priester und sogar der bekehrten und nicht bekehrten Indianer.

Chamisso scheint außer sich. Er ist völlig berauscht von dem starken Schnaps, dem überwältigenden Abschiedsgefühl, der Musik, den Düften der Nacht und dem süßen Rätsel des Lebens. Schließlich geht er soweit, den kleinen Gouverneur, der sehr erfreut und verlegen reagiert, zu umarmen. »Was für ein wilder junger Mann!« lächelt der Gouverneur. Chamisso macht große Gesten und gibt noch großartigere Sätze von sich. »Dieses Land ist auch wild!« ruft er aus. »Es ist ein junges Land – versteht ihr? Aber ihr Spanier seid alt ... ihr seid so alt, ihr könnt euch kaum noch auf den Beinen halten ...« Das äußert er mit einer Art zärtlichen Verachtung und fügt freundlich hinzu: »Deswegen werdet ihr auch dieses Land verlieren.« »Möglicherweise«, sagt der Gouverneur und sieht plötzlich erschöpft und außerordentlich traurig aus, obschon vornehmer denn je – nahezu königlich mit seinem düsteren, trauervollen Lächeln: wie ein König bei der Abdankung. Der trunkene Dichter indessen flüstert ihm ins Ohr: »Amerika ist stark, schrecklich stark, wie ein junger Löwe ... Sie kommen! Sie kommen!« schreit er, als ob sie tatsächlich über den weißen Strand herankämen. »Und sie haben auch so schöne Lieder – hören Sie? Sie singen ...« Der Gouverneur antwortet höflich, daß er leider nichts höre. »Es ist ein neues Lied«, flüstert der Dichter ihm ganz vertraulich zu, als handle es sich um ein kostbares Geheimnis. »Es ist ihr Lied ... Ein amerikanischer Matrose hat es irgendwo einmal für mich gesungen ... Es ist sehr schön, sehr ergreifend ... Jemand hat es sich ausgedacht – sie haben es erfunden, als sie vor nicht allzu langer Zeit Baltimore gegen die Briten verteidigt haben, – da ist ein Fort gewesen, und sie würden um keinen Preis aufgeben, egal was passiere, und die Flagge hat geweht: Es ist eine schreckliche Nacht gewesen, erfüllt von den Schreien der Sterbenden, eine blutige Nacht, aber die Flagge hat weiter geweht – und da haben sie ihr Lied erfunden.«

Und inmitten der tanzenden Russen und schreienden Spanier singt Adelbert von Chamisso *Unterm Sternenbanner*.

Nach einem vierwöchigen Aufenthalt lichtet die *Rurik* am 1. November 1816 den Anker. Mr. Kuskoff bleibt in Bodega, die spanischen Soldaten hungern noch immer, die Indianer beten und schuften und Gouverneur Don Paolo Vicente de Sola versucht verzweifelt, würdig auszusehen. Manchmal denkt er mit väterlicher Zärtlichkeit an den seltsamen jungen Burschen, Adelbert von Chamisso, halb Franzose, halb Deutscher, der unter russischer Flagge reist, sogar Spanisch versteht, die Namen von so vielen Blumen kennt und Gedichte schreibt.

»Was mögen das wohl für Gedichte sein, die er schreibt?« denkt der Gouverneur Don Paolo.

Aber zu diesem Zeitpunkt schreibt Chamisso keine Verse, sondern arbeitet an seinem Tagebuch, das er unter dem Titel *Reise um die Welt* herauszugeben beabsichtigt. »Das Wasser des Hafens von San Franzisko«, notiert er, »war in hohem Maße von sehr feinen Lichtpunkten phosphoreszierend, und merklich schimmernd entrollte sich auch die brandende Welle auf dem Strande der Küste außerhalb der Bucht. Ich habe das Wasser des Hafens mit dem Mikroskop untersucht und darin nicht häufige, ausnehmend kleine Infusorien beobachtet, denen ich dennoch bei dem Leuchten keine Rolle zuschreiben mag. Wir schauten hier täglich dem Spiele der Nebel zu, die, vom waltenden Seewind ostwärts über das sonnerhellte Land geweht, zerflossen und sich auflösten. Besonders schön war das Schauspiel, welches sie uns bei der Abfahrt bereiteten, indem sie verschiedene Gipfel und Gegenden der Küste bald verhüllten und bald entschleierten.«

Das schillernde Zwischenspiel von San Franzisko ist beendet. Die Langeweile und das Abenteuer, die Mühseligkeiten und die Aufregungen der endlosen Reise beginnen von neuem. Und von neuem die zu langen Nächte in den dunklen Kabinen; die eisigen Morgen an Deck; die Stunden des Schweigens und die Stunden des leeren Geredes. Sie wissen zu viel – und doch gar nichts – von einander. Jeden langweilt das allzu vertraute Gesicht des anderen. Und doch bleiben sie für einander so rätselhaft, als hätten sie alle auf verschiedenen Planeten gelebt. Der Erste Offizier macht seine harmlosen, albernen Scherze. Der Zweite Offizier ist boshaft. Kapitän Kotzebue quält alle mit seinen Launen, seiner Arroganz und seinem Mißtrauen. Choris, »unser Kleiner«, fertigt filigrane Zeichnungen von Blumen, Vögeln, Mädchen und jungen Indianerkriegern an, die ekstatischen Tänzern gleichen. Adelbert von Chamisso arbeitet an seinen *Bemerkungen und Ansichten auf einer Entdeckungsreise,* die seine reichen Beobachtungen zusammenfassen. Er verfaßt auch einen Essay über hawaiianische Sprachen. Eine Zeitlang kreuzen sie im Pazifik und entdecken verschiedene Inseln und Inselgruppen, denen sie Namen wie Krusenstern-Gruppe oder Kutusoff- und Suwarrow-Insel geben. Sie befinden sich einmal mehr auf dem Weg nach Kamtschatka, segeln nach Norden an der Nordwest-Küste Amerikas entlang weiter, wobei sie die Kotzebue-Bucht entdecken. Chamisso und seine gelehrten Kollegen studieren die Bräuche der Eingeborenen, den Verlauf von Flüssen und die Tätigkeiten der Vulkane. Die Nächte in Alaska sind eiskalt, und die Tage in der Südsee unerträglich heiß. Denn sie segeln wiederum südwärts, kehren entlang der asiatischen Küste zurück und halten sich drei Wochen auf den Sandwichinseln auf. Sie kommen herum wie Peter Schlemihl mit seinen Siebenmeilenstiefeln. Am 1. Januar 1818 entdecken sie wieder eine neue Insel und taufen sie Neujahrs-Insel. Viele der Seeleute infizieren sich mit Syphilis. Chamisso ist von den Eingeborenen der Osterinseln und der Hawaii-Inseln begeistert. Sie speisen mit König Tameiameia in Hana-ruru, oder besser gesagt, sie wohnen der feierlichen Eßzeremonie seiner Majestät bei. Sie segeln weiter nach Norden, aber da Herr von Kotzebue erkrankt, müssen sie umkehren. Es gelingt ihnen nicht, die Nord-Ost-Passage durch die Bering-Straße in das Arktische Meer zu entdecken. Da dies vorgeblich der Hauptzweck ihrer Reise gewesen ist, könnte man die Expedition als gescheitert betrachten. Kotzebues mächtige Gönner in St. Petersburg sind jedoch sehr wohl zufrieden. Admiral Krusenstern erklärt, das Ziel der Expedition sei es gewesen, »den menschlichen Wissensbereich auszudehnen«. Und er fügt gnädig hinzu: »Die Berichte, die als Ergebnisse der Expedition veröffentlicht worden sind, beweisen höchst akzeptabel das Gelingen dieser Unternehmung, obwohl die Nord-Ost-Passage nicht gefunden worden ist.« Kapitän Kotzebue wird bereits einige Jahre später auf eine zweite Expedition geschickt werden.

Als sie endlich am 3. August 1818 St. Petersburg erreichen, mögen sie sich plötzlich alle. Sie haben so viele Jahre lang auf diesem »schwimmenden Mikrokosmos«, wie Chamisso die Brigg nennt, zusammengelebt. Sie haben sich aneinander gewöhnt. Sogar Kotzebue und Chamisso schütteln sich die Hände. Sie sind seltsam deprimiert – weil diese endlose Reise nun doch ihr Ende gefunden hat und weil sie düstere Vorahnungen ihre Zukunft betreffend haben. Die Welt ist schlecht – sogar viel schlechter als Kapitän Kotzebue, der vielleicht unter der rauhen Schale doch ein feiner Kerl ist. »Auf Wiedersehen, meine Freunde!« sagt Kapitän Kotzebue mit feuchten Augen. »Auf Wiedersehen, Kapitän!« sagt Adelbert von Chamisso. »Und meine untertänigsten Empfehlungen an Ihren verehrten Herrn Vater.«

Aber der Kapitän soll seinen verehrten Herrn Vater nicht wiedersehen. Denn einige Monate später wird August von Kotzebue in Mannheim von einem nationalistischen Studenten ermordet. Der Name des Mörders ist Karl Ludwig Sand. Er spricht im Haus des Dichters vor, stößt Kotzebue den Dolch ins Herz und ruft aus: »Da nimm, du Vaterlandsverräter!« Die Jugend Deutschlands hält den russischen Staatsrat und bekannten deutschen Bühnenautor für einen schamlosen Reaktionär. Sie hängt mit glühender Überzeugung an Dingen wie Leibesertüchtigung, Vaterland und Mord.

Die Welt ist schlecht. Auch Choris, der Maler, wird einige Jahre später auf einer weiteren Amerikareise von Banditen getötet. Liegt ein Fluch auf der Besatzung der *Rurik*?

Chamisso kennt und akzeptiert die unbarmherzigen Gesetze und Regeln, die sein Leben bestimmen. Auf der Reise von Rußland zurück nach

Deutschland schreibt er an einen Freund: »Hier bin ich wieder, völlig unverändert – ziemlich erschöpft, aber nicht befriedigt von der Reise – immer noch bereit zu reisen, neue Abenteuer zu erleben ... «

Oh, diese seltsamen Pilger, diese Dichter, diese Heimatlosen: sie sind verdammt und gesegnet; von Pol zu Pol fahrende Ritter; erschöpft, aber nicht zufriedengestellt. Was sucht er in St. Petersburg, in Berlin, in Alaska und an der kalifornischen Küste? Ein verlorenes Königreich? Eine verlorene Heimat? Einen verlorenen Schatten?

KAPITEL V

GLAMOUR
SARAH BERNHARDT UND ANDERE

WEDER DIE SCHÖNE ÄGYPTERIN Kleopatra noch die kluge Schönheit aus Athen, Aspasia, sind große Reisende gewesen. Die berühmten Frauen der italienischen Renaissance verlassen die von ihren Männern oder Liebhabern regierten Provinzstädte nur selten, und Madame Pompadour ist überzeugt davon, die Welt außerhalb des französischen Hofes sei langweilig. So weitreichend der Einfluß dieser *grandes dames* der Vergangenheit auch gewesen sein mag, ihr Horizont war ziemlich begrenzt.

Schauspielerinnen dagegen sind immer schon wie Zigeuner umhergereist, ständig auf Achse in ihren grünen Wagen, und die respektablen Bürger haben ihre Silberlöffel und goldenen Uhren versteckt, sobald die berüchtigten Komödianten in Sicht kamen. Zu Beginn des 19. Jahrhunderts jedoch verändert sich die Situation allmählich. Die prosperierende Periode des aufblühenden Kapitalismus kommerzialisiert den Glamour der Bühne, die Anziehungskraft schöner Frauen. Ein neuer Typ Geschäftsmann, eine Art Glücksspieler und Ausbeuter, entwickelt sich: der Theateragent, der große Manager und Impresario. Und er entdeckt einen gigantischen neuen Markt: die Vereinigten Staaten von Amerika.

Europa produziert die Genies, doch Amerika bezahlt sie. Die Dichter und Kurtisanen, die Komponisten, Schauspieler und Tänzer, sie alle verdienen ihre Lorbeeren in Paris, Wien und London, ihre Dollars jedoch in New York, Chikago und Philadelphia. Der reiche, junge Kontinent nimmt jeden unter Vertrag, der etwas zu verkaufen hat und bietet als Hauptattraktion die magische Umwandlung von Ruhm in die solidere Substanz Gold. Während des gesamten 19. Jahrhunderts unternehmen schöne Frauen die Pilgerfahrt von Europa zu den Gestaden der Neuen Welt – eine bunte und doch homogene Schar; mit reichlich Werbung angepriesene Grazien und hochbezahlte Göttinnen zieren als Schmuck die prosaische Landschaft eines mit hart arbeitenden Menschen bevölkerten Kontinents.

Sie kommen mit Segelschiffen, später auf altmodischen Dampfern; von

Agenten lautstark angekündigt; von einer neugierigen Menschenmenge bejubelt; ausgerüstet mit den erstaunlichsten Hüten, unvorstellbaren Handschuhen, Photographien mit handschriftlichen Widmungen europäischer Fürstlichkeiten, mit chinesischen Schoßhündchen und aufregenden Parfums. Umgeben von den Geheimnissen ihrer Vergangenheit, schwebt der zweifelhafte Ruhmesglanz ihrer wohlbekannten Skandale mit zurückhaltendem Stolz über ihnen wie ein milde glänzender Heiligenschein. Sie empfangen Journalisten und schockieren Kirchenleute; sie füllen Theater in Philadelphia und Charleston, sie bezaubern Dichter, Oberschüler und Hotelbesitzer; sie verärgern die Damen von Boston. Sie sind rücksichtslos und laut; voller Begierde und Lust; sie sprühen vor dynamischer Vitalität und räuberischem Ehrgeiz. Sie verfügen über auffällige Schönheit und einen nahezu grausamen Charme.

Und heute? Ein Jahrhundert – einige Jahrzehnte danach, was ist von ihrem außergewöhnlichen Glanz übrig? – Eine blasse Schönheitsgalerie, verblichen und erstarrt; gleichwohl immer noch reizvoll mit dem Kräuseln eines schwachen, koketten Lächelns um die farblosen Lippen: auf eine vage Art noch immer verführerisch. Die Blumen, die einst ihre Porträts geschmückt haben, sind längst verwelkt; sind vertrocknet und rascheln wie altes Papier – ähnlich den alten Zeitungsausschnitten, die ihre rührseligen Geschichten erzählen und in einer leblosen, manierierten Sprache die Schmeicheleien und Beschimpfungen, womit man diese fesselnden Amazonen einst überschüttet hat, nochmals wiederholen. Nun ähneln sie zurückhaltenden, diskreten und schon etwas in Vergessenheit geratenen Verwandten in einem Familienalbum – Tanten, von denen man nie gehört hat, verstorbene Cousinen, die nie einen Mann gefunden haben.

FANNY ELSSLER

Sehen Sie diese an! – sie muss einmal recht schön gewesen sein. Ihr Name ist Fanny Elssler. Wie lächerlich – und wie süß – sie mit all ihren Locken, Rüschen und Spitzen aussieht! Und ihr pathetisches Lächeln! – Es wirkt so brüchig, verbraucht und abwesend. Einst jedoch ist sie von ihren Bewunderern »das Lächeln des Jahrhunderts« genannt worden.

Die vergilbten Zeitungsausschnitte, die ihr Bild einer verwelkten Girlande gleich umrahmen, informieren uns, daß Mademoiselle Elssler das entzückendste Mädchen ganz Wiens, eine gefeierte Tänzerin und die letzte Leidenschaft eines alternden *grandseigneur* namens Friedrich Gentz gewesen ist, ein dem engsten Kreis des Fürsten Metternich angehörender konservativer Staatsmann. Später wird sie die Primaballerina der Pariser Oper und geht schließlich, im Mai 1840, in die Vereinigten Staaten. Die Ausschnitte erzählen uns die vergessene Geschichte ihres überschwenglichen Erfolgs; sie wird in New York und Philadelphia, in Baltimore, Boston, Richmond und New Orleans mit Applaus überschüttet; die Begeisterung breitet sich bis in abgelegene, halbzivilisierte Orte wie Cincinatti aus. Alles, was sie tut, erregt Bewunderung: ob sie in einem prächtigen Vierspanner ihre königlichen Ausfahrten macht, – natürlich eine Idee ihres Agenten – oder ob sie *La sylphide, La rose animée* oder *La bayadère* tanzt. In Washington beehrt der Präsident der Vereinigten Staaten, Mr. Van Buren, die Vorstellung mit seiner Anwesenheit, zeigt sich äußerst huldvoll und gibt am 15. Juli 1850 eine Einladung für sie im Weißen Haus. Eigentlich hat sie die Vereinigten Staaten nur für ein paar Wochen bereisen wollen und ist schließlich mehr als zwei Jahre geblieben. Sie ist von Amerika begeistert, weil die Amerikaner von ihr begeistert sind ...

Wie deprimierend ist es, sich in die erstarrte Lieblichkeit ihrer Züge zu vertiefen! Gelingt es noch, jene unbeschreibliche Einzigartigkeit zu erkennen und sie zu schätzen – dieses geheimnisvolle Etwas ihrer dahinschwebenden Füße, ihrer Fingerspitzen und der dunklen, lächelnden Augen? – Jene magische Atmosphäre, die ihre Anwesenheit den Amerikanern so kostbar und erquicklich gemacht hat? Die junge Nation mit ihrer so kurzen Tradition verliebt sich in den eindrucksvollen Hintergrund dieses graziösen Wesens: Wien, das kaiserliche Theater, die Hofburg, die Musik von Mozart, Haydn und Schubert; dies alles als aufregende Mischung mit einem Hauch Parfum aus Paris, leicht und traurig zugleich, eine Melancholie und Freude, wie sie die Neue Welt verloren oder noch nicht errungen hat ... Oh, der zweifelhafte und doch unwiderstehliche Charme der Alten Welt, so erfahren, im Vergehen – wie in der Liebe! Den Duft einer Welt, belastet mit Schuld und Geist, einer Welt der Lieder, der Sünden und der skeptischen Weisheit – diesen süßen, leicht verdorbenen Duft trägt Fanny Elssler in ihren Kleidern und Taschen – und ihre persönliche Legende ist mit der großen Legende des europäischen Glanzes, des farbigen, fröhlichen Niedergangs dieser alten Städte so faszinierend verwoben ...

Es ist vergangen, vorbei ... Kein Parfum mehr, keine glänzende Schönheit, kein Lied. Das Lächeln eines Jahrhunderts – ausgelöscht wie eine flackernde Kerze. Nichts bleibt, außer einem staubigen Porträt – dem trüben Überrest einer längst vergangenen Pracht.

LOLA MONTEZ

SCHLAGEN WIR DIE NÄCHSTE SEITE unseres Erinnerungsalbums auf! Wer ist das? Das arme Ding wirkt ziemlich düster in dem einfachen schwarzen Kleid. Sie ist eine Predigerin, das kann man leicht erkennen, denn sie steht auf einer Rednerbühne. Mit dem straffen schwarzen Haar, welches das zarte Oval ihres Gesichts umrahmt, strahlt sie strenge Würde und ernsthafte Konzentration aus. Wir befinden uns in der Hope Chapel am Broadway in New York. Das Bild ist vom 3. Februar 1858. Der Name der Rednerin lautet Gräfin Landsfeld alias Lola Montez.

Lola Montez ... Ist das nicht die berühmte Abenteurerin der Vierziger? Die berüchtigte *belle*, die eine Liaison mit einem regierenden König gehabt hat? Der in diese Romanze verwickelte Herrscher ist Ludwig I. von Bayern. Als er mit sechzig Jahren Lola in der Münchner Oper tanzen sieht, erklärt er ganz offen: »Ich weiß nicht wie – aber ich bin verhext ... «

Was will sie in der Kapelle? Und wo hat sie sich die düstere Würde angeeignet, die sie auf diesem traurigen Bild ausstrahlt?

Eine betrübliche Geschichte! – finster und kompliziert. Sie gehört zwei Rassen an – ist in Irland geboren, in Limerick, als Tochter eines anglo-indischen Offiziers und einer sehr schönen Mutter spanischer Herkunft – und führt ein rastloses, impulsives Leben. Selbst ihre bösartigsten Feinde müssen zugeben, daß sie beängstigend attraktiv ist – während selbst ihre glühendsten Anhänger zustimmen, daß sie eine schlechte Schauspielerin und mittelmäßige Tänzerin ist. Zeitgenossen nennen sie eine »Zauberin« und werden ganz lyrisch in den Lobpreisungen ihrer elfenbeinfarbenen Haut, ihrer wilden Augen, ihres gelockten Haares, »Ranken wilden Weines ähnlich«, ihres Mundes, »der einem knospenden Granatapfel gleicht«. – »Fügen Sie noch eine hinreißende Figur, entzückende Füße und eine vollkommene Grazie hinzu ... «

Sie muß wirklich ein atemberaubendes Geschöpf gewesen sein. Herrscher und Berühmtheiten hält sie in ihrem Bann wie die Schlange das Kaninchen. In Paris – dem prächtigen, strahlenden Paris unter Louis Philippe – feiert sie Triumphe. Alexandre Dumas der Ältere nennt sie »schön wie eine Tigerin«. Ein Liebhaber muß wegen ihr ein Duell ausfechten und wird dabei getötet. Ihr königlicher Freund, Ludwig I., hat ihr den Titel einer Gräfin verliehen; dank ihm hat sie es tatsächlich zur ungekrönten Königin von Bayern gebracht.

Was für eine schwindelerregende Karriere! Sie unterhält Geheimagenten und Korrespondenten an mehreren Höfen Europas. Kein Wunder, daß die reaktionären bayerischen Minister der romantischen Eskapade ihres Herrschers erbitterten Widerstand entgegensetzen. Sie bezeichnen Señora Montez öffentlich als »das größte Unheil, das Bayern je zustoßen konnte«. Die Jesuiten halten sie für eine Abgesandte der Freimaurer. In Wien ist sie in besonderem Maße *persona ingrata*: Metternich schätzt sie als ernsthaften politischen Gegner ein. Sie ist sehr aktiv und schlau, aber dann wieder nicht schlau genug. Ihre Lage wird immer mißlicher. Die Konservativen sehen in ihr eine aufwieglerische Liberale; gleichzeitig wird sie von den revolutionären Studenten scharf angegriffen. Schließlich bricht 1848 die Rebellion offen aus und fegt die Favoritin des Königs einfach hinweg. Sie flieht in die Schweiz, und sechs Wochen später muß König Ludwig I. von Bayern abdanken.

Bei ihrer Ankunft in New York findet ihr Vorleben als politische Kurtisane außergewöhnlich große Beachtung. Der kleine Kranz journalistischer Blumen, der ihr Porträt schmückt, ist reich an eloquenten Beschreibungen ihrer Lieblichkeit und an peinlich genauen Zitaten ihrer gewagten oder heuchlerischen Aussagen. Wir wählen aufs Geratewohl einen Bericht – aus der *New York Tribune* vom 6. Dezember 1851:

»Sie – die Gräfin Landsfeld – stellt fest, daß in der amerikanischen Presse sehr viel Schlechtes über sie geschrieben wurde, daß sie aber nicht wie die dort dargestellte Frau sei: Wenn sie so wäre, dann müßte die Zahl ihrer Bewunderer, so meint sie, viel zahlreicher sein. Sie drückt die Befürchtung aus, in New York nicht richtig eingeschätzt zu werden; hofft aber, ein kompetentes Publikum werde erst über sie urteilen, nachdem es sie gesehen habe und nicht vorher.«

Das kompetente Publikum erhält zahlreiche Gelegenheiten, sich einen genaueren Eindruck ihrer Persönlichkeit zu verschaffen. Sie organisiert Empfänge, an denen jeder teilnehmen kann, der bereit und in der Lage ist, einen Dollar zu bezahlen. Und außerdem zeigt sie ihre eigenen Abenteuer auf der Bühne. Diesen Klatsch in Dramaform hat ein gewisser C.P.T. Ware unter dem Titel *Lola in München* geschrieben – eine in der Tat recht schamlose Zurschaustellung – mit Ludwig I. als königlichem Liebhaber und Lolas Feinden, den reaktionären Ministern in den Rollen der Bösewichte. Das ist so, als würde die Herzogin von Windsor 1940 mit einem Musical *Wally in London* eine Tournee durch die Vereinigten Staaten machen ...

Die alten Berichte erzählen von ihren Triumphen in so manch einer amerikanischen Stadt, und wie es ihr gelingt, sich auf dem Weg von New Orleans nach San Franzisko mit einem Herausgeber des *San Francisco Whig* anzufreunden. Sein Name ist Patrick Purdy Hull, und ohne langes Zögern heiratet sie ihn. Diese Eheidylle ist allerdings nicht von langer Dauer. Getreu ihrer Vergangenheit betrügt Lola ihren Mann mit einem deutschen Arzt – der kurz darauf bei einem Jagdunfall ums Leben kommt. Plötzlich ist sie sehr einsam, ohne männlichen Begleiter, der sich ihretwegen duelliert oder ein Königreich aufs Spiel setzt. Das Haus, in welchem sie sich in Grass Valley, am Fuße der Sierra Nevada, einrichtet, ist vermutlich das erste, das sie nicht mit einem Mann teilt. Als Ersatz hält sie sich ein kleines Heer Haustiere: Hunde und Vögel, Ziegen und Schafe, Hühner, Truthähne und sogar mehrere Schweine.

Ihr Leben scheint jedoch von einem geheimnisvollen Gesetz bestimmt, das sie daran hindert, sich wie andere Frauen dauerhaft niederzulassen. Sie ist von Natur aus sprunghaft, einer Sternschnuppe gleich, und es ist nicht ihre Bestimmung, glückliche Jahre in einem kalifornischen Bungalow zu verleben. Ihr Haus brennt ab, und sie ist wieder frei.

Der Weg von dieser Idylle im Westen bis in den New Yorker Vortragssaal führt um die ganze Welt, über Australien, Indien und Europa und durch zahlreiche Abenteuer, die in ihrem Gesicht deutliche Spuren hinterlassen. Als sie in die Vereinigten Staaten zurückkehrt, erkennt Lola, daß der Frühling ihrer Jugend vorbei ist. Sie fühlt sich deprimiert und voller Reue. »Die Männer haben mich enttäuscht«, verkündet sie nun, da die Männer sie etwas langweilig finden. Folgerichtig versucht sie ihr Glück nunmehr mit übernatürlichen Dingen. Sie beginnt an Spiritualismus zu glauben.

Die Geister, wenn nicht die Theateragenten, raten ihr, die Bühne zu verlassen und eine zweite Karriere als Vortragsreisende zu beginnen. Ihre Vorträge sind sehr lehrhaft und ziemlich langweilig. Sie werden von Reverend C. Chauncy Burr geschrieben. Denn die Gräfin hat ihr Interesse für magische Geheimnisse aufgegeben und ist eine orthodoxe Anhängerin der Methodisten geworden. Sie spricht über *Schöne Frauen, Gallanterie, Heldinnen der Geschichte, Die komischen Aspekte der Liebe, Esprit und Frauen in Paris* und wettert gegen die katholische Kirche, die sie für eine beinahe teuflische Institution hält. Sie zitiert klassische Parabeln, Aristoteles, die Troubadure und Benjamin Franklin. Die Rede über *Die komischen Aspekte der Liebe* ist besonders deprimierend. Und was sie über *Esprit und Frauen in Paris* zu berichten weiß, klingt ebenfalls eher trübselig.

Nach einer letzten Reise durch Irland und England – wo sie ebenfalls Vorträge hält – kehrt die müde Wanderin nochmals nach Amerika zurück. Aber nun sehnt sie sich nicht nach weltlichem Reichtum und Ruhm, sondern nur noch nach der Rettung ihrer sündigen Seele. Sie strebt, ehrlich und aufrichtig, nach »dem Guten«, an das sie fest und in aller Naivität glaubt. Ihr geistlicher Berater, Dr. F. L. Hawks, der sie während ihrer letzten Krankheit häufig im Asteria Sanatorium besucht, bewundert die gläubige Geduld, mit der sie die Qualen einer partiellen Lähmung und den endgültigen Zusammenbruch erträgt. »Im Laufe einer langen Erfahrung als christlicher Priester erinnere ich mich nicht, jemals tiefere Reue und Demut gesehen zu haben ... Ich glaube, wenn je eine reumütige Seele die Sünden vergangener Tage verabscheut hat, dann ihre.«

Sie stirbt am 17. Januar 1861.

Dieses Streben nach einem sanften und demütigen Herzen: ist es ein letzter verzweifelter Versuch, zu beeindrucken, jetzt, da ihre welke Schönheit keine Macht mehr besitzt? Es mag sein, daß ihre religiöse Wandlung zu Beginn von leichtfertigen Spekulationen beeinflußt war. Jedoch gerade so emotionale, irrationale Menschen wie die Abenteurerin Lola Montez können den Unterschied zwischen Schein und Wirklichkeit oft nicht mehr klar erfassen. Angesichts ihres nahenden Todes und Verfalls werden ihre Furcht und ihr Glaube immer größer und beinahe aufrichtig ...

Welch melancholische Gedanken beschäftigen uns bei der Betrachtung des geisterhaft blassen Porträts dieser reuigen Sünderin, deren ungestümer Charme einst ein Köngreich gefährdet hat ...

RACHEL

Eine neue Seite! Ein neues Porträt! Wir sehnen uns nach heitereren Impressionen ...

Diese Gestalt hier ist schön und eindrucksvoll, allerdings nicht wirklich fröhlich. Aufrecht und majestätisch in den pittoresken Falten ihres Gewandes, erinnert sie an eine griechische Göttin. Und da, auf einem anderen Bild, im pompösen Kostüm des 16. Jahrhunderts, ihr edles Gesicht umrahmt von dem hohen, steifen, prächtig mit Juwelen besetzten Kragen, sie beeindruckt durch ihre königliche Haltung. Doch egal, ob in der Maske der Phädra oder in dem prachtvollen Kostüm Elisabeths, der Königin von England – sie bleibt immer Rachel, die berühmteste französische Tragödin vor Sarah Bernhardt: die stolze Heldin, die süße und mächtige Stimme Racines und Corneilles, verjüngt, verwandelt, beglückender und bezaubernder denn je.

Ja, auch sie hat einen bedeutenden Platz in jenem schillernden Gästebuch, welches wir durchstöbern. Elise Rachel Félix, *dite* Rachel, ist die erste Schauspielerin, die den französischen Genius in Übersee repräsentieren sollte – obgleich sie die Tochter eines deutschen Juden ist, der sich in Lyon niedergelassen hat und naturalisierter Franzose geworden ist. Vor ihrem Erfolg hat Rachel eine sehr harte Zeit durchlebt. Sie beginnt ihre Karriere, indem sie mit ihrer Schwester Sarah auf der Straße singt und bettelt. Sie muß hart kämpfen und manche Demütigung hinnehmen, selbst nachdem einige Leute vom Fach ihr Genie bereits erkannt haben. Ihre ungezügelte Gestik bringt mehr authentische Leidenschaft zum Ausdruck, als es die geheiligte Tradition des klassischen Theater zuläßt. Es ist beinahe schockierend. Aber auch überwältigend. Nur schrittweise gewinnt Rachel den langen Kampf mit einem starrsinnigen Publikum. Ihre Tournee durch die Vereinigten Staaten soll ihre Karriere eindrucksvoll krönen.

Tout Paris ist verblüfft, als die große Tragödin den Plan eines Amerikabesuches verkündet. Der geistreiche Chronist dieser denkwürdigen Reise, Léon Beauvallet, beschreibt das Erstaunen ganz Frankreichs über Rachels gewagte Unternehmung.

»Rachel in Amerika! Die Nachricht erstaunt zunächst; dann versetzt sie in Aufregung. So eine unglaubliche Kaprice! Die alten Eskapaden könnte man ihr ja beinahe vergeben und auch die von St. Petersburg und Moskau verstehen; aber eine Reise in die Neue Welt! Ah! Das geht über einen Scherz hinaus, und die Öffentlichkeit beginnt, ernsthaft zu murren!

Wenn sie doch nur gemurrt hätte: aber sie ist damit nicht zufrieden! Eifersüchtig wie ein Tiger, will sie sich um jeden Preis an dieser undankbaren Rachel, die sie doch so liebt und die sie wieder betrogen hat, rächen! Und weswegen, *grand Dieu!* Nur wegen dieser Wilden!«

Das engstirnige Vorurteil des Pariser Mob wird selbstverständlich durch einen überschwenglichen Empfang, den Amerika diesem anmutigen und vornehmen Gast bereitet, entkräftet. Aber weshalb versucht Rachel dann, mit stolzer und zugleich ängstlicher Geste, die unwiderlegbaren Trophäen ihres Erfolgs in Übersee – die Zeitungsausschnitte – zu verbergen?

In Wahrheit ist ihre Amerika-Tournee kein Triumph, sondern eine einzige leidvolle Erfahrung gewesen. Entweder ist Rachel aufgrund ihrer angegriffenen, durch die Härte ihrer Kindheit ausgehöhlten Gesundheit wirklich in schlechter Verfassung gewesen; oder aber das amerikanische Publikum von 1856 vermag ihre vollendete Kunst und Schönheit noch nicht richtig zu schätzen. Ihr Debut am Metropolitan Theater ist jedenfalls eine Enttäuschung. Der spärliche Applaus kommt ausschließlich von Franzosen, die die erste Vorstellung besucht haben. »Was die Amerikaner betrifft«, bemerkt Léon Beauvallet, »so haben sie kein einziges Wort von dem ganzen Stück verstanden, soviel ist sicher.« – Rachel spielt eine Hauptrolle in Corneilles Tragödie *Horace* – »Während der zwei Akte, die ihnen wie zwei Jahrhunderte vorkommen, langweilen sich diese braven New Yorker zu Tode.«

Rachel spielt auch Racines Phädra und Adrienne Lecouvreur – eine Rolle, die ihr Eugène Scribe auf den Leib geschrieben hat. Davon gibt es mehrere Aufführungen und das Publikum wird etwas munterer, als in diesem Stück Rachel und die anderen Schauspielerinnen mit all ihren Diamanten geschmückt herumstolzieren. Sie zeigen auch Victor Hugos *Angelo* und *Maria Stuart* von Lebrun. Die Zuschauer bleiben respektvoll kühl und die Zeitungen kühl höflich. Die Menschen in Boston sind kaum stärker zu beeindrucken als die New Yorker; und die Zuschauer in anderen Teilen des Landes scheinen sogar noch weniger Verständnis aufzubringen.

Anfangs zeigt sich Rachel beeindruckt, wenn auch ein wenig erschreckt von den amerikanischen Städten – insbesondere von der erstaunlichen Stadt New York. Für sie gleicht es »der übergroßen Werbetafel eines Marktschreiers«. Dieser Lärm! Die häßlichen, grellen Farben! – vor allem am Broadway, »dem hiesigen *Boulevard des Italiens*«. Für sie ist er ein Gewimmel von Quacksalbern, Badern, Dresseuren gelehriger Hunde, von Ausstellern gebrandmarkter Negerinnen und Dompteuren wilder Tiere. Man kommt sich vor wie auf dem Jahrmarkt eines riesigen Dorfes. Was für ein Durcheinander! Welch ein Tumult! Schreie und Lachen; Lieder und Flüche; die Rufe der Zeitungsjungen vermischen sich mit dem Lärm der Kutschen; die Trompeten der Scharlatane vermengen sich mit den Glocken der Maultiere, die sich ohne Unterlaß auf Tausenden von Schienensträngen, die die Straßen durchziehen, abmühen.

Natürlich wächst ihre Aversion gegen die amerikanischen Eigenarten in dem Maß, wie ihr Erfolg ausbleibt. Das Essen ist absolut entsetzlich: »Schokolade *à la grease*, Milch *à la sheep's brain* ... Oh! Pariser Diners, – wo seid ihr?« Keine Ruhe, nicht einmal in der Nacht. Die empfindliche *artiste* wird ständig von Moskitos geplagt, »schreckliche Wespen, riesige Grillen ... Es ist eine Walpurgisnacht der Insekten!«

Der amerikanische Lebensstil weist so viele erstaunliche und sogar abstoßende Züge auf:

»Wissen Sie zum Beispiel, auf welche Art die Amerikaner den feinsten Dingen und den größten Künstlern Beifall spenden? *Sie pfeifen*. Bei den Amerikanern bedeutet pfeifen und schreien soviel wie applaudieren ... Es ist kaum zu glauben, welchen Grad die amerikanische Impertinenz erreicht. Auf Bahnhöfen und in Hotelhallen trifft man sie nicht selten mit schmutzigen Schuhen an, den Hut auf dem Kopf, sich ungeniert auf den Sofas räkelnd ... Jeder Amerikaner trägt gewöhnlich ein großes oder ein kleines Taschenmesser bei sich und schnitzt damit ganz wunderbar an der Armlehne seines Theatersessels herum; das ist sein Erkennungszeichen, seine Beschäftigung und seine Erheiterung; so schlägt er die Zeit tot und zerstört die Atmosphäre der Tragödie.«

Sie ist erschöpft und krank. In Havanna bricht sie schließlich zusammen. Die Rachel-Truppe wird aufgelöst; die düstere Odyssee der französischen Tragödie in Amerika hat ihr Ende gefunden – man weiß jedoch noch nichts von den fatalen Konsequenzen, die das transatlantische Abenteuer für die unglückliche Schauspielerin haben sollte. Denn die schwere Erkältung, die sie sich in »diesen unmöglichen amerikanischen Zügen« geholt hat, erweist sich als sehr hartnäckig. Sie entwickelt sich zur Schwindsucht, an der die Schauspielerin am 3. Januar 1858, kaum zwei Jahre nach ihrer Amerikatournee, stirbt. Es ist, als hätte sie der kühle Empfang in den Vereinigten Staaten getötet ...

Ein Hauch von Bitterkeit und Enttäuschung weht um ihr Porträt. Sie wurde in Paris geliebt, in London und St. Petersburg bewundert; warum mußte sie in Amerika scheitern?

Die europäische Arroganz erkennt nicht, daß die große Tragödin für das Fehlschlagen ihres Unternehmens zu einem Teil selbst verantwortlich ist. Denn diese »barbarischen Amerikaner« sind immerhin sensibel genug, die Verachtung der gefeierten Besucherin zu bemerken. Zahlreiche europäische Künstler, die zu dieser Zeit auf Reisen sind, halten Amerika noch immer für eine halbe Kolonie und betrachten es in erster Linie als Goldmine. Während sie sich über die mangelnden Manieren der Yankees ereifern, lachen die Amerikaner ihrerseits über die Arroganz und Geldgier ihrer hohen Gäste. Es ist keineswegs überraschend, daß einige dieser europäischen Berühmtheiten Mißerfolge erleiden, es erstaunt vielmehr, daß es einige trotz solcher unterschwelligen oder offenen Spannungen zu echter und großer Beliebtheit in den Vereinigten Staaten bringen.

Rachel und ihre Freunde sind davon ausgegangen, allein die Anwesenheit einer so berühmten Perönlichkeit in New York käme dem Erscheinen einer Göttin unter Normalsterblichen gleich. Léon Beauvallet ruft aus:

»Rachel in Amerika! Sogar die Indianer in ihren Urwäldern hätten davon sprechen müssen! Doch statt dessen empfangen sie sie wie zehn oder zwanzig andere Schauspielerinnen auch! – Was sage ich! Jenny Lind wird wie eine Königin empfangen. Und schließlich, so groß Jenny Linds Talent auch sein mag, übertrifft es das der Rachel etwa?«

JENNY LIND

Jenny Lind ... Können wir uns noch den unwiderstehlichen Zauber, den dieser einfache Name ausgeübt hat, vorstellen? Können wir die ungeheure Aufregung bei der Ankunft der »Schwedischen Nachtigall« noch verstehen? Ihre amerikanische Konzerttournee, äußerst klug von Phileas Taylor Barnum, »the greatest showman of the world«, vorbereitet, nimmt in der Tat den Charakter eines Nationalereignisses an. Das erste Mal in der Geschichte ist eine ernsthafte Sängerin auf eine so aufwendige Art und Weise angekündigt und präsentiert worden. Dank Jenny Lind, so kann man sagen, wird die reine Vokalmusik als Objekt für große Geschäfte entdeckt ... Es ist ein vollkommen neues Gebiet, und »mighty Barnum« hat wahre Wunder vollbracht. Das Risiko ist beachtlich: Mlle. Lind verlangt 1000 Dollar für jedes Konzert; Barnum muß bei ihrer Londoner Bank 187 000 Dollar hinterlegen. Aber der große Showmann weiß, er kann es riskieren. Er besitzt einen untrüglichen Instinkt für sensationelle Darbietungen. Er hat Joyce Heth, die berühmte farbige Krankenschwester aus Washington als Bühnenattraktion entdeckt, und er zeichnet verantwortlich für den weltweiten Ruhm des schrecklichsten und klügsten aller Liliputaner, Tom Thumb. Er hat mit seiner *Happy Family* von dressierten Vögeln und Tieren ein Vermögen verdient, und er wird mit Jenny Lind noch eines dazuverdienen.

In unserer Stargalerie ist das Porträt Jenny Linds eines der kostbarsten. Es zeigt sie beim Betreten der Bühne zu ihrem ersten New Yorker Konzert. Dem begabten Maler gelingt es, uns einen drastischen Eindruck der rasenden Begeisterung, mit der man sie empfängt, zu vermitteln. Fünftausend Menschen stehen auf wie ein Mann – oder besser gesagt, wie ein vor Bewunderung brüllendes Monster, außer sich vor Liebe, die in ihrer erschreckenden Intensität schon dem Haß nahekommt. Ein kolossaler Riese erzeugt aus fünftausend verschiedenen Stimmen – bedrohlich und schrecklich – ein dumpfes Gedröhn. Es erstickt unbarmherzig Jenny Linds erstes Lied – eine einfache, süße kleine Melodie. Die verstummte Nachtigall verliert die Kontrolle über die Lage und steht mit offenem Mund hilflos inmitten des wilden Tumults und fleht ihre grausamen Bewunderer mit ausgestreckten Armen an, sie doch endlich singen zu lassen ...

Das amerikanische Publikum betet sie an, vergöttert sie. Man zahlt Phantasiepreise, um sie zu hören – oder richtiger gesagt, ihre legendäre Figur anzustarren. Es kursieren Geschichten über ihre reizende Offenheit, ihre tatkräftige Freundlichkeit und ihre ernsthafte Religiosität. Die Leute sind hocherfreut, als sie während ihres Aufenthalts in diesem Land heiratet – obwohl der Mann ihrer Wahl kein Amerikaner, sondern ein Herr Goldschmidt aus Hamburg ist. Vor der Hochzeit – sie findet am 5. Februar 1852 in Boston statt – läßt sie eine genaue Vereinbarung aufsetzen, die ihr die ausschließliche Verfügungsgewalt über ihr beachtliches Vermögen zusichert.

Doch selbst sie, die als Künstlerin anerkannte und geliebte Jenny, ist gelegentlich das Ziel eines üblen Scherzes, und auch diese vornehme Persönlichkeit bleibt nicht immer vom amerikanischen Witz verschont. Zuweilen reagiert das Publikum eben auf die abstoßende Geschmacklosigkeit der lautstarken Werbetrommel Barnums.

Unter den zahllosen Berichten, die Mlle. Linds Populariät bezeugen, gibt es auch einige verräterische Dokumente, die mehr oder weniger amüsant beweisen, daß viele, über die Scharlatanerie des großen Showmanns verärgert, sich geweigert haben, all den Unsinn, den großen wie den kleinen, ohne Einschränkung hinzunehmen. Farbig und umfassend, wie unser Album nun einmal ist, bewahrt es zum Glück die Schmähungen wie die Lobeshymnen. Mit süffisantem Lächeln entdecken wir lyrische Ergüsse – so ein längeres Gedicht aus dem Jahre 1850, *Barnum's Parnassus,* als »vertrauliche Enthüllungen des Preiskomitees für das Jenny-Lind-Lied« angekündigt, mit allem Respekt dem amerikanischen Adler gewidmet.

Ein Duett zwischen Jenny Lind und ihrem mächtigen Manager beginnt mit folgenden Versen:

>»Sing, Jenny Lind, denn Barnum hört
>Und seine beiden Ohren sind betört,
>Saugen gierig deiner Stimme süßen Honig;
>Sing, um deines Namens willen!
>Sing, deine Ruhmessucht zu stillen!
>Und Barnum schnelles Geld zu bringen!

Es sang, die süße Jenny, lang und schön!
Bis Sträuße stau'n sich zu der Bühne Höhn,
Sie knickst, der Vorhang fällt,
Verbirgt sie vor Begeisterung und Welt.
Sie ist verschwunden, doch Barnum hält
Die Sache fest im Griff.
Zwei Wochen später wirkt der Kniff,
Und der Vertrag wird nun besiegelt
Und im Hotel auch schriftlich festgeriegelt.

Beide:
Was immer fällt, wir steh'n mit Mut,
Gleich welches Blatt, die Karten sind stets gut.
Der Ruhm wird ewig währen,
Denn wir erklimmen hohe Sphären,
Des Publikums Gunst zu werben,
Zwei Namen gleich zwei selt'nen Mären,
Die nicht geboren, um zu sterben.«

Der Ruhm wird ewig währen... Da liegt der anonyme Witzbold gar nicht so falsch. Barnums Name ist nicht vergessen, und man erinnert sich auch noch an Jenny Lind. Doch im Vergleich zu seiner einstigen Pracht, seiner funkelnden Musik und Lebensfreude wirkt ihr Ruhm heute abgestanden und akademisch. Die ganze Herrlichkeit ist verwelkt, nach und nach abgetötet durch den Lauf der Zeit, sterbend wie ihre Zuhörer – ältere Menschen, die von ihrer wunderbaren Stimme entzückt und gerührt worden sind. Ah, und ihre meisterlichen Triller! – ihr süßes *piano* und ihr triumphales *forte!* – die mitreißende Wirkung ihres inspirierten Gesanges...

Auf wie viele illustre Namen stoßen wir beim Umblättern unseres düsteren Glamour-Buches – wie viele traurige Gesichter! Welch gespensterhafte Prozession berühmter Phantome! La Patti, La Melba – wie sie mit erregendem Vibrato unvergleichliche Bravourstücke darbieten und ihre sensationellen Koloraturen, Fontänen silbrigen Wassers gleich, in den wolkenlosen Himmel schicken... Eleonora Duse, faszinierend mit ihrem rätselhaften

Lächeln, den priesterlichen Bewegungen ihrer nahezu transparenten Händen, der geheimnisvollen Traurigkeit ihrer Augen und ihrer Stimme; sie haßt es, öffentliches Aufsehen zu erregen und zieht doch immer wieder alle Augen auf sich – umgeben von dem düsteren Glanz ihrer Schwindsucht und der komplizierten Romanze mit Gabriele D'Annunzio ... Anna Pawlowa, die Verkörperung der unsterblichen Agonie eines mythologischen Schwans ... Nijinsky, der muskulöse Halbgott, der mit seinen unglaublichen Sprüngen die Gesetze der Schwerkraft herausfordert, hingerissen von den frevlerischen Triumphen seiner eigenen Technik – bis mit der Erdanziehung auch der Verstand schwindet und er sich für ein ewig zum Springen verdammtes Pferd hält; denn die grausamen Götter haben ihn mit Wahnsinn gestraft ...

Sie alle sind in dieses Land gekommen – haben verzaubert und schockiert, sind bejubelt und kritisiert, von Reportern, Rivalen und Bewunderern verfolgt worden, haben nach Dollars und Ruhm gejagt, sich in zugigen Hotelhallen und Garderoben erkältet, in den Salonwagen unter Schlaflosigkeit gelitten ... und sie führen noch immer ihre schattenhafte Existenz zwischen ein paar ihrer Erinnerung gewidmeten vergilbten Zeitungsseiten.

SARAH BERNHARDT

ABER NUN ZU EINER GANZ AUSSERgewöhnlichen Frau – wenn auch nicht wenige ihrer Porträts in unmittelbarer Nachbarschaft zu den Bildern anderer verstorbener Stars auftauchen. Diese hinreißende Silhouette – schlank, biegsam und vor dynamischer Nervosität bebend – wessen Silhouette kann das sein? Sie möchte am liebsten aus dem Bild springen – lebenshungrig wie immer, für weitere siebzig Jahre. Sie beginnt sich zu regen, zu bewegen; ihre geschminkten Lippen formen Silben, Worte – schöne, elegante und beflügelte französische Sätze. Welch eine Stimme! Eine goldene Stimme! – *La voix d'or* ...

Sarah Bernhardt – glänzend und strahlend wie immer; gereizt wie immer: denn sie scheint leicht verärgert über ihre Freunde und Bewunderer, die sie in ihrem Pariser Heim – wie Höflinge eine Königin – umgeben. Die Wohnung, – üppig und schwül im gräßlichen Stil des späten 19. Jahrhunderts eingerichtet, ist überladen mit Palmen in riesigen Gefäßen, mit Brokatstoffen, chinesischen Fächern, riesigen goldgerahmten Spiegeln und imposanten Marmorbüsten, teils von Mlle. Bernhardt selbst geschaffen, teils ihr Porträt darstellend.

In ihrem eng anliegenden schwarzen Kleid und mit den in ihrem blassen ausdrucksstarken Gesicht ungesund glänzenden Augen gleicht sie einem eleganten Dämon. Heftig sagt sie: »Und warum, wenn ich fragen darf, soll ich nicht in die Vereinigten Staaten fahren? Haltet ihr mich nicht für gut genug für die Yankees?« Sie wirft wütende Blicke um sich – und die verblüfften Freunde beeilen sich, ihr zu versichern, daß sie nicht einmal im Traum an so etwas Absurdes dächten. Im Gegenteil, sie sei eher zu gut für das amerikanische Publikum, versichern ihre Hofschranzen hastig. Außerdem solle sie ihre angegriffene Gesundheit bedenken. Hat sie denn die traurige Geschichte der Rachel vergessen? Aber Sarah erklärt vehement, sie verabscheue Vergleiche, selbst den mit Rachel. Sie wird immer aufgeregter und verkündet mit großen, dramatischen Gesten in einem plötzlichen Anfall redseliger Ekstase, sie habe *une envie folle de voyager;* fremde Dinge zu sehen, andere Luft zu atmen ... Ihre Freunde nicken ehrerbietig.

Sie wissen alle genauso gut wie sie selbst, daß der eigentliche Grund für ihren schnellen Entschluß ein heftiger Streit mit der Direktion der Comédie Française ist. M. Perrin, das mächtige Oberhaupt dieser Institution, protestiert gegen ihre störenden Überspanntheiten. Er mißbilligt ihre zahlreichen und anstrengenden Hobbies. M. Perrin meint, ihre Leidenschaft für Malerei und Bildhauerei würde sie von ihrer Theaterarbeit ablenken. Erntet sie auf der Bühne nicht genug Lorbeeren? Zu ehrgeizig ist sie, und außerdem besitzt sie eine Schwäche für Originelles. Zum Beispiel ihre wilde Angewohnheit, Ballonfahrten zu unternehmen. Sie liebt Champagner-Frühstücke in achttausendfünfhundert Fuß Höhe – ein sehr ungewöhnliches Amüsement, das ihr Chef für ebenso würdelos wie gefährlich hält. Als Sarah und ihr Pilotenfreund nach einem kleinen Unfall spät nachts in einem Vorort landen, von wo die Diva mit einem Bummelzug in die Stadt zurückfahren muß, verliert er schließlich die Geduld. Das Ganze endet mit einem Bruch und schließlich sogar einem Gerichtsverfahren zwischen der Schauspielerin und dem Théâtre Français.

Sogar für eine Sarah Bernhardt ist das eine ernste Sache und eine verzweifelte Situation. Der Agent Jarrett, der ihr bereits zwei Angebote für eine Amerika-Tournee unterbreitet hat, macht das dritte genau zum richtigen Zeitpunkt – drei Tage nach ihrem Rücktritt vom Staatstheater. Sie nimmt an, worauf M. Jarrett umgehend den amerikanischen Impresario, Henry Abbey, informiert, der sich sofort nach Paris begibt. Weder Sarah noch ihre Manager wollen Zeit verlieren. Sie möchte Paris so bald wie möglich verlassen ...

Alles geht sehr schnell; einige hastige, doch wirkungsvolle Abschiedsszenen; ein paar Küsse für Maurice, ihren kleinen Sohn mit unbekanntem Vater; einige Wutausbrüche über boshafte, sich über ihre Reise mokierende Zeitungsartikel – und am 15. Oktober 1880 besteigt sie den Dampfer *Amérique*. Die ersten Stunden der Reise verbringt sie, abwechselnd hysterisch lachend und weinend, in der verschwenderisch mit ihren Initialen ausgestatteten Luxuskabine. Endlich erscheint sie in einem phantastischen *costume de voyage* an Deck, um kurz darauf einer älteren Dame, die beinahe eine steile Treppe hinuntergestürzt wäre und sich dabei den Hals gebrochen hätte, »das Leben zu retten«. Die Dame erweist sich als die Präsidentenwitwe Mrs. Lincoln, ein Anlaß mehr für Sarah, zu weinen, zu kichern und sich übermäßig aufzuregen. Ihr Leben, das fühlt sie, ist voller mysteriöser und bedeutender Überraschungen. Denn hat nicht ein Schauspieler den Tod des Präsidenten verursacht? Und nun hindert ausgerechnet eine Schauspielerin die trauernde Witwe daran, ihrem geliebten Mann in eine bessere Welt zu folgen ... Sarah ist von diesem seltsamen und tragischen Zufall tief beeindruckt.

Dank Mr. Abbeys schlauer Propaganda ist die amerikanische Öffentlichkeit mit diversen erstaunlichen Zügen von Sarah Bernhardts Charakter und ihrer Karriere vertraut. Man erwartet eine halb monströse, halb göttliche Person. Es ist allgemein bekannt, daß sie extrem dünn ist – wie ein Geist, eine Traumgestalt – und geistreiche New Yorker wiederholen den Pariser Scherz über die »leere Kutsche«, die vor der Comédie Française hält, und der Sarah Bernhardt entsteigt ... Schreckliche Geschichten kursieren über ihre makabren Vorlieben, ihre grausamen und perversen Neigungen. Sie quält ihre Schoßhunde, spielt mit Schlangen und jungen Tigern und – das ist der Gipfel – sie hat die unheilvolle Angewohnheit, in einem Sarg zu

Lola Montez, Karikatur von 1851: »Europe, farewell! Amerika, I come!«

»Jenny Lind wird wie eine Königin empfangen ... Das amerikanische Publikum betet sie an, vergöttert sie. Man zahlt Phantasiepreise, um sie zu hören, oder richtiger gesagt, ihre legendäre Figur anzustarren.« – Ankunft der *Schwedischen Nachtigall* in Amerika

»Sie quält ihre Schoßhunde, spielt mit Schlangen und jungen Tigern und – das ist der Gipfel – sie hat die unheilvolle Angewohnheit, in einem Sarg zu schlafen.« Sarah Bernhardt in ihrem Sarg

schlafen. Sie hat sich sogar darin photographieren lassen – gleich einem Leichnam in ein langes, makelloses Tuch gehüllt – mit geschlossenen Augen, auf der Brust gekreuzten Armen, weißem Blumenschmuck, einem Kranz, Palmen und zwei brennenden Kerzen auf einem Nebentisch. Für sie ist das eine Vorbereitung auf den Tag, an dem man sie zu ihrer letzten Ruhe in dieses harte und enge, mit weißem Satin ausgeschlagene Bett aus Ebenholz legen wird. In der Tat, das klingt alles sehr unheilvoll. Andere Gerüchte dagegen sprechen ihr beinahe göttliche Züge zu. Ihr gelingt offensichtlich alles, sie erreicht alles, was sie will. Sie ist nicht nur die größte Schauspielerin ihres Landes, sondern auch eine begabte Bildhauerin. Ihre Marmorgruppe *Après la tempête* erweckt die Aufmerksamkeit der Kenner des Pariser Salon vom Jahre 1876. Und ihre Stimme ist absolut unwiderstehlich: Victor Hugo selbst hat den poetischen Ausdruck von der »Goldenen Stimme«, *La voix d'or,* geprägt – der angesehene Victor Hugo, der berühmteste Dichter des Jahrhunderts, kniet vor Sarah Bernhardt nieder und ruft aus: »Merci! Merci!«, als sie in seinem Stück *Ruy Blas* spielt. Er dichtet Verse für sie auf einen Totenschädel, und nach der Premiere seines Dramas *Hernani* ehrt er sie mit folgenden Zeilen:

»Madame, Sie waren großartig und hinreißend; sie haben mich tief bewegt – mich den alten Kämpfer, und an einer Stelle, als das von Ihnen verzauberte Publikum Ihnen zujubelte, weinte ich. Diese Träne, die ich um Ihretwillen und für Sie vergossen habe, lege ich, wie auch mich selbst, zu Ihren Füßen. Victor Hugo«

Diesen gewandten kleinen Brief begleitet eine Schatulle mit einem prächtigen Kettenarmband, an dem ein Diamanttropfen hängt.

Sarahs Ruhm ist schwindelerregend, irritierend und überwältigend. Schon in jungen Jahren kann sie von sich behaupten: »Meine Berühmtheit ist für meine Feinde zum Ärgernis und für meine Freunde etwas zu lautstark geworden.« Und Alexandre Dumas der Jüngere zitiert einen Freund, der auf dem Sterbebett gesagt haben soll: »Ich sterbe glücklich, denn wenigstens brauche ich nicht mehr den ganzen Klatsch über Sarah Bernhardt zu ertragen ...«

Jede Einzelheit ihres vergangenen und gegenwärtigen Lebens ist überraschend und aufregend. Obwohl jüdischer Herkunft, ist sie doch eine gläubige Anhängerin der katholischen Kirche. Erst als dreizehnjähriges

Mädchen wird sie getauft, und als sie in das Kloster von Ïs-Champs kommt, muß sie den Namen Sarah ablegen. Sie erhält von den frommen Schwestern den Namen Rosine, aber als sie das Kloster verläßt, nennt sie sich wieder Sarah.

Wie Rachel – ist sie nur zur Hälfte Französin, da ihre Mutter aus Holland stammt; und dennoch betont sie ständig und angriffslustig ihre patriotischen Gefühle für Frankreich. Wohin sie auch kommt, sie tritt als offizielle Gesandte Frankreichs auf, als *l'ambassadrice de la patrie,* und entfacht die vaterländische Begeisterung von französischen Kolonien in aller Welt. Einige Monate vor ihrer Amerika-Tournee hat sie in Kopenhagen den preußischen Minister schwer beleidigt, der ihr bei einem Galadiner zuprosten wollte. Während des preußisch-französischen Krieges von 1870 ist sie außer sich vor übertriebener Vaterlandsliebe, sie leitet ein Lazarett und geht soweit, den Verwundeten, die keine französische Uniform tragen, den Beistand zu verweigern. Vor Beginn des Krieges hat sie ihn vehement als »eine Schändlichkeit, die lediglich gemeine Verbrechen schützt, entschuldigt und glorifiziert«, verurteilt. Äußerungen dieser Art führen sogar zu einem Bruch mit einem befreundeten General. Ihre Mutter und ihre hübsche Tante Rosine bereisen auch während des Krieges Deutschland und besuchen das Kasino in Bad Homburg.

Die Leute sind von den so zahlreichen Widersprüchen verwirrt. Sie vergessen oder können nicht verstehen, daß bei einem so außergewöhnlichen Menschen wie Sarah Bernhardt die meisten Dinge und Gefühle, die im Leben anderer eine wichtige Rolle spielen, bei ihr nur nebensächlich sind – oder besser gesagt, ein bloßer Vorwand, eine beiläufige Begleiterscheinung für das eigentliche Ziel: die Selbstdarstellung, die Show. Denn sie ist einzig und allein Schauspielerin. Sie ist weder Patriotin noch Pazifistin – weder Katholikin noch Jüdin. Mit seiner Beschreibung der Heldin aus *The Tragic Muse* gibt uns der Romancier Henry James den Schlüssel zu ihrer Persönlichkeit: »Es liegt in ihrem Wesen, einen mit diesem besonderen Zauber in den Bann zu ziehen: alles andere – das Heimatgefühl, das Verhältnis zu ihrer Mutter, ihre Freunde, ihre Liebhaber, ihre Schulden, ihre Tätigkeiten, ihre Tugenden, ihre Laster – ist nicht der Rede wert. Es ist Fiktion und Show; das Auftreten ist das einzig Wesentliche.«

Eine Schauspielerin ist es also, die an einem kühlen Morgen, dem 27. Oktober 1880, New York erreicht. Ein zugefrorener Hudson, eine bleiche, rosige, gegen den Nebel ankämpfende Sonne und zahlreiche mit französischen Farben geschmückte Boote heißen sie willkommen. Es ist die Schauspielerin in ihr, die vor Glück weint, als sie unter den unzähligen Briefen und Telegrammen eine Botschaft ihres Sohnes Maurice vorfindet. Eine Schauspielerin also wird ohnmächtig, als sie zu viele Hände schütteln muß. »Vite, de l'air! Pauvre jeune femme! Ôtez-lui son chapeau, son corset! ... Elle n'en porte pas ... «

Jede Einzelheit dieser Amerika-Tournee scheint wunderbar arrangiert und klug inszeniert. Die erste große Szene findet im Hauptquartier der Diva, im Hotel Albemarle, statt. Die Büsten Racines, Molières und Victor Hugos schmücken das Wohnzimmer ihrer großzügigen Suite, und die üppigen Kissen und Palmen sollen den gefeierten Gast an sein luxuriöses Heim in Paris erinnern. Sarah jedoch übersieht die ganze zu ihren Ehren aufgetürmte Pracht, sperrt sich im Schlafzimmer ein und verbarrikadiert die Tür mit schweren Stühlen. Sie hat eine *crise de nerfs*. Jarrett fleht sie an, die Tür zu öffnen und wenigstens ein paar freundliche Worte an die im Vorzimmer sich drängenden Besucher und Reporter zu richten. Doch die Diva erwidert kühl, sie wolle jetzt schlafen. Sie hat diese wundersame Fähigkeit, inmitten ihrer Gäste oder in ihrer Garderobe auf ihr Stichwort wartend, eine Stunde oder auch nur ein paar Minuten schlafen zu können. Wie Napoleon hat sie den Schlaf unter Kontrolle – und das ist keinesfalls die einzige Parallele zwischen der militanten Schauspielerin und dem theatralischen Soldaten. Während die Besucher im Vorzimmer warten, ruht sie sich eine volle Stunde am Boden ihres Boudoirs aus und ruft sodann nach ihrem Mädchen: »Félicie! ... Une robe blanche!« Und dann der Auftritt – der große, wohl vorbereitete Auftritt. Einer Königin, einer Göttin gleich, erscheint sie vor ihren unbedeutenden Gästen – huldvoll lächelnd, heiter, wunderschön gekleidet, zerbrechlich und doch majestätisch.

Allerdings sind die Burschen von der amerikanischen Presse, wie man weiß, hartgesotten und nicht so leicht einzuschüchtern. Das Kreuzverhör beginnt sofort: Was ist Ihre Lieblingsrolle, Ma'am? Was ist Ihr Lieblingsessen? Jarrett behauptet: »Oatmeal«, – obwohl Sarah gar nicht weiß, was das ist. Sämtliche Journalisten kritzeln »Oatmeal«: in ein paar Stunden würde der ganze Kontinent, von Küste zu Küste, diese aufregende Nachricht aufnehmen. Der nächste will wissen: »Sind Sie jüdischkatholischprotestantischmohammedanischbuddhistischatheistisch oder deistisch?« Zuerst versteht sie nicht ganz, dann antwortet sie mit eiserner Entschlossenheit: »Katholisch«. Zum Schluß zerreißt sie ein Bild, welches ein anwesender Zeichner von ihr angefertigt hat. Eine Karikatur zu diesem Vorfall erscheint am nächsten Tag in der Zeitung mit einigen boshaften Bemerkungen über das übelgelaunte Modell. Sarah ekeln die amerikanischen Zeitungsleute an. Später, wieder in Europa, tauscht sie ihre traurigen und skurrilen Erfahrungen mit einem ihrer glühendsten Bewunderer, mit Oscar Wilde, aus, der während seines Amerikaaufenthalts ebenfalls von Reportern belästigt worden ist. »Schlechte Manieren machen den Journalisten aus«, bemerkt Oscar und erklärt seiner Freundin Sarah: »Die Amerikaner sind nicht, wie man oft sagt, unzivilisiert, sondern entzivilisiert … Ein Reporter hat die Stirn gehabt, mich nach der Temperatur meines Badewassers zu fragen, und hat dann noch behauptet, er habe gehört, ich pflegte das Wasser immer mit einer dreifachen Verbena-Essenz leicht zu tönen.«

Nach dem grotesken Prolog im Albemarle jagt ein atemberaubendes Intermezzo das anderen. Die Zollbeamten fungieren als Chor in der nächsten großen Gesamtszene. Natürlich tun sie nur ihre Pflicht, wenn sie Mademoiselle Bernhardts zweiundvierzig riesige Schrankkoffer im Booth Theater überprüfen. Die Schauspielerin hingegen betrachtet ein derartiges Benehmen als persönliche Beleidigung, als bedauerlichen Mangel an Takt und Höflichkeit und als ein in der Tat abscheuliches Vergehen. Sie tobt vor Wut, als die Beamten »mit ihren schmutzigen Händen« in ihren kostbaren und empfindlichen Gewändern und Mänteln, Handschuhen und Schuhen, Spitzen und Hüten, Pelzen und Federn, in Seide und Leinen herumwühlen. Ihre Wut übersteigt alle Grenzen der Schicklichkeit, als zwei ältere Frauen die Szene betreten – sie beschimpft sie als »häßliche Kreaturen« und »garstige Hexen«, aber es handelt sich um zwei Schneiderinnen, die als Expertinnen den Wert der Garderobe aller ankommenden Schauspielerinnen zu taxieren haben. Die zwei »bösartigen Ungeheuer« sind von den Schätzen der Diva stark beeindruckt und bewundern insbesondere ein prachtvolles, über und über mit Perlen besticktes Kostüm, das sie in *La dame aux camélias* getragen hat. Ihrem Bericht nach ereifern sich die »Expertinnen« jedoch über soviel Eleganz und Raffinement und beschwören die Behörden, den Import solch sündigen Luxus' zu untersagen; schließlich wäre es für sie, die amerikanischen Schneiderinnen, eine allzu grausame Konkurrenz: »Sämtliche Auftraggeber werden ebenso schöne Kleider verlangen, haben sie diese einmal gesehen!« Sarahs »goldene Stimme« ist ganz schrill vor Wut. Sicher hätte Sarah eine weitere, fürchterliche *crise de nerfs* ereilt, wäre nicht einer ihrer Freunde auf die rettende Idee gekommen, eine Besichtigung der Brooklyn Bridge vorzuschlagen. Offenbar ist sie durch die Größe und die nüchterne Schönheit dieser gigantischen Konstruktion tatsächlich beeindruckt. »Ist sie nicht großartig«, ruft sie immer wieder. »Ist die Vorstellung, daß Menschen dieses massive Wunder geschaffen haben, nicht wunderbar und ermutigend!« Sie scheint ehrlich begeistert zu sein, als sie erfährt, daß die Brücke zehn volle Pferdebahnwagen und noch hundert Kutschen dazu tragen könne ... Dieses selbstsüchtige, introvertierte Wesen Sarah Bernhardt ist auf eine unvorhersehbare, emotionale Art doch beeindruckbar. Sie kann sich für eine Idee, eine künstlerische oder technische Errungenschaft begeistern – vorausgesetzt, natürlich, sie hat Publikum für ihre Ekstase.

Die ärgerliche Sache mit den Zollbeamten zieht sich mehrere Tage hin. Schließlich verlangt die Zollbehörde 7000 Dollar Sicherheit, die bei einem Anwalt zu hinterlegen sind. Sarah strengt prompt einen Prozeß gegen die amerikanischen Behörden an. Sie liebt Gerichtsverhandlungen. Die Atmosphäre dort ist beinahe so aufregend wie eine Premiere ...

Ihre erste Vorstellung im Booth Theater am 8. November ist ein imposantes Ereignis. Sarah hat für ihr amerikanisches Debut *Adrienne Lecouvreur* ausgewählt – eben dieses Stück, das Scribe für das französisch-jüdische Genie *La Rachel* geschrieben hat, der es nicht gelungen ist, New York zu erobern. Sarah, *La divine,* hat mehr Erfolg. Die Goldene Stimme triumphiert. Nach der Vorstellung belagern die Leute das Hotel Albemarle: Immer wieder muß sie die jubelnde Menge vom Balkon aus grüßen.

Zweifellos verdankt Sarah ihren Erfolg zu einem Teil ihrem skandalösen Ruf. Die Leute rennen ins Theater, um das »Ungeheuer der Apokalypse« zu sehen, und sind angenehm überrascht, ein menschliches Wesen mit einer bewegenden Stimme und ausdrucksstarken Gesten vorzufinden. Jungen Mädchen ist es verboten, ins Theater zu gehen, wenn »dieser böse Dämon« auftritt, und die Pfarrer warnen ihre Gemeinden nachdrücklich vor diesem Wesen, aus der verkommenen Alten Welt gesandt, die Reinheit der Neuen Welt zu beschmutzen. Mütter berufen Versammlungen ein, in denen diskutiert wird, »wie man sich wehren kann gegen Sarah Bernhardt, die gekommen ist, unsere Söhne zu verderben«. Kein Wunder, daß diese braven Matronen außer sich sind. Neben den Gerüchten hat sich eine ganze Flut skurriler Literatur zum Thema Sarah Bernhardt über das Land ergossen; Pamphlete mit so vielversprechenden Titeln wie *The Love-Affairs of Sarah Bernhardt*. Darin wird die Schauspielerin beschuldigt, der Reihe nach den Zaren, Napoleon III. und Pius IX. verführt zu haben. Ein weiteres Machwerk handelt von den »vier Söhnen«, die der sündige Star angeblich von vier verschiedenen Vätern, einem Friseur, Napoleon III., dem Papst und einem zum Tode verurteilten Burschen, empfangen hat.

Das ist alles sehr amüsant, und M. Jarrett hält es für gute Publicity; in Chikago geht er sogar so weit, einem Bischof, der »gegen diese sündige Frau« gepredigt hat, 200 Dollar zu schicken: »In Anerkennung für die phantastische Werbung, die Sie freundlicherweise für uns gemacht haben«, schreibt der unverschämte Agent. Dennoch haben diese puritanische Empörung und der ständige Tumult um Sarahs provozierende Persönlichkeit auch unangenehme Folgen. Mr. Jarrett wird wohl kaum gelacht haben, als in einer Sonntagsausgabe des *Methodist* – mit einer Auflage von 200 000 Exemplaren – nicht nur Mlle. Bernhardt, sondern auch die korrupte Londoner Gesellschaft scharf angegriffen wird. Der *Methodist* zeigt sich schockiert darüber, daß die aristokratischen englischen Damen »eine Schauspielerin und Kurtisane, die zwar einen Sohn, aber keinen Ehemann hat« empfangen haben. Mit sofortiger Wirkung bleiben nach diesem Artikel sämtliche Türen respektabler Familien in New York, Boston und Philadelphia für Mlle. Bernhardt verschlossen.

Und doch wird sie von einigen Leuten empfangen, die sie für wichtiger als all die übrigen hält. Nach ihrer letzten Vorstellung in New York – einer Matinéevorstellung von *La dame aux camélias,* einem enormen Erfolg, – macht sie einen Besuch bei Thomas Edison in dessen Haus in Menlo Park. Ihr Sonderzug ist wie üblich mit Blumen und der Tricolore geschmückt. Mrs. Edison begrüßt sie an der Tür. Es ist Abend, aber »durch das strahlende elektrische Licht erhält man den Eindruck eines hellen Morgens«. Mr. Edison ist zunächst etwas reserviert. »Wahrscheinlich hielt er mich für eine von diesen publicitysüchtigen ausländischen Schauspielerinnen«, bemerkt Sarah ganz naiv. Nach einer halben Stunde jedoch sind sie Freunde. Er erklärt ihr seine Entdeckungen zur Tonübertragung und seinen erstaunlichen Phonographen. Sie ist gebannt, sehr interessiert und versteht alles, was er sagt. Er hat die herrlichsten blauen Augen und ist einfach »ein wundervoller und schüchterner Gelehrter«. Auch über seine tiefe Liebe zu Shakespeare zeigt sie sich gerührt. Weiterhin findet sie, er habe eine ausgesprochene Ähnlichkeit mit Napoleon, um einmal mehr das abgenutzte französische Kompliment zu verwenden. Aber Napoleon ist natürlich »das Genie des Zerstörens« gewesen, während ihr Edison als »das Genie des Erschaffens« erscheint. Diese erstaunliche Beobachtung ist eine ihrer letzten kostbaren Äußerungen zu den Journalisten, die ihr wie wachsame und boshafte Schatten überallhin folgen und ihr natürlich auch nach Menlo Park nachgereist sind.

Mehr oder weniger geistreiche Zeichnungen von Sarah Bernhardt erscheinen in sämtlichen amerikanischen Zeitungen. Die Künstler versuchen sich über verschiedene Dinge lustig zu machen: über die Tatsache, daß sie französisch spricht, über ihre dünne Figur, ihre schlechte Laune, ihre zahlreichen Liebhaber, ihre Gier, ihren Erfolg und ihre Eigenart, den Leuten Gegenstände an den Kopf zu werfen. Ihr verzerrtes Porträt erscheint auf großen Werbeplakaten, die bestimmte Erzeugnisse oder Örtlichkeiten anpreisen. In riesigen Lettern wird verkündet:»Sarah, meine Liebe, du bist so dünn, trink Delbeck, und du wirst glücklich!« Die verschiedensten Unternehmen benutzen ihren berühmten Namen. »Bernhardts Fischklößchen, nur 10 Cents!« Oder: »Carters Lebertran macht Ihnen Appetit!« – und dazu das Bild einer ausgezehrten Frau mit den Zügen dieses berühmten Skeletts, Sarah Bernhardt.

Daß auch die französische Öffentlichkeit von diesem ganzen peinlichen Humbug erfährt, ärgert sie am meisten. Die Pariser Zeitungen schreiben ironisch: »Selbst in den Tagen ihres größten Triumphes feiert Sarah in Amerika ähnliche Erfolge wie vor einiger Zeit der ulkige Zwerg Tom Thumb.« Und der Journalist fügt boshaft hinzu: »Offenbar fordert es seinen Preis, eine Million zu verdienen!«

Sie weiß, daß sie nahe daran ist, sich zum Narren zu machen. Und doch kann sie dem Angebot neuer Werbeengagements nicht widerstehen. Manchmal allerdings bereut sie ihre Schwäche – zum Beispiel bei der grotesken und schrecklichen Geschichte mit dem großen Wal. Das riesige Tier gehört einem winzigen Männchen, Mr. Henry Smith, einem schlauen und hartnäckigen Kerl. Er springt auf Mlle. Bernhardts Kutsche auf, als sie in Boston ankommt, und bittet sie inständig, sich den Wal anzusehen. Es sei ein lebendiger Wal, versichert Mr. Smith, er atme noch und sei ein sehr eindrucksvolles Tier.

And God created great whales – steht in der *Genesis*. Der, den Mr. Smith im Schlepptau hat und den Sarah besichtigt, ist ein ganz gewöhnlicher Wal – kein Riesenfisch, der Jonas verschluckt hat, auch nicht Leviathan, der Meeresdrache, der todbringende, sich windende Wurm. Er ist auch kein göttlicher und entsetzlicher Moby Dick, kein weißer Wal. Er ist lediglich Leviathans entfernter und unbedeutender Verwandter, ein völlig normaler und gewöhnlicher Wal, und doch ist Sarah von seiner Größe und mythologischen Würde fasziniert. Sie geht auf seinem mit eisigem Frost bedeckten Rücken spazieren. Zweimal fällt sie der Länge nach hin auf seine Wirbelsäule. Anschließend überredet sie Mr. Smith, ein Stück zersplitterten Walknochen aus dem Maul des verwundeten Monsters herauszuziehen – einen Splitter eben jener Knochen, die man für Damenkorsetts verwendet. Als sie einige Tage darauf in New Haven ankommt, wird sie von Männern mit großen Plakaten empfangen: »Kommen Sie, und sehen Sie den Riesenwal, den Sarah Bernhardt durch das Herausziehen eines Knochens für ihr Korsett getötet hat! Die Korsetts werden hergestellt von Madame Lily Noe in ...« Auf einem anderen Plakat ist zu lesen, daß der tote Wal mindestens »soviel einbringt« wie der lebendige.

Das geht zu weit. Sarah fällt in Ohnmacht, schreit, weint und tobt. Als Henry Smith es wagt, sie in ihrem Hotel zu besuchen, bedroht ihn die kampflustige Dame mit ihrer berüchtigten Peitsche. Sie will alle Termine absagen, nach Europa zurückkehren; Jarrett muß sie strengstens an ihre Verpflichtungen mahnen.

In Hartford – ihrem nächsten Aufenthalt – wiederholt sich die Komödie: die schrecklichen Plakate, der Besuch des unverschämten Mr. Smith im Hotel, Sarahs Tränen und Geschrei. Und das Ganze wieder am nächsten Ort und am übernächsten genauso. Mr. Smith, höflich aber erbarmungslos, folgt der Diva auf Schritt und Tritt, und mit ihm wandert auch der Wal. Mr. H. Smith ist ein pausbackiger, kleiner Herr, so breit fast wie lang, mit einer tief ins Gesicht gezogenen Pelzmütze und einem riesigen Diamanten an der

Krawatte. Er spricht sehr salbungsvoll und doch bestimmt. Mlle. Bernhardt schleudert ihm Blumen, Puderquasten, Gläser, Metallgegenstände und Flüche ins Gesicht. Mr. Smith sagt nur: »Es tut mir sehr leid, daß Sie mich nicht mögen, Ma'am. Ich bedauere, Sie in diesem Zustand zu sehen. Aber Sie sollten begreifen, daß ich Sie nicht um meinetwillen behellige. Es geht allein um den Wal. Er braucht die Publicity, wissen Sie.«

Der Wal wird für Sarah Bernhardt zum Alptraum, zu einer Heimsuchung. Das tote Ungeheuer verfolgt sie bis in ihre Träume. Sie wird von dem Wal gejagt, verfolgt und gequält. Er ist ihr schlechtes Gewissen, das gräßliche Symbol ihrer Demütigung. Sie ist das Wild, das Opfer; Mr. Smith und sein monströser Fisch sind die Jäger. Das Rückgrat des Opfers wird gebrochen. »Womit habe ich das verdient?« stöhnt sie. Und Mr. Smith sagt salbungsvoll: »Ich bin untröstlich, Ma'am. Aber es muß sein – für den Wal...« Er schickt ihr Blumen. Sie weint.

Sie flüchtet schließlich nach Montreal, wo sie mit wilder Begeisterung empfangen wird. Der übliche Ruf *Vive la France!* hat in dieser ehemals französischen Stadt einen ganz besonders leidenschaftlichen, sogar aggressiven Ton. Der Bahnhof wird von lampentragenden Bären erleuchtet – eine originelle Idee, sie amüsiert die Goldene Stimme und ängstigt sie gleichzeitig etwas. Ein junger Mann mit dem Namen Louis Fréchette rezitiert ein endloses Gedicht, *A Sarah Bernhardt*. Es ist eiskalt. *La patronne,* wie sie die Mitglieder ihrer Truppe mit einer Mischung aus Bosheit und Verehrung nennen, flüchtet sich wieder einmal in einen ihrer Ohnmachtsanfälle. Die unmittelbare Folge ist Panik unter den Leuten. Sie sehen ihr Idol schwanken, umfallen – und sind drauf und dran, hysterisch und dumm, wie Massen nun einmal sind, sie niederzutrampeln. Ein hochgewachsener junger Bursche trägt sie in seinen starken Armen davon; aber als sie im Hotel Windsor zu sich kommt, ist er bereits verschwunden.

Am nächsten Morgen taucht er jedoch wieder auf – ganz *chevalier*, sehr gut aussehend, elegant und charmant. Er bringt der *patronne,* die von seinen vorzüglichen Manieren und seiner attraktiven Figur sehr angetan ist, einen Veilchenstrauß. »Sie haben mir das Leben gerettet, Monsieur«, sagt sie zu ihm. Er errötet: »Das ist nicht der Rede wert, Ma'am.« Sie lächeln beide, aber da stürmt Jarrett in das Zimmer. Er ist sehr blaß. Sarah erfaßt nur Bruchstücke seines aufgeregten Flüsterns: »Detektive ... Mord ...

New Orleans ... Keine Chance wegzukommen ...« Der junge Mann erschaudert, erbleicht, und jetzt muß Sarah ihn aufrichten, aber nur einige Sekunden lang, dann hat er seine Galanterie wiedergefunden. Bevor er geht, bittet er sie: »Wenn Sie erfahren, wer ich bin, Ma'am, vergessen Sie den Mann, dem das Glück beschieden war, Ihr Leben zu retten! Schwören Sie es!« »Je vous le jure, monsieur«, flüstert die Goldene Stimme.

Später informiert man sie über seine Hinrichtung, sie weigert sich jedoch, Einzelheiten seiner Vergehen oder seiner Strafe anzuhören. In ihrer Erinnerung bleibt er der gutaussehende, galante junge Mann, der sie beschützt hat, als sie in Gefahr gewesen ist.

Sarah Bernhardt ist wegen dieses unheimlichen und romantischen Zwischenfalls tagelang sehr bedrückt.

Schließlich bessert sich ihre Stimmung dank des frommen Zorns des Bischofs von Montreal, der gegen unmoralische Stücke wie *Adrienne Lecouvreur* und gegen das frivole moderne Frankreich im allgemeinen wettert.

Um so empfänglicher sind die Studenten von Montreal, die Abend für Abend die Stehplätze im Theater füllen. Sie lassen Tauben mit Gedichten und Blumen im Schnabel vom Balkon auf die Bühne fliegen, die von der Goldenen Stimme huldvoll angenommen werden. Das Absingen der *Marseillaise* am Premiereabend hat den Charakter einer leidenschaftlichen, politischen Demonstration. Der Gouverneur von Kanada, der Marquis de Lorne, ein Schwiegersohn Königin Viktorias, reagiert jedoch klug und würdevoll auf diese Provokation. Er erhebt sich als erster bei den Klängen der französischen Hymne, und als sie beendet ist, befiehlt er dem Orchester mit einer gebieterischen Geste, umgehend *God Save the King* zu spielen.

Und Sarah Bernhardts ereignisreiche Tournee durch die Vereinigten Staaten geht weiter – diese erfolgreiche und ermüdende Pilgerfahrt, die ein unbedeutendes, jedoch scharf beobachtendes Mitglied der Truppe, Mlle. Marie Colombier, *Notre roman comique à travers l'Amérique* betitelt.

In Chikago machen sie Halt im Palmer-House, jenem »weitläufigen Bau aus Eisen und Marmor«, und *La patronne* ist von Mr. Palmers eleganten und aufmerksamen Manieren begeistert. Ihr gefällt Chikago besser als sämtliche anderen Orte der Tournee. Allerdings wird ihr Wohlbefinden durch den Besuch der Schlachthöfe leicht gestört. Mit Entsetzen und Lust betrachtet sie diese gigantische Schlächterei, gebannt und erschreckt von den endlosen Schmerzensschreien und dem Übelkeit erregenden Geruch des Blutes. Sie wird beinahe ohnmächtig, ist aber von dem urtümlichen und entsetzlichen Drama des Todes derart gefesselt, daß sie sich nicht losreißen vermag. »Eine außergewöhnliche Erfahrung«, gibt sie später fasziniert, wenn auch ein wenig erschöpft zu. »Une impression tout à fait hoffmannesque ...« Typisch französisch wirkt dieser sophistische und gleichzeitig naive Vergleich dieses äußerst prosaischen und äußerst schrecklichen Schauspiels mit dem deutschen Romantiker E.T.A. Hoffmann, der für den gebildeten Franzosen die Essenz aller dämonischen Phantasien darstellt.

In ihrem Sonderzug reisen sie von Stadt zu Stadt – drei Salonwagen, zweiundvierzig Schrankkoffer, die Impresarios und Sekretärinnen, die unzufriedenen Schauspieler, das Personal, die Friseure und *La patronne*, stets gierig nach Geld, Erfolg, mehr Abenteuern und mehr Leben; ruhelos, nervös, launisch, grausam, wunderbar, katzenhaft, unberechenbar und primitiv.

Sie spielen *La dame aux camélias, Frou-Frou, La princesse Georges* von Alexandre Dumas, Victor Hugos *Hernani* und Racines *Phèdre*. Es schmerzt alle, als das Orchester in der Pause von *Phèdre* die Quadrille aus Offenbachs *Belle Hélène* spielt. Die Mitglieder der Truppe beschweren sich über das schlechte amerikanische Essen, ihre miserablen Gagen, das anstrengende Reisen und den Schlafmangel. Marie Colombier, von Sarah als alte und treue Freundin geschätzt, schreibt hinter dem Rücken ihrer *Patronne* boshafte Briefe an Pariser Zeitungen, in denen sie die Tournee als Fehlschlag schildert.

Diese Behauptung wird jedoch von den Zahlen widerlegt, die eben diese Marie Colombier in ihrem Buch *Voyages avec Sarah Bernhardt en Amérique* angibt. »Sarah ist nur aus einem einzigen Grund nach Amerika gekommen, nämlich Dollars zu verdienen«, bemerkt diese heimtückische Freundin und fügt mit einer Art verbitterten Bewunderung hinzu: »Und das hat sie auch getan. 600 000 Francs für hundert Vorstellungen ist nicht übel.«

In der Tat gar nicht schlecht – und ein Beweis dafür, daß die Goldene Stimme nahezu überall volle Häuser gehabt hat. Natürlich hat es ein paar unrühmliche Ausnahmen gegeben. In Springfield, Massachusetts, beispielsweise finden die Leute keinen Gefallen an *Camille*, und ihre kühle Resonanz wirkt nach dem Triumph in Montreal wie ein eisiger Schauer. In

Mobile, Alabama, müssen sie in einer armseligen Scheune auftreten, da das einzige Theater der Stadt von dem Schauspieler Barrett in Beschlag genommen ist. Während Marguerite Gautier in *Camille* fröhlich mit ihren Freunden speist, fallen den Schauspielern die Kulissen auf den Kopf; die kleinen Negerjungen im Publikum brüllen vor Lachen, der Vorhang wird heruntergelassen. Mr. Jarrett muß den halb amüsierten, halb enttäuschten Leuten ihr Eintrittsgeld zurückerstatten, und *La patronne* hat wieder eine ihrer *crises de nerfs*.

Ihr Eindruck von Baltimore besteht aus »bitterkalten Hotels, einem eisigen Theater und sehr schönen Frauen«. Über Philadelphia äußert sie: »Diese schöne Stadt hat mir nicht gefallen«. Die Nachricht von Gustave Flauberts Tod stimmt sie traurig – »mon ami Gustave Flaubert, der Schriftsteller, der sich am meisten um die Schönheit unserer Sprache bemüht hat.« Boston, stellt sie fest, befindet sich fest in Frauenhand – und sie zitiert die Legende von der Frau, die als erstes menschliches Wesen ihren Fuß auf Bostoner Boden gesetzt hat. Die Damen von Boston sind »mit Intelligenz puritanisch und mit Anmut selbständig«. Wenn wir Sarahs Berichten glauben wollen, handelt es sich fast ausschließlich um alte Jungfern – die einen Ausgleich für das fehlende Eheglück in Gelehrsamkeit und Sport suchen.

Eine furchtbare Überschwemmung hätte es fast verhindert, daß die Truppe New Orleans erreicht. Das tobende Wasser macht die Überquerung der Bucht von St. Louis sehr gefährlich; aber Sarah besticht den Lokomotivführer mit 2 500 Dollar, das Unmögliche zu versuchen. Ein paar Sekunden nachdem der Zug die unterspülte Brücke passiert hat, bricht sie zusammen. Die Goldene Stimme erreicht New Orleans in bester Laune. Die Stadt, obwohl arm und schmutzig, gefällt ihr. »Die Franzosen sind schlechte Siedler«, stellt sie fest. »Auch St. Louis ist in einem beklagenswerten Zustand.« Doch es macht sie glücklich, wenn sie den Kutscher am Bahnhof mit charmantem, schwachen Marseiller Akzent, seinen französischen *argot* sprechen hört.

Hunderte Schwarzer ertrinken in den Fluten, während andere nicht dazu zu bewegen sind, die Überreste ihrer Hütten zu verlassen, die von dem erbarmungslosen Angriff des Wassers weggespült worden sind. »L'eau s'en aller«, murmeln sie. »Maison trouvée ... Moi refaire ... « Sarah ist tief ergriffen.

Ein armseliger Ort, dieses »Nouvelle Orléans«; aber von grenzenlosem Charme. Es regnet unaufhörlich; – »aber die Sonne leuchtet in den Augen der Einwohner«. Zudem findet sie dort eine Menge Aufregungen, wie sie sie zum Leben braucht. Mehrere farbige Kinder werden von Krokodilen getötet, und Sarah spielt mit der Idee, einige dieser monströsen Tiere als neue Attraktion für ihr makabres Boudoir in Paris mitzunehmen. Köstlich amüsiert sie sich auch über das ungewöhnliche Erlebnis ihres Friseurs, M. Ibé, der die Angewohnheit hat, den Abend im Theater zu verbringen, wo er im Perückenkoffer der Kompanie schläft. Eines Abends bewegen sich die Perücken plötzlich auf geheimnisvolle Weise, und mit Schrecken erkennt er, mit wem er sein haariges Lager geteilt hat: mit zwei riesigen Schlangen ... *La patronne* lacht herzhaft, als sie davon hört.

Atlanta, Nashville, Memphis, Louisville, Columbus, Cincinnati, Dayton, Indianapolis ... In St. Joseph trinken sie »das beste Bier der Welt«. Irgendwo in Illinois muß der Zug wegen heftigen Schneefalls anhalten, und sie amüsieren sich mit einer Schneeballschlacht ... Detroit, Cleveland, Pittsburgh, Buffalo: überall erklingt der bezaubernde und herausfordernde Gesang der Goldenen Stimme.

In St. Louis ist sie bereit, ihren Schmuck im Schaufenster eines geschäftstüchtigen Juweliers auszustellen, der diese Reklame für so bedeutsam hält, daß er der Diva eine wertvolle goldene Zigarettenspitze als »ergebenen Dank für ihre Großzügigkeit« überreicht. Dieses kleine geschäftliche Unternehmen sollte jedoch unvorhersehbare und höchst unangenehme Folgen nach sich ziehen. Denn die glitzernde Ausstellung hat eine Bande von jungen Männern auf die Idee gebracht, einen großangelegten Diebstahl zu planen. Irgendwo zwischen St. Louis und Cincinnati entdeckt Mr. Jarrett einen Burschen, der sich unter einem der Salonwagen versteckt hat. Der ängstliche Ire gesteht alles und enthüllt die ganze Verschwörung. Er hätte den letzten Wagon, in dem Sarah zu fahren pflegt, da sie von der Plattform aus die wechselnde Landschaft genießen kann, vom Zug abkoppeln sollen. Die Kumpel des kleinen Ganoven warten an einer nicht weit entfernten Stelle und wollten dann die ausländische Dame »kaltmachen«. Der Sonderzug fährt eilends zurück nach St. Louis, und ein ganzes Heer Detektive wird angeheuert. Ein Güterzug fährt vor dem Salonwagen her, als sie erneut nach Cincinnati aufbrechen. Die Ganoven werden gefaßt und festgenommen. Ihr Anführer, ein Junge namens Albert Wirtz, wird aufgehängt. Er ist fünfundzwanzig Jahre alt und belgischer Herkunft. Sarah gefällt es gar nicht, daß er hingerichtet werden soll, denn sie ist grundsätzlich gegen die Todesstrafe. Und doch hat sie vier Exekutionen beigewohnt, einer in London, einer in Spanien und zwei in Paris. Der letzte Kriminelle, dessen Todeskampf sie miterlebt hat, ist ein ihr bekannter junger Anarchist gewesen. Er starb tapfer mit dem Ruf »Vive l'anarchie!« Ein gutaussehender junger Mann, genau wie Albert Wirtz. Und dann erinnert sie sich an jenen starken Adonis, der ihr damals in Montreal das Leben gerettet hat. »Ich bringe nur Unglück«, grübelt sie. »Es scheint gefährlich zu sein, mein Leben zu retten oder mit mir über Anarchie zu diskutieren oder meine Juwelen zu stehlen ...« Und die Vorstellung, wie all diese hübschen Jungen am Galgen hängen oder angekettet an einen Richtblock, den schaurigen Hieb der Guillotine erwarten, jagt ihr einen lustvollen Schauer über den Rücken.

Rochester, Utica, Syracuse, Albany, Troy, Worcester, Newark, Providence ... In den kleineren Städten verbringen sie die Nächte in den Salonwagen, da sie komfortabler als die Hotels sind. Sie fahren nach Washington. Sarah findet es deprimierend, »von irritierender Trostlosigkeit«. Sie wird nicht vom Präsidenten empfangen. In Philadelphia, wo sie bereits zum zweiten Mal Halt machen, müssen sie sich der Konkurrenz des »mighty Barnum« aussetzen, der die Stadt mit hundert prächtigen Wagen, Elephanten, rot uniformierten Herolden, unzähligen Flaggen und Plakaten und lauten Wagner-Melodien überzieht.

Marie Colombier behauptet, die Abschiedsvorstellungen der Bernhardt-Truppe seien Fehlschläge gewesen. Um der Apathie der Öffentlichkeit zu begegnen, arrangiert Jarrett eine eigene Matinée für Künstler und Presse. Sarah spielt *La princesse Georges* und zählt über hundertdreißig Blumenbouquets in ihrer Garderobe, darunter einen sehr schönen Strauß von dem großen italienischen Schauspieler Salvini. In ihren *Mémoires* versichert sie uns, daß sie nach der letzten Vorstellung von *Camille* vierzehn Vorhänge gehabt habe. Man bittet sie, ein paar Worte zu sagen, und sie flüstert: »Ich kann nicht sprechen, aber ich kann Ihnen sagen: Danke! Danke! Von ganzem Herzen!« Marie Colombier merkt an, Sarahs Blumen bei ihrer *représentation d'adieu* hätten aus einem einzigen Strauß von ihrer eigenen

Truppe bestanden. Nur ein paar Leute kommen ans Schiff, um der Diva Lebewohl zu sagen. Im Vergleich zu dem Tumult bei ihrer Ankunft stellt das geradezu einen Antiklimax dar.

Einer allerdings hält ihr bis zum Schluß die Treue. Es ist Henry Smith, der Mann mit dem Wal. In ihrem Prunkzimmer wartet er auf Sarah und versucht sogar, ihr einige wertlose Juwelen zu überreichen. Doch die Goldene Stimme schreit ihn an: »Raus hier! Gauner! Scheusal! Sohn einer ...! Mögen Sie sterben – baldigst und unter großen Qualen!«

Das ist die letzte Äußerung der Goldenen Stimme in den Vereinigten Staaten.

Ihre ersten Worte bei der Rückkehr nach Frankreich gelten ihrem Sohn Maurice, den amerikanische Priester und Frauenvereine mit vier multipliziert haben. *Maurice – mon bonheur! Ma joie! Mon tout! Plus cher que tout!* Er begrüßt seine berühmte Mutter in Le Havre.

»Wie groß du geworden bist, kleiner Maurice!« sagt die berühmte Mutter. Und der Sohn errötet wie ein kleines Mädchen: »Ich kann nichts dafür, Maman.«

In Amerika haben die Leute sie mit *Vive la France* begrüßt; in Frankreich empfängt man sie mit *Vive Sarah Bernhardt*. Aber es sind auch andere Töne zu hören, gehässige Andeutungen, das gemeine Flüstern übler Nachrede und Häme. Sie kann es ertragen; sie kann reagieren, bösartiges Gerede parieren; denn sie ist sehr stark – stärker denn je. Ohne Zweifel hat die Amerika-Tournee eine sehr prägende Wirkung auf ihre Entwicklung gehabt. Der Erfolg in der Neuen Welt befriedigt ihre Eitelkeit als Schauspielerin und stärkt ihr durch das Fiasko an der Comédie angegriffenes Selbstbewußtsein. Und es kann kein reiner Zufall sein, daß der erste Band ihrer Autobiographie mit ihrer triumphierenden Rückkehr aus den Vereinigten Staaten endet. Mit stolzer Pedanterie präsentiert sie eine genaue Bilanz der gesamten Tournee: Sie hat sieben Monate gedauert, man hat in fünfzig Städten gespielt und einhundertsechsundfünfzig Vorstellungen gegeben – fünfundsechzigmal *La dame aux camélias*, einundvierzigmal *Frou-Frou*, etc.; – die gesamten Einnahmen der Tournee belaufen sich auf 2 667 600 Francs, was einen Durchschnitt von 17 000 Francs pro Vorstellung bedeutet. Diesen stolzen Zahlen fügt sie nur noch einige hochmütige und kluge Sätze hinzu, in der Art, daß sie jetzt frei, stark und unabhängig sei; sie habe sich von den Fesseln der Comédie Française, von Paris, von Frankreich, von ihren Freunden und ihrer Familie befreit; die Welt stehe ihr nun offen, erwarte ungeduldig, daß sie komme, gesehen werde und siege. Es hat eine Zeit gegeben, da sie gewünscht hat, jung zu sterben. Jetzt aber ruft sie arrogant aus: »Ich habe beschlossen zu leben. Ich habe beschlossen, die große *artiste* zu sein, die ich immer sein wollte.«

Diese unvollständige Biographie ist natürlich haarsträubend, voller phantastischer Lügen, schamloser Übertreibungen und Prahlerei. Ihre Eitelkeit nimmt manchmal den erschreckenden Charakter pathologischen Größenwahns an. Die meisten Feststellungen über sich selbst beruhen auf eindeutigen Mißverständnissen oder absichtlichen Verfälschungen, und selbst der Titel ist bereits ein Irrtum oder eine vorsetzliche Lüge. *Ma double vie* ... Wieso und in welcher Hinsicht hat sie ein »Doppelleben« geführt? Ihr Leben kennt nur eine Richtung, ein Ziel und einen Inhalt: die Darbietung und ihren Erfolg. Es gibt nichts anderes. Sie ist ebenso unaufrichtig, oder sie täuscht sich, wenn sie wiederholt feststellt: » Das Leben hat mich gelehrt, daß man wahre Bedeutung erst nach dem Tod erlangt.« Das mag für bestimmte schöpferische Geister gelten, gerät aber zur Absurdität im Fall einer Schauspielerin, die einzig durch und für den Augenblick lebt und deren posthumer Ruhm allein aus dem schwachen Widerschein des einst auf ihre Zeitgenossen ausgeübten Zaubers besteht.

Um so verblüffender ist es, unter so zahlreichen Irrtümern und Verzerrungen auf einen schon fast erschreckenden und zweifellos wahren Satz zu stoßen. Nach ihrem Entschluß, sehr lange zu leben und die große *artiste* zu werden, die sie immer sein wollte, bekennt sie, »der Gedanken an den teuflischen Ärger meiner Feinde bereitet mir große, boshafte Freude«.

Und viele hassen sie. Es entspricht ihrer Wesensart, daß jede Herausforderung nur ihre Widerstandskraft intensiviert, ihre Kraft stärkt und ihren Ehrgeiz verdoppelt. Kritiker, Kollegen, Agenten, vulgäre Antisemiten und manchmal sogar das Publikum beleidigen sie. Immer wenn ihre Beliebtheit verblaßt, kreiert sie eine neue Rolle, und mit einem größeren Triumph denn je zwingt sie das Publikum, erneut ihr zu Füßen zu liegen.

Für sie ist die Welt ein riesiges Theater, von einem klugen Baumeister und göttlichen Manager lediglich zu dem einem Zweck erschaffen: eine würdige Bühne für die große Sarah zu sein. Ebenso ist es offensichtlich, daß es die wesentliche Funktion und Aufgabe der Menschheit ist, der Goldenen Stimme zu lauschen. In Brasilien und Australien, in Spanien und Mexiko, in St. Petersburg, San Franzisko und Buenos Aires wollen sie die Leute sehen, sie loben, sich in sie verlieben und astronomische Preise für das wundervolle Schauspiel ihrer Gesten bezahlen. Sie schätzt die Vereinigten Staaten als gutes Land, denn sein Volk erfüllt mit endloser Geduld und immer neuer Begeisterung die einzige Pflicht seiner Existenz: zu Sarah, *La divine*, mit Bewunderung aufzublicken. Sie besucht, nach einer ausgedehnten Tournee durch Süd- und Zentralamerika, 1887 nochmals die Vereinigten Staaten und beginnt ihre zweijährige Welttournee am Garden Theater in New York. Ihr Besuch in New York im Jahre 1896 trifft mit dem ihrer einzigen wirklich gefährlichen Rivalin, Eleonora Duse, zusammen. Sarahs Bemerkung: »Sie mag eine große Schauspielerin sein, aber sie ist mit Sicherheit keine große *artiste*«, ist bei weitem das Absurdeste, was über diese gesagt werden kann. Die Goldene Stimme erweist sich jedoch als stärker gegenüber der überdiskreten, aristokratischen Kunst der Duse. Eleonora versagt, und Sarah bleibt Siegerin.

Sogar während der Tournee-Pausen wird die amerikanische Öffentlichkeit über ihre Skandale und Erfolge im Ausland auf dem laufenden gehalten. Sarah-Bernhardt-Fans in New York, Boston und Chikago kennen ihre neue Pariser Wohnung am Boulevard Pércier – ein richtiger kleiner Palast für das winzige Vermögen von 215 000 Francs. Je mehr Geld sie verdient, desto extravaganter wird sie. Sie ist ständig von peinlichen Schulden bedrängt, besonders als sie ihre eigenen Theater besitzt. Als nächstes folgen eine aufsehenerregende, romantische Liebesaffäre und Heirat. Diese stürmische Romanze verwirrt sogar ihre engsten Freunde. Doch sie erklärt nur: »Was ich beschlossen habe, muß ich auch tun.« Der Mann ihrer Wahl ist ein außerordentlich gutaussehender und ziemlich unbedeutender junger Grieche namens Aristide Damala, der »jugendliche Held« ihrer Truppe. Er ist eitel und faul, und sie ist verrückt nach ihm. Eine Heirat mit *La patronne* wäre ihm nie in den Sinn gekommen; sie muß um seine Liebe und seine Hand kämpfen; sie ist jetzt fast achtunddreißig und er siebenundzwanzig. Leute in Melbourne und Madrid, in Wien und Kansas City beneiden ihn: Glückspilz! Wie glücklich muß er doch sein! Er aber ist sehr unglücklich. Er verläßt sie, um in Afrika ein anstrengendes und abenteuerliches Leben zu führen. Als er schließlich nach Paris zurückkehrt, ist er hoffnungslos abhängig vom Rauschgift. Er stirbt 1889, und Sarah beweint ihn. »Er ist der einzige«, verkündet sie, »den ich je wirklich geliebt habe ...« Manchmal unterzeichnet sie ihre Briefe mit *Veuve Damala*. Zu dem Zeitpunkt lebt sie mit dem Dramatiker und Romancier Richepin zusammen.

Die ganze Welt amüsiert und entsetzt sich über den lautstarken Skandal um ein schmutziges Buch mit dem Titel *Mémoires de Sarah Bernhardt*. Die Autorin ist niemand anderes als Sarahs alte Freundin und Kollegin Marie Colombier, die der Bühne Lebewohl gesagt hat und eine professionelle Journalistin geworden ist. Die pornographische Melange, die sie als Sarahs *Mémoires* präsentiert, ist das Meisterwerk eines tückischen und doch geschickten Verrats. Sie stellt ihre vormalige Freundin als lasterhaftes, absolut abnormes und zutiefst perverses Wesen dar. Der allgemeine Aufruhr ist schon beunruhigend genug; aber Sarah macht alles noch schlimmer, als sie, mit Peitsche und Dolch bewaffnet, in Begleitung ihres Sohnes Maurice und ihres Liebhabers Richepin in Maries Wohnung stürzt. Die Goldene Stimme ist außer sich vor Wut und schreit, flucht und droht – während Richepin sich damit vergnügt, mit einem Messer die Vorhänge und Sofas aufzuschlitzen. *La patronne* unterstützt ihn und stellt die ganze Wohnung auf den Kopf, sie verschont nichts, weder kostbare Gläser, noch geliebte Erinnerungen. Marie Colombier gelingt es, zitternd vor Angst, zu fliehen. In nur einer halben Stunde ist die unglaubliche Geschichte in ganz Paris bekannt und in der gleichen Nacht kabelt der Korrespondent des *New York Herald* den tragikomischen Zwischenfall in sechstausend Wörtern über den Ozean.

Ihre Legende nimmt immer phantastischere Züge an: wie ein halbmythologischen Wesen reist sie durch Länder und Kontinente. Die auf Victor Hugo gemünzte Bemerkung – er sei ein Wahnsinniger, besessen von der Idee, Victor Hugo zu sein, – trifft wohl mehr auf sie selbst zu. Sarah Bernhardt wird von der fixen Idee gequält, Sarah Bernhardt zu sein.

Sie unternimmt noch zwei weitere Amerika-Tourneen in den Jahren 1900 und 1905. Und dann, 1912, erscheint sie nochmals, dieses Mal als Geist, als blasses Phantom auf der Leinwand mit aufgeregten, abrupten Gesten: die unumstrittene Königin des Theaters ist einer der ersten Filmstars geworden. Und zwar in Adolph Zukors Import des vier Filmspulen umfassenden französischen Streifens *Königin Elisabeth,* mit Sarah Bernhardt in der Hauptrolle. Es handelt sich um den ersten langen »Spielfilm«, der in großem Rahmen angepriesen und dargeboten wird. Der Erfolg übertrifft alle Erwartungen und hat weitreichende Konsequenzen. Mr. Zukor hat versucht, die *Motion Pictures Patents Company* für das Projekt zu interessieren, ist aber auf kühle Ablehnung gestoßen. So hat er selbst das kostspielige Experiment riskiert – was ihm 60 000 Dollar einbringt. Durch diesen Sensationserfolg ermutigt, beschließt er, *The Famous Players in Famous Plays Company* zu gründen. Der Film, bis dahin billige Unterhaltung auf Jahrmärkten und Rummelplätzen, erfährt durch Sarah Bernhardts Mitwirkung eine Aufwertung zur echten Kunst. Als man sie bittet, in dem Film mitzuspielen, sagt sie lächelnd: »Dies ist meine einzige Chance, Unsterblichkeit zu erlangen.«

Es ist ein seltsames, teils peinliches, teils rührendes Erlebnis, sie in einem Filmmuseum auf der Leinwand zu sehen. Ihre melodramatischen und zugleich abgehackten Bewegungen sind grotesk und unmöglich. Und doch, in einer besonderen Pose oder einem überraschenden Lächeln scheint plötzlich ihr Genie durch. Auf einmal verwandelt sich die blasse, pathetische Schattenfigur in Elisabeth, und sie ist die Königin. Dann kommt die erstaunliche, lächerliche und zugleich atemberaubende Todesszene! Ein königlicher Tod, in der Tat – sorgfältig vorbereitet, feierlich ausgeführt. Alle Damen und Herren des Hofes haben sich um ihre Herrin versammelt und erwarten ehrfürchtig den Augenblick ihrer Agonie. Aufrecht steht sie da und blickt stolz auf die extra für diesen großen Moment – den Tod der Königin Elisabeth – aufgehäuften Kissen. Endlich – ihr Hof zeigt bereits ein wenig Ungeduld – hebt sie beide Arme, öffnet den Mund in stummer Klage, stolpert und stürzt wie ein gefällter Baum. Sie ist tot, aber nur vorübergehend: Ein paar Sekunden später ist sie wieder auf den Beinen, lächelt und macht eine scheue Verbeugung.

Kein Wunder, daß dieses merkwürdige Kunstwerk die Amerikaner so rührt. Es ist aber auch kein Wunder, daß der hervorragende französische Filmkritiker und Regisseur Louis Delluc über Sarah Bernhardt schreibt: »Sieht man sie in *Mothers of France* oder in Tristan Bernards *Jeanne Doré,* wird man das Gefühl nicht los, daß diese große Genossin Racines in der unsicheren Schattenwelt der Leinwand nicht wirklich zu Hause ist.«

Man sagt, als sie sich in *Camille* gesehen habe, sei sie in Ohnmacht gefallen. Dennoch arbeitet sie weiterhin für den Film. Eine Zeitlang spielt sie mit dem kühnen Gedanken, die *Ilias* für den Film zu bearbeiten. Sie wagt eine Verfilmung von *Adrienne Lecouvreur* als Eigenproduktion und bringt, während des Weltkrieges, mit *Mothers of France* profranzösische Propaganda nach Amerika. Sarah Bernhardt, die ihrem Land so oft als Botschafterin gedient hat, schickt schließlich ihren ausdrucksstarken Schatten für Frankreich ins Feld. Claude Farrère weiß genau, wovon er spricht, wenn er behauptet: »Keiner hat mehr dafür getan, unseren nationalen Genius in anderen Ländern zu veranschaulichen und zu verteidigen, als sie.«

Sie hat ihre Karriere unter Napoleon III. begonnen und erlebt noch den Versailler Vertrag. Sie gehört, ähnlich wie auch Kaiserin Eugenie und Cosima Wagner, zu der Familie großer, majestätischer und eiserner Frauen des 19. Jahrhunderts, die sowohl die Triumphe der Rivalen, die Intrigen der Feinde, die Beleidigungen der Kritiker als auch die Schmeicheleien der Narren überleben. Mit siebzig verliert sie, als Folge einer langen und schmerzhaften Krankheit, ein Bein, spielt aber mit ihrem unzerstörbaren, ihr ganzes Leben bestimmenden Kampfgeist weiterhin den jungen Herzog von Reichsstadt und Hamlet, den Prinzen von Dänemark. Sie erlebt, wie Amerika sich dem geliebten Frankreich anschließt, sie heißt die *American boys* in den Straßen von Paris willkommen, und sie sieht, wie Woodrow Wilson von den ausgelaugten Völkern Europas als Messias gefeiert wird. Sie behält ihre Energie und ihren Ehrgeiz bis zuletzt, und als die Ärzte ihr verbieten, das Haus zu verlassen, empfängt sie die Kameraleute in ihrem Schlafzimmer. Als sie schließlich stirbt – denn sogar ihr trainierter und gestählter Körper besteht aus Fleisch und Blut – kann sie mit Recht sagen: *I have nothing to regret. I have done my best.*

Man kann sich ihr feierliches Dahinscheiden, das letzte Ritual ihres erstaunlichen Lebens gut vorstellen. Wie sie sich langsam zurückzieht und in einem ein wenig altmodischen, aber mit den französischen Farben und unzähligen Zeitungsausschnitten farbenfroh geschmückten Ballon himmelwärts steigt. Sie macht ihre letzte Verbeugung vor ihrem irdischen Publikum und erreicht dann, frisch und voller Energie, das himmlische Theater, wo sie nur verächtliche Blicke für die dort bereits versammelten Kollegen und Rivalen hat: *Denen werde ich die Schau stehlen!* Fanny Elssler! Sie nannten dich das Lächeln deines Jahrhunderts – eine wirklich platte Schmeichelei ... Aber ich bin *le dernier crie, the last scream of an epoch* ... Lola Montez – eine schwülstige Dilettantin, die über Heldinnen der Geschichte predigt – ich aber bin eine Heldin, und die Geschichte wird sich meinen Namen merken ... Und wer ist diese komische kleine Nachtigall, bitteschön? – Jenny Lind ... *Bon soir, chère Madame, enchantée de faire votre connaissance* ... Und doch tun Sie mir leid. Als Nachtigall muß es langweilig sein. Ich bin ein Adler und eine Tigerin, und meine goldene Stimme ist mächtiger, gefährlicher und aufregender als Ihre ganze gefeierte Kunst ... *Et voici Rachel ... tiens, tiens, tiens ma pauvre petite Rachel* – du siehst schrecklich traurig aus. Das war eine schlimme Zeit damals in Amerika, nicht wahr? Halbleere Häuser, kaum Applaus. Nun aber, als ich im Garden Theater spielte ... Und wie ungeschickt von dir, *ma chère amie,* so jung zu sterben. Wieso hast du dich in einem amerikanischen Eisenbahnzug erkälten müssen? Also, ich habe Monate in den Salonwagen zugebracht – und weiter gelebt, beinahe ewig ... Allerdings hatte ich natürlich Sonderzüge zur Verfügung ...

Sie vermißt ihren alten Freund Jarrett: Wahrscheinlich ist er im Fegefeuer – und das geschieht ihm recht. Was mußte er unbedingt in Buenos Aires sterben, als sie dort spielte? – Aber wer ist der Kleine dort mit dem großen Diamanten an der Krawatte? »Das darf nicht wahr sein!« Es ist tatsächlich Henry Smith, und wie ein Schoßhund an ihn geschmiegt, dieser schreckliche Fisch, Leviathan aus der Tiefe – das schreckliche Monster, der Wal. Sarah sucht bereits nach einem Wurfgeschoß gegen das Ungeheuer, als auf einmal eine sonore Stimme nüchtern und beruhigend zu ihr spricht. Es ist der heilige Petrus: »Je suis à vos pieds, Madame!« Mit seinem gepflegten Bart und dem wohlwollenden Lächeln hat er eine deutliche Ähnlichkeit mit dem alten Victor Hugo.

Und Signora Duse? Tragische Eleonora? Ist sie da unten immer noch beschäftigt? Noch immer die Menschen verhexend, bezaubernd und zum Narren haltend mit ihrer falschen Unschuld, ihrer aristokratischen Zurückhaltung und den zarten Gesten ihrer gefeierten Hände? »Ich kenne deine Tricks, Eleonora«, denkt Sarah – ohne Häme, eher mit der unterkühlten Achtung der Expertin. »Oh, wie vertraut mir all deine Posen sind! Ich kann sogar behaupten, ich habe sie beeinflußt. Denn weil ich bunt und strahlend war, mußtest du das Gegenteil betonen: Du warst blaß und zurückhaltend –

stets geheimnisvoll, leidend, in dunkle Tücher gehüllt und in deine interessante Melancholie versunken. Es hat – bis zu einem gewissen Grad – funktioniert ... Du hast auf deine eigene, kleine Art ganz gute Vorstellungen gegeben. Manche Leute haben geglaubt, du seist fast so gut wie ich; ich vermute, unter deinen hysterischen, weiblichen Bewunderern wird es einige Närrinnen geben, die behaupten, du seist sogar besser als Sarah Bernhardt ... Ein Witz! Nun denn, dieses wirklich kompetente Publikum hier wird entscheiden, wer die Bessere ist – Sarah oder Eleonora. Denn ich glaube, wir dürfen dich bald hier erwarten: Ich kann dich da unten husten hören. Ich weiß, es ist kühl in den Vereinigten Staaten. Welch eisiger Wind in St. Louis! Und in Pittsburgh ist er möglicherweise noch schlimmer ... Du tust mir leid. Du siehst schrecklich aus, *ma pauvre*. Ich fürchte, *chère amie*, das wird deine letzte Tournee sein: Ausgerechnet in Pittsburgh muß sie enden! Ich habe dort außerordentlichen Erfolg gehabt ... Nun ja, mach dir nichts daraus. Warum schüttelst du so verzweifelt den Kopf? Warum schreist du so? Ja, ich weiß, es ist bitter ... Unsere letzte Szene, Eleonora, müssen wir alleine, ohne Publikum spielen. Die Kulisse ist ziemlich deprimierend – das leere Hotelzimmer und draußen die staubige Stadt, die Stadt aus Stahl. Sei tapfer, Eleonora! Ich weiß, wie du dich fühlst. Ich weiß alles über dich und deine einsamen Qualen. Denn ich bin deine Rivalin, deine Schwester.

Bis bald, Eleonora. *A bientôt.*«

Und nun zum Obersten Manager. Er hat sich auf einem blendenden Lichterthron plaziert. »Sehr effektvoll«, überlegt Sarah, »das muß ich mir merken – ausgesprochen genial inszeniert.« Doch dann bemerkt sie, trotz all der verwirrenden Phosphoreszenz, das huldvolle und vornehme Zeichen des Herrn: Er möchte, daß sie beginnt ... Seine Geste erinnert sie an den stolzen Gouverneur von Montreal, wie dieser das Orchester anweist, die britische Hymne zu spielen. Aber jetzt ist nicht die Zeit für Erinnerungen: Es ist Zeit zu beginnen.

Und sie beginnt ...

Sie erhebt sich und breitet die Arme aus. Dann probiert sie, sehr vorsichtig, ihre goldene Stimme aus: Ja, es ist noch dieselbe, die immer neue – die erfahrene Zauberflöte, das unwiderstehliche Instrument. Sie kann noch immer ein Glockenspiel sein, ein wütendes Gewitter, ein Freudenjubel, ein zartes Flüstern, ein rauhes Wehklagen und ein gewaltiges, unendliches Liebeslied.

Sie ist immer noch Sarah Bernhardt – die göttliche Sarah; die bezaubernde, unglaubliche und unvergeßliche Sarah. Sie ist mit dem ganzen gräßlichen, geschmacklosen Luxus ihrer Zeit geschmückt – wie ein Götzenbild ausstaffiert, prachtvoll wie ein Pfau, bewaffnet wie ein Krieger, überladen mit Federn, Juwelen, Tüchern, Brokat, Armbändern und Blumen; herausgeputzt wie ein Zirkuspferd; eine ungeheuerliche Person, *un monstre sacré*. Und doch hat sie die zeitlose Schönheit ägyptischer Statuen. Sie ist die Göttin des Theaters, die – den ehrwürdigen Schauspielern der griechischen Tragödie gleich – ernst, majestätisch und beinahe furchterregend über die Bühne schreitet.

Da ist sie, die einzigartige Sarah – und windet und reckt ihren geübten Körper in den großen Posen der Leidenschaft, der Verzweiflung, der Lust, der Wut, der Angst und der Raserei; der Mund ist weit geöffnet und gleicht einem klaffenden Loch wie bei gewissen antiken Masken; die brennenden Augen sind vor Ekstase verengt: Oh, die herrlichen, durchdringenden Augen Sarah Bernhardts! Das geschminkte, künstlich wirkende Gesicht trägt mit Stolz die Narben der Schönheitsoperationen wie ein Soldat die Narben seiner Kriegswunden; ihr unmenschliches, glänzendes Antlitz, wie von Todesschmerzen ergriffen, in unbeschreiblichem Triumph erhoben.

Unvergleichliche Sarah! Die in die erstaunlichsten Gesten ausbricht wie in Schreie; brutal und raffiniert, besessen von einer Art kreativer Hysterie und mit unglaublicher Vitalität begnadet; königlich und abstoßend – manchmal ganz steif vor lauter Würde und dann wieder schockierend mit ihren kleinen, obszönen Lachern. Fröhlich schwingt sie ihr Holzbein; sie tanzt, berauscht von Eitelkeit und Stolz; sie, ein triumphierendes Wrack, führt noch einmal all ihre raffinierten Tricks und erprobten Kunststücke vor; verrückt vor Koketterie stolziert sie auf und ab vor ihren erblassenden Kollegen, dem wohlmeinenden Petrus und dem allerhöchsten Manager, der sein unerforschliches Lächeln hinter einer glitzernden Wolke verbirgt.

Die Engel, ein unersättliches Publikum, bewegen ihre Flügel und erzeugen damit kleine, silbrige Laute. Das bedeutet Applaus – der einzige Befehl, den Sarah Bernhardt in der Lage ist, zu verstehen und zu befolgen. Von den Cherubinen bejubelt, unvergessen bei den Sterblichen, setzt sie ihre großartige Show in Ewigkeit fort.

KAPITEL VI

SYMPHONIE DER NEUEN WELT

*PETER TSCHAIKOWSKI,
ANTONÍN DVOŘÁK*

Reich an Eigenschaften und Ereignissen; gesegnet mit Erkenntnissen und mit Leistungen riesigen Formats; beladen mit Problematik, unerlöster Sehnsucht; düster und glanzvoll, erdenschwer bei aller kühnen Gespanntheit des Geistes; brutal bei aller sittlichen Empfindlichkeit; rührend, ungenügend bei allem technischen Können; fragmentarisch, genial vorwegnehmend, in die Zukunft weisend; reich an Widersprüchen, Niederlagen und Triumphen, reich an geistig-moralischen Aufschwüngen und abstoßend durch Habgier, Materialismus, pseudo-moralische, heuchlerische Dumpfheit; heroisch in der Selbstkritik; das Gesicht des Planeten und das Lebensgefühl der Menschheit phantastisch verändernd: so geht das große Neunzehnte Jahrhundert in die Geschichte ein.

Es hatte ungeheuren Ruhm zu vergeben. Verschwenderisch verteilt es seinen enormen Glanz auf eine Schar seiner Söhne: die Menschheitschronik übernimmt ihre Namen, in denen der Triumph der Epoche sich vereinigt und sammelt. Durch ein Regiment von großen Individuen, durch eine Summe der genialen Einzelnen feiert und erfüllt das Jahrhundert, in glanzvoller Selbstdarstellung, seine größten Eigenschaften, seinen äußersten Anspruch. Die großen Männer der Tat, des Gedankens und der künstlerischen Leistung repräsentieren die Problematik, die Fragwürdigkeit der Epoche, samt ihrer Herrlichkeit. Diese Träger einer unvergänglichen Glorie, die späten Klassiker Europas, stehen vor uns als problematische Riesen. Jeder von ihnen hat seinen Makel, seine wunde Stelle, bei all seiner Größe und Macht – so daß der Blick, mit dem wir auf diese fragwürdigen Gewaltigen schauen, nicht nur Ehrfurcht enthält, sondern auch Mitleid: dadurch wird er erst zum ganz ergriffenen Blick.

PETER TSCHAIKOWSKI

Unseren ehrfurchtsvollen, mitleidsvollen Blick haben wir auf einem von diesen ruhen lassen. Er ist nicht einer der Größten aus dem großen Geschlecht – bei weitem nicht. Aber wir spüren und wissen doch, daß er ganz in die Gesellschaft der Erlauchten gehört. Wir fanden ihn gesegnet mit ihrer Schöpferkraft und beladen mit ihrer Melancholie.

Unser Blick voll Ehrfurcht und Mitleid kann sich nicht satt sehen an seiner Schwermut und an dem edlen Trotz, mit dem er sie überwindet und zur Gestalt erlöst. Wie lieben wir das Schauspiel seines rührenden Kampfes! Denn dieser schwierige Sohn des ausgehenden Jahrhunderts und seiner späten Kultur hat immer zu kämpfen: gegen den lähmenden Schmerz seiner Einsamkeit, zu der ihn sein persönlichstes, naturgegebenes Schicksal verdammt; gegen das quälende Mißtrauen, mit dem er das eigene Talent und die eigene Leistung, die sich aus vielen, einander widersprechenden Elementen zusammensetzt, anschaut, beurteilt und oft verwirft. Er kämpft, er zwingt sich zum Widerstand, will nicht nachgeben – also ist er ein Held. Er empfindet sich verpflichtet einem höheren Auftrag – also ist er demütig und fromm. Täglich kommt die Versuchung: nachzugeben, aufzuhören, das Handwerkszeug wegzuwerfen. Aber immer wieder nimmt der tief und bitter Angefochtene sich ungeheuer zusammen und rafft sich auf. Er setzt seinen Weg fort, wie einer, der eine geheimnisvolle und genau bestimmte Botschaft auszurichten hat und nicht müde werden darf, so lange von dieser Botschaft auch nur ein Wort oder ein Ton noch unausgesprochen, stumm in seiner Brust geblieben ist. Er geht und geht. Die Botschaft ist die Verpflichtung, die treibt. Um den Wandernden wechseln die Landschaften und die Gesichter. Er aber bleibt alleine mit seiner Botschaft. Eine Station nach der anderen läßt er hinter sich. Auf welcher Station finden wir ihn nun?

Wir sehen einen untersetzten älteren Herrn mit hoher Stirn, traurigen, sanften Augen und einem zu weichen Mund, der hinter dem weißgrauen Bart beinahe verschwindet. Wir erkennen ihn – es ist Peter Iljitsch. Er wirkt zu diesem Zeitpunkt, im Jahre 1891, bereits wie sechzig, obwohl er erst fünfzig ist. Er ist alleine – alleine in Paris, alleine in diesem öffentlichen Lesesaal voller Leute. Geduldig wartet er auf die einzige verfügbare russische Zeitung, die sich gerade im Besitz einer dicken, asthmatischen Dame befindet. Endlich erhebt sich schnaufend die asthmatische Dame. Peter Iljitsch langt sich mit einem geschickten Griff das Moskauer Journal, auf das schon ein unrasierter Student lauert. Die Zeitung ist mehrere Tage alt. »Ich werde nichts Neues erfahren, nichts Amüsantes«, denkt Peter Iljitsch verdrossen. Da fällt sein Blick auf eine große, schwarz umrandete Todesanzeige. Gestorben war in Kamenka bei Kiew: Frau Alexandra Iljinischna Davidow.

Sascha ist also tot – seine geliebte Schwester hat ihn verlassen. Wladimirs Mutter ist tot – die Mutter jenes jungen Wesens, das er mit tiefster und schmerzlichster Zärtlichkeit mehr als alles auf der Welt liebt. Seine Schwester, mit der er Tausende gemeinsamer Erinnerungen teilt, ist dahingegangen. Sie hat alle Erinnerungen mit sich genommen. Sie ist bei der Mutter, bei der Mutter, der gehorsame Kinder folgen sollen und stets auch folgen … Seine liebe Mutter und seine geliebte Schwester sind beide freiwillig aus dem Leben geschieden. Es besteht kein Zweifel – seine schöne *maman*, Alexandra Andreiewna Tschaikowski, hat sterben wollen. Sie hat den Tod herausgefordert, ihn provoziert. Sie hat ihn praktisch mit eigener Hand herbeigewunken, als sie das Glas Wasser an die Lippen gesetzt hat, von dem sie wußte, daß es verfault war. Das hat sie in ihrem Kummer getan. Ihr überaus waghalsiger Mann hat seinen gesamten Besitz verloren; in den Einfluß schlechter Gesellschaft geraten, hat er sich immer tiefer in riskante und leichtsinnige Geschäfte verstrickt. Und dann die Armut! Die unglückliche Frau konnte nicht mehr. Was verursacht Cholera? Ein paar Schlucke Wasser können ausreichen …

Sie hat sich nicht eindeutig für Selbstmord entschieden, denn sie ist religiös. Es gibt allerdings kein Gebot, das verbieten würde, ein Glas Wasser zu trinken. Es ist Gottes Sache, ob das Wasser vergiftet ist oder nicht. Man selbst hat nichts Schlimmes hineingetan. Die tragische Entscheidung liegt völlig in Gottes Händen. Und er hat entschieden. Die Mutter ist freiwillig gestorben. Die Kinder beten: »Lieber Gott, laß uns unserer Mutter folgen! Wir möchten ihr in allen Dingen folgen.«

Als Peter Iljitsch das letzte Mal seine liebe Schwester in Kamenka besucht, wird ihm klar, daß auch sie den Wunsch hat zu sterben. Die Ärzte werden sich nicht einig, können Name und Art ihrer Krankheit nicht festlegen. Sie aber welkt, für jedermann sichtbar, einfach dahin. Damals, nach der letzten, düsteren Unterhaltung mit Sascha, nimmt ihr Peter Iljitsch den jungen Wladimir, Bob, wie sie ihn nennen, diesen reizenden, gesprächigen und klugen Jungen, Saschas Lieblingssohn, weg. Mit einer müden, resignativen Handbewegung stimmt sie dem Plan ihres Bruders zu. Wladimir-Bob soll mit seinem berühmten Onkel in dessen Landhaus in Frolowskoe, in St. Petersburg und in Moskau leben. Der berühmte Onkel brennt darauf, den klugen Neffen mit allen Schönheiten der großen Welt bekannt zu machen – und der junge Wladimir liebt Schönheit und ist äußerst wißbegierig ...

Peter Iljitsch sitzt unbeweglich im überfüllten Pariser Lesekabinett. »Ich muß die Amerika-Tournee absagen ... Ich sollte nach Kamenka reisen, um Bob zu trösten. Bob wird weinen. Ich habe Bobs Gesicht noch nie naß von Tränen gesehen. Wenn ich jetzt nach Kamenka reiste, würde ich es gebadet in Tränen finden. Merkwürdig, daß ich nicht weinen kann.«

Peter Iljitsch steht langsam auf. Kopfschüttelnd geht er durch das Lesekabinett auf den Ausgang zu. Er bewegt die Lippen wie ein alter Mann, der etwas vor sich hinlallt. Die Leute schauen hinter ihm her und lächeln.

Abtelegraphieren, verzichten auf die amerikanische Tournee: die Versuchung ist heftig, aber Peter Iljitsch darf ihr nicht nachgeben. Er braucht die Dollars, zu fest schon hatte er mit dieser Einnahme gerechnet. Wie soll er Modest und Wladimir weiterhin unterstützen, wenn er sich so große finanzielle Chancen leichtsinnig entgehen läßt? Sein Vertrag mit dem amerikanischen Impresario garantiert ihm 2500 Dollar für vier Konzerte, möglicherweise plus zwei Zusatzkonzerte – das ist nicht zu verachten: vor allem deshalb nicht, weil er je vor einigen Monaten diesen unglückseligen Brief von Madame von Meck erhalten hat.

Ach, er will nicht an Nataschas unerklärliches, erbarmungsloses Benehmen denken – er will sich nicht an die kühlen, beinahe feindseligen Worte erinnern. Und doch kann er nicht anders, als sich zum tausendsten Mal zu fragen: »Warum hat sie das getan?« Warum stellt seine große Wohltäterin plötzlich die Unterstützung ein, die sie ihm so viele Jahre großzügig gewährt hat? Recht formlos hat Madame von Meck den Freund von ihrem kompletten Ruin und ihrer völligen Armut unterrichtet, weshalb sie sich nicht mehr in der Lage sehe, ihm weiterhin die lebenslänglich versprochenen 6000 Rubel jährlich zukommen zu lassen. Das ist ein Schlag! ... Und die angegebenen Gründe für ihre bestürzende Entscheidung sind offensichtlich unwahr. Denn ungeachtet einiger kleinerer finanzieller Verluste, die sie erlitten haben mag, ist sie noch immer reich. Es muß andere Gründe geben – schmutzige, peinliche Gründe. Niederträchtiges Volk hat wahrscheinlich die reiche Witwe gegen den Komponisten, dessen Werke sie so bewundert hat, aufgehetzt. Lästermäuler haben sie mit ihrem schmutzigen Gerede aufgebracht und verunsichert: Peter Iljitsch wird rot und zittert, wenn er nur daran denkt ...

»Oh, Natascha Filaretowna, wieso schenkst du solch häßlichen Gerüchten Glauben? Und wenn du ihnen schon glauben mußtest – warum hast du nicht versucht zu verstehen? Ich habe dich meine gute Fee und treueste Freundin genannt. Ich habe dir meine Vierte Symphonie gewidmet – ein nicht ganz mißglücktes Werk – ›Für meine beste Freundin‹. Ich habe dich als meine Seelenfreundin betrachtet; als den einzigen Menschen, auf den ich mich stützen kann. Ich habe all deinen Launen und seltsamen Wünschen nachgegeben – selbst dem ausgefallensten, nämlich, daß wir uns nie von Angesicht zu Angesicht sehen sollten. Unser unbeschwertes Verhältnis ist auf dem Austausch anregender und vertraulicher Gedanken aufgebaut gewesen, der genährt wurde von unserer Korrespondenz. Du kennst und verstehst meine Musik. Ach, ich habe immer gehofft, du würdest auch mein Leben kennenlernen und verstehen ... Ich habe dich wie meine richtige Frau geliebt – eine zurückhaltende, umsichtige Ehefrau, ganz wie ich sie brauchte. Meine tatsächliche Heirat – du weißt es Natascha! – ist ein höchst peinlicher Mißerfolg gewesen. Deine kluge und verständnisvolle Kameradschaft hat mir all das gegeben, was mir die leidenschaftliche Zuneigung der armen, eigensinnigen Antonia niemals geben konnte. Ich bin dir so dankbar gewesen, meine teuerste Freundin – und jetzt diese grausame Enttäuschung!

Ich bin nunmehr gezwungen, alleine und mit wehem Herzen, eine Reise über den Atlantik anzutreten, denn, sollte ich die Reise absagen, würden nicht nur meine Lieben verhungern, sondern auch meine eigene Lage wäre äußerst drastisch.«

Übrigens ist es – wie er sich ehrlicherweise zugeben muß – nicht diese vernünftige Überlegung allein, die ihn dazu bewegte, sein Reiseprogramm genau einzuhalten: nach Le Havre zu fahren, sich am 8. April auf dem französischen Dampfer *La Bretagne* nach New York einzuschiffen. Er ertappt sich bei dem Gedanken: »Vielleicht werde ich freier atmen auf der anderen Seite dieses großen Wassers. Vielleicht finde ich mich wieder als ein ganz anderer Mensch in dem Lande, von dem man sagt, seine Möglichkeiten seien unbegrenzt. Dieses Land muß großartig sein. Es soll strotzen von Jugend und Kraft: das könnte auch mich erfrischen. Ich bin neugierig, welchen Empfang man mir bereiten wird, dort drüben. Wird man gleich bemerken, daß es ein Mißverständnis war, mich einzuladen? Sicher hat man es inzwischen herausbekommen, was ich bin: nämlich weder ein großer Komponist, noch auch nur ein echter Russe, vielmehr eine durchaus zweitklassige Kreatur, zusammengesetzt aus den verschiedensten trüben Elementen.

Wer weiß, ob César Cuis kluges Buch, *La musique en Russie,* in Amerika bereits bekannt ist. Die französischen Musikkritiker haben es offensichtlich nicht nur gelesen, sondern auch auswendig gelernt. Deshalb sind sie so selbstsicher in ihrer Behauptung: *M. Tchaikovsky n'est pas un compositeur aussi russe qu'on voudrait le croire* ... Sie behaupten zudem, das deutsche Element beherrsche mein Werk, sogar bis zum Ausschluß des genuin slawischen Elements ... Es ist eigentlich recht amüsant: in Leipzig gelte ich als französisch, in Hamburg als asiatisch, in Paris als deutsch und in Rußland – in Rußland betrachtet man mich als Mischmasch aus all dem und in jedem Fall als wenig originell.

Oh, diese stolzen und grausamen Mitglieder der neu-russischen Schule, diese Nationalisten und Barbaren, diese fünf begabten ›Neuerer‹, die wie Pech und Schwefel zusammenhalten. Borodin, Cui, Balakirew, Rimski-Korsakow und Mussorgski – die große Bruderschaft: was haben sie alle mir angetan! Ich muß ihnen danken, für den Ausruf danken, ich sei ›flach‹, ohne Stärke, ein ›westlicher Traditionalist‹ wie die Brüder Rubinstein. Die Studenten in Prag, die mich als den legitimen Boten und Sänger des großen Rußland feiern, denken nicht so. Aber M. Cui denkt so. Mussorgski, er ist ... das wahre Genie: einzig und allein er ... Ohne die freundschaftliche Hilfe von Rimski-Korsakow wäre er niemals bekannt geworden, so dürftig, wie seine Musik geschrieben ist. Kein Mensch kann sie spielen. Aber *Boris Godunow* ist die Oper des russischen Volkes ...

Ich wüßte wirklich gerne, ob die Amerikaner mit diesen grundlegenden Dingen bereits vertraut sind. Doch selbst angenommen, sie haben noch nicht erfahren, daß ich nur ein Stümper bin, so werden sie es selbst, auch ohne César Cuis Hilfe herausfinden. Sie müssen einfach erkennen, daß meine Musik vulgär, sentimental und überladen ist ... Außerdem bin ich kein Dirigent. Selbst wenn ihnen meine Musik gefallen sollte – was unwahrscheinlich ist – werden sie sich über mein schlechtes Dirigieren lustig machen. Wieso bin ich so wahnsinnig, es immer wieder zu versuchen? Ich verderbe unweigerlich meine eigenen Kompositionen, wenn ich sie selbst dirigiere. Auch bin ich zu schüchtern, zu unbeholfen, ich habe nicht das, was man Bühnenpräsenz nennt. Oh, was für ein verrückter, schrecklicher Einfall – diese Tournee durch Amerika! Es wäre viel besser, zu Hause in Frolowskoe zu sein und zu arbeiten ... Ja, ich sollte arbeiten ... Ich habe so viel im Kopf, das ich niederschreiben möchte ... schönere und ehrlichere Melodien als je zuvor ... Nein, die Melodie habe ich noch nicht gefunden – sie ist noch undeutlich, dunkel und konfus. Aber ich weiß und fühle, es gibt da etwas ... einen wichtigen Teil der Botschaft: die Sechste Symphonie ...

Aber vielleicht ist die Zeit noch nicht reif. Es könnte ein Fehler, sogar eine Sünde sein, dieses allergrößte und endgültige Werk schon jetzt zu beginnen. Ich muß sehr geduldig sein. Diese problematische, wagemutige Reise nach Amerika hat vielleicht auch ihre Vorteile. Sie kann mich Geduld lehren ... «

Er ist nun fast beruhigt. Mit langsamen, schweren Schritten geht er den Boulevard entlang – ein älterer, nachdenklicher Herr, der in seinem mächtigen Pelzmantel und seiner großen runden Kappe wie eine Kreuzung zwischen einem russischen Prinzen und einem russischen Bauern aussieht. Er zündet sich eine Zigarette an – eine seiner aromatischen, russischen Zigaretten mit dem langen Mundstück. Nur selten hat er über eine so lange Zeit nicht geraucht. Der vertraute und anregende Geschmack des feinen Tabaks und der Gedanke an die Sechste Symphonie ermutigen und beruhigen ihn.

»Schließlich bin ich nicht der erste europäische Komponist, der die riskante Reise über den Atlantik antritt. Ich erinnere mich, wie Johann Strauß mir einmal amüsante Geschichten von seiner Reise ins Yankee-Land erzählt hat. Für den Weltfrieden haben sie ein Musikfestival veranstaltet, und Strauß hat ihre Einladung angenommen: das muß vor beinahe zwanzig Jahren gewesen sein. Drollig, noch heute höre ich seine angenehme Stimme, wie er mir von dem Rummel erzählt, den sie drüben um seine Person gemacht haben ... An den Straßenecken zeigen riesige Plakate Johann Strauß, wie er auf dem Globus steht und seinen Dirigentenstab schwingt, der aussieht wie ein kaiserliches Zepter. Ihm hat das überhaupt nicht gefallen. Ich glaube, die Impresarios haben ihm Unmengen Geld geboten, aber er ist so schnell wie möglich nach Europa zurückgekehrt ... Nun ja, er konnte es sich leisten, wunderlich und zart besaitet zu sein. Ich an seiner Stelle würde akzeptieren, glaube ich – wenn die Angebote lukrativ genug wären ... «

Er lacht ein wenig – ein seltsames, ziemlich finsteres Lachen, und geht mit schweren Schritten weiter über das Pflaster von Paris.

»Ich nehme es als gutes Zeichen, daß der Walzerkönig Johann Strauß in diesem fernen Land, in dem auch ich mein Glück versuchen will, solch eine erstaunliche Popularität erlangt hat. Denn er hat meine Musik das erste Mal der Öffentlichkeit präsentiert. Der *Tanz der Mägde* ... ich habe ihn später in einer Oper wiederverwendet ... Freunde von mir haben ihm das Stück während einer Rußland-Tournee geschickt, und er hat freundlicherweise diesen unreifen Kram dirigiert – er hat ihn in Kiew selbst dirigiert ... Das war 1865, vor fünfundzwanzig Jahren ... Es war großartig von ihm; er, der Walzerkönig, auf der ganzen Welt gefeiert, und ich, nur ein kleiner, unbekannter junger Kerl ... Ich habe seine Musik immer bewundert, habe den Walzerrhythmus immer geliebt. Kritiker pflegen mich anzugreifen, weil ich den Walzer in die ernste Symphoniemusik eingebracht habe. Walzer in meiner Fünften Symphonie, sowohl im ersten als auch im dritten Satz! Es hat einen großen Aufruhr gegeben. Ich glaube allerdings, das amerikanische Publikum wird da weniger streng und pedantisch sein ...

Ich denke, die Fünfte wird ihnen nicht mißfallen. Aber vielleicht sollte ich auch die *Nußknacker Suite*, und *Romeo und Julia,* und vielleicht auch *Francesca da Rimini* dirigieren. Ich hoffe nur, sie verlangen nicht von mir, die *Ouverture solennelle 1812* zu spielen: das ist mein belangsloseses Werk, wenn auch alle Veranstalter darauf schwören. Bei der Einweihungsfeier in der Moskauer Erlöserkirche hat es sehr gut gepaßt – mit dem Triumph der russischen Nationalhymne über die *Marseillaise*, den donnernden Kanonenschüssen und dem dröhnenden Glockengeläute. Aber in einem Konzertsaal kann man keine Kanonenschüsse abfeuern oder Glocken läuten lassen – und, kurz gesagt, ich habe das Stück satt.« – Plötzlich fühlt er einen scharfen Schmerz darüber, keinerlei Bezug zu der Gedankenwelt der *Ouvertüre 1812* mehr zu haben.

»Sascha ist tot – und ich muß nach Amerika.«

Jene Erfrischung, die Peter Iljitsch sich vom Aufenthalt in Amerika erhofft hat, gewährt ihm die Schiffsreise nicht. Die *Bretagne* ist ein großer und schöner Dampfer, komfortabel wie ein feines Hotel. Peter Iljitsch aber findet den Aufenthalt in seiner Kabine, im Rauchsalon, im Speisesaal, auf den Decks durchaus unleidlich. Das Meer langweilt und beängstigt ihn zugleich. Mit Entsetzen sieht er die Küste zurückweichen, zum schmalen, grauen Streifen zusammenschrumpfen und verblassen, schließlich völlig verschwinden. Er findet, die öde Unendlichkeit der Wasserfläche, die Monotonie des Rundhorizonts habe nichts von dem starken Reiz, der ihm den Blick aufs Meer von den Ufern aus, den Blick auf die Brandung beglückend machte.

Während der ersten Tage ist das Meer still; nun aber gibt es höheren Wellengang, das Schiff schwankt. Peter Iljitsch kann es nicht aushalten im schwankenden Speisesaal: er findet es unpassend und absurd, ein Menue von acht Gängen zu verzehren, während draußen, in der bewegten, vom Sturm durchheulten Finsternis, die Wellen sich anschicken, ihrerseits Koch, Küchenjungen, Stewards, alle Schüsseln und die Leute, die aus ihnen speisen, als einen leichten Nachtimbiß zu verschlingen. Übrigens erscheinen ihm die Herrschaften, mit denen er am Tische sitzt, heute abend ganz besonders unerträglich. Es sind: ein kanadischer Bischof, der aus Rom kommt, wo er sich den Segen des Papstes geholt hatte; sein Sekretär und ein deutsch-amerikanisches Ehepaar aus Chikago mit zwei halbwüchsigen Töchtern. Die Unterhaltung dreht sich um einen unglücklichen Mitreisenden, der am Tage vorher, vom Deck der zweiten Klasse, ins Meer gesprungen und ertrunken war. Die Aufregung an Bord war enorm, die Sirenen heulten, das Schiff wurde gestoppt, das Rettungsboot heruntergelassen – der Selbstmörder blieb verschwunden. In seiner Kabine fand man einen Zettel, bedeckt mit beinah unleserlichen Zeichen, aus denen man schließlich die deutschen Worte erriet: »Ich bin unschuldig ... der Bursche weint ...« Das ergab keinen Sinn. Wahrscheinlich war der Unglückliche ein Geisteskranker.

»Gott sei seiner armen Seele gnädig«, spricht der geistliche Herr. »Dieser Unglückliche hat die schwerste, die eigentlich unverzeihliche Sünde auf sich geladen. Von allen Todsünden ist die des Selbstmordes Gott das bitterste Ärgernis.«

Die Dame aus Chikago gibt zu bedenken, ob man die Geistesgestörtheit nicht als einen Milderungsgrund könne gelten lassen; während eines der halbwüchsigen Mädchen mit einer hohen und scharfen Stimme sagt: »Wenn der Mann wirklich verrückt gewesen wäre, hätte man es ihm doch vorher schon angemerkt. Verrückte haben doch so einen ulkigen Gesichtsausdruck.«

Über dem Gedanken an diesen unglücklichen Menschenbruder aus der zweiten Klasse, für dessen Seele Gott – nach der Ansicht des kanadischen Bischofs – vielleicht keine Gnade finden würde, vergißt Peter Iljitsch sogar seine Angst vor Seenot und Schiffsuntergang. Er läuft hin und her auf dem dunklen Promenadendeck, das um diese Zeit menschenleer ist.

Welches Lied singen da für ihn der Wind und die Wellen? »Ich kenne es«, denkt er, als er im Dunkel umhergeht. »Es ist das Lied von den verlorenen Gesichtern. Es ist das Lied von den Gesichtern, die untergetaucht sind oder weggeglitten, entglitten, entschwunden, so daß ich sie nicht mehr halten noch fassen kann. Wieviele haben sich von mir fort, dem Schatten zugewendet, oder einem ganz fremden Leben zu, an dem ich keinen Anteil nehmen darf.

Ich bewege mich wie zwischen lauter Schatten. Es gibt nur Tote um mich herum. Wie alt bin ich denn? Uralt muß ich sein, der Älteste aller Menschen. Wer von den Lebendigen hat es noch ausgehalten in meiner Nähe? Wladimir, mein geliebtes Kind. Aber ist es nicht so, daß sogar sein Antlitz in den Zug der verlorenen Gesichter, in den Reigen der Schatten gehört? Weh mir, das vertrauteste Gesicht ist mir schon halb entfremdet. Mein kleiner Wladimir sucht sich schon andere Menschen, die er lieben will – anders lieben als mich den alten Mann. Diesen Gedanken aber darf ich nicht zu Ende denken, er ist bis zum Rande voll von Verzweiflung, er müßte mich umwerfen, er müßte machen, daß ich taumle und ins Meer falle – in dieses entsetzliche Meer, in das mein verwirrter Bruder, der ›Unschuldige‹, gesprungen ist; in diesen Abgrund, aus dem das Lied von den verlorenen Gesichtern steigt.«

Seine Schiffsreise geht weiter. Das Meer beruhigt sich, die *Bretgane* ist nicht untergegangen. Ein paar Tage später läuft sie ein im Hafen von New York. An Bord des französischen Dampfers erscheinen verschiedene Damen und Herren, um den Komponisten Tschaikowski – einen Ruhm des alten Kontinents und des ausgehenden Jahrhunderts – in Empfang zu nehmen. Der Präsident der Music-Hall-Company of New York, Herr Maurice Renault, heißt den Komponisten im Namen des musikalischen Amerikas willkommen auf dem Boden der Vereinigten Staaten; die hübsche, schlanke und adrette Mrs. Renault, als Vertreterin eines Damen-Clubs, überreicht ihm einen riesigen roten Rosenstrauß. Die Journalisten fragen, wie der erste Eindruck der Madame Tschaikowski von Amerika sei; Peter Iljitsch versichert, daß er keine Madame Tschaikowski mit sich führe, eine gewisse Enttäuschung macht sich auf den Mienen der Journalisten bemerkbar, Peter Iljitsch wird von Herrn und Frau Renault zu einer Droschke geschleppt, man setzt ihn im Hotel Normandie ab, er bewundert sein Appartement, das Badezimmer mit WC und großem Wandspiegel.

Mit einer enthusiastischen Neugierde empfängt der junge, kraftgeladene, gewaltig sich entwickelnde Erdteil die Träger des europäischen Ruhms, die späten Klassiker, die problematischen Riesen. Auf das Privatleben der illustren Gäste stürzt sich eine sensationshungrige, naive, indiskrete Presse. Wer ist dieser Peter Iljitsch Tschaikowski, was gibt es über ihn zu erzählen? Sein Werk ist berühmt hierzulande, Peter Iljitsch darf feststellen, daß man seine Musik in New York besser kennt und aufrichtiger liebt als in Paris, Berlin oder Wien. Nun aber verlangt man Tatsachen, Anekdoten, Abenteuer; Pikantes, Rührendes und Drolliges aus seinem Leben. Das Bild Tschaikowskis, das Porträt des Alternden mit dem runden, grauweißen Bart, der hohen Stirne, dem zu weichen Mund, erscheint auf den Titelseiten der Tagespresse. Der Dargestellte aber soll nun selbst den Text zu seinen Photos liefern: die Journalisten belagern das Hotel Normandie. Zugleich beeindruckt und enttäuscht, müssen sie abziehen. Sie finden keinen Zugang zu diesem verhüllten Leben, aus dem wohl auch die Ahnungslosesten unter ihnen ein Hauch der großen Schwermut berührt. Die enttäuschten Journalisten sagen sich: Dieser berühmte Gast hat leider keine dramatische Biographie, viel Sensationelles ist da nicht herauszuholen – und während sie, Richtung Broadway, davonschlendern, ahnen sie nichts von der permanenten Gespanntheit in der Monotonie dieses Lebenslaufes, nichts von seinem tragischen Gesetz, nichts von seiner rührenden Größe. Übrigens sind Unkenntnis und Mißverständnis gegenseitig: Peter Iljitsch, der eine schematische Ansicht von dem Lande, in dem er zu Gast ist, mit sich bringt, begreift das Pathos des jungen Erdteils, seinen Heroismus, seinen machtvollen Reiz und sein neues Lebensgefühl etwa ebenso wenig, wie die Journalisten vom Broadway die geistig-menschliche Existenzform des russischen Komponisten vertehen.

New York reißt den berühmten Gast in seinen Betrieb, es überschüttet ihn mit seinen Ehrungen und Liebesbeweisen, es nimmt ihn in Anspruch mit seinem Lärm, seiner etwas rauhen Zärtlichkeit, seiner riesigen Gastlichkeit, die sich an Ausmaß – wenn auch nicht in Stimmung und Form – nur mit der russisch-asiatischen vergleichen läßt. Kaum eine Stunde darf der Gefeierte zur Ruhe kommen, und wenn er einmal ein paar Augenblicke für sich hat, in seinem Hotel Normandie, dann benutzt er sie, um zu weinen: er vergießt Tränen der Erschöpftheit, des Heimwehs und der Ratlosigkeit; denn das Phänomen seines eigenen Ruhmes hört nicht auf, ihn zu verwirren und zu erschrecken – es widert ihn an, während es ihm doch auch schmeichelt und ihn, zu seinem eigenen Erstaunen, zuweilen beglückt.

Der amerikanische Aufenthalt bedeutet in seinem Leben, das einem letzten dunklen und geheimnisvoll lockenden Punkte mit schauerlich rapid sich steigerndem Tempo entgegentreibt, ein großartiges und zugleich burleskes Zwischenspiel. Nachts, wenn er nach Hause kommt, von den festlichen und ehrenden Strapazen, sucht er sich zu sammeln und zu erinnern, damit er einen anschaulichen und übersichtlichen Brief zustande bekommt, an Modest oder an Wladimir. Die Eindrücke aber gehen wirr durcheinander in seinem müden Kopf. Mr. Renault hat ein großes Diner gegeben, von halb acht bis elf Uhr war man bei Tisch gewesen, alle Herren hatten Maiglöckchen und alle Damen Rosen geschenkt bekommen, – das war noch nicht erlebt worden in den feinsten Häusern von Moskau und von St. Petersburg! Mit jedem Gedeck gab es außerdem für die Gäste eine Photographie des Komponisten Tschaikowski, dem zu Ehren die ganze Herrlichkeit veranstaltet war. Mit dem Gefrorenen wurden Zuckertäfelchen serviert, auf denen in schöner Schrift Motive aus den Werken des Gefeierten eingraviert waren: eine reizende Aufmerksamkeit, sowohl für den Komponisten als für die Gäste.

Die Gäste gebärden sich derart neugierig, als seien sie professionelle Nachrichtenjäger wie die Journalisten, die das Hotel Normandie belagern. Sie fragen den Gast nach dem musikalischen Leben in Rußland aus. Er antwortet merkwürdig zögernd und verlegen. Ja, die Saison in St. Petersburg war recht ereignisreich. Da gab es beispielsweise am Michaels-Theater Lucien Guitrys Wohltätigkeitsveranstaltung, eine Aufführung des *Hamlet*, mit der Musik von Tschaikowski – »aus meiner Sicht keine besonders gute Arbeit«, wie der Komponist bemerkt. Und dann war da noch das exklusive Konzert der Liga der patriotischen Frauen, dort hat er seine Dritte Suite dirigiert. »Aber das Publikum war langweilig und snobistisch«, fügt er hinzu. »Und ich wurde natürlich von den gefeierten Sängern, den Brüdern Reszke, und der noch berühmteren Madame Melba in den Schatten gestellt.« Die große Premiere seiner Oper *Pique Dame,* ein gesellschaftliches Ereignis ersten Ranges, war ein tosender Erfolg. Und dennoch wurde diese Oper nach der dreizehnten Vorstellung abgesetzt – ein absoluter Skandal, meint Tschaikowski, denn das Theater war immer ausverkauft, wenn *Pique Dame* gegeben wurde. »Entre nous«, flüstert Peter Iljitsch, als bräche er das finsterste Geheimnis, »das war ganz die Schuld des Zaren. Denn er verachtet russische Musik, und mich hat er schon immer verachtet. Er hat sich, trotz des überwältigenden Erfolges, sogar über *Dornröschen* sehr abfällig geäußert. Seine Majestät sieht man nur bei französischen oder italienischen Gastvorstellungen im Theater. Oh ja, wenn die Melba oder die Patti singen, dann ist die kaiserliche Loge sicherlich besetzt!«

Die Leute zeigen sich überrascht und sogar ein wenig schockiert darüber, wie der Meister seinen eigenen Erfolg schmälert. Ist er denn nicht der unbestrittene Meister der russischen Gegenwartsmusik und einer der größten Komponisten seiner Zeit? Offenbar ist ihm die Bedeutung seiner Position nicht bewußt ... Sie wollen unbedingt sein Urteil über einige seiner berühmten Kollegen hören. Er erklärt, daß ihm Chopin zuwider ist: »Ich kann ihn nicht ertragen, er macht mich krank!« – eine Feststellung, die seine Zuhörer wiederum überrascht und etwas schockiert. Und Brahms – der großartige, distinguierte, wundervolle Johannes Brahms? »In seiner Musik finde ich etwas Trockenes, Kaltes, Nebulöses und Abstoßendes. In allem, was er tut, steckt eine Neigung zum Exzeß, zum Grenzenlosen, was mich abstößt. Sie werden mir dies harte Wort vergeben. Höre ich seine Musik, spüre ich im Herzen keinerlei Wärme; im Gegenteil, ich habe eher das Gefühl, von einem eisigen Wind gestreift zu werden. Sie läßt mich erstarren – können Sie das verstehen?

Irgendwie fehlt es bei ihm an Schönheit und Melodie. Nirgends in seinem Werk läßt er eine musikalischen Idee voll ausreifen. Kaum ist eine musikalische Phrase angedeutet, wird sie schon von harmonischen, überladenen und mysteriösen Modulationen überrankt. Es scheint, als habe der Komponist sich vorgenommen, um jeden Preis, selbst um den der Langeweile, unverständlich und unergründlich zu sein. Ich habe mich oft gefragt: Ist dieser deutsche Meister wirklich so tief – tief in jedem Augenblick und in jedem Takt? Oder kokettiert er nur mit der Tiefgründigkeit, um die entsetzliche Armut und Dürre seiner Vorstellungskraft zu verdecken? ... Das musikalische Deutschland ist momentan in zwei Lager gespalten – Wagner auf der einen und Brahms auf der anderen Seite. Wenn ich zwischen den beiden zu wählen hätte, ich wählte – Mozart!«

Sie lachen alle. Peter Iljitsch, der dem französischen Champagner heftig zuspricht, beschreibt lebhaft sein Zusammentreffen mit Johannes Brahms im Hause eines gemeinsamen Freundes, Professor Brodskys, in Leipzig. »Es war schrecklich. Der deutsche Meister behandelte mich mit einer Art vernichtender Höflichkeit. Ich konnte seine große Abneigung förmlich spüren. Es war außerordentlich peinlich ... Ohne die tröstliche Gegenwart von Edvard und Nina Grieg hätte ich diese scheußliche deutsche Soirée nicht überstanden. Was sind dies doch für reizende Leute. Edvards Augen haben die gleiche Schönheit, die ich an seiner Musik so schätze: klar, erstaunlich rein und unschuldig ... «

Nach dem schweren Abendessen diskutieren die Herren, ohne die Damen, über amerikanische Politik. Tschaikowski fühlt sich ziemlich unwohl: er hat keine Ahnung, was die Herren meinen, als sie über *McKinley Tariff Bill* und die Gerüchte um den Innenminister James G. Blaine sprechen. Würde er nächstes Jahr als Präsidentschaftskandidat nominiert werden? Peter Iljitsch raucht nervös seine Zigaretten, während die anderen Gentlemen, in den schweren Rauch ihrer Zigarren gehüllt, die Persönlichkeit dieses Mr. Blaine loben oder schmähen. Einige halten ihn für klug, mutig, sogar genial; eine andere Gruppe tadelt ihn als unzuverlässig. Mit fast verzweifelter Höflichkeit bittet der russische Gast seine Gastgeber, ihm zu erklären, was es mit dem *McKinley Tariff Bill* eigentlich auf sich hat. Er versteht allerdings kein einziges Wort, als sie ihm erklären, daß der Vorsitzende des Committee on Ways and Means, William McKinley aus Ohio, vor einem Jahr den Vorschlag zum gleichnamigen Tarifgesetz im Kongreß eingebracht hat. Die Steuern auf nahezu jeden Artikel und alle Haushaltsgüter wuchsen; die Preise stiegen sofort. »Aber das klingt ja ziemlich schlimm«, bemerkt Peter Iljitsch – worauf die Herren herzhaft lachen. Oh, diese Künstler und Ausländer! – Ihre Naivität ist wirklich unglaublich! Danach diskutieren sie bestimmte Differenzen zwischen Italien und den Vereinigten Staaten, welche die Harrison-Administration in Schwierigkeiten bringen. Die italienische Regierung, die nicht verstehen kann, daß die Bundesverwaltung nichts mit der Strafgerichtsbarkeit der einzelnen Staaten zu tun hat, verlangt vom Außenministerium, in der Angelegenheit von einigen in New Orleans gelynchten Italienern zu ermitteln und die Schuldigen zu bestrafen. Schließlich, die diplomatischen Beziehungen zwischen Rom und Washington sind schon fast abgebrochen, akzeptiert die italienische Regierung 25 000 Dollar Wiedergutmachungszahlung an die Familien der Opfer. Peter Iljitsch murmelt: »Ich finde das Lynchen von Menschen – ob Italiener oder sonst irgendwen – ganz entsetzlich.« Aber dieses Mal schenkt niemand seinen kindischen Worten Gehör.

Der eisgraue kleine Herr, der sich besonders aufmerksam zu dem russischen Gast benimmt, ist der alte Carnegie, er besitzt nicht weniger als vierzig Millionen Dollars, ist aber trotzdem sehr leutselig und sogar drollig, übrigens scheint er ein großer Liebhaber der Musik, und der russischen im besonderen, zu sein. Nach ihm ist benannt die große Carnegie-Hall, die gerade jetzt mit Nationalhymne und feierlicher Predigt eingeweiht wurde; er ist auch der Begründer verschiedener Bibliotheken und anderer kultureller Institute. Ein sehr mächtiger und wichtiger kleiner Herr, dabei gütig, man spricht von ihm als einem Philanthropen und Mäzen. Es gehört wohl zum feinen Ton unter den ungeheuer reichen Herren des jungen Erdteils, etwas den Menschenfreund und den Kunstliebhaber zu spielen: es ist eine Art von »Ablaß«, den sie an die Gesellschaft zahlen, dafür, daß sie so enorm viel an ihr verdient haben. Über den charmanten, gutgelaunten und musikliebenden kleinen Carnegie hat Peter Iljitsch die überraschendsten Dinge gehört; zum Beispiel, daß er die Arbeiter seiner Riesenbetriebe zum Besuch der Bibliotheken zwingen will, die er wohltätiger Weise für sie gestiftet hat. Damit die Arbeiter kein Geld für den bösen Alkohol übrig haben, zahlt er ihnen ganz besonders schlechte Löhne: auf solche Weise will er sie dazu erziehen, ihre freie Zeit mit Büchern, statt mit Schnaps zu verbringen. Von dem Geld, das der kleine Carnegie an den Löhnen spart, kann er dann wieder neue Bibliotheken bauen, und auch für sich noch eine Kleinigkeit zurücklegen. Peter Iljitsch ist nicht ganz überzeugt, ob er diese Taktik, die so menschenfreundlich wirkt und so schlau ausgedacht ist, rundherum billigen kann. Er ist von der Tatsache verblüfft und auch ein wenig entsetzt, daß Mr. Carnegie, der ganz wie ein normaler Mensch aussieht, solch riesigen Reichtum und solche Macht besitzen soll. Es gibt noch andere Herren, die Peter Iljitsch auf Parties trifft oder über die man unter Freunden diskutiert: Rockefeller, Gould und Frick, die Vanderbilts und die Astors – sie scheinen die heimlichen Herrscher dieses freien Landes zu sein. Tschaikowski hört die Leute über die Standard Oil Company und über Steel Railways sprechen; das geheimnisvolle Wort *Trust* taucht wiederholt in diesen Gesprächen auf, und Peter Iljitsch wagt nicht, nach der Bedeutung zu fragen. Er gewinnt den Eindruck, die herrschende Clique dieses Landes verfüge ebenso über eine geheime Terminologie wie die Aristokratie in St. Petersburg und in London. Und er erinnert sich an Charles Dickens' *Martin Chuzzlewit* – eines der vielen Bücher, die er in den schlaflosen Nächten auf dem Schiff gelesen hat. Als Martin in New York ankommt, trifft er als erste Person den Herausgeber des *New York Rowdy Journal*, Oberst Diver.

»Das *New York Rowdy Journal*, Sir, ist, wie Sie vermutlich wissen«, erklärte der Oberst, »das Organ der Aristokratie dieser Stadt.«

»Oh, dann gibt es also doch eine Aristokratie hier?« fragte Martin. »Worauf ist sie begründet?«

»Auf Geist, Sir«, antwortete der Oberst; »auf Geist und Tugend. Und auf deren notwendige Folge in dieser Republik: die Dollars, Sir.«

Verschiedene Personen sind ganz besonders aufmerksam zu Tschaikowski, zum Beispiel Mr. Knabe, Mitbesitzer der Klavierfirma Knabe und Meyer, der dem russischen Gast viele Sehenswürdigkeiten der Stadt New York zeigt: die Paläste der Fünften Avenue und die neuen dreizehnstöckigen

Häuser auf dem Broadway, die merkwürdig kahl und erschreckend neben ein- und zweistöckigen, halb verfallenen Häusern in den Himmel ragen; die Brooklyn Bridge, die Keller der Staatsschatzkammer, die Dachgärten, von denen aus man einen so schönen Blick hat, und den Athletes' Club, mit Schwimmbassin und den modernsten Turngeräten. Er lädt ihn auch in das berühmte Restaurant Delmonico zu einem kostspieligen Abendessen mit Austern und Champagner ein. Peter Iljitsch muß sich fragen, warum Mr. Knabe ihn solcherart mit Aufmerksamkeiten überschüttet. Ein paar Tage später stellt sich heraus, daß der gastfreundliche Herr ein Gutachten des Komponisten Tschaikowski über die Klaviere der Firma Knabe und Meyer haben wollte: diese sollten gepriesen werden als die besten der Welt – dafür die Rundfahrten und die teuren Mahlzeiten, es wird nichts umsonst geboten, alles will bezahlt sein, alles hat seinen Preis ... Man müßte geschäftstüchtig sein und sich entschließen, ein paar Jahre hier zu bleiben; dann würde man bald sehr viel Geld verdienen und könnte Wladimir und Modest endlich in großem Stil unterstützen, schließlich auch Frau von Meck alles zurückzahlen, was sie einem einstmals aufgedrängt. Die Pianistin Aus-der-Ohe zum Beispiel, die vor vier Jahren gänzlich mittellos hier angekommen war, hat sich schon ein Vermögen von einer Viertel Million Dollars zusammengespielt auf ihren großen Provinz-Tourneen – die unermüdliche Dame. Ja, wer solche Kräfte zur Verfügung hätte wie diese Pianistin, ein zartes und zähes Geschöpf! Peter Iljitsch, der große und schwere Mann, findet, daß schon die Anforderungen, die diese wenigen Wochen mit sich bringen, kaum zu bewältigen sind; man muß täglich mindestens einmal ausgiebig weinen, um all dies zu ertragen.

Das Eröffnungskonzert in der prächtigen, riesigen Carnegie-Hall am 5. Mai 1891 ist ein großes gesellschaftliches Ereignis. Es gibt lange Reden und ein kurzes Musikprogramm. Walter Damrosch dirigiert Beethovens *Leonoren-Ouverture*, und das *Te Deum* von Berlioz; Tschaikowski seinen *Marche solennelle*. Die Zeitungen drucken zwar keine hämischen Kommentare über seine Qualität als Dirigent, verletzen jedoch seine Eitelkeit, indem sie ihn als »einen ziemlich untersetzten, gutmütigen und etwas linkischen Herrn um die Sechzig« beschreiben. Er ist beleidigt: sie haben ihn zehn Jahre älter gemacht. Außerdem scheinen die Reporter mehr an der neuen Music-Hall und dem erlesenen Publikum interessiert, als an Tschaikowskis

Kunst oder Persönlichkeit. Ganz New York erstrahlt in einem schwindelerregenden Glanz. Die Reporter beginnen richtig zu schwärmen. »Bereits frühzeitig säumen zahlreiche Kutschen die Fünfundsiebzigste Straße vor der Music-Hall.« Der Reporter des New Yorker *Morning Journal* ist von dem »erlesenen und musikverständigen Publikum«, das die große Halle bis zum Bersten füllt, sehr beeindruckt – »schöne Frauen in prächtigen Abendkleidern mit glitzernden Juwelen …« – während die New Yorker *World* in ihrer Ausgabe vom 6. Mai bewundernd bemerkt:

»New York hat ohne Zweifel eine der schönsten Music-Halls der Welt. Für diejenigen, die sie gestern zum ersten Mal gesehen haben, ist es eine gelungene Überraschung gewesen … Sie ist in der Tat größer als die Metropolitan Oper und verfügt über eine größere Sitzkapazität. Es herrscht im allgemeinen Einigkeit darüber, daß die Music-Hall für moderne Musikereignisse besser geeignet ist, als das Metropolitan Opernhaus, da die Logen so konstruiert sind, daß das Licht jeden Rang erreicht …«

Tschaikowski hat in Baltimore, Washington und Philadelphia zu dirigieren; dazwischen besichtigt er die Niagarafälle. Dann kommen noch ein paar Tage New York. Das Heimweh wird am schlimmsten, wenn er russisch sprechen hört. Dann kann die Sehnsucht nach einer vertrauten Stimme, – ach, nach Wladimirs Stimme! – plötzlich wie eine Krankheit über ihn kommen.

Um einige der Russen, die ihren großen Landsmann im Hotel Normandie besuchen, scheint es ein düsteres Geheimnis zu geben: das sind wohl Emigranten, aufsässige Elemente, die im Vaterland nicht leben konnten, Widersacher des Zaren – wer weiß: vielleicht sind sie an der Vorbereitung oder gar an der Ausführung von Attentaten beteiligt gewesen –, Nihilisten und Anarchisten. Peter Iljitsch fühlt sich nicht ganz behaglich in ihrer Gesellschaft, ist aber doch sehr freundlich zu ihnen und schenkt ihnen auch Geld, wenn sie ihn darum bitten: erstens, weil ihn ihr hartes und ungewöhnliches Schicksal fesselt und rührt; dann aber auch, weil er weiß, daß diese Verbannten viele Ansichten und das ganze Pathos gemeinsam hatten mit dem jungen Wladimir – nur daß sie für ihre Überzeugungen kämpfen und leiden, die dieser schwärmerisch deklamiert.

An Wladimir und seine revolutionäre Deklamation muß Tschaikowski denken, als er auf dem Broadway einem Demonstrationszug von Arbeitern begegnet; es ist ein sehr langer Zug – fünftausend Mann, wie man ihm später sagt –, sie tragen rote Fahnen und gewaltige Tafeln, auf denen zu lesen steht: »Genossen, wir sind Sklaven im freien Amerika! Wir wollen nicht mehr als acht Stunden arbeiten!« – »Ich sollte den kleinen Carnegie fragen, ob diese Klagen begründet sind«, denkt der beeindruckte Peter Iljitsch. »Sogar im freien Amerika scheint nicht alles so zu sein, wie es sollte. Wahrscheinlich hat mein gescheiter Bob recht, und dieses Jahrhundert des Fortschritts hat noch arg barbarische Züge … «

Er vergißt es aber, mit dem kleinen Carnegie über die Gegenstände, in denen dieser doch sehr kompetent ist, zu sprechen, obwohl er dazu Gelegenheit hat auf einem großen Abschiedsbankett, das der Millionär zu Ehren des Komponisten veranstaltet, und in dessen Verlauf er ihn öffentlich als den »ungekrönten König der Musik« anredet. Diese Festlichkeit ist eine der letzten, die das großartige und burleske Zwischenspiel – der amerikanische Aufenthalt – Peter Iljitsch bietet. Nun hat er noch ein Konzert im Composer's Club zu dirigieren und eine Reihe von Abschiedsvisiten zu machen. Wenn er von den anstrengenden Fahrten in sein Hotel zurückkehrt, erwarten ihn die Interviewer und die Autogrammsammlerinnen in der Halle. Eine Verehrerin überreicht ihm, als Abschiedsgeschenk, eine ziemlich umfangreiche Freiheitsstatue aus Gips – »Aber man wird das Ding nicht über die russische Grenze lassen«, versucht der erschöpfte Peter Iljitsch zu scherzen. Eine andere schleudert, mit mörderischer Geste, einen harten kleinen Rosenstrauß nach ihm, der ihn mitten ins Gesicht trifft und ein Auge verletzt; dazu schreit die aggressive Dame mit einer zornig keifenden Stimme: »Es lebe der Meister!« – während sie doch alles tut, um ihn umzubringen. Peter Iljitsch steht, mit seinem verschwollenen, tränenden Auge, inmitten der Hotelhalle, umgeben von den Zeitungsleuten, Damen und Photographen. Er muß plötzlich an Johannes Brahms und an seine amazonenhafte Anbeterin, Miss Smith, denken. »Ach, was für groteske Figuren sind die Meister in dieser Zeit!« empfindet er, während er sich das Auge mit dem Taschentuch tupft. »Der Ruhm ist wie eine Verhöhnung dessen, womit wir ihn bezahlen und büßen.«

Die Rückreise macht Tschaikowski auf einem deutschen Dampfer, dem *Fürst Bismarck,* der die Strecke New York–Hamburg zum ersten Mal fährt. Peter Iljitsch versucht, unterwegs zu arbeiten, er macht sich Notizen zu seiner neuen Symphonie, der Sechsten. Aber er fühlt sich ausgeleert, die Rhythmen und Harmonien, die ihm durch den angestrengten Kopf gehen, sind nicht die, die er sucht und meint. Nein, mit dergleichen darf er sich nicht zufrieden geben, etwas anderes ist zu leisten und zu vollbringen, der Auftrag lautet anders: eine ganze Beichte, ein umfassendes Geständnis ist abzulegen, eine große Klage anzustimmen, das Verborgenste ist zu enthüllen. Bis zu diesem letzten und äußersten Punkte muß man kommen, so weit ist man noch nicht, ist man immer noch nicht ...

Es wechseln die Orte und die Gesichter, sie gleiten vorüber und sie entgleiten, Peter Iljitsch schaut sie an und schaut ihnen nach, mit dem sanft grübelnden Blick. Eine Station nach der anderen läßt er hinter sich. In seinem Leben soll keine Ruhe sein: so will es ein gnadenloses Gesetz. Sein unruhiges Leben treibt, immer geschwinder, einem dunklen Ziele, einer geheimnisvollen Erfüllung zu.

Amerika ist nur eine Station auf dem düsteren, ruhmreichen Pfad. Es ist vorbei ... Die Neue Welt hat keinerlei Botschaft für den alternden Meister, der von seiner grenzenlosen Melancholie ebenso besessen ist, wie ein Wahnsinniger von seiner schrecklichen *idée fixe*.

Tschaikowskis Ohren sind taub für die Symphonie der Neuen Welt. Wie hätte er auch die gewaltige Melodie Amerikas, seiner Prärien und Wälder, seiner in die Höhe wachsenden Städte, den ansteckenden Charme der Broadway-Melodien, die schlichte Majestät von Stahl und Stein vernehmen sollen? Er widmet sich völlig und ganz den mysteriösen Stimmen in seinem verstörten Herzen. Wie kann er die Kraft und das Versprechen des neuen Rhythmus verstehen, wenn seine versunkene und gepeinigte Seele mit dem letzten *Adagio* schwanger geht, seinem eigenen, bewegenden Epitaph, seiner letzten Klage, seiner letzten hoffnungslosen Liebeserklärung?

Die Aufgabe muß zu Ende gebracht werden. Keine Ablenkung mehr. Ruhm ist Ablenkung. Amerika ebenso.

Die Impresarios telegraphieren ein neues Angebot – 4 000 Dollar für zwanzig Konzerte, das ist relativ wenig, verglichen mit den 2 500 Dollar für die vier Konzerte von damals. Aber hinter Peter Iljitschs barscher Absage stecken nicht nur finanzielle Überlegungen. Seine Antwort an die Organisatoren besteht aus einem Wort: *No.*

ANTONÍN DVOŘÁK

Ein anderer slawischer Meister hat nach einer gewissen Bedenkzeit ja gesagt. Antonín Dvořák ist die Vorstellung, daß er sein geliebtes Böhmen verlassen soll und einige Zeit auf der anderen Seite des Atlantiks verbringen muß, zutiefst zuwider. Er hat bereits mehrere Angebote aus den Vereinigten Staaten abgelehnt. Aber die Telegramme von Mrs. Jeanette M. Thurber, der Begründerin des National Conservatory in New York, sind immer dringlicher geworden. Diese überaus tüchtige Dame hält sich gerade in Paris auf und versucht, einer hartnäckigen Circe gleich, ihn zu locken. 15 000 Dollar jährlich entsprechen 30 000 Florins – eine beträchtliche Summe, für die der tschechische Komponist zehn Konzerte mit eigenen Werken dirigieren und acht Monate lang dem Konservatorium zur Verfügung stehen soll. Vier Monate Ferien sind bei diesem Gehalt nicht schlecht. Mrs. Thurber wünscht seine Ankunft am 28. September 1892. Sie bombardiert ihn mit Telegrammen, während er sich im Juni 1891 in England aufhält, um in Cambridge die Ehrendoktorwürde entgegenzunehmen. »Der Herbst nächsten Jahres scheint noch so weit weg«, denkt Dvořák. Aber er weiß, er muß sich entscheiden: Mrs. Thurber wird ungeduldig.

»Soll ich? Ja oder nein? Und wenn ich tatsächlich zusage, ob ich wohl alle Kinder mitnehmen kann?« Er hat sechs Kinder, die er wundervoll findet, ja, jedes ist auf seine Weise unvergleichlich. Er ist der ideale Familienmensch. Er liebt die häusliche Gemütlichkeit, das Leben auf dem Lande, idyllische Landschaften, wenig Leute um sich herum und Ruhe. Er ist mehr der provinzielle Typ. Er haßt Reisen: allein sein Pflichtgefühl veranlaßt ihn, die zahlreichen Einladungen aus England, Deutschland und Wien anzunehmen. Er weiß, er ist berühmt: manchmal hält er sich sogar für etwas ganz Großes. Doch an sich ist er bescheiden und scheu, ohne an einem Minderwertigkeitskomplex zu leiden. Er ist stolz und glücklich, die tschechische Kultur in der Welt zu repräsentieren, überall für die tschechischen Melodien, ihre Traurigkeit und ihren Jubel neue Freunde gewinnen zu dürfen, und es bedrückt ihn, daß die glänzenden Leistungen seines Volkes von anderen Ländern völlig ignoriert werden. Deutschland und Österreich beanspruchen eine Art Monopol auf die symphonische Musik. Wien! –

Immer Bayreuth und Wien: Wagner und Johann Strauß ... Aber er und Smetana und einige andere der tschechischen Schule würden der Welt beweisen, daß die slawische Musik das Werk sämtlicher deutscher Meister an Schönheit und Gehalt übertreffen kann. Die Russen haben das bereits bewiesen – Peter Iljitsch Tschaikowski und Rimski-Korsakow. Aber Rußland ist eine mächtige Nation und nicht auf Komponisten angewiesen, um Ausländern gegenüber seine Bedeutung zu beweisen. Wohingegen die arme, elende und ausgebeutete Tschechoslowakei noch immer von jenen erbarmungslosen Tyrannen, den Habsburgern, unterdrückt wird. Wien hat seine Walzer und seine Kanonen. Prag hat Antonín Dvořák.

Er hat sich entschieden: »Ich nehme das Angebot an – zum Teil wegen der 30 000 Florins; aber vor allem, um den Ruhm meines leidenden Volkes zu verkünden.«

Der Tag der feierlichen Zeremonie in Cambridge ist angebrochen. Als Antonín sich mit seiner langen Seidenrobe, halb weiß, halb rot, mit weiten Ärmeln und der goldgetrimmten Kappe im Spiegel sieht, muß er lachen – ein grimmiges und doch fröhliches, jungenhaftes Lachen. Er scherzt mit seinem prächtigen Spiegelbild: »Also soweit hast du es gebracht, alter Antonín! Nicht schlecht für einen Gastwirtssohn aus einem Dorf mit dem unaussprechlichen Namen Nelahozeves, der seine Laufbahn als Fleischerlehrling begonnen hat. Aber dir sind auch ein paar ganz gute Sachen gelungen seit damals – die *Slawischen Tänze*, die *Husitská Ouvertüre*, einige Oratorien und Kantaten, und, natürlich, die *Symphonie in D-Dur*, meine geliebte Symphonie der Freude ... « »Dank sei Gott!« denkt er, und seine Augen werden feucht. Er ist ein frommer Mann, der an Gott glaubt und ihm dankbar ist – für die *Symphonie in D-Dur*, die den ganzen Frieden und die zarte Melancholie der fruchtbaren böhmischen Landschaft ausstrahlt, für seine lieben Kinder, für die kleidsame Robe der Universität Cambridge und für sein Leben. Er grinst in den Spiegel: »Du bist ein Glückspilz! – Noch dazu ein recht ulkiger«, fügt er hinzu und macht ein paar stolze, komische Schritte.

Er sieht in der Tat seltsam aus; klein und gedrungen, hohe, slawische Backenknochen in dem von einem struppigen Bart umrahmten Gesicht. Seine Züge wirken gleichzeitig grimmig und freundlich, dickköpfig, humorvoll und gütig. Er ist der »wilde Waldschrat« mit der sentimentalen Seele und dem offenen, kindlichen Herzen.

»Der berühmte Onkel brennt darauf, den klugen Neffen mit allen Schönheiten der großen Welt bekanntzumachen ...« Peter Tschaikowski mit seinem Neffen ›Bob‹ Davidow

»Am glücklichsten jedoch ist er zu Hause mit der Familie. Sein liebster Arbeitsplatz ist die Küche, wo er an einem kleinen Tischchen inmitten der vertrauten, häuslichen Geräusche seine Kompositionen entwirft.« – Antonín Dvořák mit seiner Familie in den Vereinigten Staaten

»Glückspilz! Du wirst eine schöne, aufregende Reise über den Atlantik unternehmen. Du wirst Amerika, das Land der Freien, sehen. Wie man hört, gibt es dort viele Tschechen, also wirst du nicht einsam sein. Und einige Amerikaner sind vielleicht auch recht nett ... «

Die Zeit vergeht schnell – viel zu schnell für Dvořák, bedenkt man die Menge an Arbeit, die er vor seiner Abreise erledigen muß – und den bitteren, schweren Abschied an sich. Alle Kinder kann er nicht mitnehmen: das wäre zu kostspielig und aufwendig. Zwei von ihnen, Ottilie und Anton, können ihn begleiten, aber er ist dennoch traurig, daß er die anderen vier zu Hause lassen muß.

Seine Frau reist natürlich mit ihm und dann noch ein netter junger Mann namens Josef J. Kovařík, ein in Iowa geborener Tscheche, der am Prager Konservatorium Violine studiert. Antonín fühlt sich unbeschwerter, nahezu sicher, seit er einen Begleiter gefunden hat. Zumindest hat er jetzt jemanden, mit dem er in seiner Muttersprache plaudern kann.

Eine ermüdende, langwierige Korrespondenz mit New York muß Dvořák bezüglich eines Werkes führen, das er aus Anlaß der großen Kolumbus-Feierlichkeiten am 12. Oktober komponieren soll. Er versteht nur sehr vage, um was es geht. »Es scheint, als habe Kolumbus vor genau vierhundert Jahren gleichfalls das Angebot eines amerikanischen Agenten angenommen.« Sie lachen herzhaft – Mrs. Dvořák, der junge Kovařík und der alte Antonín.

Seine Auftraggeber aus Übersee lassen ihn jedoch zunächst warten. Erst einige Tage vor der Abreise trifft der lang versprochene Text ein, der als Grundlage für seine Musik dienen soll; es handelt sich um Joseph Rodman Drakes patriotisches Gedicht *The American Flag*. Dvořák hat kaum Zeit, einige Themen für seine Komposition auszuarbeiten – welche er wenige Monate später, im Januar 1893, vollendet haben sollte. Zu diesem Zeitpunkt ist er bereits so sehr »amerikanisiert«, daß er die einfache und volkstümliche Art der Verse, die er in Musik setzen soll, schätzen gelernt hat. Aber noch befindet er sich in Böhmen bei den Reisevorbereitungen und wartet auf den Text. Da er »auf der anderen Seite« nicht mit leeren Händen ankommen will, schreibt er ein *Te Deum* für Sopran- und Baßsoli. Es ist für Amerika gedacht, gehört aber nicht richtig zu der Serie seiner »amerikanischen Werke«, da er die Komposition vor seiner Abreise vollendet. Das *Te Deum* mit seinem stark nationalen Charakter ist eher ein fröhliches und frommes Lebewohl an die Alte Welt als eine Begrüßung der Neuen Welt. Es wird nicht in direktem Zusammenhang mit der Kolumbus-Feier, sondern ein paar Tage später bei Dvořáks erstem Konzert, in New York, am 21. Oktober, aufgeführt.

Er kommt am 26. September an und muß wegen einer Choleraepedemie in Europa in Quarantäne bleiben. Ihm macht die kleine Verzögerung nichts aus: sie schenkt ihm noch einen Tag Ruhe. Genau in dem Augenblick, in dem er das behagliche, vertraute Schiff verläßt, beginnt der ermüdende und zugleich schmeichelhafte Tumult: tschechische Delegationen, die »den Stolz und Ruhm unserer nationalen Musik« empfangen wollen; Reporter, Repräsentanten musikalischer Organisationen, Konservatorien und Klubs. Er steht im Mittelpunkt einer enormen Publicity. Die Zeitungen schreiben über ihn als »Genius des tschechischen Volkes« und einem jener beherzten Selfmade-Männer, die es verstehen, sich allen Hindernissen zum Trotz durchzusetzen. Und sie kommen zu dem Schluß: »Genau das gefällt uns Amerikanern.« Das Objekt solcher Verehrung wird ganz verlegen. Das Clarendon Hotel, wo Mrs. Thurber für »den Meister«, seine Frau, die beiden Kinder und den Freund Kovarík ein geräumiges Appartment reserviert hat, gefällt ihm nicht. Alles ist sehr komfortabel, und Steinway hat ihm sogar einen großen Flügel zur Verfügung gestellt – gratis, einfach nur, weil er berühmt ist und die Zeitungen voll sind mit seinen Porträts. Und doch fühlt er sich inmitten dieser Pracht nicht zu Hause. Seine tschechischen Landsleute geben ein Galadiner für ihn: dreitausend geladene Gäste, es ist ziemlich unangenehm. »Ich bin doch kein Weltwunder«, murrt er. »Ich bin nichts zum Anstarren; im Gegenteil, ich möchte mich selbst ein wenig umschauen. Es muß doch in diesem New York eine Menge zu sehen geben ... «

New York gefällt ihm, und nachdem er schließlich in eine eigene Wohnung – viel freundlicher und billiger als das Hotel – gezogen ist, vermag er es auch zu genießen. Jetzt kann er wieder das regelmäßige, einfache Leben führen, das er gewohnt ist; früh auf den Beinen, am Abend zeitig zu Bett, einen langen Tag voller harter Arbeit und harmloser Zerstreuungen. Er hat, wie die meisten häuslichen und sentimentalen Menschen, seine kleinen Steckenpferde. Der große Komponist ist ein Eisenbahnarr. Wie ein kleiner Junge bewundert er Lokomotiven und lobt sie als eindrucksvollste Erfindung menschlicher Schaffenskraft. »Mit Freuden würde ich all meine Symphonien dafür eintauschen«, ruft er wiederholt aus, »könnte ich von mir behaupten, der Erfinder dieser wunderbaren Maschinen zu sein!« – Die amerikanischen Lokomotiven sind besonders groß und ansehnlich; das einzige Problem besteht darin, daß man sie schwerlich zu Gesicht bekommt. Auf den Bahnsteigen der großen Bahnhöfe sind nur Reisende zugelassen, und oft sieht man Dvořák am Bahnhof in der Zweiundvierzigsten Straße herumbummeln in der Hoffnung, einen Blick auf seine geliebten Ungeheuer, die Lokomotiven, werfen zu können. Zuweilen fährt er mit der Pferdebahn hinauf in die Hundertfünfundfünfzigste Straße, um den Expreß-Zügen zuzusehen, wie sie den fernen Städten entgegenrasen, Boston oder Chikago ... Er empfindet tiefe Bewunderung für ihre elegante Form und ihre gewaltige Kraft, wenn sie vorwärts stürmen, in ihren Rauch gehüllt, wie zornige Götter in Wolken.

Am späten Nachmittag pflegt er manchmal ein oder zwei Stunden in dem kleinen Café Boulevard in der Zweiten Straße zu verbringen. Da gibt es europäische Zeitungen, einschließlich der vertrauten *Narodni Listy*. Am glücklichsten jedoch ist er zu Hause mit der Familie. Sein liebster Arbeitsplatz ist die Küche, wo er an einem kleinen Tischchen inmitten der vertrauten, häuslichen Geräusche seine Kompositionen skizziert. Wenn möglich, vermeidet er es, abends auszugehen. Er findet es viel schöner, vor dem Zubettgehen, mit seiner Frau und Kovařík eine Partie Karten zu spielen. Ausnahmen macht er nur, wenn er selbst dirigieren muß und bei den Konzerten der Philharmonic Society, die zu dieser Zeit unter der Leitung von Anton Seidl steht. Zu Beginn von Dvořáks Aufenthalt ist die Beziehung zwischen diesem begeisterten Wagnerianer und dem tschechischen Komponisten zunächst etwas kühl. Die eingeschworenen Feinde des Wagnerianismus und der Programmusik sind an Dvořáks Talent für absolute Musik hoch interessiert und loben, nicht ohne gelegentliche Seitenhiebe auf den aufgeblasenen Langweiler aus Bayreuth, seine melodiöse Romantik. Hanslick, der gefürchtetste Musikkritiker Europas und Wagners erbittertster Feind, ist einer der Gönner Dvořáks – eine Tatsache, die Mr. Seidl natürlich gegen ihn einnimmt. Später jedoch, während Dvořáks Zeit in Amerika, werden die beiden Freunde und führen lange, hitzige Diskussionen in einem Café an der Ecke Broadway und Zehnte Straße. Es gelingt Seidl sogar, den Meister zu überreden, sich *Siegfried* in der Metropolitan Oper anzuhören, obwohl es gänzlich gegen dessen Prinzipien ist, ohne zwingenden Grund über Mitternacht hinaus auszubleiben. Er geht nach dem ersten Akt, weil ihn *Siegfried* langweilt und weil es ihm peinlich ist, unpassend gekleidet zu sein. Außerdem hat ihn die geräuschvolle Unterhaltung in der Nebenloge gestört. Er besucht jedoch eine weitere Vorstellung der Metropolitan – Rossinis *Semiramis,* die ihm viel besser gefällt.

Das musikalische Leben New Yorks ist reich und bunt. Es gibt mehrere gute Dirigenten – Anton Seidl und Walter Damrosch mit der *Symphony Society* und Artur Nikisch mit dem berühmten Bostoner Orchester. Und erst die Stars! Die Metropolitan hat so viele, daß sie alle berühmten Opern in der Originalsprache aufführen kann: in Deutsch, Italienisch und Französisch. In der Carnegie-Hall kann man Paderewski, d'Albert, den Geiger Marteau und zahlreiche weitere Weltberühmtheiten sehen. Bei seinem zweiten Konzert, am 17. November, tritt Dvořák, nach Busoni auf, der mit dem Charme eines Erzengels Beethovens *Klavierkonzert in G-Dur* gespielt hat. Das Publikum reagiert jedoch noch begeisterter, als Antonín seine *Symphonie in D-Dur* dirigiert. Rasender Applaus, bis der Meister schließlich einfach nach Hause geht, da es bereits nach elf Uhr ist: sehr spät für einen kleinbürgerlichen »wilden Waldschrat«.

Und doch findet er Amerika und das musikalische Leben in diesem Lande, ungeachtet der leuchtenden Namen auf den Konzertprogrammen, irgendwie deprimierend und sogar besorgniserregend. Diesem ganzen Aufzug von Ruhm und Genie haftet etwas Unechtes, Steriles an. Denn es ist nicht der Genius dieses Landes und seiner Menschen, der das Programm bestimmt, das Publikum verzaubert und den man üppig honoriert. Warum ist das so? – Und kann man nichts dagegen unternehmen? Dvořák kommt über dieses Problem ins Grübeln. Denn er mag Amerika: er ist tief beeindruckt von diesem Land. Sein Gefühl hat bereits kurz nach seiner Ankunft in der Komposition *The American Flag* Ausdruck gefunden. Das ursprüngliche Freiheitspathos bringt eine äußerst empfindsame Saite in ihm zum Klingen: als Tscheche, der noch immer unter dem österreichischen Joch leidet, kann er – mit der ganzen Leidenschaft seiner Seele – die wahre Bedeutung von nationaler Freiheit, Demokratie und Unabhängigkeit erfassen. Als Dvořák von der Einrichtung öffentlicher Konzerte erfährt, die es den Armen ermöglichen, Bach, Beethoven und Brahms zu hören, ruft er tief bewegt aus: »Das ist echte Demokratie!« Aber warum findet sie keinen adäquaten Ausdruck in der Kunst? Warum gelingt es diesem neuen Geist nicht, seine eigene, neue Melodie zu finden, sein eigenes neues Lied zu singen?

Vielleicht ist alles ein Bildungsproblem. Zweifellos wird die musikalische Erziehung noch immer sehr vernachlässigt, trotz der Existenz der zahlreichen, jedoch kostspieligen Musikschulen. Dvořák hat das Gefühl, daß es sich hier eher um kommerzielle Unternehmen handelt, als um seriöse künstlerische Einrichtungen. Mrs. Thurbers National Conservatory allerdings stellt da eine rühmliche Ausnahme dar. Diese energiegeladene Frau vermag Verstand mit kühnem Idealismus in einer Art zu kombinieren, die Antonín äußerst bemerkenswert findet. Sie oder die Leute, die sie unterstützen, haben die atemberaubende Summe von eineinhalb Millionen Dollar bei dem gewagten Experiment eines englischsprachigen Opernhauses verloren, geplant als Konkurrenz zur Metropolitan. Es ist jedoch gescheitert – woraufhin die unermüdliche Dame die einzige Musikhochschule, die diesen Namen zu Recht trägt, gründet.

Der Gastprofessor aus Böhmen nimmt seine Pflichten sehr ernst: er ist ein gewissenhafter Lehrer. Dreimal wöchentlich muß er zwei Unterrichtsstunden in Komposition geben, und zweimal wöchentlich dirigiert er das Studentenorchester. Unter den Studenten sind begabte junge Musiker; Miss L. S. Fisher beispielsweise, die spätere Komponistin von Volksliedern. Des Meisters Liebling jedoch ist ein farbiger Junge namens Henry T. Burleigh, der ganz begierig ist, von dem berühmten weißen Mann, Antonín Dvořák, zu lernen. In vieler Hinsicht jedoch ist es der Meister, der Anleitung wünscht und ihrer bedarf. Der junge Neger führt ihn in eine neue Welt der Melodien und Rhythmen ein. Burleigh singt die alten Plantagenlieder und die Spirituals aus den Tagen der Sklaverei. Und der Komponist hört zu. Er ist gefangen, gefesselt, und sein Herz ist voll Dankbarkeit.

»Das eine ist besonders schön«, sagt Dvořák mit feuchten Augen. »Singe es bitte noch einmal für mich, Henry.« Und der farbige Junge singt es noch einmal – *Swing Low, Sweet Chariot* ...

Am 21. Mai 1893 veröffentlicht Dvořák einen sensationellen Artikel im *New York Herald*, der die Bedeutung der Volkslieder der Neger für die amerikanische Musik hervorhebt und die amerikanischen Komponisten auffordert, diesen unentdeckten Schätzen mehr Aufmerksamkeit zu schenken, diese bislang verborgene Quelle der Inspiration zu nutzen. Die Worte »amerikanische Musik«, »amerikanische Melodien«, »amerikanische Folklore« tauchen immer wieder in diesem Essay auf, der eine heftige Kontroverse auslöst. Ist die Musik der Neger wirklich der authentische Ausdruck der amerikanischen Seele? Diese monotonen und doch so ergreifenden Lieder, von Sklaven erdacht und gesungen – können sie die Musik eines freien und zivilisierten Volkes sein? Ist diese Musik – mit der ganzen Trauer und wilden Sinnlichkeit des afrikanischen Dschungels – nicht eher afrikanisch als amerikanisch? Aber Dvořák besteht in einem weiteren Artikel in *Harper's Magazine* darauf, daß die Musik der Neger amerikanisch sei, entstanden aus verschiedenen heterogenen Elementen, aber dennoch etwas völlig Neues und Originäres. Sie hat Elemente irischer und schottischer Volksmusik, vermischt mit indianischen Rhythmen, christlicher Gefühlslage und der Exotik afrikanischer Wälder. Es ist die schöpferische Aufgabe Amerikas, all diese Strömungen und Traditionen zu verbinden und diese heißglühende Mischung zu einer neuen Substanz, fest und geschmeidig wie Metall, zu verschmelzen.

Die Auseinandersetzung wird so hitzig, daß der *Herald* den Zeitpunkt für gekommen hält, eine Umfrage unter den europäischen Komponisten und Musikkennern, über die Negersongs und die Zukunft der amerikanischen Musik zu veranstalten. Brahms und Rubinstein, der große Österreicher Anton Bruckner, der Kritiker Hanslick und viele andere bekommen Post von der New Yorker Zeitung. Einige antworten, allerdings nur kurz und ausweichend. »Eine neue amerikanische Musik ... warum nicht ... Der Einfluß der Negermelodien; sehr interessant ...; Ich erwarte auf alle Fälle Großes von ihrem Land ... Zufällig werde ich in der kommenden Saison höchstwahrscheinlich in einigen Ihrer schönen Städte Konzerte geben ... Ergebenst der Ihre ... «

Dvořák meint: »Sollte Amerika jemals einen großen Komponisten hervorbringen, wird er unweigerlich Negerblut in den Adern haben.«

Die Leute fragen ihn immer wieder: »Warum tun Sie es nicht? Warum schreiben Sie nicht unsere Musik?« Mit melancholischem Stolz verkündet er: »Ich bin ein Fremder in diesem Land. Ich habe eine andere Mission, einen anderen Auftrag: ich muß die Musik des tschechischen Volkes schreiben.«

Jedoch fühlt man, daß er diesmal nicht ganz ehrlich ist. Er versucht etwas zu verbergen, und er ist ein schlechter Lügner.

Bereits in den letzten Wochen des Jahres 1892 hat er mit der Arbeit an einer neuen Symphonie, der Neunten, begonnen. Er beendet dieses große Werk am 24. Mai 1893. Die vollständige Symphonie hat er in New York geschrieben; ein paar kleinere Änderungen und letzte Verbesserungen macht er im Anschluß an eine Sommerreise durch das Land.

Er nennt diese Symphonie *Aus der Neuen Welt*.

Es entstehen zahlreiche Diskussionen und Kontroversen darüber, ob Dvořák »die neue amerikanische Musik« schaffen wolle – das Problem ist an sich schon absurd. Denn kein wahrer Künstler hat je etwas anderes »gewollt«, als seine eigene Melodie zu schaffen, die präzise und tiefgründige Reflexion seiner eigenen Kämpfe, seiner Sehnsucht und seiner Freude. Da Antonín Dvořák von Amerika tief beeindruckt ist, bedeutet seine Symphonie eine beredte Liebeserklärung, ein begeisterte Huldigung an die Neue Welt. Gleichzeitig jedoch fühlt er ein brennendes Heimweh, und seine *Symphonie Nr. 5 in e-Moll* ist auch eine sehnsuchtsvolle Botschaft, die er über den Ozean in sein Land, sein Böhmen, sendet.

Man sagt, die Symphonie enthalte mehr Elemente aus der slawischen, zentraleuropäischen Volksmusik als negroide Merkmale und sei insgesamt der slawischen Welt verwandter als der afro-amerikanischen. In Wahrheit liegen der besondere Reiz und die Einmaligkeit dieser Symphonie in genau dieser Verquickung der slawischen und negroid-amerikanischen Rhythmen, in diesem komplexen Pathos aus Heimweh und Begeisterung für die Neue Welt. In der eigenartigen Melancholie des berühmten Largo und bestimmter Teile des ersten Satzes hat er die unendliche Trauer der Negersklaven und der unterdrückten tschechischen Bauern fruchtbar miteinander verknüpft. In diesem unvergleichlichen Musikstück treffen und vermischen sich viele verschiedene Elemente und Geschmacksrichtungen. Da gibt es den harten Rhythmus der indianischen Trommeln, und schon wissen wir, daß Longfellows sentimentale Darstellung des Indianerlebens den tschechischen Komponisten beeindruckt und inspiriert hat. *The Song of Hiawatha* ist sein Lieblingsbuch, und eine Zeitlang spielt er mit dem Gedanken, die Legende dieses indianischen Helden und Retters für ein Opernlibretto zu verwenden. Und dann ist da eine gewisse Schnelligkeit, eine Munterkeit, ein unbekümmertes Tempo, das ebenso die Bezeichnung »amerikanisch« verdient, obwohl es nichts mit Neger- oder Indianerfolklore zu tun hat. Geniale Einfachheit, ein mitreißender Hauch von Improvisation und der völlige Mangel an Pedanterie kennzeichnen die Symphonie *Aus der Neuen Welt*. Selbst in den feierlichen, sehnsuchtsvollen Melodien findet man Töne der Zuversicht und Lebensfreude.

Das amerikanische Publikum, das die Melodie von *Swing Low, Sweet Chariot* im ersten Satz erkannt hat, mag vielleicht das gesamte Werk für ein angenehmes Potpourri aus Volksliedern gehalten haben. Tatsächlich aber ist *Swing Low* die einzige direkt zitierte Melodie. Die musikalischen Motive und Erinnerungen, auf die sich Dvořák bezieht, sind auf eine neue und sehr persönliche Art umgeformt und interpretiert, sie erreichen so eine neue Schönheit und Bedeutung.

Der amerikanische Kritiker Henry Edward Krehbiel, der während seiner Arbeit an der Symphonie mit Dvorák in engem Kontakt steht, schreibt später in einem privaten Brief am 9. Juli 1916:

»Außer dem erwähnten, gibt es keine weiteren Zitate von Negermelodien in Dr. Dvořáks Musik. Ich glaube, daß bewußt oder unbewußt ein Fragment von *Swing Low, Sweet Chariot* in den ersten Satz der *Neuen Welt-Symphonie* eingeflossen ist; aber es gibt in keinem anderen Werk Anklänge an afro-amerikanische Volkslieder. Daß Dvořák an den Liedern der schwarzen Sklaven in Amerika tiefes Interesse hatte, weiß ich aus wiederholten Gesprächen mit ihm.«

Der Kritiker erwähnt dann den letzten Satz, der eine Rekapitulation der Themen der vorangehenden drei Sätze darstellt. Als Begleitung des *Largo* erklingt ein durch die Bratschen eingeführtes Thema als Kontrapunkt, das auf eigentümliche Art an den *Yankee Doodle* erinnert. Lachend fragt Mr. Krehbiel den Komponisten, ob dies mit Absicht geschehen sei. Dvorák aber gibt keine Antwort.

Künstler analysieren nicht gerne ihre Inspiration, die von den verschiedensten Quellen gespeist wird. Ob *Yankee Doodle* oder irgendein Negersong – es spielt kaum eine Rolle, wodurch die schöpferischen Kräfte angeregt werden. Vielleicht ist es ja eine der von ihm so bewunderten, mächtigen Lokomotiven gewesen, vielleicht ein lachendes schwarzes Kind auf der Straße, Henry T. Burleighs Stimme oder das Wunderwerk Brooklyn

Bridge. Dvořák, der ein frommer Mann war, hätte vielleicht gesagt: Gott hat mich inspiriert.

Auf die letzte Seite seines Manuskriptes schreibt er sein übliches *Dank sei Gott*. Und er fügt zwei Zeilen hinzu: »Die Kinder sind in Southampton angekommen. Um 1.33 Uhr haben wir das Telegramm erhalten.«

Die Dvořáks – einschließlich der vier bis jetzt von der Familie getrennten Kinder – sollen den Sommer in Spillville, Iowa, der Geburtsstadt ihres Freundes Kovařík verbringen. Der junge Mann hat den Meister überredet, seine für den frühen Sommer geplante Rückkehr nach Europa zu verschieben. Antonín erklärt, er sehne sich nach seinem Landhaus in dem böhmischen Dorf Vysoká. Kovařík jedoch behauptet hartnäckig, daß Spillville beinahe genauso reizend sei wie jeder beliebige Ort »auf der anderen Seite«. Außerdem ist es, laut Kovařík, die älteste tschechische Siedlung in den Vereinigten Staaten – der Meister muß es unbedingt kennenlernen. In dem Staat Iowa leben achtundfünfzigtausend Tschechen, alles anständige und fleißige Leute. Wie stolz und glücklich würde sie der Besuch des großen Landsmanns machen! Er würde kleine Städte mit völlig tschechischem Charakter vorfinden: sogar die später zugezogenen Deutschen, Schweizer oder Norweger sind gezwungen, Tschechisch zu lernen. Es gibt tschechische Schulen, tschechische Kirchen, tschechische Geschäfte, Klubs und Banken.

Und Antonín kann nicht widerstehen.

Am 5. Juni 1893 erreichen sie Calmar und werden von mehreren ehrbaren Männern mit guten alten tschechischen Namen empfangen: von Thomas Bély, dem Pastor von Spillville, dem alten Kovařík, der Vater von Dvořáks Freund, und anderen. Von Calmar müssen sie ungefähr zwölf Meilen mit der Kutsche nach Spillville fahren. Die berühmten Gäste sind von der fruchtbaren, idyllischen Landschaft hingerissen. »Wie zu Hause! Wie in Vysoká!« rufen die Kinder. Und ihr Vater strahlt.

Spillville ist ein winziges, jedoch sauber und wohlhabend aussehendes Dorf mit nur dreihundertfünfzig Einwohnern. Die illustre Familie wird in das geräumige Haus eines Deutschen namens Schmidt einquartiert. Die Kinder strolchen durch die Wälder, schwimmen im nahen Fluß Turky und erleben eine wundervolle Zeit. Antonín gewinnt alle Herzen, als er am Morgen nach seiner Ankunft in der Kirche St. Wenzel erscheint und alte tschechische Kirchenlieder auf der Orgel spielt. Die Leute nennen ihn, eher einem österreichischen als tschechischen Brauch entsprechend, *Herrn von Dvořák:* einfach um ihm ihre Hochachtung zu erweisen, und weil der Metzger von Spillville zufällig auch Dvořák heißt.

Es ist ein guter Sommer, eine stille und produktive Zeit, gesegnet von der beständigen Kraft der Sonne, dem aromatischen Geruch der Wiesen und der Freundlichkeit einfacher, doch wohlsituierter Menschen. Dvořák beginnt nahezu umgehend ein neues Werk. Arbeiten ist für ihn etwas Natürliches wie Atmen oder Essen. Musik zu produzieren ist für ihn eine selbstverständliche Verrichtung des täglichen Lebens, ein Symptom für Gesundheit und Glück.

Innerhalb von drei Tagen skizziert er das *Streichquartett in F-Dur,* op. 96, – und als nur vierzehn Tage später die Gesamtkomposition fertiggestellt ist, schreibt er folgende fromme, doch unbekümmerte Worte nieder: »Dank sei Gott! Ich bin zufrieden: diesmal ist es schnell gegangen.«

Die »Premiere« findet in Dvořáks Haus in Spillville statt, mit Vater Kovařík an der zweiten und Vater Dvořák an der ersten Violine. Die anwesenden Bauern und ihre Kinder finden die Musik herrlich – und Antonín selbst gefällt sie auch. Sie ist idyllisch, entsprechend der Stimmung, in welcher sie erdacht worden ist, und besitzt doch auch jene Schnelligkeit und Munterkeit, die für die Werke seiner amerikanischen Periode typisch sind. Der zweite, sehnsuchtsvolle Satz ist voller exotischer Süße, das heitere *Scherzo* erfreut sogar die Jugend, und das schnelle *Finale* lockt Begeisterungsrufe hervor. Für Vater Dvořák sind diese ländlichen Achtungsbezeugungen befriedigender als die lauten, die das *Quartett* im kommenden Winter in Boston und New York empfangen sollte. Die Bauern urteilen übereinstimmend: »Es ist ein Meisterwerk, *Herr von Dvořák!*« Er ist gerührt, er lacht ein bißchen, weint ein bißchen – und geht wieder an die Arbeit. Er beginnt ein *Quintett* und beendet es *Dank sei Gott* am 27. Juli.

Diese produktive Idylle wird von den schmeichelhaften Forderungen des Ruhms gestört. Eine Abordnung tschechischer Bürger aus Chikago erscheint plötzlich und drängt den Meister, ein Konzert am Tschechischen Tag der Weltausstellung zu dirigieren. Er stimmt zu und reist am 6. August ab. In Chikago wird er von dem Begründer und Dirigenten des dortigen Symphonie-Orchesters, Theodore Thomas, einem alten Bewunderer

Dvořáks, der seine Werke seit 1880 aufführt, empfangen. Dvořák dirigiert seine *Symphonie in D-Dur,* drei *Slawische Tänze* und die Ouvertüre zu *Josef Kajetán Tyl* und wird anschließend von dreißigtausend seiner Landsleute mit königlichen Ehrungen überhäuft. Sie bejubeln ihn, weil sie verstehen, was er zu sagen hat, weil sie seine Botschaft begreifen, und weil er nach Temperament und Rasse ganz und gar einer der ihren ist, mit den hohen Backenknochen, dem struppigen Bart und dem dicken, strahlenden Gesicht.

Bevor er nach Spillville zurückfährt, muß er noch Mr. Rosewater in Omaha besuchen. Denn Mr. Rosewater ist so freundlich wie einflußreich; er besteht auf seiner Einladung an die Dvořáks, und er ist der Eigentümer der Zeitung *Omaha Bee*, außerdem ein Freund Mrs. Thurbers und von tschechischer Herkunft: kurz, genau diese Art Mensch, die man nicht beleidigen möchte. Dvořák schreibt über ihn:

»Er ist Jude, und man sagt, er habe seinen Namen geändert. Aber er ist ein sehr gebildeter und beliebter Mann. Er ist sehr reich, Republikaner, und verfügt über beträchtlichen politischen Einfluß. Harrison und Cleveland – beide Präsidenten der Union – und viele andere hervorragende Persönlichkeiten zählen zu seinen Freunden.«

Mr. Rosewater gibt opulente Festessen für den tschechischen Komponisten – der die guten Speisen und die wohlmeinenden Reden genießt und dann weiter nach St. Paul in Minnesota eilen muß. Dort hat er eine Verabredung mit Pastor Rinda, der auf seine Art ähnlich wohlwollend und mächtig ist.

Für Spillville bleiben knappe zwei Wochen: Er kommt am 5. September an und muß am 16. nach New York abreisen. Die Bauern, Handwerker und Geschäftsinhaber von Spillville winken und rufen »Auf Wiedersehen«; aber sie wissen, daß sie ihn nicht wiedersehen werden. Sie können ihren Enkeln erzählen: Vor langer Zeit, im Sommer 1893, war der große Komponist Antonín Dvořák unser Gast, und er hat es sehr gut bei uns gehabt. Er komponierte ein sehr schönes Quartett. Sie errichten dem berühmtesten Besucher von Spillville ein Denkmal. Später, im Jahre 1929, als er schon gestorben und bereits ein Klassiker geworden ist, taufen sie die Straße von Calmar über Spillville nach Preston, den »Dvořák Highway«.

Er hat zugestimmt, seine Stellung am National Conservatory eine weitere Saison zu behalten. Wieder in New York: die Arbeit mit den Schülern, die Diskussionen mit Anton Seidl in dem kleinen Café und die vertraute Küche, in der er stundenlang an dem kleinen Tischchen sitzt und komponiert. Er schreibt das *Opus 100* – eine bedeutsame Zahl – und widmet es seinen Kindern Anton und Ottilie: sie sollen als erste die *Sonatine in G-Dur* für Klavier und Violine spielen. »Aber vielleicht gefällt sie auch Erwachsenen«, schreibt er seinem Verleger Simrock und hat sich nicht geirrt. Der zweite Satz – ein *Larghetto* – wie alle langsamen Stücke aus der amerikanischen Periode – wird besonders populär. Simrock, ein gerissener Geschäftsmann, bringt später mehrere verschieden arrangierte Versionen unter unterschiedlichen Phantasienamen heraus. Sie lauten *Indian Cradle Song* oder *Indian Lamento*. Vermutlich ist dem Verleger bekannt, daß Dvořák während der Arbeit an dieser Komposition an Hiawatha gedacht hat – den indianischen Helden, wie er nachdenklich in den Wasserfall blickt. Das Leben geht seinen Gang, wie es der Meister so liebt, reich an Arbeit und ein wenig monoton, manchmal von Festlichkeiten erhellt. Die Premiere der Neunten Symphonie findet am 16. Dezember 1893 mit dem Philharmonischen Orchester unter der Leitung von Anton Seidl statt. Es ist ein Triumph; Dvořák schreibt folgenden Bericht an seinen Verleger Simrock:

»Die Zeitungen schreiben, noch kein Komponist hätte derartige Ovationen erhalten. Ich wohnte dem Konzert in einer besonderen Loge bei. In der Carnegie-Hall hatte sich das eleganteste Publikum New Yorks versammelt, und die Leute jubelten mir derart zu, daß ich mich schließlich wie ein König à la Mascagni in Wien von der Loge aus verbeugen mußte ... «

Die Zeitungen schreiben lange, begeisterte Artikel; der *New York Herald* widmet »Dr. Dvořáks großer Symphonie *Aus der Neuen Welt*« eine ganze, üppig illustrierte Seite. – Die Presse läßt sich über die auffälligen Schönheiten aus: »Der erste Satz der tragischste, der zweite der schönste, der dritte der lebhafteste.«

Wie schade, daß der Journalist kein Adjektiv mehr für den vierten Satz findet. Er beschränkt sich auf folgende Bemerkungen: »Von der indianischen Musik inspiriert – Der Direktor des National Conservatory schenkt der Musikliteratur ein weiteres Meisterwerk.«

Nach dem überwältigenden Erfolg der *Fünften Symphonie* bekommt Dvořáks Stellung in den Vereinigten Staaten einen ganz besonderen Charakter. Als illustrer Gast aus Europa, als großer Komponist von Oratorien und Symphonien wurde er in diesem Land willkommen geheißen und gefeiert. Jetzt allerdings sehen viele Amerikaner in ihm etwas Höheres, Bedeutungsvolleres. Er wird zum Inaugurator der neuen amerikanischen Musik ernannt. Seine Werke – besonders die mit amerikanischem Rhythmus durchsetzten – erwecken eine Begeisterung, der ein eindeutig nationaler, sogar chauvinistischer Zug anhaftet. Dieser Tscheche ist nahe dran, ein echter amerikanischer Held zu werden.

Mrs. Thurber erneuert ihr Angebot für die Saison 1894/1895. Er akzeptiert unter der Bedingung, die Zeit von Mai bis Oktober in Europa verbringen zu können. Jedoch gibt es vor diesen lang ersehnten Ferien verschiedene wichtige Aufgaben zu erledigen. Zum Beispiel das große Konzert seiner Schüler am Konservatorium. Er nimmt es besonders ernst, denn mit Ausnahme eines weißen Pianisten sind alle jungen Musiker, die er bei dieser Gelegenheit vorstellen will, farbige Mädchen und Jungen. Er ist stolz wie ein Vater auf die glänzenden Leistungen seiner dunkelhäutigen Schüler. Übrigens dirigiert er hier nur dieses einzige Mal in Amerika eine fremde Komposition: Mendelsohns Ouvertüre zu *Ein Sommernachtstraum*. Die darauffolgende Adaption von *Old Folks at Home* ist wieder Dvořáks eigenes Werk. *Zehn biblische Lieder* ist die letzte Kompostion während seines Amerikaaufenthaltes. Ihre trauervolle Würde und das weihevolle Pathos stehen in scharfem Kontrast zu der sonst für diese Periode typischen Stimmung. Es ist nicht einfach, die Gründe für Dvořáks plötzlichen Stimmungswechsel zu finden. Vielleicht erkennt oder ahnt er, daß sich eine bedeutende und produktive Phase seines Lebens dem Ende zuneigt. Oder es liegt an dem nahenden Osterfest – dieser mythologischen Feier von Märtyrertum, Tod und Auferstehung: für jeden Christen voll ernster Bedeutung. Auch hat ihn gerade eben aus Europa die traurige Nachricht vom Tode Peter Iljitsch Tschaikowskis erreicht.

Antonín und Peter Iljitsch haben sich vor fünfzehn Jahren in Prag kennengelernt. Tschaikowski wird von der tschechischen Öffentlichkeit, vor allem aber von der Jugend, als berühmter Abgesandter des großen, verwandten Rußlands angesehen und wild gefeiert. In dieser lautstarken Verherrlichung eines russischen Komponisten drückt sich eine starke politische und emotionale Spannung aus. Auch Peter Iljitsch spürt das und ist teils verwirrt, teils bewegt. Herrliche Tage des Triumphs – Tschaikowski verbringt sie in Gesellschaft seines hübschen und zurückhaltenden Freundes, des jungen Pianisten Alexander Siloti, und Antonín Dvoráks, der weder besonders hübsch noch zurückhaltend ist, aber ein guter, zuverlässiger Kamerad, frei von Neid und Mißgunst.

Das alles scheint unendlich lang her. Seit damals haben die beiden Männer wenig voneinander gesehen, sind aber Freunde geblieben. Ungeachtet der grundlegenden Unterschiede im Wesen und im Aussehen mögen sie sich wirklich gerne. Denn sie haben genug, was sie verbindet: das slawische Pathos, kombiniert mit einer gewissen liebenswürdigen, »westlichen« Eleganz, der sie beide hauptsächlich ihren Erfolg verdanken. Auch haben sie Wesensmerkmale gemeinsam: eine Art Schüchternheit, fast Unbeholfenheit; und trotz jahrelanger Ovationen: die ständige Angst vor der Öffentlichkeit. Und beide zeigen sie eine Neigung zu religiöser Meditation und Melancholie – eine tiefe Traurigkeit, die bei Peter Iljitsch oft einer totalen Verzweiflung nahekommt, während es Antonín, robuster und erdverbundener von Natur aus, leichter gelingt, diese düsteren Stimmungen zu überwinden.

Und doch fühlt er sich vom Temperament her mit Peter Iljitsch verbunden und ist deshalb in der Lage, das wirkliche Drama seines Todes zu erfassen. Er ist freiwillig aus dem Leben geschieden, daran hat Antonín nicht den geringsten Zweifel.

Tschaikowskis sechste Symphonie, die *Pathétique,* hat am 16. Oktober 1893 in St. Petersburg Premiere. Freunde beschreiben Dvořák alle Einzelheiten des fatalen Abends und der folgenden Ereignisse. Als Peter Iljitsch das Dirigentenpult betritt, ist er leichenblaß, und in seinen weit geöffneten tiefblauen Augen schimmert ein seltsamer Glanz. Die Zuhörer reagieren apathisch auf den ersten, langgezogenen Satz wie auch auf das *Allegro con grazia,* dessen langsamer Rhythmus sie enttäuscht. Das wilde, vorwärts drängende Tempo des dritten Satzes ruft ein gewisses Unbehagen im Saal hervor – kühles, nahezu feindseliges Erstaunen, welches während des *Adagio lamentoso* noch intensiver wird. Dieses seltsame, geradezu schockierende Finale mit all seinem Leid erzeugt eine Atmosphäre, die keinen Raum für Dankbarkeit oder Begeisterung läßt: dieses Abschiedsklagelied, wie aus einer anderen Welt, läßt das kunstliebende Publikum von St. Petersburg erstarren. Sobald der letzte Ton verklungen ist, verläßt Peter Iljitsch eilends das Pult. Er kommt auch nicht wieder, um den spärlichen Applaus entgegenzunehmen. Die gemeinsamen Freunde, die dies alles Dvořák berichten, haben zufällig ein Gespräch zwischen Peter Iljitsch und seinem jungen Neffen, Wladimir Davidow, mitangehört.

»Es war wunderbar«, sagt der Junge ganz scheu. »Aber warum dieses traurige Ende?« Er lehnt sich an den alten Mann und berührt sein graues Haar.

»Weil es dir gewidmet ist«, sagt Peter Iljitsch.

»Was meinst du damit?« fragt, teils besorgt, teils geschmeichelt, der junge Bob. »Was meinst du, Pierre? Wieso muß eine mir gewidmete Musik traurig sein?«

»Ich meine gar nichts«, erklärt der alte Mann und steht auf. »Ich bin müde. Laß uns nach Hause gehen.«

Und dann, einige Tage darauf, lädt Tschaikowski seinen Bruder Modest, Wladimir und einige andere jungen Männer ins Alexander Theater ein, wo man *Ein heißes Herz* von Ostrowskij spielt. Nach der Vorstellung begibt sich Peter Iljitsch mit seiner lebhaften Begleitung in das Restaurant Leimer, das nur eine halbe Meile vom Theater entfernt liegt. Und dort, bei Leimer, fragt er nach dem fatalen Glas Wasser. Der Oberkellner erinnert an die leichte Cholera-Epidemie in St. Petersburg. »Es ist nicht ratsam, frisches Wasser zu trinken.« Aber Tschaikowski donnert: »Ich sagte, ein Glas kaltes, frisches Wasser.« Und hinter Wladimirs Stuhl stehend, trinkt er das verdorbene Wasser.

Dvořák kennt die dunklen Gerüchte über den Tod von Tschaikowskis Mutter. Also ist er ihrem schrecklichen Beispiel gefolgt. Er hat versucht, Gott den Allmächtigen zu überlisten. Er will Selbstmord begehen ohne die unverzeihliche Todsünde. Aber er ist dennoch schuldig. »Möge der Herr ihm vergeben«, betet Antonín.

Tagelang grübelt er über die Ursachen des Mißerfolgs von Tschaikowskis *Symphonie pathétique*, während doch seine Symphonie *Aus der Neuen Welt* mit solch spontaner Begeisterung aufgenommen worden ist. »Und doch ist Peter Iljitschs melodiöses Selbst-Epitaph mindestens genauso gut wie jedes von meinen Werken: wahrscheinlich sogar besser ... Wieso jubeln die Leute mir zu und sein verwundbares Herz kränken sie derartig mit ihrem Schweigen? Fühlen sie möglicherweise, daß meine Musik aus Liebe zum Leben geschrieben ist, während seine großen *Adagios* von einer todessüchtigen Seele entworfen sind – im Schatten des Todes, als eine traurige Hommage an Seine dunkle Majestät?« – Und voller Schmerz und Bewunderung für Peter Iljitschs bewegendes Abschiedslied komponiert er den Psalm *Oh, singt dem Herrn ein neues Lied* ...

Es ist herrlich, Prag und die geliebte Landschaft um Vysoká wiederzusehen und endlich wieder in seiner eigenen Sprache mit seinen alten Bauernfreunden, mit den schläfrigen Beamten in dem schönen alten Rathaus oder mit dem Pfarrer zu plaudern. Er stiftet der kleinen Kirche in Vysoká eine neue Orgel: sie kostet 800 Florins, aber er kann es sich jetzt leisten. Außerdem hat er für das Hauptwerk dieses Sommers, die *Acht Humoresken*, op. 101, von Simrock eine ansehnliche Anzahlung erhalten. Bevor er den Atlantik erneut überquert, dirigiert er die europäische Erstaufführung seiner *Fünften Symphonie* im Tschechischen Nationaltheater in Prag. Die Alte Welt erweist sich als ebenso beeindruckbar wie die Neue Welt. Offenbar haben die Zuhörer im Tschechischen Nationaltheater und in der Carnegie-Hall einen ähnlichen Geschmack. Sie sind entzückt von Meister Dvořáks beschwingter und aufrichtiger Botschaft, diesem schönen und klaren Ausdruck menschlicher Freude, Traurigkeit und festen Glaubens.

Sein letzter Winter in New York und am National Conservatory, der Winter 1894/95, trägt alle Merkmale beginnenden Niedergangs. Amerika übt auf Dvořák nicht mehr die krafvolle Stimulation der vorhergehenden Jahre aus. Es ist bereits zu vertraut und doch nicht vertraut genug. Die jüngste Wiederaufnahme des Kontakts mit der tschechischen Umgebung und den Menschen dort hat ihn zu sehr in den Bann gezogen. New York langweilt ihn. Er leidet hoffnungslos unter Heimweh.

Das *Konzert für Violoncello und Orchester in h-Moll*, im November 1894 begonnen und im Februar 1895 vollendet, ist ein echter und glänzender Ausbruch seiner Sehnsucht nach der Heimat. Es bereitet seine endgültige Wendung zu einem großartigen, romantischen Stil vor, der für seine letzte Schaffensperiode typisch ist und dabei gleichzeitig auf eigentümliche Weise an seine Frühzeit erinnert, in der er seine musikalische Karriere als unsicherer Schüler Liszts und Wagners begann. Das ist lange her: seit damals hat er es zur Meisterschaft gebracht, hat viel gegeben und viel erhalten. Und jetzt, da sich sein Weg langsam dem Ende nähert, verliert er allmählich seine Neugierde auf neue Eindrücke und neue Melodien: seine Seele wendet sich der Heimat, der Landschaft und den Liedern seiner Kindheit zu.

Amerika hat er als das große, entscheidende Abenteuer seiner Reifephase erfahren. Bei seiner Ankunft ist er einundfünfzig Jahre alt, als er 1895 abreist, beinahe fünfundfünfzig. Vier Jahre können im Leben eines Menschen eine große Veränderung bewirken. Der alternde Mann, der durch seine amerikanischen Erfahrungen bereichert und auch etwas erschöpft nach Böhmen zurückkehrt, ist nicht derselbe, der die aufwühlenden Melodien und Rhythmen *Aus der Neuen Welt* erdacht hat. Der Mann, der jetzt, auf zwei Kontinenten hoch geehrt, nach Hause zurückkehrt, ist auf dem besten Weg, der »große, alte Mann«, der Klassiker der slawischen Musik zu werden, wenn er es nicht schon ist.

Seine amerikanischen Freunde jedoch und alle, die in während seines Amerikaaufenthalt gehört haben, erinnern sich an einen anderen Dvořák – einen wagemutigen, lebhaften, kühnen und trotz seiner grauen Haare und seines grauen Bartes fast jugendlich wirkenden Burschen. Er war ein musikalischer Entdecker, ein begeisterter Abenteurer, und er hat dem amerikanischen Volk geholfen, einen bis dahin vernachlässigten Schatz zu entdecken: ihre eigenen Volkslieder. Plötzlich war sie da – eine *amerikanische* Musik: es schien wie ein Wunder. Da waren die alten Melodien der Neuen Welt, umgeformt, neu erschaffen, wunderschön verwoben mit den vertrauten Tönen jenseits des Meeres.

Was wirklich geschehen ist, ist gar kein Wunder. Es handelt sich lediglich um die spontane Reaktion eines schöpferischen Geistes auf eine mit potentiellen Energien im Überfluß ausgestattete Welt. Das einfache, empfängliche Herz des Mannes aus Böhmen, Antonín Dvořák, kennt nur eine Art der Antwort und des Dankes: zu singen, Melodien hervorzubringen. Sein großer Dankesruf nähert sich der künftigen Form einer noch nicht entstandenen Symphonie, die – wenn der Tag kommt – gewaltig und bewegend, einfach und doch komplex sein wird ...

Die Amerikaner mögen ihn gern, denn sie spüren, er hat mehr als die meisten anderen fremden Besucher von diesem Land erhalten und ihm auch mehr gegeben. Als Antonín Dvořák am 1. Mai 1904 stirbt, wird er von den Tschechen als Nationalheld betrauert, und die Amerikaner ehren sein Gedächtnis, als sei er einer der ihren gewesen.

KAPITEL VII

DIE GROSSEN KÄMPFER

LAJOS KOSSUTH, GEORGES CLEMENCEAU, LEO TROTZKI, TOMAS MASARYK

DER ROMANTISCHE HELD

ALS DIE HUMBOLDT AM 6. DEZEMBER 1851 in New York anlegt, bedeutet das einen geschäftigen Tag für die Presseleute. Denn unter den Passagieren befinden sich zwei berühmte Persönlichkeiten – beide gutaussehend und beide Flüchtlinge aus zwei kleineren, europäischen Ländern. Eine von ihnen, die Gräfin Landsfeld alias Lola Montez, versucht, ein Gespräch in Gang zu bringen: »Wie Sie, lebe auch ich im Exil ... « Aber der große ungarische Freiheitskämpfer, Lajos Kossuth, reagiert sehr kühl auf diese Worte; er erachtet Lolas Versuch, zwischen seinem tragischen Los und ihren skandalösen Affären eine Parallele zu konstruieren, als eine ziemliche Unverschämtheit. Allem voran ist er kein einfacher Flüchtling, sondern ein hochgeehrter Gast der amerikanischen Nation. Die Ex-Geliebte des bayerischen Königs mag wohl die Neugierde des Mobs erregen; ihm, Kossuth, jedoch sollte die Hochachtung des Staates Amerika gelten. Der Senat der Vereinigten Staaten hat eine *Joint-Resolution* zu Ehren von Louis Kossuth diskutiert und feierlich verabschiedet. Die zentrale Rede hält ein Senator der Whigs, William H. Seward aus New York; er schlägt vor, »der Kongreß der Vereinigten Staaten solle Louis Kossuth im Namen des amerikanischen Volkes in der Hauptstadt und im ganzen Land herzlich willkommen heißen; und eine Kopie dieses Beschlusses solle ihm vom Präsidenten der Vereinigten Staaten übermittelt werden.« Man bringt die verschiedensten Einwände vor, ein Gentleman argumentiert sogar bösartig, daß Kossuth, ungeachtet seiner sämtlichen Verdienste, für Amerika nichts getan habe und daß daher die Ehrung etwas fehl am Platze sei. Beredt beharrt Mr. Seward jedoch auf seinem Standpunkt, daß man Kossuth »als Repräsentanten aufkommender Freiheit in Europa betrachten solle«.

So hat er die amerikanische Phantasie beschäftigt, noch ohne amerikanischen Boden betreten zu haben. Eine Welle der Sympathie für die Ungarn und ihren ritterlichen Anführer erfaßt das ganze Land; es herrscht allgemeine Bewunderung für diese kleine Nation, die sich gegen die österreichischen Unterdrücker auflehnt. Die amerikanischen Zeitungen veröffentlichen wütende Artikel gegen das tyrannische Haus Habsburg, und als der österreichische Boschafter in Washington dagegen protestiert, schreibt ihm der damalige Außenminister Daniel Webster einen polemischen Brief, in dem er »das Recht des amerikanischen Volkes betont, für jede um die Freiheit kämpfende Nation Sympathie zu empfinden«. Die öffentliche Meinung Amerikas ist von der erbarmungslosen Haltung des Zaren schwer erschüttert, als dieser 1848 das Haus Habsburg militärisch unterstützt und so die heldenhaften Anstrengungen der stolzen Magyaren zunichte macht. Lajos Kossuth, der ehemalige Finanzminister der ungarischen Regierung, ist zu jenem Zeitpunkt faktisch Alleinherrscher seines Landes mit dem Titel eines Gouverneurs. Er ist gezwungen zu fliehen, und ein türkisches Gefängnis bietet sich als einziger Zufluchtsort an. Seine Befreiung verdankt er seinen einflußreichen britischen und amerikanischen Freunden.

Seine Lebensgeschichte kann man an jeder Straßenecke kaufen, und Hunderttausende Amerikaner sind mit den Einzelheiten seiner dramatischen Karriere vertraut. Man weiß, daß er nicht nur ein Verfechter der nationalen Unabhängigkeit, sondern auch der religiösen Freiheit ist. Denn er stammt aus einer vornehmen protestantischen Familie, und der protestantische Glaube wird von Metternichs Schergen verfolgt.

Kossuth ist unbeugsam, schneidig und leidenschaftlich – ein Märtyrer, ein *grangseigneur* und ein grandioser Redner. Sein Gesicht mit dem gepflegten Bart und der hohen, gewölbten Stirn ist von männlicher Schönheit – intelligent, sinnlich und kühn. In der vorteilhaften ungarischen Nationaltracht, mit der üppig verzierten, weiten Jacke und dem mit einer langen, schwingenden Feder geschmückten Hut, gibt er eine eindrucksvolle Figur ab. Kurz, er entspricht vollkommen seiner Rolle als Held der Freiheit und als politischer Romantiker.

Sein Aufenthalt in England, der dem Besuch der Vereinigten Staaten vorausgeht, ist ein einziger Triumph. Zweifellos ist er unter all den in der britischen Hauptstadt versammelten Exilanten die schillerndste Persönlichkeit. Da sind liberale deutsche Dichter wie Freiligrath, da sind Führer des italienischen *risorgimento,* unter ihnen der große Mazzini; und da ist Karl Marx, der mit Friedrich Engels über den Plan der Revolution nachdenkt. Doch Louis Kossuth, soeben der österreichischen Tyrannei und einem türkischen Gefängnis entronnen, stiehlt ihnen mit Leichtigkeit die Schau. Arbeiter wie Aristokraten jubeln ihm zu – obwohl die Arbeiterschaft genau weiß, daß er kein Sozialist im gewerkschaftlichen Sinn ist, und die konservativen Politiker sich seines Republikanertums bewußt sind. Seine Popularität ist enorm. Als er sich mit seiner Frau Therese und einigen Freunden in Southampton einschifft, kommen der Bürgermeister und viele Staatsbeamte zu seinem Abschied. Doch das grandiose Willkommen des amerikanischen Volkes ist der absolute Höhepunkt.

Wie Recht hat er, über die arme Lola Montez, diese ehrgeizige Abenteurerin auf absteigendem Ast, höhnisch zu lächeln! Ihr bißchen Ruhm nimmt sich neben seinem wie ein schwaches Echo aus. Nur Lafayette hat man ebenso überwältigende Ovationen bereitet. Die Straßen sind aufwendig mit paarweise angeordneten Sternenbannern und ungarischen Trikoloren geschmückt; die allgemeine Begeisterung ist unbeschreiblich. Thomas Nichols erwähnt in seinem lehrreichen Buch *Forty Years of American Life* Kossuths prächtige Ankunft in dem Kapitel *Excitements and Sensations* gemeinsam mit dem letzten New York-Besuch Henry Clays, dem feierlichen Empfang der ersten japanischen Diplomaten und »dem großartigen und wundervollen Empfang seiner königlichen Hoheit, des Prinzen von Wales«, des ältesten Sohns von Königin Viktoria.

»Kossuths Empfang war so enthusiastisch, wie es sich ein Revolutionär nur wünschen kann. New York bot zu Ehren des berühmten Magyaren seine Millionen von Zuschauern auf und seine etwa zwanzig Regimenter Bürgerwehr. Er feierte einen einzigen Triumph mit herrlichen Umzügen, glänzenden Reden und großen Festessen. Im Hause Astor hatte wir ein gewaltiges Dinner mit einer Fülle gegenseitiger Lobeshymnen ... «

Der romantische Held betritt den Saal des Banketts an der Seite von Bürgermeister Kingsland. Unter den zur Begrüßung anwesenden erlauchten Bürgern befinden sich der Gouverneur von Connecticut und General Watson Webb. Der Reverend Bethune spricht das Tischgebet; herzliche Grußbotschaften von Henry Clay und Daniel Webster werden laut verlesen. Die Tischdekoration besteht aus reizenden Zuckerfiguren, die Kossuths Ankunft unter einem Triumphbogen oder der Freiheitsstatue darstellen. Kossuths eigene Rede bildet den Höhepunkt der zahlreichen Ansprachen. Er beginnt mit einer schüchternen Entschuldigung für sein schlechtes Englisch: »Ich habe es in einer Gefängniszelle in Buda gelernt, ohne Gelegenheit, es jemals zu sprechen.« Die Zuhörer sind natürlich von dieser Bescheidenheit begeistert – zumal sein Redefluß nicht im geringsten von seinem Akzent behindert wird: im Gegenteil, der Hauch Ungarisch verleiht seiner leidenschaftlichen Beredsamkeit eine reizvolle Würze.

Er spricht stundenlang, tagelang, wochenlang und monatelang – nahezu ohne Unterbrechung. Er spricht in Brooklyn und Philadelphia, in Baltimore, Boston, Pittsburgh und Cincinatti. Er spricht in Städten jeder Größe. Er spricht von Pulten, Tribünen und Theaterbühnen; an Eßtischen, in Klubräumen, in Kirchen und Universitäten. Er hält Ansprachen an militärische Gruppierungen, religiöse Organisationen, das Volk und an den Kongreß der Vereinigten Staaten. Er bereist das ganze Land. Er tritt in New Orleans, Charleston, Richmond und Washington auf. Er spricht über Gewaltherrschaft, Handel, Gleichgewicht der Kräfte und gegenwärtige Demokratie. Er spricht immer über Ungarn. Er wird zu einer Wortmaschine, die süße und schmeichelnde, fordernde, drohende und donnernde Worte produziert. Mit gekonnter Meisterschaft gebraucht er den großartigen Wortschatz des romantischen Revolutionärs, des leidenden Patrioten, des edlen Opfers reaktionärer Kräfte. Unzählige Zuhörer lassen sich von dem überschwenglichen Stil des Jahres 1848, gewürzt mit einem Hauch Paprika – und verstärkt durch den wilden Rhythmus der ungarischen Rhapsodie – mitreißen. Unermüdlich wiederholt er das düstere Epos von Kampf und Märtyrertum seines Landes: wie es sich gegen seine Unterdrücker erhoben und eigentlich die Unabhängigkeit schon erreicht hat – bis sich Rußland als dritte Partei mit militärischer Übermacht eingeschaltet hat und, nachdem Tausende Bürger erschossen und aufgehängt sind, dem ungarischen Volk die Ketten erneut angelegt und es in eine noch schrecklichere Abhängigkeit gestürzt hat. Eine Stärke dieses begabten Erzählers besteht darin, geschickt einige Details seines eigenen, tragischen Schicksals einzuflechten. Er versteht es, seinen Zuhörern die Bitterkeit des Exils, besonders für einen glühenden Patrioten seines Schlages, nahezubringen.

»Ehe ich die Grenze überschritt, legte ich mich flach auf meine Heimaterde; ich drückte ihr einen wehmütigen Kuß der Sohnesliebe auf; ich nahm eine Handvoll Erde, tat einen weiteren Schritt – und glich plötzlich dem Rumpf eines gestrandeten Schiffes ...«

Im Publikum sieht man viele feuchte Augen.

Kossuth ist ein riesiger Erfolg.

Festessen und Fackelumzüge, Reden und Empfänge, Versammlungen und Parties, verschiedenste Zeremonien und Festlichkeiten; an jedem Bahnhof kommen die Leute, um ihm zuzujubeln; es ist ein ständiger Erfolg – und eine permanente Anstrengung. Manchmal glaubt er, es nicht mehr aushalten zu können; besonders in den ersten Wochen der Reise steht er oft am Rande eines Zusammenbruchs. In Philadelphia muß er am Weihnachtsabend mit Fieber und sämtlichen Symptomen eines Nervenzusammenbruchs zu Bett gebracht werden. Und doch schafft er es, am nächsten Morgen an einem für ihn gegebenen Empfang in der Independence-Hall teilzunehmen. In seiner Begrüßungsrede ehrt der Bürgermeister Gilpin den ungarischen Gast als einen der Größten unter den Lebenden. Der Kommandeur der Miliz von Pennsylvania, Oberst Page, überreicht ihm ein goldenes Malteserkreuz und ein hübsches Medaillon mit einem in Perlen gerahmten Porträt George Washingtons. Auf der Rückseite sind folgende Worte eingraviert: *To Louis Kossuth, the Patriot of Hungary and Friend of Humanity – from an American Volunteer. There is difficulty to him who wills.* Kossuth hält tief bewegt eine Rede – und erleidet umgehend einen erneuten Fieberanfall.

Gegenüber dem Hotelzimmer, in dem er krank darniederliegt, ist ein riesiges Plakat mit der Freiheitsgöttin angebracht, die stolz aufgerichtet ihren Absatz in den Nacken des am Boden liegenden Habsburg drückt. Diese ermutigende Allegorie schaut Lajos an, während er mit Fieberalpträumen, Müdigkeit und Schmerzen kämpft. Später muß er eine Abordnung Lehrer empfangen, die ihm einen dreizehnjährigen Jungen – eine Art Wunderkind – vorstellen, der den Schulwettbewerb um die beste Willkommensrede für Louis Kossuth gewonnen hat. Der Junge hält seine Rede mit einer piepsigen, schläfrigen, leisen Stimme. Der kranke Held nickt höflich. Als der Junge fertig ist, entsteht ein peinliches Schweigen. Schließlich sagt Kossuth mit einem schwachen und abgekämpften Lächeln: »Wenn das Ihre Jugend ist, wird Ihr Land stets seine Freiheit bewahren. Ich danke Ihnen, meine Herren.«

Die ganze Stadt ist mit bengalischen Lichtern in den ungarischen Farben geschmückt. Kossuth ist der Held des Tages. Seine Freunde sagen zu ihm: »Du mußt sehr stolz sein, Lajos!« Er antwortet nicht. Sein Gesicht ist taub und müde. Nach einem Schweigen äußert er: »Ich hoffe nur, ich bin am Neujahrstag bei Kräften – für den Empfang im Weißen Haus. In Washington werde ich endlich herausfinden, ob diese Reise ein Erfolg ist – oder ein Mißerfolg ... «

Sie ist ein Mißerfolg. Darüber kann ihn weder die ausgesuchte Höflichkeit des Präsidenten Fillmore noch der herzliche Empfang im Kongreß hinwegtäuschen. Man lädt ihn ein, am 7. Januar 1852 einer Sitzung im Kapitol beizuwohnen, die höchste Ehre, die einem Fremden seit den Tagen Lafayettes zugebilligt wurde. Der Kongreßabgeordnete von Ohio, Mr. Carter, begrüßt ihn als »Gouverneur Louis Kossuth«, woraufhin alle anwesenden Herren sich erheben. Der gefeierte Besucher gibt seiner festen Überzeugung Ausdruck, die Neue Welt würde schließlich der Freiheit zum endgültigen Sieg verhelfen.

Er wird reichlich mit Zeichen der Sympathie und des Respekts überhäuft; große Worte und kleine Geschenke werden im Überfluß an ihn entrichtet. Überall wo er auftritt, gründet man Kossuth-Komitees. Anscheinend ist er mit den Ergebnissen seiner rhetorischen Bemühungen gänzlich zufrieden, hoffnungsvoll und optimistisch. Als er im Mai aus Massachusetts wegfährt, wendet er sich an das Kossuth-Komitee in Boston mit folgenden zuversichtlichen Worten:

»Meine Herren: nun da ich den Staat Massachusetts verlasse, lege ich die Interessen der Sache, die ich vertrete – das Anliegen der staatlichen und religiösen Freiheit in Europa – mit größtem Vertrauen in Ihre Hände ... Ich hoffe, Ihr Komitee wird das Zentrum dieser Bewegung für Neu-England und, wenn möglich, für die gesamte Union werden. Ein Anliegen, meine Herren, von Männern wie Ihnen befürwortet, kann nicht fehlschlagen.«

Aber er weiß bereits, daß seine Sache verloren ist: seine amerikanische Mission ist mißlungen.

Thomas Nichols, der geistreiche und gewissenhafte Chronist amerikanischen Lebens gibt uns die Erklärung für Kossuths letztliches Scheitern:

»Kossuth wollte Geld. Die Amerikaner waren bereit, eine Million auszugeben – und sie haben Millionen ausgegeben für öffentliche Kundgebungen, deren Mittelpunkt und Anlaß er war, aber an ihn oder seine Sache glaubten sie nicht genügend oder maßen ihr nicht ausreichend Bedeutung bei, um dafür auch nur ein Zehntel des Geldes zu opfern, das sie bereitwillig in Festessen und Umzüge steckten. Und außerdem reiste Kossuth *en prince*. Er hatte ein Gefolge von nahezu hundert Mann, die teure Weine tranken, die besten Zigarren rauchten und wie die Maden im Speck lebten. Die Leute wurden es müde, die immensen Hotelrechnungen zu begleichen; die ungarischen Aktien fielen in den Keller, und Kossuth verließ ganz still das Land, das ihn einige Wochen zuvor in einem Rausch der Begeisterung empfangen hatte.«

Das ist natürlich eine grobe Vereinfachung – obwohl wahrscheinlich ein Körnchen Wahrheit darin steckt. Man kann sicher annehmen, daß Kossuth, der so freizügig mit Worten und Dollars umging, allmählich eine Belastung für seine amerikanischen Gastgeber wurde. Doch die entscheidenden Gründe für seine Erfolglosigkeit sind ernsthafterer und komplexerer Natur. Denn sein Hauptinteresse galt nicht teuren Weinen und Zigarren; der Zweck seiner glanzvollen Reise war viel weitreichender. Tatsächlich ist er in einer hochpolitischen Mission gekommen – und aus politischen Gründen ist er auch gescheitert. Seine Absicht hat in nichts geringerem bestanden als darin, die Vereinigten Staaten zu einer bewaffneten Intervention gegen Österreich und Rußland überreden zu wollen.

Er verkündet: Das internationale Gesetz, sich nicht in die internen Angelegenheiten fremder Nationen einzumischen, ist zunächst von Rußland anerkannt und dann verletzt worden. – *Therefore I claim the aid of the United States* – auf daß Ungarn eine Chance erhalte, seine Kräfte gegen den russischen Despotismus zu sammeln. Deshalb bitte ich die Vereinigten Staaten, die Exekutivmacht zu werden, die über das Selbstbestimmungsrecht aller Nationen wacht. Das ist der einzige Ruhmesstern, der in Ihrer Liste ruhmreicher Sterne noch fehlt ... Nachdem das Volk der Vereinigten Staaten so erfolgreich seine eigene Unabhängigkeit erreicht hat, kann es kaum eine andere Berufung haben, als die Verteidigung der Freiheit anderer Länder.«

Die kolossale Bedeutung seines moralischen und politischen Postulats ist ihm völlig klar. Er versucht die gefährlichen Konsequenzen, die mit der von ihm so dringlich geforderten Politik verbunden sind, weder zu verbergen, noch zu schmälern. In seiner Ansprache an das New Yorker Forum sagt er:

»Jawohl, meine Herren, ich gebe zu, Sie wären, sollte Rußland eine diesbezügliche Erklärung Ihres Landes nicht respektieren, gezwungen, ja, buchstäblich gezwungen, in den Krieg zu ziehen, oder vor aller Welt Ihre Würde zu verlieren. Ja, ich gebe zu, das wäre der Fall. Aber, wie Washington sagt, Sie sind mächtig genug, jede Macht der Erde für eine gerechte Sache zu besiegen.«

Doch ausgerechnet diese höchste von ihm erwähnte Autorität, die Autorität George Washington, verwendet man gegen ihn und seine »neue Doktrin der Intervention«. Kurz nach seinem persönlichen Auftreten im Kongreß tadelt man ihn dort, er habe dem großen Amerikaner nicht genügend Ehre erwiesen. Senator Jeremiah Clemens aus Alabama hält am 12. Februar 1852 eine heftige Anklagerede gegen Kossuth:

»Wäre Kossuth der glühende Republikaner, als der er dargestellt wird, so wäre ein Platz hier ganz in der Nähe, von dessen Besuch ihn keine Schwierigkeiten hätten abhalten können. Weder Sturm noch Gewitter, Sommerhitze oder Schnee im Winter hätten ihn an einer Pilgerfahrt nach Mount Vernon hindern dürfen, wo er an dem Grabe des klügsten, edelsten und reinsten all derer, die für die Sache der Menschheit gekämpft haben, hätte niederknieen können ... Jedoch die Ruhe des Ortes mit den sterblichen Überresten Washingtons ist von ungarischen Füßen nicht gestört worden ... «

Kossuth oder Washington? lautet der attraktive Titel einer längeren Ansprache von Dr. theol. H. A. Boardman in der *Tenth Presbyterian Church* in Philadelphia. Es ist ein bemerkenswertes, an Gefühl wie auch an Logik reiches Dokument. Der Redner ist offensichtlich ein aufrichtiger Freund Kossuths und seiner Sache – und doch ist er gleichzeitig ernsthaft beunruhigt über »die verschiedenen Anzeichen des Versuchs, das Prinzip der Nichteinmischung, das bisher die Basis unserer Außenpolitik war, zu untergraben und uns aktiv in die Konflikte Europas zu involvieren.«

Unverblümt fragt er: »Sollen wir Flotten und Armeen nach Europa schicken – so lautet doch der Klartext –, oder sollen wir uns um unsere Union kümmern?« Daraufhin analysiert und widerlegt er Kossuths Gründe für die Notwendigkeit einer amerikanischen Intervention. Amerika muß – laut dem ungarischen Agitator – nicht nur aus idealistischen Motiven heraus eingreifen, sondern auch oder sogar hauptsächlich aus Selbsterhaltungstrieb.

»Die Despoten Europas werden mit der Unterdrückung der freien Nachbarstaaten auf die Dauer nicht zufrieden sein. Sie werden dann ihr Augenmerk auf die Vereinigten Staaten richten. Und wenn Sie nicht die Position, die ich in aller Bescheidenheit fordere, einnehmen, sehen Sie sich in weniger als fünf Jahren alleine einem Krieg mit Rußland und ganz Europa gegenüber.«

Das ist in Pittsburgh gewesen. In Cincinatti sagt er:

»Denken Sie daran, Sie werden kämpfen müssen, umzingelt von Feinden, durch Uneinigkeit geschwächt, verlassen, allein auf sich gestellt gegen die ganze Welt.«

Mr. Boardman indessen – der Redner in Philadelphia – lobt zunächst Kossuths Persönlichkeit und das ungarische Volk, diese »ritterliche Nation, die, nachdem sie wiederholt die zerstörerischen Einbrüche des Islam zurückgeworfen hat, nunmehr gezwungen ist, zuzusehen, wie ihre ehrwürdige und geliebte Kirche zum Spielball jesuitischer Intoleranz und österreichischer Tyrannei gemacht wird«, zieht aber dann die Schlußfolgerung, daß die »utopische Doktrin der Intervention, um eine Intervention zu verhindern«, klar und deutlich verurteilt werden müsse:

»Denn so würde der Einfluß dieser Nation, bisher der wohlwollende Wächter über Friede und Glück unter den Völkern, in die Waagschale zugunsten eines gnadenlosen und unersättlichen Krieges geworfen.«

Nach Mr. Boardmans Meinung wäre es absurd, die amerikanische Regierung oder das amerikanische Volk anzuklagen, jemals dem Fortschritt und der Freiheit anderer Völker gegenüber gleichgültig gewesen zu sein. »Wann immer sich eine Nation gegen ihren Zuchtmeister aufgelehnt hat, haben wir ihr unsere Sympathie bekundet und sie durch unser Beispiel angeleitet.« Und doch sollten die Amerikaner niemals das von Washington in seiner Abschiedsrede formulierte Prinzip vergessen: »Die wichtigste Verhaltensregel in bezug auf andere Nationen, besteht für uns darin, zwar unsere Handelsbeziehungen auszudehnen, aber mit ihnen so wenig wie möglich politische Verbindungen einzugehen.« Nachdrücklich betont Mr. Boardman, die Amerikaner dürften die vernünftigen Grundsätze Washingtons, Jeffersons und Jacksons nicht vergessen: »Sich aus dem Strudel europäischer Politik heraushalten; sämtliche verwickelte Allianzen vermeiden; von jeglicher Intervention in Angelegenheiten anderer Regierungen absehen, weil dies den Prinzipien unserer nationalen Politik entgegensteht.«

Das Hauptproblem, welches Lajos Kossuth und seine ideologischen Gegner diskutieren, ist die Frage Isolationismus oder Intervention? Kossuth sagt: Die Vereinigten Staaten werden ihre eigene Unabhängigkeit und Freiheit nur aufrechterhalten können, wenn sie die Unabhängigkeit und Freiheit anderer Staaten ebenfalls garantieren und verteidigen. Die Vereinigten Staaten werden sich unweigerlich zugrunde richten, wenn sie sich auf Kompromisse mit der grenzenlosen Aggressivität europäischer Autokraten einlassen. William H. Seward vertritt Kossuths Ansicht, wenn er vor dem Senat zu Bedenken gibt:

»Diese Republik ist und muß immer eine lebende Herausforderung für Rußland, Österreich und andere despotische Mächte überall auf der Welt bleiben.« Er prophezeit, der Zar könne den Versuch unternehmen, ganz Europa unter seinen Einfluß zu bekommen. »Falls der russische Autokrat in diesem Wettbewerb gewinnt, stehen wir ohne einen Freund und Verbündeten in der östlichen Welt da.«

Der Isolationist hingegen gibt eine andere Interpretation der »Mission Amerikas«.

»Wir haben für die Welt, mit Hilfe der Vorsehung, eine große Sache vollbracht: Wir haben eine gerechte, weise und wohl organisierte Regierung eingesetzt und am Leben erhalten – in allen wichtigen Einzelheiten ein ›Modell‹, wie eine Regierung sein soll ... Ohne Anmaßung können wir in eine Zukunft blicken, die so glänzend sein wird, wie unsere vergangene Laufbahn bedeutend gewesen ist. Im Namen der Menschheit werden wir mit Ehrerbietung die uns auferlegte edle Aufgabe wahrnehmen und eine noch weit vollkommenere Erfüllung der folgenden Prophezeiung erreichen: ›Alle Völker werden euch selig heißen.‹«

Die ganze eifrig und hitzig, aber auf einem bemerkenswert hohem intellektuellen Niveau geführte Debatte verdeutlicht sehr viel – ist zu gleicher Zeit aber auch sehr verwirrend. Die Parallelen zur heutigen Situation sind offensichtlich. Und doch sind die Unterschiede zwischen den politischen Realitäten der Ära Kossuths und unserer Zeit ebenso drastisch wie ihre Ähnlichkeiten. Kossuths Warnung vor dem schrecklichen Krieg, den Amerika »ohne fremde Hilfe innerhalb der nächsten fünf Jahre« führen müßte, falls es nicht unverzüglich seinen moralischen und politischen Verpflichtungen nachkomme – sein dringender Appell an die Großzügigkeit und den Selbsterhaltungstrieb Amerikas klingen in unseren Tagen teils wie ein skrupelloser Täuschungsversuch, teils wie eine kluge Prophezeiung. Er hat sich geirrt, was die unmittelbare Bedrohung durch den russischen Zaren angeht. Er hat sich geirrt, bezüglich des technischen Standards und der politischen Taktik jener Zeit. Seine Warnungen sind übertrieben, unausgereift und offensichtlich von eigenen Interessen geleitet. Aber lag er im Prinzip denn so falsch? War sein »neues System« wirklich so verkehrt? Hatte er denn tatsächlich unrecht, als er behauptete, daß die universelle Solidarität der Demokratie das einzige Mittel sei, um sie vor dem endgültigen Zusammenbruch zu schützen? Er nahm die Grundkonzeption der Unteilbarkeit der Zivilisation vorweg. Er glaubte an die kollektive Sicherheit.

Sein politisches Programm hingegen – die Vereinigten Staaten zu überzeugen, gegen den Zaren und das Haus Habsburg militärisch vorzugehen – ist eindeutig absurd. Der moralische Inhalt seines verzweifelten Appells allerdings ist bedeutend – viel bedeutsamer als ihm vielleicht selbst bewußt gewesen ist.

Die gegen ihn verwandten Argumente erweisen sich als viel stärker und überzeugender als alles, was er zu sagen hat. Es ist unvermeidlich, seine unmäßigen Hoffnungen mußten enttäuscht werden. Weder allein noch in erster Linie haben amerikanische Selbstzufriedenheit und nationale Selbstsucht seine Enttäuschungen verursacht: Der gesunde amerikanische Menschenverstand hat seine überzogenen Forderungen abgelehnt. Und doch betrachten wir ihn mit tiefer Sympathie, sogar mit Bewunderung. Er ist eine pathetische Figur, aber von einer ganz eigenen Größe: der unermüdlich Reisende, der seine Botschaft über die Kontinente trägt, jederzeit voller Energie, charmant und stolz seine Hoffnungslosigkeit und Verzweiflung verbergend; stets malerisch und attraktiv in seiner theatralischen Aufmachung und mit seinen ausladenden Gesten. Noch immer lächelt er und donnert los, läßt seine Worte strömen, setzt seine grandiosen Auftritte fort. Aber in seinem Gesicht zeigen sich ersten Spuren von Bitterkeit. Er hat in den Vereinigten Staaten von Amerika versagt. Auch sein Versuch mißlingt, Napoleon III., den Kaiser von Frankreich, für seine Sache zu gewinnen, ebenso wie Viktor Emmanuel, den König von Italien. Keiner will ihm helfen, sein unterdrücktes Volk zu befreien. Als alternder Mann wird er einmal schreiben:

»Ein ungarisches Problem mag existieren; ich glaube, es existiert nur verborgen in den Herzen, aber nicht vor der Welt ... Es gibt keine ungarischen Flüchtlinge mehr. – Meine Söhne, ein paar Getreue und ich stehen alleine da, – verlassene, einsame Wanderer in der Wüste.«

Diese Hoffnungslosigkeit hat ihn bereits – wenn auch noch nicht für jedermann erkennbar – umgeben, als er am 14. Juli 1852 die Vereinigten Staaten nach einem ebenso glamourösen wie sinnlosen, länger als sieben Monate währenden Aufenthalt verläßt. Er beschleunigt seine Rückreise, denn er hat von seiner Mutter die Nachricht erhalten, sie werde in ihrem Exil in Brüssel von österreichischen Agenten behelligt. Ein unauffälliges Paar, Mr. und Mrs. Smith, besteigen ein Schiff namens *Africa*. Lajos Kossuth hat diese dezente Verkleidung für sich und seine Frau ausgesucht, als schäme er sich seiner eigenen Identität. Welch traurige Verwandlung! Er gleicht einem Opernsänger oder einem Schauspieler, der sich seines Kostüms und seines Make-ups entledigt hat. Keine spektakulären Gesten, keine großen Worte mehr. Er hat seine schöne Arie von Freiheit, Solidarität und Unabhängigkeit gesungen. Den Leuten hat sein Aussehen und seine Stimme gefallen. Er wurde willkommen geheißen und bejubelt. Jetzt ist die Schau vorbei – jedenfalls sein großer Solo-Auftritt. Aber das ungeheure Drama geht weiter: geht auch in unseren Tagen weiter. Walt Whitman hat auch ihn – den Ungarn Lajos Kossuth – im Sinn, wenn er *einem gescheiterten europäischen Revolutionär* zuruft:

> Bewahret dennoch Mut! Brüder und Schwestern
> der europäischen Revolution!
> Auch wenn alles aufhört zu besteh'n, ihr dürft niemals
> aufgeben.
>
> Rebellion! Und die Kugel den Tyrannen!
> Glaubten wir nicht, der Sieg sei groß?
> So ist es – Doch nunmehr scheint mir,
> kommt keine Hilfe, ist die Niederlage groß,
> So groß wie Tod und Leid.

DER JUNGE TIGER

NEW YORKS FRANZÖSISCHE KOLONIE in der zweiten Hälfte des 19. Jahrhunderts ist fröhlich und ziemlich einflußreich, besonders in Sachen Geschmack und Kultur. Noch immer gibt es so etwas wie ein französisches Viertel um die Liberty Street und den Washington Square herum, mit französischen Theatern, Restaurants und Geschäften. Ein Neuankömmling aus Paris kann viele soziale Zentren finden, wo man seine Sprache spricht und es auch eine französische Zeitung gibt – den *Courrier des États-Unis*.

Der junge Arzt jedoch, der im Herbst 1865 auf dem Dampfer *Etna* der Imman Line New York erreicht, verschwendet nur wenig Sympathie an diese Zeitung; er ist der Auffassung, daß der *Courrier* zu eng mit Napoleon III., »dem Tyrannen aus den Tuillerien«, verbunden ist. Der junge Mann ist ein erbitterter Gegner des Kaisers und vieler anderer Dinge – der katholischen Kirche zum Beispiel, der deutschen Romantik, der kostbaren Frisuren von Kaiserin Eugénie, der französischen Royalisten und jeder Art von reaktionären, abstrusen und mystischen Gedanken. Er glaubt an Freiheit, Vernunft und Gerechtigkeit; an die griechische Philosophie, die römische Strategie und die lateinische Klarheit; an die Würde des Menschen als Ergebnis eines unaufhörlichen geistigen Strebens und der französischen Revolution. Er besitzt sardonischen Witz, enorme Vitalität und einen absoluten Mangel an Humor. Er ist ebenso redlich als Gelehrter, wie spritzig als *causeur*, ein eleganter Reiter und ein mittelmäßiger Fechter. In den journalistischen und künstlerischen Kreisen New Yorks wird er schnell zu einer bekannten Gestalt. Sein Name: Georges Clemenceau.

Knapp nach Beendigung seines Medizinstudiums in Paris ist ihm der Gedanke gekommen, nach England und in die Vereinigten Staaten zu reisen – dies ganz gegen den Willen seines Vaters. Eigentlich hätte der alte Monsieur Clemenceau mehr Verständnis für den eigenwilligen Charakter seines Sohnes haben müssen; denn von ihm hat Georges seine Hartnäckigkeit und Sorglosigkeit geerbt. Benjamin Clemenceau, ebenfalls Arzt, ist ein philosophischer Jakobiner der alten, unbeugsamen Schule. Unter seinen Freunden ist er bekannt dafür, nur eine Person noch mehr zu hassen als Louis-Philippe, und zwar Napoleon III. Er steht in dem ehrenhaften Ruf, mehr Zeit mit Flüchen auf die Bourbonen und Bonapartes verbracht zu haben als mit der Heilung von Patienten. Sein Sohn wächst also konsequenterweise mit den strengen Doktrinen des »idealistischen Materialismus« auf – die einen Bogen spannen von grimmiger Skepsis hin zum kämpferischen Glauben an die Demokratie als unwiderrufliche Mission des Menschen. Kein Wunder also, daß die erste politische Tat des jungen Gelehrten im Verfassen eines leidenschaftlichen Manifestes besteht, das vor Angriffen gegen den Klerus strotzt und Freunde auffordert, »sich zu verpflichten, gegen die Anwesenheit eines Priesters bei Geburt, Heirat oder Tod zu opponieren«. Sie gründen feierlich eine *Handle-wie-du-denkst-Gesellschaft*, mit »Wissenschaftlichkeit als Gesetz und Gerechtigkeit als Ziel«.

So waren die fernen, romantischen Tage im Quartier Latin, als die Flamme des französischen Geistes am hellsten brannte. Die jungen Künstler, obwohl sie den nahenden Ausbruch des Impressionismus – dieses ungestüme Eindringen leuchtenden Lebens in die Kunst – bereits voraussahen, scharen sich jedoch noch voller Respekt um die alten Meister Courbet und Corot. Clemenceau freundet sich mit Émile Zola und den Brüdern Goncourt an. Eine Gruppe engagierter junger Leute ruft eine progressive Zeitung ins Leben, *Le Travail*; auf Grund der rigiden politischen Zensur des Kaisers sind sie gezwungen, ihre aufrührerischen Ideen zu tarnen. Zola ist der Dichter und Clemenceau der Literatur- und Theaterkritiker des Blattes. Hin und wieder sind sie es überdrüssig, vorsichtig und diplomatisch zu sein. So fordert Clemenceau den kaiserlichen Diktator heraus: »Sie können uns zwar zum Schweigen bringen, aber Sie können uns nicht zwingen zu lügen!« Er wird ins Gefängnis geworfen für dreiundsiebzig Tage, die ihm aber wie Jahre erscheinen. Daraufhin verläßt er Frankreich, um eine Wiederholung dieser unangenehmen Geschichte zu vermeiden.

Sein Aufenthalt in England ist kurz; der Besuch bei John Stuart Mill der Höhepunkt. Clemenceau plant, Mills Werk über Auguste Comte ins Französische zu übersetzen. Er gewinnt auch Einblick in die sozialen Verhältnisse Englands und ist über den krassen Unterschied zwischen dem Reichtum der Oberschicht und der elenden Lage der Armen erschüttert.

Brennend vor Neugier, wissensdurstig und voller Tatendrang kommt er in Amerika an. Zu jener Zeit als selbst Frankreich, die Wiege der Revolution, unter dem Stiefel eines schlauen Despoten daniederliegt, richten beun-

»Kossuths Empfang war so enthusiastisch, wie es sich ein Revolutionär nur träumen kann.« – Lajos Kossuth, der Führer des ungarischen Aufstandes von 1848

»Sie ist wahnsinnig verliebt in ihren faszinierenden Französischlehrer – diesen jungen Tiger, der so unversehens zum Wächter des unschuldigen Schafes wurde.« – George Clemenceau und seine Frau Mary Plummer

ruhigte Demokraten in aller Welt ihren Blick mit Hoffnung und Besorgnis auf die Vereinigten Staaten und beobachten die Nachwehen des Bürgerkriegs, den empfindlichen und entscheidenden Prozeß des Wiederaufbaus. Das Attentat auf Lincoln 1865 hat alle treuen Anhänger des Fortschritts schwer erschüttert. Überall fragt man sich: Wird die Union es schaffen, sich zu erholen, ohne Zuflucht zu einer Diktatur zu nehmen?

Clemenceau hat den Auftrag, diese wichtige Frage für die Leser der Pariser Zeitung *Le Temps* – damals ein Organ radikaler Demokraten – zu diskutieren. Die meisten seiner Artikel erscheinen anonym, da sein Name für die französische Zensur ein rotes Tuch ist. Sein Festgehalt beträgt 150 Francs im Monat – für seine Dienste ein bescheidener Lohn, der ihm zusammen mit der Zuwendung seines Vaters ein relativ bequemes Leben ermöglicht.

Er mag New York, obwohl er bemerkt, daß es an guten Ideen und gutem Kaffee fehlt. Er schlendert gerne durch die Straßen von Manhattan und fühlt sich in seiner kleinen Wohnung in der Zwölften Straße sehr bald zu Hause. Er hat einen Stammplatz bei Pfaff's am Broadway – zu dieser Zeit ein Literatentreffpunkt. Zu seinen engeren Freunden in New York zählen William E. Marshall – ein amerikanischer Künstler, den er in Paris kennengelernt hat – der unternehmungslustige Bostoner Edward Howard House, damals Theaterkritiker der *New York Tribune,* und Horace Greeley, den er später loben wird als »den perfekten politischen Journalisten, der für die Erleuchtung der Massen kämpft«.

Es ist typisch, daß er fast ausschließlich die Gesellschaft von Journalisten und Politikern sucht und wenig Interesse an seinen »Kollegen«, den Ärzten, zeigt. Tatsächlich fällt es nicht schwer zu vergessen, daß er Arzt ist. Dieser Beruf entspricht offenbar nicht seinen wahren Begabungen und Neigungen. Ihm fehlt die geduldige Liebe zum Menschen in all seiner Schwäche und seinem Elend, dieses pflichtbewußte Mitleid, das den großen Mediziner ausmacht. In ihm wohnt die kalte Leidenschaft für die Gerechtigkeit – die trockene Ekstase des rationalistischen Predigers. Seine Beredsamkeit und moralische Entschlossenheit scheinen ihn eher für die Jurisprudenz zu prädestinieren. Sein kampflustiges Temperament jedoch und sein Wille führen ihn in die Politik.

Er liebt die Politik. Er vertraut nicht nur auf das parlamentarische System, er braucht es auch. Er kann nicht existieren ohne jene schmutzige und vitale Atmosphäre aus Skandal und Intrige, aus heftigen Debatten und unaufhörlichem Kampf – all die dubiosen Mittel im Dienst der Karriere, der Partei, des Vaterlands und des menschlichen Fortschritts insgesamt. Er ist von der erzieherischen Funktion der Demokratie fest überzeugt. Er meint, jedes politische Problem sollte solange öffentlich diskutiert werden, bis die richtige Lösung gefunden ist. Er glaubt an die richtige Lösung verwickelter Angelegenheiten. Er sagt: »Eine Frage ist niemals geklärt, bis sie nicht richtig geklärt ist.«

Der Mann, der einer der bedeutendsten Führer der französischen Nation werden sollte, ist ein recht guter und zuverlässiger, wenn auch in seinen Interessen ziemlich eingeschränkter Auslandskorrespondent. Er ist mit den politischen Angelegenheiten derart beschäftigt, daß er die kulturellen und künstlerischen Dinge vernachlässigt. Obwohl er mit Akribie selbst die unwichtigsten Einzelheiten aller aktuellen politischen Ereignisse berichtet, hat er über das aufregende Erwachsenwerden der amerikanischen Kultur fast nichts zu sagen. Selbst die festlichsten Ereignisse des literarischen Lebens – wie das Bankett zu Ehren Charles Dickens', das die New Yorker Presse am 18. April 1868 im Delmonico veranstaltet – läßt er unerwähnt. Clemenceaus Name erscheint nicht auf der Gästeliste, obwohl sein guter Freund Horace Greeley als *toastmaster* fungiert.

Als politischer Beobachter ist der junge Arzt jedoch von einer durchdringenden Intelligenz – witzig, weitblickend und aufmerksam. Seiner Kritik am amerikanischen Leben mangelt es nie an Sympathie und echtem Respekt; seine Prophezeiungen hinsichtlich der Zukunft Amerikas sind äußerst optimistisch, trotz seines realistischen Gespürs für die Gefahren und Schwierigkeiten, mit denen dieses Land zu kämpfen hat. Die Bedrohungen einer friedlichen Entwicklung sind für ihn Grund zu echter Sorge. Er informiert seine Leser über das alarmierende Ausmaß der öffentlichen Verschuldung, die im Jahre 1868 auf die horrende Summe von mehr als zweieinhalb Billionen angewachsen ist. Er erörtert offen und ernsthaft die verschiedenen Probleme amerikanischer Außen- und Innenpolitik; die Krise in Handel und Industrie nach dem Kriegsboom; den anhaltenden Widerstand der Südstaaten nach ihrer Niederlage; die Ausschreitungen des Ku-Klux-Klan; die heftigen Proteste gegen das, was die Südstaatler »die verbrecherische Neuordnung« nennen – einschließlich »der unerträglichen

Bürde einer von den Bajonetten des Norden unterstützten Negerherrschaft«.

Auch die Ereignisse und Spannungen, die Amerikas Beziehung zu anderen Ländern komplizieren, analysiert er – im besonderen die Irische Frage und die Propaganda der Fenier, die die anglo-amerikanische Freundschaft bedroht. Besonders betroffen machen ihn natürlich die erbarmungslose Intervention Napoleons III. in Mexiko und die unheilvolle Situation dieses Landes, die während Clemenceaus Amerikaaufenthalts mit dem Tod Maximilians ihren Höhepunkt erreicht. Während der fünf Jahre seines Besuchs stößt der junge Korrespondent auf einen Überfluß an Stoffen.

Die Affäre der »Alabama-Ansprüche« – jene ernste Auseinandersetzung zwischen den Vereinigten Staaten und England über Kriegsschiffe, die, für die Konföderierten gebaut, während des Bürgerkriegs von den englischen Häfen aus operierten, um den Handelsverkehr der Union zu stören. Der von der *Alabama* verursachte Schaden war beträchtlich – direkt wie auch indirekt: die Zerstörung von Handelsschiffen und ihrer Ladungen ist das eine, viel gravierender aber war die Ermutigung der Sache der Konföderierten im allgemeinen. Charles Summer, der Vorsitzende des Senats-Komitees für auswärtige Beziehungen forderte von den Engländern 200 Millionen Dollar und die Aufgabe von Kanada, Honduras und Guyana. Die Gemüter erhitzten sich, bis 1871 ein Kompromiß gefunden wurde.

Dann der Erwerb von Alaska im Jahre 1867 – dieser gigantische Handel zwischen Zar Alexander II. von Rußland und der Regierung der Vereinigten Staaten: 577 390 Quadratmeilen für 7 200 000 Dollar; fernerhin gibt es da die erstaunlichen Leistungen und noch erstaunlicheren Intrigen im Zuge des großen Eisenbahnbaus, der die Atlantik- mit der Pazifikküste verbinden sollte und im Mai 1869 vollendet wurde.

Clemenceau ist an allen Manifestationen des demokratischen Lebens brennend interessiert, ganz gleich ob sie großartig oder unbedeutend sind. Aufmerksam beobachtet er das reibungslose oder auch widerspenstige Funktionieren der riesigen politischen Maschinerie, die ständig wechselnden Stimmungen und Tendenzen innerhalb der Parteien und Fraktionen und die wachsende Unbeliebtheit von Präsident Andrew Johnson. In seinem ersten Washingtoner Bericht aus dem Jahre 1865 notiert Clemenceau: »Republikaner und Demokraten wetteifern miteinander, Mr. Johnson ihre

Verbundenheit zu beweisen.« Zwei Jahre und ein paar Monate später allerdings veröffentlicht er einen detaillierten Bericht über *The President's Trial*.

Diese recht dubiose Affäre – die Anklage des Präsidenten durch den Senat der Vereinigten Staaten – ist, laut Georges Clemenceau, ein relativ mißliches, gleichzeitig aber höchst aufregendes Spektakel. Er genießt es in vollen Zügen und nimmt gierig den Geruch des *grand scandal* auf.

»Die schwarze Wolke ist endlich geplatzt. Der Präsident hat den Blitz gerufen, und der Blitz ist gekommen. Andrew Johnson, Präsident der Vereinigten Staaten, ist angeklagt, und der Senat bereitet sich darauf vor, das Urteil über ihn zu sprechen.«

So eröffnet er seinen aufrüttelnden Bericht für *Le Temps*. Dramaturgisch äußerst geschickt, baut er die »Affäre« auf, bereits in der Art des beeindruckenden polemischen Stils, den er später als Teilnehmer und Augenzeuge der großen französischen Affären, Dreyfus und Panama, entwickeln sollte.

Was sich tatsächlich in Washington ereignet hat, ist eher traurig. Der Kongreß verabschiedet im März 1867 ein Gesetz, das *Tenure of Office Act*, der es dem Präsidenten untersagt, Regierungsbeamte ohne Zustimmung des Senats zu entlassen. Das neue Gesetz soll hauptsächlich dazu dienen, Mr. Stanton als Chef des Kriegsministeriums zu erhalten; denn dieser ist ein ergebener Freund und Anhänger der radikalen Kongreßführer. Mr. Johnson jedoch entläßt den Minister ungeachtet des Gesetzes.

Am 24. Februar 1868 erhebt das Haus Anklage gegen den Präsidenten, und im darauffolgenden Monat versammelt sich der Senat unter dem Vorsitz des Oberstaatsanwalts Chase zur Verhandlung dieses sensationellen Falls. Clemenceau beobachtet:

»Mr. Johnson ist, wie einst Medea, ganz auf sich gestellt. Er ist sein einziger verbleibender Freund. Leider ist das nicht ausreichend.«

Und doch – bei einer fehlenden Stimme zu der nötigen Zweidrittelmehrheit, gelingt es dem Senat nicht, den Präsidenten zu verurteilen. Die radikalen Republikaner sind enttäuscht, und Enttäuschung empfindet auch der Korrespondent aus Paris. Mr. Johnson beendet seine Amtszeit, bekämpft vom Kongreß und in die Enge getrieben, von den Republikanern mit offener Verachtung gestraft.

Trotz seiner Leidenschaft für das Recht hat Clemenceau nicht erkannt, daß eine Verurteilung des Präsidenten unfair gewesen wäre. Denn das Gesetz wurde hauptsächlich eingebracht und verabschiedet, um Johnson eine Falle zu stellen. Clemenceaus Urteil ist hier eindeutig von seiner Sympathie und seinem Haß beeinflußt, wenn nicht gar diktiert. Johnson ist ihm zutiefst zuwider, und seine Sympathien gehören voll und ganz den radikalen Republikanern.

Er glaubt an General Grant, den er, lange vor den Wahlen 1868, im Armeehauptquartier kennengelernt hat und den er sehr bewundert. Unmittelbar nach seiner Ankunft im Jahr 1865 unternimmt er eine hastige Reise in den Süden. Er findet Richmond in Trümmern und General Grant in bester Form vor. Als er, zweiundfünfzig Jahre später, eine feierliche Rede an die amerikanischen Truppen in Frankreich hält, sollte er sich an diesen Besuch erinnern: »Schon lange kenne und bewundere ich sämtliche amerikanischen Institutionen. Ich bin während der letzten Tage des Bürgerkriegs in Ihrem Land gewesen und habe Richmond fünf Minuten vor General Grants Einnahme gesehen.«

Die erste große Rede vor dem Kongreß, über die er für die Zeitung berichtet, ist die von Thaddeus Stevens aus Pennsylvania vom 18. Dezember 1865. Der ungestüme Vorsitzende des Bewilligungsausschusses ist bekannt geworden als leidenschaftlicher Gegner des Südens und aktiver Führer der radikalen Republikaner, der beschlossen hatte, die »Rebellen« hart zu bestrafen. Es handelt sich um denselben Thaddeus Stevens, den Präsident Johnson an Washingtons Geburtstag 1866 in einer barschen Rede vom Balkon des Weißen Hauses aus attackierte. Stevens, Summer und Philipps versuchten – nach Mr. Johnson – nicht nur, den Präsidenten seiner gesetzlichen Macht zu berauben, sondern unterstützten auch Pläne zu seiner Ermordung.

Clemenceau steht begeistert auf ihrer Seite und glaubt, sie setzten die große französische Tradition der »Menschenrechte« fort. Er beobachtet die Kampagne zur Präsidentenwahl des Jahres 1868 nicht nur als interessierter Beobachter, sondern als leidenschaftlicher Partisan. Er will, daß General Grant gewinnt.

Den amüsanten Geschichten über diese Kampagne zufolge ist es ihm anscheinend doch gelungen, ein distanzierter Augenzeuge der farbenfrohen Auseinandersetzug zu bleiben – reserviert, witzig und boshaft.

»Der amerikanische Karneval findet alle vier Jahre statt und dauert ungefähr zwei Monate. Der Vorwand für die allgemeine, große Zügellosigkeit des Geistes ist die Wahl des Präsidenten.«

Er beschreibt die prächtigen Versammlungen am Union Square, die Tribünen und Stände, mit japanischen Laternen geschmückt. Höhnisch und erstaunt beobachtet er eine Massenveranstaltung von achttausend Menschen in der Tammany-Hall. »Als der Redner das Pult betritt, wird er von Hurra-Rufen begrüßt, wie sie nur irische Kehlen hervorbringen können und die ich nur mit dem Brüllen wilder Tiere vergleichen kann ... «

Der Franzose ist von der überschwenglichen Ungeschliffenheit der politischen Kultur Amerikas verwirrt und auch etwas abgestoßen. Aber als Grant gewinnt, ruft er voller Jubel aus:

»Der Sieg der Republikaner ist überwältigend und überzeugend. Er bietet eine sichere Garantie dafür, daß die Reaktion nicht an die Macht gelangt und daß man die Schwarzen nicht der Gnade ihrer ehemaligen Herren ausliefern wird. Amerika will und wird aus seinen früheren Sklaven Bürger und freie Menschen machen.«

Seinen abschließenden Artikel in *Le Temps* vom 7. Mai 1870, in dem er die Ratifikation des *Fifteenth Amendment* kommentiert, hat er kurz nach seiner Rückkehr aus den Vereinigten Staaten in Paris verfaßt. Mit ganzem Herzen stimmt er dieser Ergänzung der amerikanischen Demokratie zu, die garantieren soll, daß »das Wahlrecht der Bürger in den Vereinigten Staaten weder von den Vereinigten Staaten, noch von einem Einzelstaat, auf Grund der Rasse, Hautfarbe oder dem ehemaligen Sklavenstand aberkannt oder beschnitten werden kann.«

Er ist als Junggeselle nach Amerika gekommen – und kehrt als verheirateter Mann nach Hause zurück.

Miss Mary Plummer lernte er kennen, als er an der Mädchenschule Catherine Aiken in Stamford, Connecticut, Französisch unterrichtete. Sein Vater hatte ihm aus Ärger über den verlängerten Auslandsaufenthalt seine Unterstützung entzogen, und Georges war daher gezwungen, diese Arbeit anzunehmen. Er erweist sich als glänzender Pädagoge – obwohl sich sein faszinierendes Aussehen und sein gallischer Charme als Gefahr für das seelische Gleichgewicht seiner Studentinnen herausstellte. Am Promotionstag des Jahres 1868 schenken »Dr. Clemenceaus dankbare Schülerinnen« ihm ein schönes Exemplar von Washington Irvings *Sketch Book*. In der kollektiven Widmung »Unserem verehrten Lehrer ...« erscheint auch der Name der verwaisten Tochter von General Plummer aus Springfield.

Sie stammt aus gutem Hause aus Neu-England und wird von einer kleinen Armee Vormunde, Onkel und Tanten gut bewacht. Ihr plötzlicher Einfall, einen unbekannten Fremden zu heiraten – einen räuberischen, jungen Mann mit zweifelhaften Überzeugungen und exzentrischen Manieren – empfindet der Plummer-Clan als skandalöse Kaprice. Sie ist wahnsinnig verliebt in ihren faszinierenden Französischlehrer – diesen jungen Tiger, der so unversehens zum Wächter des unschuldigen Schafes wurde.

Die junge Dame verschließt sich allen Vernunftsgründen. Sie konfrontiert ihre Familie mit einem *fait accompli*: »Ich bin seine Verlobte!«

Die Situation wird noch prekärer, als sich Clemenceau rundweg weigert, an einer religiösen Zeremonie teilzunehmen: Er ist »Freidenker« und hält sich treu an den einst in seinem anti-klerikalen Manifest formulierten Grundsatz: »Handle, wie du denkst! Widersetze dich strikt der Anwesenheit eines Priesters bei Geburt, Heirat und Tod!«

Kein Vertreter der Kirche ist dabei, als Mary Plummer am 25. Juni 1869 im Rathaus von New York die Frau von Monsieur Georges Clemenceau wird.

Er kehrt nach Frankreich zurück, wo er in der Zwischenzeit bereits einmal für ein paar Monate gewesen ist, um den Plummer-Clan der Familie Clemenceau vorzustellen. Diesmal kommt er, um für immer zu bleiben, und zwar zu einem Zeitpunkt von größter historischer Bedeutung. Es ist das Jahr 1870 – ein schicksalhaftes Jahr für das Zweite Empire, für Napoleon III., für Frankreich und für Clemenceau. Es ist die tragische Stunde von Sedan, von *La débâcle*. Georges läßt seine junge amerikanische Frau in der Bretagne und eilt nach Paris.

Sein alter Feind ist besiegt: der glatte und unberechenbare Despot mit den gefälligen Manieren und der gefühllosen Seele hat sein gewagtes, schlaues Spiel verloren. Der Stern des radikalen Republikaners geht auf, des strengen Verfechters der Freiheit und Gerechtigkeit, des nüchternen und starren Patrioten. Hier steht er in loderndem Glauben an sich selbst und an den Genius Frankreichs; er brennt auf Taten, Kämpfe und Macht – der zukünftige Bürgermeister von Montmartre, der zukünftige Inhaber zahlloser Ämter und politischer Funktionen; der zukünftige Lenker der Geschicke seines Landes in der Stunde der entscheidenden Prüfung. Hier ist er, der kommende Herr der *Grande Nation* – und bietet einer besiegten Nation seine brillante Intelligenz an, seine Willenskraft, seinen Ehrgeiz, seinen Witz, seine Grausamkeit, seinen Glauben, seine ausdrucksstarke Begeisterung und seine wilde Lust auf Rache. Der junge Gelehrte und Redner, der aus den Vereinigten Staaten zurückkehrt, findet sein Land am Rande des Zusammenbruchs vor. Die Aufgabe des wahren Patrioten ist es, zu handeln oder Taten vorzubereiten, und nicht zu klagen. Die Demütigung muß gerächt, die Nation wieder aufgebaut werden.

Reconstruction – das ist das Hauptthema in Clemenceaus Briefen aus Amerika gewesen. Seine Beobachtungen und Erfahrungen in den Vereinigten Staaten haben ihn in mancher Hinsicht auf die Pflichten und Gefahren seiner eigenen Laufbahn – seiner Laufbahn im Dienste Frankreichs – vorbereitet. Er hat viel gelernt in diesen fünf ereignisreichen Wanderjahren, und er wird seine Kenntnisse gut anwenden.

»Wiederaufbau ... «, denkt er. »Dort drüben bauen sie auch wieder auf – tapfer und tüchtig. Warum sollten wir nicht dasselbe tun?

La France est morte: Vive la France.«

DER PROPHET DER REVOLUTION

LEO TROTZKI, EIN ERFOLGREICHER Schriftsteller und erfolgloser Staatsmann, hat für Menschen, die zu sehr mit ihren »privaten« Angelegenheiten beschäftigt sind, nur stolze Verachtung übrig. Er verspottet die sogenannten »fiktiven Werte« wie Liebe und Großzügigkeit, Patriotismus, Freiheit und den Trost der Religion. All diese Regungen und Sehnsüchte sind, seiner Meinung nach, nicht nur trügerisch, sondern auch objektiv schädlich, lenken sie doch den Geist von der einzigen Aufgabe ab, die einen ewigen Wert besitzt – *die Revolution*.

Seine Zuversicht basiert vollständig auf dem Gedanken der totalen, permanenten Weltrevolution – die nicht nur die endgültige Lösung aller irdischen Probleme mit sich bringen wird, sondern an sich schon einen reinigenden Prozeß darstellt und alles umfaßt, »was die Menschheit aus der dunklen Nacht des eingeschränkten Ichs befreit«.

»Die Bewegung ist ohne Zweifel unregelmäßig und gewunden, aber die

Tendenz ist konstant. Was immer eine Regierung zu Gunsten der Revolution unternimmt, wird unantastbar; was immer dagegen unternommen wird, zieht einer Wolke gleich vorbei: Ich erfreue mich an diesem Schauspiel, dessen einzelne Zeichen ich alle deuten kann; ich beobachte diese Veränderungen im Leben der Welt, als ob ich die Erklärungen dafür direkt von oben empfangen hätte; was andere niederdrückt, erhebt mich immer mehr, inspiriert und bestärkt mich; wie kann man von mir erwarten, das Schicksal anzuklagen, mich über Leute zu beschweren und sie zu verfluchen? Schicksal – dafür habe ich nur ein Lachen übrig; und was die Menschen angeht, so sind sie mir zu unwissend und zu versklavt, um mich über sie ärgern zu können.«

Auf der letzten Seite seiner Autobiographie zitiert Trotzki diese in einer Gefängniszelle geschriebenen Worte des französischen Sozialisten Proudhon und stimmt ihnen, »trotz des leichten Beigeschmacks geistlicher Beredsamkeit«, zu.

Der Hohepriester der Revolution – distanziert und stolz: gesegnet mit dem Besitz der letzten Wahrheiten – hat für jede Art private, gefühlsbetone Lebensauffassung nur eisige Verachtung übrig. Sein einschüchternder Blick läßt jede rührselige Neugierde im Keim ersticken. Und doch berührt uns das Ausmaß seiner Bemühungen und seiner Leiden auf ganz menschliche Weise.

Welches Pathos steckt in dieser Persönlichkeit und ihrer Geschichte! – Ein Autokrat im Reich der Theorie, doch heimat- und machtlos in der Realität; von einem Land in ein anderes abgeschoben – ein gehetzter Pilger, der Ewige Jude, mit der Bürde seiner außerordentlichen Intelligenz und seines gewaltigen Hasses belastet; umgeben von gelehrigen Schülern, sichtbaren und unsichtbaren Feinden und seinen ungewöhnlichen und starken Erinnerungen.

Kein Dichter würde es wagen, sich solch ein atemberaubendes Drama auszudenken wie das Leben Leo Trotzkis – mit seinem besonderen Höhepunkt, dieser kurzen und heftigen Phase der Erfüllung und Realisierung. Zwischen zwei unendlich langen Zeitabschnitten des Exils trägt er die gewaltige Verantwortung tatsächlicher Regierungsgewalt, die Greueltaten, Leistungen, Freuden und Schrecken einer nahezu unbegrenzten Macht. Welch ein Kontrast besteht zwischen diesen Jahren düsteren Glanzes und all den anderen davor und danach – dieses ständige Märtyrertum in schmuddeligen Hotelzimmern, trostlosen Wohnungen und gemieteten Villen – irgendwo in Frankreich, Österreich oder der Schweiz, später in der Türkei und dann in Mexiko. Die Eintönigkeit, die ewige Anspannung, die aus Stolz verborgene Verzweiflung der langen, trüben Abende, der sengenden Sommertage, der regnerischen Nachmittage im Herbst! Jene zahllosen Stunden, leer und ohne Ruhe, während der die großen Pläne und Berechnungen in ihm gären; er über die Weltlage nachdenkt; seine Feinde verflucht, unbarmherzig ihre Fehler und Vergehen analysiert; stets bereit, nach Rußland zurückzukehren und wieder die Herrschaft zu übernehmen.

Es ist eine seltsame Erfahrung, ihm ein Stück in die öde Würde seiner ruhelosen Existenz zu folgen: sich seinen Alltag zu dem einen oder anderen Zeitpunkt, der einen oder anderen Station der Wanderschaft vorzustellen.

»Sonntag, den 13. Januar 1917. Wir fahren an New York heran. Um drei Uhr nachts Erwachen. Wir stehen. Es ist dunkel. Kalt. Windig. Am Ufer ein nasser, gewaltiger Häuserhaufen. Die Neue Welt!«

Mit schweren Schritten wandert Leo Trotzki auf Deck auf und ab – eine schwermütige und melancholische Gestalt in seinem langen, schweren Überzieher. Seine Frau folgt ihm wie ein gehorsamer Schatten. Die beiden Knaben schnattern aufgeregt. »Ist das die Neue Welt, Papa?« Sie fragen in mehreren Sprachen, in Französisch, Deutsch und Russisch, da sie in so vielen verschiedenen Ländern aufgewachsen sind. In Paris haben sie sich mit den Kindern der Concierge in einer anmutigen Umgangssprache unterhalten; sie haben die Scherze der Kutscher und Soldaten in Wien verstanden, und sie haben sogar gelernt, deutsch mit dem seltsamen und vertrauenserweckenden Schweizer Akzent zu sprechen. Jetzt sollen sie Englisch lernen. Geübt haben sie es bereits mit den Stewards und Matrosen.

»Est-ce que c'est le Nouveau Monde, papa?«

Der nickt traurig, beinahe ärgerlich. Sehr glücklich scheint er nicht zu sein.

Die Jungen setzen jedoch ihre quälende Fragerei fort: »Werden wir lange bleiben, Papa?«

Er zuckt die Achseln. »Es hängt alles von den Entwicklungen in Europa ab ... Ich habe gute Gründe anzunehmen, daß die Revolution ...«

Die Revolution ... Die Jungen wiederholen das Wort mit glänzenden Augen, wie andere Kinder »Weihnachten« sagen.

Madame Trotzki tritt hinzu:«Die beiden werden sich erkälten – sie sollten in den Speisesaal gehen. Hier draußen ist es schrecklich kalt. Welch eisiger Wind! Weißt du, Serjoscha braucht wirklich einen neuen Mantel ... «

»Ich bin in New York, in der märchenhaft prosaischen Stadt des kapitalistischen Automatismus, wo in den Straßen die ästhetische Theorie des Kubismus und in den Herzen die sittliche Philosophie des Dollars herrscht. New York imponiert mir als der vollkommenste Ausdruck des Geistes der Gegenwartsepoche.«

Diese weder besonders originellen noch enthusiastischen Äußerungen sind beinahe alles, was Trotzki in seinem dicken Buch *Mein Leben* über den Charakter der größten Stadt der Welt zu sagen weiß. Ein späteres und in einem ganz anderen Zusammenhang gefälltes Urteil ist noch vernichtender:

»New York – mit seiner automatischen Gleichgültigkeit gegenüber Menschen ohne Scheckbuch – hat es zur technischen Perfektion gebracht, den Menschen das Mark aus den Knochen zu saugen ... «

Das steht in einem recht bemerkenswerten Aufsatz über Célines Roman *Reise ans Ende der Nacht*. Dieser verzweifelte französische Nihilist, Louis-Ferdinand Céline, hat New York wirklich *gesehen* – wenn auch nur seine alptraumhaften Aspekte: die Gemeinheit, den Schmutz und die abstoßende Grausamkeit der Stadt. Man fragt sich, ob Trotzki überhaupt etwas gesehen hat. Bei all seiner psychologischen und sozialen Einsicht ist er doch taub und blind: geblendet von seiner fixen Idee, seinem Idol und seiner Obsession – der Revolution.

Mag es auch paradox erscheinen, die meisten Reformer sind von den abstrakten Problemen der Sache derart eingenommen, daß sie eindeutig wenig Interesse für die Menschen zeigen. Es fällt schwer, ganz ohne Schaudern nachzulesen, was Trotzki über Paris zu sagen hat oder eben nicht zu sagen hat. Mit ziemlich erschreckender Offenheit gibt er zu, er habe sich bemüht, die bezauberndste Stadt der Welt einfach zu »ignorieren«. »Ich war dagegen eingestellt, da ich fürchtete, sie könne mich von meiner wesentlichen Aufgabe ablenken, der Vorbereitung der Revolution.«

Als er nach einem zweimonatigen, stürmischen Aufenthalt New York wieder verläßt, bekennt er:

»Zu sagen, daß ich New York kennengelernt habe, wäre eine schreiende Übertreibung, allzubald hatte ich mich – und zwar bis über den Kopf – in die Angelegenheiten des amerikanischen Sozialismus vertieft. Die russische Revolution kam schnell. Ich hatte allenfalls Zeit gehabt, den allgemeinen Rhythmus jenes Ungeheuers zu erfassen, das man New York nennt. Ich reiste nach Europa ab mit dem Gefühl eines Menschen, der nur mit einem Auge in jene Schmiede hineinblicken konnte, in der das Schicksal der Menschen geschmiedet wird.«

Er erkennt nur allzu deutlich die eminente Bedeutung der Vereinigten Staaten für sämtliche zukünftigen Entwicklungen weltweit – politisch, kulturell und sozial. Er fragt sich immer wieder: »Wird Europa bestehen können? Wird es nicht zu einem Totenhaus herabsinken? Und werden sich nicht die wirtschaftlichen und kulturellen Zentren nach Amerika verlagern?« Dennoch erlaubt er es sich nicht, die Lebensformen der Amerikaner und ihre Neigungen auch nur oberflächlich kennenzulernen. Er trifft ausschließlich seine vertrauten politischen Gefährten, vornehmlich Russen; mit Ausnahme der politischen Versammlungen, bei denen er selbst als Redner auftritt, besucht er keine öffentlichen Veranstaltungen. Vergeblich suchen wir in seinen Memoiren nach Hinweisen auf irgendwelche besondere Schönheiten oder interessante Merkmale New Yorks; es werden keinerlei Namen genannt, weder in polemischer noch sonst irgendeiner Absicht, die man mit dem kulturellen Leben Amerikas verbindet. Seine asketische Einstellung verbietet jeden sozialen, intellektuellen oder freundschaftlichen Kontakt zu anderen Menschen, ausgenommen einer kleinen Gruppe aktiver Sozialisten.

Es kursieren zahlreiche Geschichten, angeregt von Klatsch oder politischer Bosheit, über seine schmutzigen und abenteuerlichen Machenschaften in den Vereinigten Staaten. Er sei ein Trunkenbold und regelmäßiger Besucher einer üblen Spelunke in der Nähe seiner Wohnung; er habe seinen Vermieter betrogen und sei sogar so weit gegangen, Teppiche, Möbel und Bilder zu stehlen; als Experte jeglicher Art von Lasterhaftigkeit habe er die schlimmsten Viertel San Franziskos ausgekundschaftet. Das alles ist ganz offensichtlich Unsinn und üble Nachrede, doch irgendwie schneiden diese Geschichten gegenüber den eher langweiligen Fakten nicht schlecht ab: Denn die Angewohnheiten und Laster, die man Trotzki so verschwenderisch angedichtet hat, lassen ihn zwar menschlicher erscheinen, setzen aber andererseits seine Persönlichkeit herab. Der Prophet des Kommunismus hat weder Zeit noch Energie für solch kindische Ausschweifungen. Wir haben keinen Grund, die Richtigkeit seiner Aussage in Frage zu stellen: »Ich habe mich in New York ausschließlich als revolutionärer Sozialist betätigt.«

Er läßt sich ganz bescheiden in der Bronx, inmitten von Arbeitern, nieder. Er führt das Leben eines beschäftigten Journalisten oder eines unbedeutenden Politikers: gesellig, allerdings auf eine strenge, utilitaristische Weise; ohne Glanz und Leichtfertigkeit; überlastet von der Arbeit, den Versammlungen und Diskussionen. Am Tage nach seiner Ankunft schreibt er bereits für die russische Zeitung *Nowy Mir* (»Die Neue Welt«), deren Redaktion er später beitritt. Abwechselnd arbeitet er mit den russischen Mit-Exilanten zusammen oder streitet mit ihnen. Mit Bucharin zum Beispiel, den er nicht ungern mag, den er aber für »zu leicht zu beeindrucken« hält, für »stets von jemanden beeinflußt, beherrscht«; oder Madame Kollontai, über deren »ultra-linke« Haltung in jener Zeit er sich, besonders im Hinblick auf ihre spätere Kapitulation vor Stalin, dem »Verräter der Revolution«, in seinen Memoiren lustig macht.

Er nimmt an den politischen Aktivitäten und regen Diskussionen der internationalen Arbeiterkreise von New York teil und erneuert oder knüpft Kontakte mit amerikanischen, deutschen, finnischen oder jüdischen Sozialisten. Prompt und mit Leidenschaft iniziiert er eine Bewegung mit dem Ziel, den linken Flügel der Partei von dem »rechten« zu spalten. Denn mit der lauen Haltung der Sozialdemokraten ist er nicht einverstanden, greift ihre Vorsichtigkeit, ihren rein gefühlsmäßigen Pazifismus und ihren unterwürfigen Respekt vor nationalen Einrichtungen an: »Woodrow Wilson bedeutet ihnen mehr als Karl Marx ... «

Amerika rüstet für den Krieg – einen Krieg, den er mit sardonischem Spott »den Krieg für Freiheit und Demokratie« nennt. Er bemerkt, daß die neue Woge eines lärmenden Nationalismus sogar auf altgediente Sozialisten, wie den Führer der amerikanischen Partei, Hillquit, ihre Wirkung ausübt. Er debattiert mit dem damaligen Führer des amerikanischen Arbeiterbundes, Gompers, einem holländischen Juden und früheren Zigarrenfabrikanten, der im Widerspruch zu seinem langen Weg des proletarischen Kampfes die Meinung vertritt, Arbeiterorganisationen sollten sich aus der

Politik heraushalten. Trotzki mißfallen gewisse anarcho-syndikalistische Züge in Gompers Konzeption einer unpolitischen Arbeiterbewegung. Bei seinem heftigen Temperament bleibt es nicht aus, daß er auch mit solch respektablen Veteranen des Sozialismus wie dem alten Schlüter, dem Herausgeber der *Volkszeitung*, aneinandergerät.

Unter den jüngeren Redakteuren dieses deutschen Blattes gibt es jedoch einen Mann, dessen Talent und Integrität der revolutionäre Psychologe sofort erkennt: Ludwig Lore, der damals in den Anfängen seiner journalistischen Karriere steckt, wird einer der wenigen engen Freunde jener Zeit. In Lores Brooklyner Wohnung – wo Trotzki nach seiner Ankunft einige Tage gewohnt hat – trifft sich, gewöhnlich einmal in der Woche, eine Gruppe junger Radikaler, um Meinungen und Beobachtungen auszutauschen. Sie trinken Tee und verfluchen den Kapitalismus. Die Luft ist erfüllt vom Rauch ihrer Zigaretten, erfüllt von ihrer gemeinsamen Empörung und ihrer unerschütterlichen Zuversicht. Sie diskutieren Pläne für eine neue sozialistische Wochenzeitschrift, die endlich den marxistischen Geist wirklich widerspiegeln würde. Sie sind schwärmerisch, intelligent und wähnen sich völlig realistisch. Sie verachten Illusionen, besonders hinsichtlich der Demokratie. Trotzki hat in seinem ersten Beitrag im *Nowy Mir* verkündet:

»Ich habe ein blutgetränktes Europa verlassen, aber ich habe es verlassen in dem tiefen Glauben an die kommende Revolution. Und ohne demokratische Illusionen habe ich den Boden dieser reichlich gealterten Neuen Welt betreten ...«

Aber der Glaube an die Revolution, ist nicht auch er eine Illusion?

Trotzki und seine Freunde sind fest davon überzeugt, daß der Weltkrieg unbedingt, ja ganz zwangsläufig die Revolution fördert. Noch wissen sie nicht, in welchem Land das große Ereignis beginnen wird; aber sie zweifeln keinen Augenblick, daß der lang ersehnte Prozeß, ist er erst einmal in Bewegung geraten, sich – schnell und triumphierend – über den gesamten Erdball verbreiten und aus dem Morden und der Zerstörung eine heilere und bessere Welt hervorgehen wird.

In dem fatalen Jahr 1917 hat Trotzki kaum Zeit für distanzierte Beobachtungen. Noch hat er nicht die Position, um flammende Reden an die Massen auf Moskaus Rotem Platz richten zu können, er muß sich mit Ansprachen an die Sozialisten in Brooklyn und Newark, Baltimore, Philadelphia und Pittsburgh begnügen. Er berichtet den amerikanischen Arbeitern von den Verwicklungen in Europa und verkündet, daß die unaufhaltsame Revolution alle Probleme lösen wird. Seine einleuchtenden Erklärungen und begeisternden Prophezeiungen beeindrucken seine Zuhörer zutiefst, auch wenn er in der Regel einen Dolmetscher benötigt, um sich überhaupt verständlich machen zu können. Sein Englisch ist noch immer ungenügend: er kennt zwar sämtliche »langen« Wörter, ist aber ziemlich hilflos bei allen Wörtern mit weniger als vier Silben. In der Öffentlichkeit spricht er ausschließlich Russisch oder Deutsch.

Doch obwohl er die Landessprache weder lesen noch sprechen kann, gelingt es ihm, ein paar kleine, persönliche Eindrücke von dem amerikanischen Charakter zu sammeln: sicherlich recht zufällige Eindrücke, aber amüsant und vielleicht sogar bezeichnend. Beispielsweise ist Trotzki tief gerührt von dem merkwürdigen »Edelmut« eines farbigen Portiers, der in Trotzkis Apartmenthaus die Mieten kassiert und mit dem Geld verschwindet. Nur einem einzigen Menschen will der Portier damit tatsächlich schaden, dem Hausbesitzer. Er nimmt daher das Geld ausschließlich von Mietern, die vom Hausbesitzer bereits eine ordentliche Quittung erhalten haben, so daß der »Kapitalist« auch keine rechtliche Möglichkeit hat, erneut das Geld einzutreiben. Was die neuen, russischen Mieter anbelangt, begeht er jedoch einen Fehler, und Trotzki sieht sich schon genötigt, ein weiteres Mal zu bezahlen. Als der Portier dies aber bemerkt, gibt er – »heimlich und bei Nacht« – das Geld wieder zurück.

Trotzki erinnert sich mit grimmiger Befriedigung an diese Geschichte und fügt ironisch hinzu: »Es enthüllte sich mir gleichsam ein Eckchen des ›schwarzen‹ Problems der Vereinigten Staaten.«

Dann gibt es da noch zwei agile Vermittler, die in gewisser Weise eine indirekte Vetraulichkeit zwischen dem russischen Genie und dem normalen amerikanischen Alltag schaffen. Die aufgeweckten Söhne Trotzkis, die schon in jungen Jahren so viele verschiedene Sprachen und nationale Eigenheiten kennengelernt hatten, haben sich innerhalb einiger Wochen dem Tempo, dem Witz und dem Slang der New Yorker Jugend angepaßt und sind gerade dabei, die Geheimnisse von Eiscremesoda, Baseball und der lustigen Bildgeschichten zu erfassen. Die Jungen fühlen sich in New York zu Hause. Sie sind zu arglos, die Fäulnis des Kapitalismus zu erkennen, und offen genug, den turbulenten Charme dieser Stadt zu genießen.

Man fragt sich heute, ob die beiden Kinder wirklich so begeistert waren, wie man es von ihnen erwartete, als sie die große Neuigkeit erfuhren: *Revolution in Petrograd...*

Endlich ist es passiert, das große Ereignis ist eingetroffen, lang ersehnt, oft prophezeit und dennoch rätselhaft, mit tiefgreifenden und nicht absehbaren Folgen. Keiner kann sagen, was genau vor sich geht. Glaubwürdige Nachrichten aus Rußland sind seltener als echter Kaviar. Herausgeber und Kolumnisten sind wie wild; in Trotzkis Wohnung läutet unaufhörlich das Telephon. Mit einem Mal konzentriert sich das Interesse der Öffentlichkeit auf die Radikalen aus Rußland. Dutzende von Reportern bestürmen Mr. Trotzki: »Was wird als nächstes passieren?« Er verkündet: »Wir werden in Rußland die Regierung übernehmen. Von dort aus wird sich die Revolution weiter in Europa ausbreiten und schließlich die ganze Welt erobern. Der Weltkrieg ist vorbei. Die Weltrevolution hat begonnen.«

In diesem außerordentlichen Tumult geraten die Jungen beinahe in Vergessenheit. Während sein Vater, von Glücksgefühlen und Entschlossenheit beflügelt, eilig die Abreise nach Rußland vorbereitet, liegt Serjoscha, der jüngere, mit Diphtherie im Krankenhaus. Serjoschas erster Tag zu Hause soll der letzte Tag für seine Familie in New York sein. Der Vater ist mit Besuchern, Telephonanrufen, letzten Mitteilungen an die Zeitungen und Planungen vollauf beschäftigt – währenddessen Madame Trotzki den Haushalt auflöst, packt und sich von Freunden verabschiedet. Keiner kümmert sich um den Jüngsten. Sogar sein Bruder ist außer Haus, vielleicht erledigt er einen Auftrag für seinen Vater oder tobt sich ein letztes Mal beim Baseball aus oder amüsiert sich über die Comics in den Zeitungen.

Serjoscha wird es leid, ganz allein in dem Durcheinander herumzusitzen. Er beschließt, ohne Begleitung einen Spaziergang durch die vertrauten Straßen der Bronx zu unternehmen.

Doch die Straßen sind keineswegs so vertraut, wie er gedacht hat. Vielleicht ist er etwas weiter als sonst gegangen, oder er hat während seines Krankenhausaufenthalts den Anblick der vertrauten Straßenzüge vergessen. Er hat sich jedenfalls verlaufen und kann sich, in der wachsenden Panik, nicht einmal an seine Adresse erinnern. Plötzlich fühlt er sich hilflos, verlassen und sehr einsam. Die Leute und selbst die Häuser sehen feindlich und abweisend aus. Er ist gelähmt vor Angst und ganz in Selbstmitleid versunken. Warum hat man ihn so allein gelassen? Seine Eltern haben ihn nicht mehr lieb. Er beginnt zu schluchzen; er weint bitterlich.

Ein riesiger Polizist beugt sich zu ihm herunter: »Was ist mit dir, Kleiner?« Seine Stimme klingt tröstlich – der tiefe, freundliche Baß eines wohlmeinenden Riesen.

Mit tränenerstickter Stimme schluchzt Serjoscha: »Ich habe meinen Papa verloren ...«

»Nur mit der Ruhe«, gemahnt der freundliche Riese.

Ein paar Stunden später erscheint Trotzki auf dem Polizeirevier, um seinen kleinen Jungen abzuholen. Er findet ihn mit den Polizisten kartenspielend, lachend und vollkommen zufrieden vor.

Der Vater umarmt ihn mit wilder, fast beängstigender Zärtlichkeit. »Wo bist du gewesen?« Seine Stimme klingt seltsam bedrückt. »Serjoscha, mein Liebling – ich habe solche Angst gehabt ...«

»Ihr Kind auch, Mister«, bemerkt der riesenhafte Polizist. »Ich fand ihn mutterseelenallein auf der Straße, er wimmerte wie ein junger Hund.«

Grob versetzt ein anderer Polizist: »In diesem Land lassen wir unsere Kinder nicht wie Landstreicher durch die Straßen ziehen.«

Trotzki lächelt schwach und entschuldigend: »Ich bitte um Verzeihung, Gentlemen. Ich war so überaus beschäftigt ...« Er fühlt sich in der Gegenwart uniformierter Beamter immer ein wenig unwohl.

Sie starren ihn mit unverhülltem Mißtrauen an. Seinen weichtönenden, starken Akzent und seine nervösen Gesten mögen sie nicht. Er wirkt auf sie wie eine recht zweifelhafte Existenz: wahrscheinlich einer von diesen »subversiven Elementen«, die eigentlich eingesperrt gehören.

Der Junge schweigt, als er mit seinem Vater das Revier verläßt.

Einer der Polizisten murmelt: »Ein netter Junge. Viel zu gut für den alten Mann. ›Überaus beschäftigt ...‹« Ärgerlich spuckt er quer durch das Zimmer, wobei er mit bemerkenswerter Geschicklichkeit nach dem Spucknapf zielt. »Alberner, alter Esel«, fügt er hinzu.

Währenddessen marschieren Vater und Sohn Hand in Hand dem Trotzkischen Heim entgegen – kein wirkliches Heim mehr, da Madame Trotzki, umgeben von einem schrecklichen Chaos gerade dabei ist, die Koffer zu schließen.

»Was geschehen ist, tut mir sehr leid.« Trotzki spricht zu dem Jungen in einem sonderbar getragenen Tonfall, als wende er sich an einen Herrn von beträchtlichem Alter und großer Vornehmheit. »Haben sie dich geschlagen?«

Der Junge schüttelt sehr ernsthaft den Kopf. »Nein«, sagt er. »Sie waren sehr freundlich. Ich habe Karten mit ihnen gespielt. Sie wollten, daß ich ein russisches Gedicht aufsage. Aber ich konnte mich nur an ein paar deutsche Verse und einige französische erinnern.«

Sie schweigen. Der Junge bemüht sich, mit seinem Vater Schritt zu halten. Schließlich bemerkt Trotzki, daß Serjoscha ihn mit einem nachdenklichen Blick von der Seite her mustert.

»Was überlegst du?«

»Ich möchte wissen ... «

»Was möchtest du wissen?«

»Warum gehen wir nach Rußland?«

»Rußland ist unsere Heimat, Serjoscha.«

»Aber die Onkel in der Uniform sagen, dort würden schreckliche Dinge vor sich gehen. Dort würden alle netten Leute umgebracht ... «

»Alle netten Leute!« Trotzki stößt ein bitteres, nasales und kurzes Lachen hervor. Er scheint ziemlich verärgert. »Ich wußte doch, daß sie dir eine Menge Unsinn erzählen würden ... « Und dann fügt er feierlich hinzu: »In Rußland herrscht die Revolution.«

»Müssen wir wegen der Revolution dorthin?«

Der Vater nickt ernst. »Ja. Wir müssen dorthin – denn es ist *unsere* Revolution.«

»Und wenn die Revolution beendet ist«, fragt Serjoscha, »können wir dann nach Amerika zurückkommen?«

»Die Revolution wird niemals beendet sein«, erklärt sein Vater. »Die Revolution ist permanent.«

Die Worte versteht Serjoscha nicht, kann aber ihre Tragweite ahnen. »Also müssen wir dort für immer bleiben?«

»Das hoffe ich«, sagt sein Vater.

»Ich habe Angst ... «, flüstert das Kind.

»Angst – wovor?« Er scheint schmerzlich überrascht.

»Ich weiß nicht ...«, Serjoscha senkt den Kopf und errötet.

»Du mußt keine Angst haben!« Der Vater hat jetzt eine starke und kräftige Stimme. »Es gibt keinen Grund zur Furcht. Du wirst zu Hause in Rußland sehr glücklich sein.«

Mit feierlicher Zärtlichkeit, als segne er ihn, berührt er Serjoschas Scheitel.

»Du wirst für den proletarischen Staat arbeiten. Du wirst der Sache dienen. Du mußt pflichttreu und realistisch sein. Du darfst nicht glauben, was dir diese Polizisten erzählt haben. Sie haben keine Ahnung. Sie wissen nicht, was Revolution bedeutet. Aber du, Serjoscha, du wirst es eines Tages verstehen. Du wirst begreifen, daß die Revolution nichts Schreckliches ist, sondern etwas Notwendiges, Schönes und Großartiges. Die Revolution ist das Größte. Es gibt nichts Größeres als die Revolution. Das mußt du glauben, Serjoscha!«

Die Eindringlichkeit, mit der er das sagt, läßt seine Stimme tief und heiser klingen. Serjoscha kann die Hand des Vater noch auf seinem Kopf fühlen; sie ist schwer und kalt. Unversehens überkommt ihn ein starkes und schmerzvolles Mitgefühl; vielleicht ist es die etwas verunsichernde Berührung dieser eisigen Hand, die ihn so tiefes Mitleid mit seinem Vater empfinden läßt. Wie traurig er aussieht – selbst wenn er versucht, glücklich zu sein! »Lieber Gott«, betet Serjoscha, »bitte lasse ihn dort eine schöne Zeit erleben, in Rußland. Und mach, daß die Menschen ihn lieben. Ich glaube, die Polizisten haben ihn nicht so gemocht – nein, ich glaube, das haben sie wirklich nicht. Aber ich möchte, daß man meinen Papa gern hat.«

Manchmal sagt er ein kleines und hastiges Gebet, obwohl man ihn gelehrt hat, daß es so etwas wie einen Gott nicht gibt.

Während er noch immer zu Gott – an den sein Vater nicht glaubt – spricht, vernimmt er wieder das väterliche Flüstern: »Vertraust du deinem Vater nicht, kleiner Serjoscha?«

»Natürlich tue ich das.« Es klingt ein wenig gezwungen. »Natürlich glaube ich an dich, Papa. Wir werden es schön haben – zu Hause, in Rußland.« Und nach einer Pause fügt er träumerisch hinzu: »Und später – ich meine viel später, wenn die Revolution vorbei ist – werden wir nach Amerika zurückkommen. Das habe ich den Polizisten versprochen. Und ich muß in Moskau Wodka für sie besorgen. Sie sagen, Wodka sei etwas Feines. Der

Zar trinke Wodka – sagen sie – sehr viel, jeden Tag. Sie zeigten mir, wie der Zar betrunken herumspringt. Sie sind sehr drollig gewesen, weißt du.«

Er lacht ganz glücklich. Er lebt auf bei der Erinnerung an die Possen seiner uniformierten Spielgefährten.

»Magst du lustige Leute, Papa? Ich schon. Gibt es viele lustige Leute dort in Rußland? Stimmt es, daß Wodka sogar besser schmeckt als Eiscreme? Trägt der Zar eine Uniform? Hat er Hammer und Sichel auf seiner Krone? Wie ist Rußland? Ich bin neugierig ... Ist es wirklich so arg groß? Die Onkel haben gesagt, es sei sogar größer als Amerika und es gäbe eine Menge Bären und die Leute führen in Schlitten herum und das Land läge ganz unter Schnee. Kann man im Schnee denn Baseball spielen? Wann bin ich alt genug, die Revolution zu verstehen? Glaubst du, dreizehn Jahre sind genug, oder muß ich warten, bis ich fünfzig oder hundert bin? Kann ich Zar werden, wenn ich mich sehr anstrenge? Gibt es Polizisten bei einer Revolution? Lügen die Russen? Wie erkennt man, ob Menschen lügen oder nicht? Hast du schon mal gelogen, Papa? – Vor langer Zeit, als du noch ein kleiner Junge warst, meine ich. Hast du damals gelacht? Wann hast du aufgehört zu lachen? Wann hast du begonnen, die Revolution zu verstehen? Bevor ich geboren wurde? Glaubst du, du wirst lachen, wenn du Rußland wiedersiehst? Die Onkel haben so lustige Gesichter – wenn sie lachen – nette Gesichter, finde ich: sogar wenn sie ein bißchen dabei lügen ... «

DER STAATSGRÜNDER

WILSONS VIERZEHN PUNKTE, so wie sie den jeweiligen Regierungen der Mittelmächte angeboten wurden und von ihnen abgelehnt werden, enthalten keine gesonderte Forderung nach der Teilung des Habsburgerreiches Österreich-Ungarn. Wilson neigt, wie die führenden Männer in Paris und London, zu diesem Zeitpunkt eher dazu, unter bestimmten Garantien, die Kaiser Karl von Österreich auch gerne zusichern würde, die Struktur dieser großen Monarchie aufrechtzuerhalten. Die alliierten Staatsmänner sind selbstverständlich der Meinung, daß der Feind Nummer Eins eher das *Reich* als Österreich ist und auch bleiben wird. Von daher scheint es kaum der richtige Entschluß zu sein, das Habsburger Kaiserreich zu zerstören und das *Reich* buchstäblich unangetastet zu lassen. Diese Politik würde auf lange Sicht ja nur Deutschlands potentielle Machtposition stärken. Heute müssen wir zugeben, daß dieser ursprüngliche Plan der Alliierten in vieler Hinsicht weitsichtiger gewesen ist als der, der dann tatsächlich gemäß dem Versailler Vertrag realisiert wurde.

Die einzig vernünftige Lösung, der einzig effektive Weg zu einem dauerhaften Frieden wäre 1918 die sofortige Gründung der Vereinigten Staaten von Europa oder mindestens der Anstoß dazu gewesen.

Da der Zusammenschluß des Kontinents das bleiben muß, was er seit Jahrhunderten gewesen ist – ein utopischer Traum – stellt sich eine andere moralische und politische Forderung, von gleichfalls herausragender Bedeutung, wenn auch relativ bescheiden: Die kleineren Nationen fordern ihre Unabhängigkeit. Ihre dringlichen Anträge basieren auf genau den Grundsätzen, welche die moralische Basis der *Vierzehn Punkte* bilden. Tomáš G. Masaryk, der ins Exil gegangene Führer des tschechischen Volkes, ist gut gerüstet für die verbale Auseinandersetzung mit Woodrow Wilson, der sich zu dieser Zeit als allmächtiger *arbiter mundi* betrachtet und es tatsächlich auch zu sein scheint.

Viele Umstände, wie der historische Augenblick, sowie die persönlichen Faktoren sind günstig für den tschechischen Patrioten und potentiellen Gründer der Tschechoslowakei. Er selbst erklärt mit beinahe napoleonischem Selbstvertrauen: »Ich bin furchtlos, denn ich vertraue meinem Stern.«

Der Weg ist lang und schwierig gewesen: Masaryk ist ein alter Mann, achtundsechzig, als seine Stunde, die tschechische, endlich schlägt. Nicht immer hat sein Stern so hell geleuchtet. Sein Vater war Kutscher irgendwo in Böhmen – ein »Freigelassener« –, paradoxerweise, da er doch nicht frei genug war, um Wohnort oder Beruf zu wechseln.

Sehr viel Mut, Zähigkeit und Kraft sind nötig, will man dem herrischen Stern aus solchen Niederungen in so unerhörte Höhen folgen. Jahr um Jahr hat man gelernt, gegrübelt, vorbereitet. Man war langsam gereift. Einsichtige Lehrer loben den Jungen, bettelarm wie er ist, Sohn einer Magd und eines Kutschers, als ungewöhnlich begabt. Das Studium der Philosophie in Wien und Leipzig wird ihm ermöglicht, seine Doktorarbeit heißt *Die Unsterblichkeit der Seele*. Sechsundzwanzigjährig publiziert er seinen ersten Essay – über Plato. Seine eingehende Untersuchung des Selbstmordes »als ei-

»›Und wenn die Revolution beendet ist‹, fragt Serjoscha, ›können wir dann nach Amerika zurückkommen?‹ – ›Die Revolution wird niemals beendet sein‹, erklärt sein Vater. ›Die Revolution ist permanent.‹« – Leo Trotzki mit seinem Sohn Serjoscha

»Fünfzigtausend Mann werden reaktiviert. Ihr neuer Befehlshaber, ein Professor mit schwarzem Schlapphut und einer sanften, doch ausdrucksstarken Stimme, teilt ihnen mit: ›Ihr werdet die Ehre haben, für die Freiheit unserer Nation zu kämpfen … Fraglich nur, wie wir dies Land erreichen sollen … Wir müssen um die Welt herumreisen.‹« Tomáš Masaryk mit der tschechoslowakischen Armee in Rußland

nes Massenphänomens in unserer Zeit« ist, wie er meint, noch immer sein »Grundbekenntnis«, das Resümee seiner Weisheit. Menschlicher Schwäche begegnet er verständnisvoll und verzeiht leicht. Mit fast puritanischer Strenge aber verwirft er die dunkle Faszination des Todes. Liebe zum Tod – erschreckendstes Symptom für geistige Verkommenheit. Sie isoliert die Seele, entfremdet sie ihren schöpferischen Aufgaben, ist selbstisch und ruinös. – Hat nicht übrigens ein großer Psychologe die Deutschen ein Volk genannt, das, wie kein zweites, der Liebe zum Tode verfallen sei?

Masaryk, der künftige Befreier seines Landes vom germanischen Joch, ist ein Gegner des deutschen Geistes in vielen seiner typischen Äußerungen. Er bewundert Goethe und Beethoven, die größten Deutschen und größten Weltbürger. Tiefes Mißtrauen dagegen bestimmt sein Verhältnis zur deutschen Romantik und deren dunstig-düsterer Sympathie mit dem Tode. Gefährlich scheint ihm der deutsche Kult mit der Organisation, und die preußische Vergötzung des Staates war ihm in beiden Prägungen verhaßt – als reaktionärer Nationalismus und als revolutionärer Materialismus. Von Kant bis zu Hegel, von Nietzsche bis in unsere Tage sind im deutschen Denken brutale Züge stolz hervorgetreten, antihumanistische Tendenzen, für die kein Raum war in Masaryks weiter und sanfter Menschlichkeit.

Natur und Überzeugung machen ihn antiradikal und antihysterisch; er ist ein gemäßigter, versöhnlicher Geist – kein Extremist. Freundlich und ausgeglichen, mild, doch entschlossen, kämpferisch bei aller Toleranz – so stellt er sich uns dar. Freilich: ihm fehlen die finstere Größe, der besessene Egoismus, die dem Genie – geheimnisvolles Vorkommnis – innewohnen. Dennoch ist er zweifellos »ein großer Mann«, da er Willenskraft mit Güte, Leidenschaft mit Vernunft und äußerste Feinfühligkeit mit prächtiger Gesundheit – physisch wie geistig – verbindet.

Für ihn steht der große Mann nicht jenseits der Sittengesetze, und daß große Ziele schlechte Mittel rechtfertigen, bestreitet er entschieden. Keine Leistung, kein Erfolg ist gültig, wo die Wahrheit außer acht bleibt. Gewalt scheint entschuldbar, selbst nötig – unter gewissen Umständen; die Lüge – nie.

Überflüssig, wenn nicht abgeschmackt, seine Abscheu vor dem Kriege zu betonen. Wie sonst hätte der gläubige Sozialist und humanitäre Denker sich verhalten sollen? Doch ist sein Pazifismus kein unwandelbares Abstraktum, vielmehr eine Forderung der Vernunft, die er dem Leben verpflichtet weiß. Zu gewissen Zeiten, unter besonderen Umständen mag man aufgeben, was bei Masaryk ein realistischer oder bedingter Pazifismus und nicht, wie bei Tolstoi, unbedingt und unwandelbar ist.

Masaryk besucht den großen Russen wiederholt; zu den Dingen, die sie am hitzigsten erörtern, gehört die Problematik der Friedfertigkeit. Jetzt ist Tolstoi nicht mehr der Schöpfer, der er in der Jugend und zur Zeit seiner Reife gewesen, der gewaltige Erzähler, passioniert, doch sachlich, der mächtige Sänger von Krieg wie Frieden. Der alternde Meister und Pseudobauer, den Masaryk in Jasnaja Poljana antrifft, ist längst zum brennenden Moralisten geworden, besessen von fixen Ideen und Manien; wissentlich handelt er der eigenen natürlichen Größe zuwider. Aus den Tiefen seines Genies holt er – was? Die trommelnde Beredsamkeit eines Wanderpredigers. Dieser halb vergreiste Tolstoi, – groß noch immer und, selbst im Abstieg noch, rätselhaft ergreifend, verkündet, *Onkel Toms Hütte* sei bedeutender als *Hamlet,* und nur eine Melodie kennt er noch: »Friede! Friede! Friede! – unter allen Umständen und um jeden Preis! Es gibt nichts – in kultureller, politischer oder nationaler Hinsicht – gar nichts, wofür es sich lohnen könnte, Menschenleben zu opfern.«

Masaryk versucht, dem steilen Pathos seines hohen Gastgebers mit geschwinden und verständigen Argumenten zu begegnen: Nicht immer könne man sich gewaltlos verteidigen; nur Gewalt vermöge manchmal, den Sieg des Angreifers zu verhindern oder lebenswichtige Entwicklungen zu beschleunigen, die gewaltlos gar nicht anzubahnen seien. So streiten sie, zwei unerbittliche Idealisten und große schöpferische Geister – und gehen auseinander, – der eine, um sein episches Lebenswerk zu vollenden, der andere, um das Epos seines Lebens fortzusetzen.

In Rußland hatte Masaryk Tolstois ethischen Radikalismus bewundert und abgelehnt, und ebendort gilt es ein paar Jahre nach Tolstois Tod – die eigene Moralphilosophie mit den harten Geboten des politischen Lebens in Einklang zu bringen. Paradoxerweise ist es der Weltkrieg, der dem Kriegsgegner den Wendepunkt bringt: Masaryk verdankt die entscheidende Chance seines Lebens dem furchtbarsten Gemetzel der Geschichte. Er begreift dies. Mit schauriger Sachlichkeit stellt er fest: »Vier Jahre Krieg waren unserer Sache dienlicher, als ein kurzer Krieg es gewesen wäre.«

Erst nach dem Zusammenbruch der Mittelmächte dürfen die Tschechen hoffen, ihren leidenschaftlichen Wunsch erfüllt und die nationale Unabhängigkeit geschaffen zu sehen. Deshalb sabotieren sie nach Kräften und tun das Menschenmögliche, um die Habsburger zu schwächen. Tschechische Soldaten desertieren aus der österreichischen Armee, während in Prag und anderen tschechischen Städten eine organisierte Geheimbewegung, die nationalistische Maffia, bestrebt ist, die Autorität der österreichischen Beamten zu untergraben. Derweil trachten Masaryk und seine exilierten Freunde, die öffentliche Meinung der westlichen Länder für sich zu gewinnen und die Alliierten zur Anerkennung des tschechischen Nationalkomitees als einer legalen Regierung zu bewegen. Unermüdlich agiert in Paris Eduard Beneš, ihm zur Seite General Milan Stefanik, ein Slowake und Freiwilliger in der französischen Luftwaffe.

»Ich bezweifle sehr«, sagt Masaryk später, »daß ich es geschafft haben würde – ohne Beneš ... «

Die ihnen vorgegebene Arbeit in Paris, London und den Hauptstädten verschiedener neutraler Länder ist ebenso anstrengend wie heikel. »Die ganzen vier Jahre lang war es eine Frage mathematischer Kalkulation ... Wie viele Artikel mußte ich schreiben und immer wiederholen! Denn die Leute wußten so wenig über Österreich-Ungarn ... «

Man weiß noch weniger über die Tschechen, bis die Welt plötzlich aufhorcht angesichts dramatischer Berichte von einer tschechischen Armee, die sich in Rußland formiert: Fünfzigtausend Mann, gut gewappnet und bewaffnet, bereit, sich den Alliierten anzuschließen.

Ursprünglich ist es Masaryks Absicht gewesen, die tschechischen Flüchtlinge, verstreut über England, Frankreich, Rußland und die Vereinigten Staaten, zur Armee zu schweißen. Der Zar jedoch lehnt das Angebot ab. Verständlicherweise mißtraut er Soldaten, die willens waren, ihren kaiserlichen Herrn zu bekriegen, auch wenn der fragliche Monarch zufällig sein Feind ist. Der Plan muß also zunächst zurückgestellt werden, da der Hauptteil tschechischer Flüchtlinge in Rußland Zuflucht findet. Erst nach dem Sturz des Zaren kommt Masaryk zum Zuge: er eilt von London nach St. Petersburg, ausgerüstet mit einem falschen Paß und dem unerschütterlichen Glauben an seinen Stern. Fünfzigtausend Mann – Kriegsgefangene der Russen – werden reaktiviert. Ihr neuer Befehlshaber, ein Professor mit schwarzem Schlapphut und einer sanften, doch ausdrucksstarken Stimme, teilt ihnen mit: »Ihr werdet die Ehre haben, für die Freiheit unserer Nation zu kämpfen. Zunächst müssen wir uns mit den Armeen unserer mächtigen Alliierten in Frankreich zusammenschließen. Fraglich nur, wie wir dies Land erreichen sollen ...«

Kaum dürfen sie hoffen, sich den Weg durch die von Österreichern und Deutschen besetzten Gebiete zu bahnen. Ihr gelehrter Generalissimo kommt schnell zum Entschluß: »Wir müssen um die Welt herumreisen. Unser Stern wird uns durch die Weiten Sibiriens an die Küsten Japans und über den Pazifik führen; von San Franzisko nach New York, dann über den Atlantik zu den Schlachtfeldern in Frankreich. Von da wird uns der Stern nach Hause geleiten: Prag erwartet uns, die tschechische Nation betet für unsere glorreiche Rückkehr. Vorwärts! Lang lebe die Tschechoslowakei!«

Freundlich autoritativ, weiß seine milde Stimme ganz anders zu begeistern als die barschen Kommandos irgendwelcher Berufsoffiziere. Die Armee ohne Land marschiert durch ein Rußland, das sich unter den Geburtswehen der totalen Revolution windet, ein chaotisches Rußland – uferlos, feindselig und voll von unbekannten Gefahren. Die auf den Zaren folgende demokratische Regierung bricht zusammen: Lenin und Trotzki kommen an die Macht. Die Bolschewisten beginnen, unter deutschem Druck, die Tschechen zu bedrängen. Trotzki, oberster Chef der sowjetischen Streitkräfte, versucht die Exilarmee aufzuhalten und zu internieren. Zusammenstöße ereignen sich; sogar richtige Kampfhandlungen. Die Revolutionsregierung hält Masaryks Truppen für ein Werkzeug des »Westlichen Imperialismus« und meint, die tschechischen Offiziere unterstünden direkt dem alliierten Oberkommando. Wiewohl klein an Zahl und angeblich gleichgültig russischen Entwicklungen gegenüber, gelten sie den kämpfenden Bolschewiken als potentielle Gefahr. Auch stellen sie allein – inmitten der allgemeinen Auflösung – eine straff organisierte militärische Körperschaft dar. Schon kontrollieren sie streckenweise die transsibirische Eisenbahn.

Zu jenem Zeitpunkt ist der Generalissimo mit dem Schlapphut und der sanft überzeugenden Stimme bereits unterwegs in die Staaten als Herold seiner weltreisenden Truppe. Nach einem zehnmonatigen Aufenthalt in

Rußland besteigt er am 7. März 1918 den Zug. Während der siebzehntägigen Fahrt nach Japan entwirft er ein ausführliches Programm – kühn, genau, umfassend – für die künftige Struktur Europas; eine unabhängige Tschechoslowakei bildet den Kern des kommenden friedlichen und demokratischen Staatenbundes.

Aus Japan schickt er einen langen Brief an Präsident Wilson, meldet den Tag seiner Ankunft drüben und den Zweck seines Besuches. Daß dies Dokument kluges Verständnis finden würde, ist gewiß. Auch er selbst, – fahrender Bote eines unterdrückten Volkes – darf auf freundliche Aufnahme rechnen. Von dem überwältigenden Empfang freilich, der ihm bevorsteht, träumt ihm nichts.

Zweimal bereits ist er dort gewesen: 1904 – zu Vorträgen an amerikanischen Universitäten und für tschechische Organisationen; und 1878, um seine Braut, Charlotte Garrigue, eine junge Amerikanerin dänisch-hugenottischer Herkunft, abzuholen. Sie haben sich in Leipzig kennengelernt, wo er Philosophie, sie Musik studierte. Sie ist attraktiv, witzig, verständnisvoll. Die beiden lesen einander vor – Hume, Plato und Goethe – und besuchen Konzerte, dann verliebt er sich in sie, folgt ihr nach Amerika und sie willigt in die Verlobung ein. Ihr erstes Kind, Alice, kommt 1879 in Wien zur Welt.

Es ist eine vorzügliche Ehe. Viele Interessen und Überzeugungen sind ihnen gemein. Sie nimmt teil an seinem geistigen und politischen Tun, hat Tschechisch gelernt und glaubt mit Leidenschaft an die Sendung des tschechischen Volkes. Ihr Einfluß auf sein Denken, seine moralische und religiöse Haltung ist bedeutend. Sie sind aufeinander abgestimmt wie zwei edle Geigen. Einmal sagt er: »Vielleicht habe ich ihr einiges beigebracht, doch sie hat meinen Charakter geformt.«

Während der vier Kriegsjahre sind sie erstmals getrennt. Madame Masaryk ist in Prag interniert worden; schließlich setzen amerikanische Frauenorganisationen ihre Entlassung durch. Der Gatte aber erfährt: ihr Zustand sei besorgniserregend; sie sei krank und entsetzlich unterernährt. Tochter Alice sitzt inhaftiert in Wien, zusammen mit Beneš Gattin – während Jan Masaryk, Sohn eines »exilierten Verräters«, in habsburgische Offiziersuniform gezwängt wird. Ein zweiter Sohn stirbt während des Krieges. Die Düsternis der privaten Verhältnisse wirft ihren Schatten auf die Glückhaftigkeit des Amerikabesuchs.

Seine Ankunft in Chikago – am 18. Mai 1918 – kommt fast dem triumphalen Einzug Kossuths gleich – doch wurzelt Masaryks gewaltige Popularität in festerem Boden, und die politische Lage tut das ihre. Nun, da sich Amerika schon im Krieg befindet, provoziert Masaryks Forderung nach Hilfe keine heiklen Diskussionen für oder gegen Intervention. Er tritt als Bundesgenosse der amerikanischen Verbündeten auf – als Repräsentant jener zukünftigen Welt, die für die Demokratie gesichert werden soll. Das Drama seiner heimatlosen Armee und die eigene romantische Anziehungskraft – alles arbeitet für ihn.

Er hat viele Freunde in den Staaten: die Familie seiner Frau und die Leute, die ihn vor Jahren während seiner Vortragsreisen kennen- und schätzengelernt haben und Hunderttausende von Tschechen. Doch die wichtigsten lernt er in Washington kennen, einen Monat nach den Ovationen von Chikago.

Seine erste Zusammenkunft mit Präsident Wilson, herbeigeführt durch gemeinsame Bekannte, verläuft herzlich und ungezwungen. Zwei Männer – Kollegen, Denker, Gelehrte, Menschenfreunde – haben einander getroffen und sich alsbald verstanden.

Masaryk ist von Wilsons Persönlichkeit beeindruckt und erklärt später, er habe nichts von der »vielzitierten Eitelkeit« bemerkt. Dennoch betrachtet der Besucher die politischen Schachzüge des Präsidenten nicht ohne eine gewisse Kritik. Über europäische Angelegenheiten findet er ihn »im Detail ungenügend informiert«. Er macht den Vorschlag, Wilson solle für seinen Beraterstab auch einige Mitglieder der Opposition gewinnen und nach Europa mitnehmen. Der Präsident aber begründet seine Ablehnung mit dem Eingeständnis: »Ich bin dickköpfig, denn ich stamme aus einer schottischen Familie.« – Und so kommt kein Republikaner mit ihm nach Europa, ein eindeutiger Fehler.

Masaryk kann allerdings auch dickköpfig sein. Schließlich gelingt es ihm, seinen mächtigen Partner zu überzeugen, daß das tschechische Volk vom Hause Habsburg keine Garantien akzeptieren will und darf – »Wir sind mehr als einmal von Österreich-Ungarn hintergangen worden«; daß die Teilung der Monarchie unvermeidlich sei; daß die Tschechoslowakei aus politischen wie moralischen Gründen unabhängig werden müsse. Mit Dankbarkeit und Rührung erinnert sich Masaryk später an den Augenblick, da der Präsident endlich seine definitive Zusage gibt: »Er erinnerte mich an einen König, der mit einem Nicken ein Todesurteil besiegelt ... «

Das Ganze ist erstaunlich bis zum Unglaubwürdigen: Da sitzen zwei Professoren und planen in nüchtern-sachlicher Intimität die Zukunft von Millionen, das Schicksal eines Kontinents. Ein unbefangener Beobachter hätte sie für zwei Historiker halten können, für zeit- und weltentrückte Philosophen. Ihre Gesten sind so aufdringlich, sanft und pedantisch wie ihre Stimmen. Beide wirken sie würdig, – ihre Kleidung ist von ruhiger Eleganz. Höflich und aufmerksam hören sie einander zu. Sie scheinen lebhaft, doch nicht allzu brennend interessiert am Gegenstand ihres großen Gesprächs. Worüber mögen sie diskutieren? Über den Prozeß des Sokrates? Über die Architektur ägyptischer Tempel? – Nein. Sie sind emsig damit befaßt, eine der ältesten und mächtigsten Monarchien Europas zu stürzen. Fast beiläufig bemerkt Wilson: »Sie haben recht, Österreich-Ungarn muß aufgeteilt werden.«

Das ist der entscheidende Augenblick: Die kurz darauf eintretenden Ereignisse sind lediglich die spektakulären Folgen dieses intimen, historischen Dramas – der kultivierten Unterhaltung zweier Gelehrter in der Dämmerung einer Studierstube. Am 30. Juni 1918 kommt es zwischen Masaryk und den amerikanischen Slowaken zum Vertrag von Pittsburgh, der später eine wichtige Rolle spielen sollte in den Auseinandersetzungen zwischen Slowaken und Tschechen. Am 18. Oktober wird von Masaryk, Beneš und Stefanik die feierliche Unabhängigkeitserklärung unterzeichnet; und am 14. November wählt die Nationalversammlung in Prag Masaryk, er ist noch in Amerika, zum ersten Präsidenten der Republik. Die Nachricht erreicht ihn während eines Banketts in der Independence-Hall, Philadelphia. Am Geburtsort der Vereinigten Staaten – im selben Raum!- feiert nun Tomáš G. Masaryk, *Liberator Patriae,* die endgültige Unabhängigkeit seines Landes.

Es sind denkwürdigen Stunden, ohnegleichen in der Biographie eines einzelnen wie in der einer Nation. Und doch ist die platonische Diskussion zwischen den beiden Gelehrten im Weißen Haus noch denkwürdiger und in einem tieferen Sinn einzigartig.

Platonisch ist diese Unterhaltung tatsächlich, in vielerlei Hinsicht. Nicht nur das philosophisch Abgehobene ihres Gesprächs – das in einem so seltsamen Kontrast zu der enormen Realitätsbezogenheit der berührten Themen steht – strahlt die allen Bewunderern von Platos klaren und scharfsinnigen Dialogen wohlvertraute, gelassene Würde aus: Schon die Szene allein, diese beiden Männer im Gespräch unter sich, scheint einem platonischen Muster zu folgen – ein Postulat des weisen Atheners zu erfüllen. Denn Plato hat in seinem Buch über den Staat die Forderung aufgestellt, die Gemeinschaft solle von Philosophen regiert werden; die Macht solle von den weisesten, kultiviertesten Männern ausgeübt werden. Der traditionelle Gegensatz von Jesus und Cäsar – ein Zentralproblem in Masaryks Geisteswelt – verschwindet ganz oder erscheint weniger harsch angesichts der Formel des philosophischen Herrschers, des herrschenden Philosophen.

Auch nationale Gegensätze scheinen unter dem kultivierten Zepter der Philosophie ihre Schärfe zu verlieren. Kultur, obwohl stärkste und reinste Form nationaler Selbstdarstellung, wirkt als verbindende und nicht als trennende Kraft.

Männer wie Wilson und Masaryk sind wahre Repräsentanten ihrer Völker; sie scheinen einander ähnlich, bei aller Unterschiedlichkeit ihrer persönlichen und nationalen Charaktere. Was sie verbindet, steht höher, ist gültiger und wesentlicher als Blut und Rasse. Das Christentum und die großen Traditionen des Westens haben sie beide geprägt. Und beiden gebührt der Ehrentitel »Weltbürger«. Nicht in der Theorie – als lebende Beispiele nehmen sie den künftigen Menschen vorweg, den übernationalen Typus, – den einzig vorstellbaren Träger einer Zivilisation, die verurteilt ist, falls sie den nationalen Wahnsinn nicht überwindet.

»Der neue Mensch ... wird nicht der Außenpolitik, sondern vornehmlich dem inneren Fortschritt verpflichtet sein.« Gewiß hätte Woodrow Wilson diesen Masaryk-Satz unterschrieben. Beide glauben sie ja an die erzieherische Sendung der Demokratie, welch letzere – nach Masaryk – gegründet ist auf »vertrauende Liebe zum Menschen und Ehrfurcht vor seiner Würde und der Unsterblichkeit seiner Seele«. Die Gefahren, die dem demokratischen System innewohnen, kennt er genau. In Wahrheit empfindet er die vorhandenen Demokratien als vorläufige Teillösungen und meint, die wahre Demokratie müsse und werde sozialistisch sein; doch jede Spielart der Tyrannei – auch den Kommunismus – lehnt er ab; die Demokratie, findet er, sei »ethisch gerechtfertigt nur dann, wenn sie das christliche Gebot der Menschenliebe hinübernehme in die Politik«.

Wilson und er: Staat und Politik angehend, so halten sie von Sittlichkeit weit mehr als von politischer Taktik. Die Macht verachten sie weder, noch vernachlässigen sie ihre Pflege. Doch beide halten sie dafür, daß »Recht Macht verleiht«, und verwerfen jede Anbetung der Gewalt. Beide erhoffen sie eine wahrhaft zivilisierte Welt, in der Duldsamkeit und Verständnis, tätiges Christentum und Gerechtigkeit schöpferisch am Werke sind. Beide glauben, das Ende der schweren Prüfung, des Ersten Weltkriegs, stelle den Anfang dar einer glücklicheren Epoche, und sie, Woodrow Wilson und Tomáš Masaryk, seien von der Vorsehung auserwählt, den kommenden Weltfrieden zu sichern.

Nach kurzem, trügerischem Gelingen kommt das entsetzliche Ende: zwei Jahrzehnte später sieht es auf Erden noch chaotischer aus als 1918; die Zivilisation, die zu retten und zu veredeln sie sich gemüht haben, steht am Rande des Zusammenbruchs.

Widerlegt dies gigantische Versagen die Wahrheit ihrer Grundsätze?

Nutzlos, eine Welt zu bejammern, in der – heimlich oder offen – barbarische Elemente, der Hang zur Zerstörung immer mächtig sein werden. So unfair wie töricht, dort zu spotten, wo gute Zukunftsvisionen die Wirkungsmöglichkeit geistiger Kräfte überschätzten. Der Sieg mechanisierter Armeen kann – für eine Weile – das Lebenswerk eines großen Denkers und Menschheitskämpfers wie Tomáš G. Masaryk zerstören, doch vermag er weder seine Lehre noch seine Taten zu entwerten.

Als Masaryk 1918 triumphal aus Amerika in die Heimat zurückkehrt, kann er die Tragödie von 1938 nicht voraussehen. Doch wer wagt es heute, zu prophezeien, welch gewaltige Veränderungen uns und spätere Generationen erwarten? Masaryk, Held der Geduld und der Ausdauer, hat ein halbes Jahrhundert lang auf die Erfüllung seiner Wünsche gewartet. Werden wir seinen kühnen und schöpferischen Traum verwirklicht sehen? Aber dann wird der Traum noch gewonnen haben an Kühnheit und Weite und wird gehärtet sein durch eben die Kräfte, die ihn zu morden trachten. Der kommende Masaryk wird nicht nur ein Land – einen Erdteil wird er zu befreien und zu einigen haben. Möge er dann überm Ozean einen Freund und Helfer finden, treu und menschlich wie Wilson, doch stärker noch, weiter blickend und gesegneter als er.

Dann mag die große Szene sich wiederholen, unter helleren Sternen: ein weißes Haus, zwei Männer, die sanft und höflich die fruchtbare Zusammenarbeit zweier mächtiger Partner planen – Amerikas und Europas – und so aufrichtig wie dringlich die einzige Lösung suchen, die diesseits und jenseits des Meeres Abermillionen von Menschen ein Leben ohne Angst verhieße, ein würdiges Leben. Denn die Herrscher der Zukunft müssen wissen, was Masaryk wußte: die Massen erobern genügt nicht – zufrieden wollen sie sein. Und keine Lösung kann dauern, die nicht aus dem Mitgefühl kommt für alle die, welche gleichfalls dienen, während sie warten und warten ...

KAPITEL VIII

REISE ANS ENDE DER NACHT

HERMAN BANG

> Diese Straße war wie eine unheilbare Wunde; sie nahm kein Ende, und wir schoben uns in ihr immer weiter, von einer Straßenseite zur anderen, dem unbekannten Ziele zu, dem Ziel, zu dem alle Straßen der Welt führen.
> LOUIS-FERDINAND CÉLINE

EINES TAGES, MITTE JANUAR 1912, ergeht an ungefähr zwanzig Mitglieder der dänischen Kolonie in New York ein Brief mit der Bitte um ein Treffen im Hotel McAlpin, um dort »eine Angelegenheit von größter Wichtigkeit für uns alle« zu bereden.

Unterzeichnet ist das Schreiben von einem der geachtetsten Dänen Amerikas, Mr. M.C. Madsen, der zu jener Zeit gerade an der Planung von Long Beach, L.I., arbeitet.

Sie versammeln sich alle zu der vereinbarten Zeit, und Mr. Madsen erklärt in einer feierlichen kleinen Ansprache, daß es ihm sehr leid tue, eine Sache zur Sprache bringen zu müssen, die zweifellos allen einen großen Schock versetzen würde: Herman Bang komme nach Amerika!

Das ist, in der Tat, eine Überraschung. Alle zeigen sich aufs äußerste verblüfft. Nur ein unwissender, in Amerika geborener junger Bursche, dessen Vorstellung von der alten Heimat nur sehr nebulös ist, fragt ganz naiv: »Wer ist Herman Bang?« Der gutaussehende junge Mann heißt John.

Welch dumme Frage! Jeder kennt Herman Bang, obwohl die wenigsten der Anwesenden auch nur eine Zeile von ihm gelesen haben. Es sind überwiegend Dänen, die bereits lange Jahre in diesem Land wohnen und die wenig Gelegenheit haben, sich über zeitgenössische dänische Literatur auf dem laufenden zu halten. Dennoch sind ihnen allen die Geschichten bekannt, die über diese merkwürdige und berüchtigte Persönlichkeit kursieren. Über Herman Bang, den dänischen Romancier, Kritiker und Vortragsreisenden, jahrelang beliebte Zielscheibe für Karikaturen aller Art. Schon seine äußere Erscheinung bietet ein dankbares Objekt sowohl für Journalisten wie für Karikaturisten. Die Presse hat dies schamlos ausgenützt. Diese

Karikaturen haben ihren Weg zu den Dänen in Amerika gefunden, sein Werk nicht.

»Ja, sehen Sie«, erklärt einer der älteren Herren mit einiger Verlegenheit, »Herman Bang – nun ... er hat eine gewisse Ähnlichkeit mit Oscar Wilde.« Aber der unwissende junge Mann tappt noch immer im dunkeln.

Es ensteht ein Wirrwarr von Fragen, Antworten, Vorschlägen und nervösen kleinen Ausrufen. Wie hatte Mr. Madsen die empörende Neuigkeit erfahren? – Ja, eigentlich ganz einfach – einer von Bangs Freunden hatte Mr. Madsen geschrieben und ihn gebeten, Bang bei seiner Ankunft zu helfen und möglicherweise eine Lesung in New York zu arrangieren. Er muß bereits unterwegs sein. Er wolle quer durch die Vereinigten Staaten reisen und dabei vielleicht eine oder zwei Lesungen halten. In San Franzisko oder Los Angeles würde er eines der Schiffe der Danish East Asiatic Co. besteigen und seine Weltreise fortsetzen. »Man behauptet von ihm, er sei außerordentlich reisefreudig ... «, bemerkt eine der Damen. Sie verzieht säuerlich ihre Miene und sieht so angewidert drein, als spräche sie von einem seiner unaussprechlichen Laster.

»Wir müssen dafür sorgen, daß er mit dem nächsten Schiff zurückfährt.« »Das wird die dänische Kolonie nicht überstehen!« »Wir können ihn hier einfach nicht gebrauchen.« »Er wird unseren Ruf in diesem Land ruinieren ... « »Wir werden alle dafür büßen müssen!« Einige unter ihnen erinnern sich noch an den Besuch Oscar Wildes vor dreißig Jahren, der für alle Engländer dieses Landes höchst peinlich gewesen ist. Seine Bemerkung zu den Zollbeamten – »Nichts zu deklarieren außer meinem Genie!« – erwies sich, angesichts des Ernstes der Situation, als besonders unsensibel und als unheilvoller Beginn seines Aufenthalts. Er langweilte alle mit seinen Predigten über die »Wissenschaft des Schönen«; die Zeitungen und die Harvard-Studenten machten sich über ihn lustig, Harriet Beecher Stowe behandelte ihn verächtlich und Walt Whitman mit vieldeutiger Gönnerhaftigkeit. »Aber die Engländer können sich von Zeit zu Zeit einen kleinen Skandal leisten«, sagt einer der dänischen Herren. »Repräsentanten kleinerer Nationen sollten vorsichtiger sein. Wir können es uns sicherlich nicht erlauben, die öffentliche Meinung herauszufordern ... «

Ein anderer überlegt, ob Herman Bang es überhaupt noch verdiene, ein Däne genannt zu werden. Wahrscheinlich sei er einer dieser modernen

Schriftsteller, die nur noch zu destruktiver Kritik fähig seien; er habe sogar die dänische patriotische Bewegung verächtlich gemacht. Außerdem führe er ein Zigeunerleben: Sei er im Grunde nicht eigentlich ein Exilant seines Landes, ein Ausgestoßener, der durch die Welt vagabundiere? »Ein freiwilliger Exilant«, fährt der Herr fort. Aber ein anderer Patriot unterbricht ihn: »Nicht ganz freiwillig, bitteschön! Herr Bang hatte gute Gründe dafür, Kopenhagen zu verlassen. Die Polizei suchte ihn ... « Irgendwer fragt: »Heißt sein neuester Roman nicht *Heimatlos* oder *Ohne Vaterland* oder so ähnlich?« Eine Dame bestätigt, daß Bangs jüngstes Werk in der Tat den düsteren Titel *Die Vaterlandslosen* trage. »Und es ist zudem ein hervorragendes Buch«, fügt sie hinzu. »Ich habe es gelesen.«

Die letzte, die sich zu Wort gemeldet hat, eine gewisse Baronin A., scheint die einzige in diesem Kreis zu sein, die tatsächlich ein Buch von Herman Bang gelesen hat. Sie kennt die Welt, hat in Paris und St. Petersburg gelebt und ist ein prominentes Mitglied der dänischen Kolonie, obwohl einige ihrer Landsleute sie für etwas exzentrisch halten. »Es ist ein durchaus faszinierendes Buch«, sagt sie mit weicher, aber entschiedener Stimme. »Es ist eine Art Meisterwerk, und ich finde, es ist ein großes Privileg für uns, seinen Autor in New York willkommen heißen zu dürfen.«

Diese unerwartete Äußerung verfehlt nicht ihre Wirkung. Allmählich werden den Versammelten zwei Tatsachen bewußt, die ihre moralische Entrüstung dämpfen. Die überraschende Bemerkung der Baronin erinnert sie zuerst einmal daran, welch internationalen Ruf Herr Bang genießt, ungeachtet einiger peinlicher Gerüchte, sein Privatleben betreffend. Und zum zweiten muß man sich einfach damit abfinden, daß der berüchtigte Landsmann bereits unterwegs ist. Der dänischen Kolonie bleibt keine Alternative, als gute Miene zum bösen Spiel zu machen und sich in das Unvermeidliche zu fügen.

Eine Art düsterer Fatalismus macht sich unter den skandinavischen Amerikanern im Hotel McAlpin breit. Schließlich bilden sie, immer noch etwas widerwillig, ein Empfangskomitee für Herman Bang. Es besteht aus Mr. Emil Opffer, einem alten Schulkameraden Bangs und derzeitigen Herausgeber der dänischen Zeitung in New York, *Nordlyset*; Mr. E.V. Eskensen, einem bekannten Fabrikanten und Amateurdichter, und aus zwei weiteren Herren. Sie vereinbaren ein eigenes Treffen in Mr. Opffers Büro.

Sie kommen zu dem Schluß, man könne, schließlich und endlich, ebensogut eine Lesung für Mr. Bang arrangieren. Seine Werke seien in Deutschland sehr beliebt und einige sogar ins Französische, ins Russische und in andere Sprachen übersetzt worden. Die Herren müssen zugeben, daß er allgemein als eine der herausragenden Figuren moderner dänischer Literatur gilt. Angesichts seiner zweifelhaften Reputation allerdings würde kein großer Saal vonnöten sein. Sie wählen den kleinen Konzertsaal des Hotels Brevoort an der unteren Fifth Avenue, mit einer Kapazität von dreihundert Sitzplätzen. Sie lassen Eintrittskarten drucken, geben Anzeigen in dänischen, norwegischen und schwedischen Zeitungen auf und verschicken etwa tausend Briefe an in New York lebende Dänen. Sie sind natürlich noch immer skeptisch, was den Erfolg ihrer Bemühungen betrifft. Aber nachdem sie sich einmal entschlossen haben, daß die Lesung stattfinden soll, beginnen sie, die Angelegenheit als Teil der patriotischen Sache zu betrachten. Alle vier Herren sind sogar bereit, ihren Anteil an dem unvermeidlichen Defizit zu tragen.

In der Zwischenzeit diskutieren die Damen über den Gegenstand dieses Spektakels. Die Baronin A., als Dame von Welt, ist die Hauptrednerin bei diesen lebhaften Teegesellschaften. Sie ist sogar im Besitz eines Bildnisses Herman Bangs, welches von all ihren Freundinnen aufmerksamst begutachtet wird. Der junge Mann auf dem Porträt sieht ungewöhnlich und beunruhigend attraktiv aus. Zuerst fällt sein ausgeprägter und wohlgeformter Hinterkopf mit dem glatten, schwarzglänzenden Haar auf; dann der traurige Blick seiner tiefliegenden Augen unter den langen Wimpern und schließlich die unendliche Sensibilität und Vornehmheit seines Gesichts, welches der junge Mann – zwar melancholisch, aber bestrebt zu gefallen – dem Betrachter im Halbprofil zuwendet.

»Er sieht wie ein orientalischer Prinz aus«, bemerkt eine der Damen, teils entrüstet, teils fasziniert. Die Baronin lächelt: »Und dennoch stammt er aus einer unserer ältesten und vornehmsten Familien. Erinnern Sie sich an seine Exzellenz, den alten Bang, den hervorragenden Arzt? Das war sein Großvater, eine bekannte Persönlichkeit unseres Landes. Ich kann mich noch gut an seine Beerdigung erinnern. Mehrere Mitglieder der königlichen Familie sowie Repräsentanten aller Krankenhäuser und Universitäten wohnten ihr bei. Als ich Herman vor Jahren in St. Petersburg kennenlernte, pflegte er mir Geschichten über den alten Herrn zu erzählen. Er hat ihn verehrt, wissen Sie, und nach dem Tod des alten Mannes fühlte er sich schrecklich allein und hilflos. Er erbte nicht viel Geld, nur ein paar Tausend Kronen. Herman wollte Schauspieler werden; er hatte schon immer einen verhängnisvollen Hang zum Theater. Aber er hat überhaupt kein Talent – zum Schauspieler, meine ich.«

Als sie an das Fehlen jeglichen Bühnentalents des armen Herman denkt, lacht sie leise. »Ich sah ihn einmal in Bergen«, fährt sie fort. »Er spielte den Oswald in Ibsens *Gespenster*. Es war einfach schrecklich. Die Leute warfen mit faulen Äpfeln nach ihm, aber er war in einer solchen Trance, daß er den Aufruhr kaum bemerkte.« Sie lacht wieder, während eine andere Dame, eine vollbusige, sehr würdevolle Matrone, mit säuerlichem Lächeln bemerkt: »Genau wie ich es mir vorgestellt habe. Er macht einen Narren aus sich.« Eine jüngere Frau flüstert, während sie das Bild ansieht: »Aber ... ich hatte ja keine Ahnung, daß er so schrecklich gut aussieht.«

»Ich fürchte, meine Liebe, da kommt eine Enttäuschung auf sie zu«, sagt die Baronin. »Er hat sich verändert – er muß heute mindestens fünfzig sein. Armer Kerl, sein Gesicht ist jetzt ziemlich gelb und voller Falten. Aber er ist immer noch unwiderstehlich. Mein Gott, wie oft hat er mich zum Lachen gebracht! Er ist unmöglich, wissen Sie, immer voll behangen mit Armbändern und anderem Schmuck. Wenn er durch einen Raum geht, klingeln sie wie kleine Glöckchen. Und zu seinem Abendanzug trägt er eine Brokatweste und unter seiner Jacke lange, weiße Glacéhandschuhe. Lange Damenhandschuhe, verstehen Sie – er ist wirklich herrlich! Einmal aß ich mit ihm im Zarenpalast in St. Petersburg zu Abend. Habe ich Ihnen schon erzählt, daß die Mutter des Zaren Bang sehr gern mochte? Sie liebte es, sich mit ihm zu unterhalten. Nun, da waren wir also im kaiserlichen Speisesaal mit all den respekteinflößenden Dienern, die jede unserer Bewegungen beobachteten. Und nun, stellen Sie sich vor – stellen Sie sich bloß vor, wie unser lieber Herman seine langen, weißen Glacéhandschuhe abstreift: es war absolut sen-sa-tionell! Die Generäle und die hohen Beamten – alle buchstäblich gelähmt vor Entsetzen. Aber die alte Kaiserin – was für ein lieber, guter Schatz sie doch ist – sie lächelte!«

Auch die dänischen Damen lächeln, obwohl sie das tiefe Entsetzen der Würdenträger beim Anblick langer Damenhandschuhe an einem skandinavischen Romancier recht gut verstehen. Und doch sind sie einfach von der Tatsache beeindruckt, daß die Baronin und der Dichter im Kaiserpalast von St. Petersburg zusammen gegessen haben. »Wirklich sehr amüsant«, stimmen sie zögernd zu. Aber die Baronin ist so in das faszinierende Porträt Herman Bangs versunken, daß sie gar nichts wahrnimmt. »Er hat immer noch diese wunderbaren Augen«, sagt sie, wie zu sich selbst. »Wenn er einen damit ansieht, gehen sie einem durch und durch, als ob sie alles sähen, absolut alles ... Ja, ich empfinde große Zuneigung für ihn. Und dann ist er natürlich auch sehr amüsant, und es gibt keinen zuverlässigeren Freund als ihn.«

Die vollbusige Matrone zuckt mit den Achseln: »Wie ich höre, ist er sehr dekadent und ziemlich boshaft. Wahrscheinlich einer jener Menschen, die sich immer über einen lustig zu machen scheinen.« Sie setzt eine höchst würdevolle Miene auf, während die Baronin kichert: »Wer würde es wagen, sich über Sie lustig zu machen, meine Liebste. Nein, nein, Bang ist ein liebenswerter Mensch.« Woraufhin sie noch einige Anekdoten zum besten gibt. »Es gab einmal das Gerücht, er sei der uneheliche Sohn einer Großherzogin und eines balkanesischen Gigolos. Er besitzt auch wirklich diese seltsame Mischung aristokratischer Züge mit einer irgendwie zwanghaften, hektischen Vulgarität. Tingeltangel-Shows und Zirkus – diese Art Milieu liebt er. Er ist immer am besten, wenn er über Außenseiter schreibt.« Sie schweigt einen Augenblick und fügt dann hinzu: »Ich verstehe nicht viel von Literatur, aber ich halte ihn wirklich für einen großen Schriftsteller. Haben Sie irgendetwas von ihm gelesen?« Das haben die Damen nicht, geben aber einer wachsenden Neugier Ausdruck. »Ich werde einige seiner Bücher für Sie heraussuchen. Sie werden beim Lesen sicher weinen. Über tragische Sachen weiß er nur allzugut Bescheid. Und erstaunlicherweise ist sein Stil einfach, aufrichtig und knapp – genau das Gegenteil seines Charakters.«

Sie geht zum Bücherschrank und entnimmt ihm mehrere Bände, die sie streichelt, als seien es lebendige Wesen. »*Michael* ... «, lächelt sie einem der Bände zu, als spräche sie mit einem alten Freund, den sie nach einer zu langen Trennung wiedersieht. »Wissen Sie, dies ist eine wunderbare Geschichte – die Geschichte von Michael, einem schönen jungen Mann, und dem großen Maler Claude Zoret, der ihn liebt. Die Figur des Meister basiert bis zu einem bestimmten Grad auf der Person Rodins. Es ist auch eine sehr traurige Geschichte. Bei der Stelle vom Tod des Meisters muß ich immer weinen. Er ist vollkommen allein, obwohl er andauernd Boten zu Michaels Haus schickt – zu dem Haus, das er ihm geschenkt hat – aber Michael kommt nicht. Weil er wahnsinnig verliebt ist – absolut versunken in seine Liebe zu einer wundervollen Frau, und er liegt gerade mit ihr im Bett, als der Meister stirbt. Der muß einsam sterben und fragt immer wieder: »Wo ist Michael?«; aber Michael ist sehr weit weg, in einer anderen Welt, denn er ist verliebt und jung und grausam – und der Meister stirbt. Es ist herzweichend«, sagt die Baronin und fügt etwas abrupt hinzu: »Und natürlich auch ein wenig rührselig.«

Sie blättert in einigen der anderen Bände, die sie an den Teetisch gebracht hat. Die dänischen Damen schauen die Bücher neugierig an, während ihre Gastgeberin die Titel aufsagt, als seien sie der geliebte Refrain eines alten Liedes. »*Hoffnungslose Geschlechter* – sein erster Roman, er war damals erst einundzwanzig: eine unreife Arbeit, natürlich ...« Sie lächelt nachsichtig. »Aber *Am Wege* ist ein Meisterwerk – ein sehr kurzer Roman, doch so voller Leben! Und *Tine* – meine Güte! Beinahe hätte ich *Tine* vergessen, obwohl es einer seiner bewegendsten Romane ist. Er handelt von der preußischen Invasion Schleswigs. Bang ist nämlich auf der Insel Alsen in Nord-Schleswig geboren, wissen Sie, und seine Familie verließ diesen Teil Dänemarks gerade noch vor Ankunft der preußischen Truppen. Wahrscheinlich haben diese frühen Eindrücke seinen Charakter stark geprägt – die Evakuierung von Alsen, die Flucht, die Lage der Schleswig-Dänen unter deutscher Herrschaft.«

Sie stößt einen kleinen, hellen Schrei aus, als erkenne sie noch ein bekanntes Gesicht in der Gallerie ihrer Erinnerungen. »*Das weiße Haus* – was für eine schöne Geschichte! Sehr klug und fröhlich, aber mit einem seltsamen Unterton unstillbarer Trauer. Es ist eine Huldigung an seine Mutter, die sehr schön war. Und hier, in *Das graue Haus* gibt es ein wundervolles, düsteres Porträt seines Großvaters, der alten Exzellenz. Er ist hervorragend in seinen Beschreibungen alter Leute, von Menschen, die verdammt sind, Männern und Frauen kurz vor dem Tode oder von hoffnungslos verliebten Frauen – sie alle leiden schweigend, beklagen sich niemals oder sprechen über völlig belanglose Dinge. Aber manchmal, inmitten all der scharf gezeichneten Details, liest man einen Satz oder einen Abschnitt, der wirklich atemberaubend ist. Hier, zum Beispiel, in *Das graue Haus* ... Ja, ich bin ziemlich sicher, es ist in diesem Buch ... «

Und sie liest laut vor; ihre Stimme ist seltsam heiser, als hätte sie etwas im Halse:

»Es steht geschrieben, daß der, der Jehova sieht, sterben muß. Aber ich sage dir, wenn ein einziger Mensch einem anderen Menschen tief in die Seele sehen könnte, dann würde er sterben. Und wenn man denken könnte, daß man sich selbst tief in die Seele sähe, dann würde man es als eine geringe und notwendige Strafe betrachten, von sich aus und ohne Zögern sein Haupt auf den Block zu legen.«

Ein langes Schweigen entsteht.

Schließlich sagt eine der Frauen: »Ich möchte wissen, ob er sich in diesem Land wohlfühlen wird. Schließlich und endlich sind wir ein hartes Volk, hier in Amerika, und er scheint – wie soll ich sagen – irgendwie weich zu sein.«

Als Herman Bang eines Morgens im Januar eintrifft, wird er von einem großen Komitee empfangen. Die Baronin A. erkennt ihn zuerst – eine gebrechliche, zitternde kleine Gestalt zwischen den robusteren Mitreisenden. Sie kann ihre Betroffenheit über sein verändertes Aussehen kaum verbergen; mit schreckensweiten Augen gibt sie ihm die Hand und sagt: »Hallo, Herman ... lieber Herman ... « Er zeigt ein schwaches, zerstreutes Lächeln. »Schön, Sie zu sehen. So viele Leute ... charmant ... *enchanté*.« Er nickt mit einem fast panikerfüllten Blick um sich, als sei der Kai von Geistern bevölkert.

Mr. Opffer, Bangs alter Schulkamerad, ruft schließlich mit etwas gezwungener Jovialität: »Hallo, alter Junge! Gut siehst du aus. Überhaupt nicht verändert.«

Herman Bang wendet ihm langsam sein gelbes, von Falten gezeichnetes, unglückliches Gesicht zu. Einige Sekunden scheint es vollkommen regungslos, abweisend wie das Gesicht eines Toten: das schreckliche Gesicht einer königlichen Mumie. Dann lächelt er wieder, und jetzt ist das Lächeln nachsichtig und verständnisvoll, wenn auch ein wenig verächtlich, ganz still und unendlich müde. »Oh, wenn das nicht Emil ist!« sagt er. »Der alte Emil Opffer. Nett von dir zu kommen. Nein, alter Freund, wir verändern uns nicht. Natürlich verändern wir uns nicht.«

Sie bringen ihn ins Hotel Astor. Die Damen vom Empfangskomitee sind begeistert und entsetzt zugleich. Sie stimmen dahin überein, daß er der nervöseste Mensch ist, den sie je gesehen haben. Sie beobachten, daß er ständig zittert, als werde er von einer Riesenfaust gnadenlos geschüttelt. Auch sein Gang ist erstaunlich – er wirkt schnell und zugleich schwerfällig. Manchmal scheint es, als gehe er auf Zehenspitzen über glühende Kohlen. Man neigt dazu, ihn entweder wie einen sehr alten Mann oder einen kränklichen kleinen Jungen zu behandeln. Er ist vollkommen schwach und hilflos.

Es überrascht die Mitglieder des Komitees, sein Appartement im Astor voller Blumen und Visitenkarten zu finden. Das Telephon läutet ununterbrochen; Besucher in Mengen werden gemeldet. Er will sie alle sehen. Nicht nur Dänen, sondern auch Schweden, Norweger, Finnen, Deutsche und sogar einige Amerikaner kommen. Die Pagen bringen einen Blumenkorb nach dem anderen. Inmitten dieser schwatzenden Menge in seinem Wohnzimmer sitzt, erstaunt, eingeschüchtert, erfreut und matt lächelnd, Herman Bang, angetan mit einem phantastischen Hausmantel aus Brokat.

»Du hast so viele Freunde«, flüstert ihm die Baronin A. zu. »Ist das nicht herrlich?« Er drückt ihre Hand.

Am nächsten Tag will Bang die Sehenswürdigkeiten New Yorks erkunden. Die Komiteemitglieder sind sich einig, daß es glatter Mord wäre, ihn alleine auf die Straße zu lassen. Der Verkehr der Riesenstadt würde ihn sicher zu Tode ängstigen. Mr. Eskensen, der Fabrikant und Amateurdichter, schickt ihm als ständigen Begleiter einen jungen Mann aus seinem Büro. Der Führer und Schutzengel entpuppt sich als der gutaussehende, kräftige junge Mann namens John. Er trägt die schmale, kleine Gestalt Herman Bangs förmlich über die Kreuzungen. Und in den Zügen nimmt er ihn wirklich wie ein Kind und setzt ihn auf einen Platz. »Danke«, lächelt der Dichter. »Vielen Dank.« Und der Junge darauf: »Aber bitte, gern geschehen, Sir.«

Johnny ist in Amerika geboren. »Aber meine Familie kommt aus Dänemark«, verkündet er stolz.

Den Dichter scheint jede Einzelheit aus Johns Leben zu interessieren, in Vergangenheit, Gegenwart und Zukunft. Wieviel Geld verdient er in Mr. Eskensens Büro? Lebt er bei seiner Familie? Wieviele Brüder und Schwestern hat er? Wie heißt seine Verlobte? Ist sie blond oder dunkel? Liebt er sie sehr? Der Schutzengel lacht etwas verwirrt: »Ich denke schon. Sie ist prima.«

Aber der Dichter stellt weitere Fragen. »Ist deine Verlobte hübsch? Liebt sie dich sehr?« Johnny nimmt an, daß sie verrückt nach ihm ist. »Sie wissen ja, wie Mädchen sind«, fügt er geheimnisvoll hinzu. Der Dichter sagt: »Du bist sehr stark.« Und der Schutzengel scheint geschmeichelt. »Sehr sportlich«, fügt der Dichter anerkennend hinzu. John erklärt, er sei Amateurboxer: » ... und man sagt, ein recht guter dazu.«

Johnny hält es für seine Pflicht, dem Fremden soviel wie möglich von New York zu zeigen. Außerdem ist er auf die Stadt so stolz, als hätte er sie selbst gebaut. Sie fahren in Richtung *uptown* und *downtown*, und Herman Bang muß Harlem, Brooklyn, Chinatown und den Central Park besichtigen. »Es ist größer als Kopenhagen, nicht wahr?« fragt Johnny zum siebenten Mal und lacht herzlich über seinen kleinen Scherz. Aber Bang grübelt. »New York ist überwältigend«, verkündet er schließlich. »Es ist riesig. Wie ein Ungeheuer mit unzähligen Gliedmaßen – gierig, grausam und gewaltig – und ständig größer werdend, wachsend, sich immer weiter ausdehnend. Es erschafft und tötet Menschen.« Johnny ist von dieser konfusen, poetischen Rede etwas verstört. »Das ist das Times-Building«, erklärt er. »Ganz schön hoch, oder?« – Und Herman Bang, wieder mit diesem ängstlichen, verzerrten Lächeln: »Es ist ungeheuerlich ... ungeheuerlich.« Johnny wirkt ein wenig beunruhigt. »Wie meinen Sie das, Mr. Bang?« Der Dichter macht eine kleine, hastige Geste, als wolle er etwas verscheuchen, einen Alptraum, eine grauenhafte Vision. Er lacht leicht krampfhaft. »Es ist idiotisch. Ich sehe schon Trugbilder am hellichten Tag.« »Was sehen Sie?« Johns Chef hatte ihn gewarnt, Mr. Bang sei etwas seltsam. Er hat wirklich recht.

»Ich bin so nervös«, stellt der Dichter entschuldigend fest. »Aber irgendwie kommt es mir plötzlich so vor – du und das Gebäude; das Bild erinnert mich an einen jungen Gott, wie er zwischen riesigen Felsen entlang geht und mit ihnen spielt. Hier sind eine neue Wildnis, ein neuer Dschungel, neue Berge – die Wolkenkratzer, von Menschenhand errichtet. Es gibt auch eine neue Unschuld und eine neue Kraft. Ja, es gibt neue Götter«, flüstert er, als er bewegungslos in der Mitte des Times Square steht, um ihn herum brausen die Autos wie gefährliche Ungeheuer.

»Donnerwetter, der ist wirklich verrückt«, denkt John. Er ist erschrocken. Und gleichzeitig empfindet er mehr denn je eine tiefe Zuneigung für seinen seltsamen Schützling. »Armer, kleiner Kerl«, denkt er und drängt ihn mit sanfter Bestimmtheit weiter: »Kommen Sie weiter, Herman! Kommen Sie! Hier können Sie nicht stehenbleiben, Sie halten den Verkehr auf. – Hören Sie nicht? Alle Fahrer schreien Sie an ... «

Und er scheucht ihn über die Straße – ein zuverlässiger Führer, der dieses gebrechliche und problematische Kind aus einem fremden Land, aus einer anderen Zeit beschützen muß.

»Danke«, murmelt der Dichter, als sie sicher die andere Straßenseite erreicht haben. »Danke, John.«

Er weiß selbst nicht, ob er ihm für den Schutz gegen die aggressiven Autos und die groben Fahrer dankt oder dafür, daß er ihn Herman genannt hat.

Endlich naht der Abend von Herman Bangs Lesung im Hotel Brevoort. Die Komiteemitglieder treffen frühzeitig ein, obwohl dänische Gesellschaften in New York in der Regel mit etwa einer Stunde Verspätung beginnen. Mr. Opffer, Mr. Eskensen und die anderen Herren sind überrascht, den Saal bereits halbgefüllt vorzufinden. Zu dem Zeitpunkt, da John seine kostbare Last, den Redner, abliefert, ist die Sitzkapazität des Saales bereits erschöpft, und die ersten Leute nehmen Stehplätze an den Wänden ein. Schließlich muß Mr. Eskensen die Türen schließen. Von draußen dringen ärgerliche Worte zu ihm. Eine wütende Stimme nennt das ehrenwerte Komitee »einen Haufen törichter Narren«, weil sie einen Saal gemietet haben, der offensichtlich kaum für die Hälfte der Zuhörer ausreicht. Zum Schluß stehen viele draußen auf der Straße und können nicht einmal in das Vestibül gelangen.

Die Baronin A. findet allerdings diese überraschende Menschenmenge beunruhigender als ein leeres Haus. »Aus welchem Grund kommen diese Leute?« fragt sie sich immer wieder. »Es kann unmöglich echtes literarisches Interesse sein. Warten sie auf ein Fiasko in großem Stil? Zieht sie einzig sein schlechter Ruf an? Wollen sie das berüchtigte Modell zahlreicher Karikaturen der Kopenhagener Zeitschriften in persona begutachten?«

»Ich bin überglücklich«, bekennt sie Herman Bang gegenüber. »Wir haben bisher noch nie eine solche Menschenmenge hier gehabt. Das ist ein großer Abend, Herman.« Er aber sagt nichts. Er ist außerordentlich nervös. »Wo ist John?« fragt er. John plaudert irgendwo im Hintergrund mit einem Mechaniker.

»Ich möchte, daß du hier an der Tür neben dem Podium stehst, während ich lese«, sagt Bang zu ihm. Und zur Baronin gewandt: »Er ist mein Schutzengel, wissen Sie.« – Als ob das alles erklärte.

Die Damen und Herren, die Herman Bang vor einigen Tagen vom Schiff abgeholt haben, erkennen ihn kaum, als er das Podium betritt. Die Verwandlung ist verblüffend. Plötzlich scheint er weder nervös noch verlegen zu sein. Dieser Mann, der dort eine kleine Begrüßungsrede improvisiert, sieht zehn Jahre jünger aus als das eingefallene Wesen, das sie am Kai begrüßt hat. Er gibt sich lebendig und beredt, spricht gewandt und artikuliert: Es ist eine Freude, ihm zuzuhören.

Nach den kurzen Einführungsworten liest er einige Kapitel seines Romanes *Die Vaterlandslosen*. Die Zuhörer lauschen gebannt von Anfang bis Ende. Denn er liest nicht nur die Geschichte Joán Ujházys, des großen Geigers und »Prinzen Ohneland«, er spielt sie auch, und eigentlich lebt er sie dort auf der Bühne. Ja, er ist Joán, in dessen Adern so viel verschiedenes Blut fließt: dänisches, ungarisches und rumänisches. Das Publikum ist zu Tränen gerührt, als Bang die alte Ane, die dänische Kinderfrau des jungen Joán, imitiert, wie sie ihm vorsingt:

»Es gibt ein wunderschönes Land
gleich hinterm wilden Meer
An der Ostsee salz'gem Strand
Es zieht sich weit in Berg und Tal
Alt Dänemark wird es genannt
Ist auch als Freyas Sitz gar wohlbekannt.«

Und später in dem französischen Internat, wo er erzogen wurde, als alle Jungen die Flagge ihres jeweiligen Vaterlandes über ihr Bett nageln und Joán keine Flagge, kein Vaterland aufweisen kann. »Nun ja, seine Mutter ist Dänin«, erklärt einer der Jungen. Aber ein anderer Mitschüler bemerkt grausam: »Man kann kein halbes Vaterland haben.«

»Joán hatte weder gesprochen, noch sich bewegt – er saß am Fußende von Haralds Bett, und die Farbe der fremden Flagge schien sich in seinem Gesicht, das von einer tiefen Röte überzogen war, widerzuspiegeln.

Dann, als ob er nicht verstanden habe, was gerade gesagt worden war, stellte er die Frage:

›Aber warum leben sie nicht in ihrem Vaterland?‹

›Wer?‹ fragte Harald.

›Die Dichter.‹

Harald kräuselte verächtlich die Lippen ...

› ... man kann nichts Großes vollbringen, wenn man keine Sehnsucht im Herzen spürt. Deshalb leben wir, wie alle bedeutenden Personen, in der Fremde.‹«

Tiefes Schweigen herrscht in dem Saal voll dänischer Amerikaner. Aber die Stimmung der Zuschauer fängt sich wieder, und viele kreischen vor Lachen, als er die Eßszene im Orientexpreß vorliest.

Der zierliche, kleine Mann auf dem Podium verwandelt sich in den vierschrötigen Holländer, Herrn Haagemester, der von einem norddeutschen Cellisten begleitet wird – einem jungen Mann mit einem Mund von exakt der Größe einer Kirsche – und Herman Bang hat für einen Moment einen Kirschmund. In der nächsten Sekunde jedoch, brüllt er mit der Stimme Monsieur Jean Roys von der Pariser Oper, der einen ganzen Chor übertönen kann. Und dann nimmt er die arrogante Haltung des deutschen Ministers in Bukarest an, und die seiner Frau, wie sie den Virtuosen durch ihre Lorgnette begutachtet.

Die Heiterkeit der Zuhörer erreicht ihren Höhepunkt, als das buntgemischte Völkchen im Speisewagen des Orientexpresses anfängt, über Geschäfte zu sprechen: Die ganze Schar »respektabler Kollegen« stürzt sich mit einem Male auf die Themen Geld, Investitionen, Prämien, Pfandbriefe und Dividenden – während Joán als einziger stumm bleibt unter der Lorgnette der Ministersgattin, die mit Erstaunen von einem Börsenspekulanten zum anderen – seinen Künstlerkollegen – blickt. Einer von ihnen erklärt, nichts, aber auch gar nichts sei langfristig so sicher wie Grundbesitz in New York: »Mein lieber Junge, die Zukunft liegt in Amerika. Wir werden es erleben, wie New York London aussticht. – Manche Leute«, betont er, »schwören auf New Orleans; aber man sollte niemals Geld in einen Ort investieren, den man nicht kennt.«

Die Zuhörer werden wieder ernst, als sich Herman Bang nochmals in Joán, den aristokratischen Zigeuner, verwandelt und höflich, jedoch mit fester Stimme erklärt: »›Nein, Madame, ich spekuliere niemals ... Und außerdem, ich kenne so wenig Künstler, die reich gestorben sind.‹ Betroffenes Schweigen breitet sich im Speisewagen aus. Madame de Stein, die französische Pianistin, macht eine Handbewegung, als wolle sie eine nicht vorhandene Haarsträhne aus der Stirne streichen, während ganz plötzlich das Klappern der Türen und Fenster deutlich zu hören ist und das keuchende Geräusch des fahrenden Zuges jedes andere auszulöschen scheint.«

Der Applaus ist überwältigend. Alle sind begeistert. »Er ist ein Zauberer!« rufen sie aus. »Er ist absolut phantastisch! Er hat tausend Gesichter, und alle sind so lebendig.«

Nach der Pause liest er eine Kurzgeschichte, die von einer sanften alten Jungfer namens Irene Holm handelt. Sie war einst Ballettänzerin und ist nunmehr gezwungen, ungelenken Jungen und Mädchen in einem Dorf im Norden Tanzunterricht zu geben. Es existiert kein Plot, es gibt keine aufregende Handlung in der traurigen Geschichte der *Irene Holm*. Mit ihren Habseligkeiten in einem alten Korb kommt sie in dem entlegenen Dorf an. Immer halb erfroren, ist sie eine unendlich mitleiderregende Gestalt, mit ihren abgetragenen Kleidern und mit ihrem müden Lächeln. Als die »Saison« zuende ist, muß sie wieder ihren Korb packen, und ihr kleines Abschiedsfest ist der melancholische Höhepunkt der Erzählung. Denn Mlle. Holm ist ein wenig beschwipst – nur ein ganz kleines bißchen –, und ihre Schüler überreden sie, ein Solo zu tanzen, etwas Klassisches, wie früher im »richtigen Theater«. Und sie tanzt, mit all den gezierten und graziösen Schritten und Figuren von vor dreißig Jahren, die *Grande Napolitaine*. Sie wirkt lächerlich und sehr tragisch. Die Leute lachen sie aus. Es ist nur ein ganz gewöhnlicher Mißerfolg. Irene Holm weint, und die mitfühlende Tochter des Pastors versucht, sie zu trösten. Es ist nur eine dieser unbedeutenden Tragödien: eine ziemlich deprimierende Geschichte. Doch wie sie vor Leben pulsiert, als der Autor sie laut vorliest!

Hüpfend und springend gibt er Irenes groteske Darbietung wieder. Er imitiert die Musik, das grausame Gelächter der Bauernjungen und das alberne Gekicher der Provinzmädchen. Sein Gesicht erzählt das ganze Leid der alten Tänzerin. Als er seine Lesung beendet, ist er erschöpft und sein Gesicht tränennaß.

Aber mit der offiziellen Lesung ist die Vorstellung noch nicht zu Ende.

Bang macht weiter. Er plaudert, lacht, lächelt und schüttelt allen die Hände. Er ist offensichtlich erfreut über die Blumengeschenke, die sich auf einem kleinen Tisch türmen. Einige große Bouquets trägt er in die Hotelbar, wo sich eine große Gruppe versammelt hat und ihn mit erneutem Beifall begrüßt. Er lächelt, verbeugt sich, und dann wird er plötzlich sehr ernst. »Es ist wunderbar hier in Amerika«, bemerkt er leise zu der Baronin, die neben ihm steht. »Es geht mir so gut unter euch allen.«

Er ist angeregt, er brilliert; manchmal erscheint seine Fröhlichkeit etwas hektisch. Er erzählt witzige Geschichten über seine Erfahrungen als Theaterkritiker, Rezitator und Intendant. Die weitschweifige Geschichte der Herman Bang-Tournee vor zwanzig Jahren ist rührend und komisch, eine echte Tragikomödie. Oh, all diese öden, provinziellen Orte in Dänemark und Norwegen, die sie besuchen mußten – er beschreibt sie als lächerliche, kleine Infernos, Abgründe der Langeweile. »Und die ganze Zeit führten wir diese kindischen Einakter auf.« Er lacht herzlich; der bloße Gedanke an diese kläglichen dramatischen Versuche scheint ihm schrecklich komisch. »Die Leute schnarchten im Theater – ja, sie schnarchten buchstäblich ... Unser Impresario war aufgebracht und bat mich schließlich, mit den Musikanten der Truppe ein religiöses Konzert zu veranstalten. Wissen Sie, er war sozusagen Experte für religiöse Konzerte. ›Jawohl, mein Herr‹, pflegte er auszurufen, ›auf diese Weise appelliert man an die edelsten Gefühle der Leute, das Publikum ist einem sicher, und Kirchen sind nicht teuer.‹« Er gibt eine amüsante und drastische Imitation der Sprechweise und der Gestik des Impresarios.

Die Baronin, die mit fast schon schmerzhafter Aufmerksamkeit zuhört, ist gefesselt und zugleich beunruhigt. Sie lacht lauthals, sie ist gebannt und muß doch immer wieder denken: »Irgendetwas stimmt nicht mit ihm. Ich weiß nicht, was. Er ist absolut göttlich, ich habe ihn noch nie so erlebt; aber seine Augen haben einen Glanz, der mir nicht gefällt: das macht mir Angst. Vielleicht nimmt er Drogen«, überlegt sie und wird bei diesem Gedanken ganz unruhig. »Ja, daher kommt wahrscheinlich auch dieses verkrampfte Lachen. Er nimmt Narkotika, da bin ich sicher. Armer Herman. Mein armer Freund.«

In der Zwischenzeit hat er begonnen, Anekdoten über Leute zu erzählen, die er aus Paris, Helsingfors, Wien, Berlin und Prag kennt. Er liefert eine eindrucksvolle Schilderung des permanenten Untergrundkampfes des tschechischen Volkes gegen seine österreichischen Unterdrücker. Er imitiert die große Wiener Schauspielerin Wolter, singt ein Loblied auf die Pariser Chansonette Réjane und stürzt sich dann in eine Geschichte über einen Clown, den er einmal in London gesehen hat. »Sie sind überall zu Hause«, bemerkt eine der Damen voller Bewunderung. »Oder – nirgendwo ... «, erwidert Herman Bang.

Und ein Herr am anderen Tischende sagt mit tiefer, bedeutungsvoller Stimme – etwas zusammenhanglos zwar, doch auf seltsame Weise aufwühlend: »Die Vaterlandslosen«. – Die Kellner bringen den Nachtisch. Die vollbusige Matrone, die sich so vor Herman Bangs Boshaftigkeit gefürchtet hat, reicht ihm einen Teller mit Eis und heißer Schokoladensoße. »Das paßt gut zu Ihnen, Mr. Bang«, meint sie. »Es ist *pervers* ... «

Spätnachts kehren John und sein berühmtes Problemkind ins Hotel Astor zurück. »Du warst den ganzen Abend so still«, sagt Herman Bang. »Hat dir die Lesung nicht gefallen?« »Oh, sie hat mir sehr gefallen, ehrlich, es war großartig ... «, versichert ihm der junge Mann. »Aber gleichzeitig war ich etwas verwirrt. Ich hatte keine Ahnung, daß Sie ein so großartiger Schauspieler sind und so viele Geschichten kennen. Und vor allem kennen Sie sich mit Frauen aus! Die waren ja alle verrückt nach Ihnen – und einige sahen wirklich gut aus. Diese Baronin, zum Beispiel – was für eine Figur! Die würde ich gerne näher kennenlernen ... Warum wagen Sie denn keinen Vorstoß, Mr. Bang? Sie könnten sie erobern – einfach so!« Er schnippt mit den Fingern.

Bang lächelt düster und wehmütig. »Ich nehme an, du hast recht«, sagt er nach eine Pause mit einer seiner fahrigen Gesten: »Also, dann gute Nacht, und schlaf gut, mein Junge.« Und er trippelt schnell davon in Richtung Aufzug, als ob er über glühende Kohlen gehe.

Zwei Tage später soll Bang New York verlassen und seine lange Reise an die Westküste antreten. John erscheint frühmorgens im Astor, um ihm beim Packen zu helfen.

Beide sind sie eine Weile still. Bang sieht müder und kränker denn je aus. Schließlich erklärt John: »Ich sehe Sie gar nicht gerne diese Reise ganz alleine machen. Sie sind nicht kräftig genug dafür, Mr. Bang. Sie sehen so blaß aus. Sie sollten irgendeinen starken Burschen mitnehmen.«

»Ich würde gerne dich mitnehmen«, sagt Bang.

»Und warum tun Sie es nicht?« Johns Stimme ist voll Hoffnung.

Und Bang antwortet nach einer langen Pause sehr sanft: »Das wäre ein großer Fehler, John. Es wäre sicherlich eine fatale Dummheit.«

John versteht nicht.

Sie sprechen nicht mehr darüber.

Bevor sie das Hotel verlassen, überreicht ihm Bang ein Zigarettenetui und eines seiner Bücher mit einer Widmung. Es ist die dänische Ausgabe von *Die Vaterlandslosen*. John ist ein wenig enttäuscht, denn er kann kaum Dänisch lesen. Aber das Zigarettenetui gefällt ihm. »Es ist viel zu wertvoll«, erkennt er. »Mann! Das ist ja echt Gold.«

Bang versucht verzweifelt, ein Lächeln zustande zu bringen.

»Sie sind so gut«, sagt John und berührt ganz plötzlich Bangs zerbrechliche, zarte Finger mit seiner eigenen großen, ungeschickten Hand. »Sie sollten Kinder haben. Sie wären ein erstklassiger Vater, das weiß ich. Wieso haben Sie keinen Sohn, Mr. Bang?«

Dieser antwortet nicht. Ein paar Sekunden später sagt er: »Wir müssen uns beeilen, mein Junge. Es ist schon spät ... «

Eine Anzahl Freunde ist zum Zug gekommen, um ihn zu verabschieden. Mr. Opffer, Mr. Madsen, Mr. Eskensen, die vollbusige Dame und die Baronin. Bang kann seine Fahrkarte nicht finden und wird von der Vorstellung geplagt, seine zahlreichen Taschen zu verlieren. »Wo sind meine Sachen?« fragt er immer wieder nervös. »Die kleine Tasche mit meinen Büchern ... ? Oh, es ist furchtbar, schrecklich ... wie ein Alptraum ... «

»Wieso fährst du weg?« fragt die Baronin. »Warum bleibst du nicht hier bei uns? Wieso mußt du unbedingt an die Westküste?«

Er schaut sie mit den Augen eines waidwunden Tieres an.

»Er ist verdammt«, das fühlt sie. »Er ist verloren. Ich bin sicher, er nimmt Rauschgift – Kokain oder Morphium, oder wie immer diese schrecklichen Sachen heißen. Er ist so entsetzlich blaß, und er zittert die ganze Zeit. Armer Herman – mein armer Freund.«

John hilft ihm auf seinen Platz und wickelt ihn wie ein krankes Kind in warme Decken.

»Ich kann Sie gar nicht wegfahren sehen«, sagt er noch einmal.

»Danke«, erwidert Herman Bang, ohne ihn anzusehen.

Sein Schutzengel verläßt ihn. Er ist allein. Trotz der schweren Decken friert er.

Als der Zug sich langsam in Bewegung setzt, winken ihm die Freunde zum Abschied zu. »Er sieht so verloren aus«, sagt Mr. Opffer. »So schwach ... « »Ob wir ihn je wiedersehen werden?« grübelt Mr. Eskensen – während John zu der Baronin mit heiserer, fast erstickter Stimme sagt: »Er ist ein seltsamer Bursche. Aber ein feiner Kerl – ein verdammt feiner Kerl, genau das ist er.«

Die Baronin nickt. John fällt auf, daß ihre schönen Augen voller Tränen sind. »Sie hat ihn wirklich gern«, überlegt er. Schließlich flüstert sie: »Sie müssen mir mehr über ihn in New York erzählen. Er war immer so beschäftigt – mit Besichtigungen.« In ihren Augen glimmt ein kleiner, böser Funke. »Eifersucht«, denkt John. Aber ihr Lächeln wird ganz warm, als sie hinzufügt: »Sie müssen recht bald eine Tasse Tee mit mir trinken. Denn ich möchte alles über seine Eindrücke von New York wissen und was ihm am besten gefallen hat. Das besonders: was ihm am besten gefallen hat.«

John fühlt sich sehr geschmeichelt durch den Vorschlag, mit der Baronin Tee zu trinken. »Danke«, sagt er, und als er sie ansieht, wird ihm wieder bewußt, was für eine attraktive Frau sie, ungeachtet ihrer Jahre, immer noch ist.

»Vielleicht morgen gegen fünf?« – und als er glücklich zusagt, erröten beide, wie von einem plötzlichen Schuldgefühl befallen.

Bang unterbricht die Reise in Chicago, wo er sich für eine weitere Lesung verpflichtet hat. Er lernt neue Leute kennen und trifft alte Freunde wieder. Aber er nimmt niemanden wahr. Er ist blind. Er hört weder die netten noch die gehässigen Bemerkungen. Er ist taub. Er spricht, aber seine eigene Stimme klingt ihm fremd. Er weiß nicht, worüber er redet. Er erklärt: »Ich bin von Amerika fasziniert. Es ist so riesig. Ich freue mich darauf, mehr davon zu sehen.« Aber wie kann er mehr sehen, wenn er mit Blindheit geschlagen ist? »Ich bin in Eile«, sagt er. »Der transkontinentale Zug ... Das Schiff wartet schon. Wie weit ist es noch bis San Franzisko?« Man antwortet: »Ungefähr zweitausend Meilen.« Er nickt: »Ja, ja, es ist riesig.« Er ist geistesabwesend. Er will weder die berühmten Schlachthöfe sehen, noch bekundet er Interesse an dem Museum oder der Bibliothek. Er insistiert: »Ich bin in Eile ... «, als ob ihn eine geheime Macht – ein Sturm oder eine gewaltige, unsichtbare Hand – weiter und weiter treibt. Er betritt sein Zugabteil wie ein Gefangener die Todeszelle.

»Gute Reise, Mr. Bang! Vergessen Sie nicht, uns eine Postkarte aus Shanghai zu schreiben!« rufen sie und grinsen dabei, wie über einen gelungenen Scherz.

»Das werde ich sicher tun«, verspricht er.

»Sie sollten sich noch Salt Lake City ansehen. Es ist eine Besichtigung wert«, schlagen sie vor.

»Ja ... sicher ... natürlich«, stöhnt er und schaudert, als werde er erneut von einer unsichtbaren Faust grausam hin- und hergeschüttelt.

Die Tage sind lang, und die Nächte noch länger. Er bleibt in seinem Abteil. Er schläft kaum. Ohne tröstlichen Schlaf muß er das Ende der Nacht, das Ende der Reise erwarten.

Während der Tage und vieler Nachtstunden starrt er aus dem Fenster auf eine Landschaft, die ihm monoton und doch auch stets verändert erscheint. Lange Stunden denkt er nur das eine: »Wie groß dieses Land doch ist! Wie riesig – wie endlos und wie leer! Ich habe es mir nie derart leer vorgestellt. Diese gewaltigen Ebenen sind nicht von Menschen bewohnt. Was für ein Überfluß an Raum: Platz für Millionen und aber Millionen. Ungenutzter Raum für zukünftige Generationen; für schuldige, verfluchte, leidende Kreaturen. Aber ich sage dir, wenn ein einziger Mensch einem anderen Menschen tief in die Seele sehen könnte, dann würde er sterben.

Ich trage keine Verantwortung an den unzähligen zukünftigen Tragödien. Ich bin unschuldig, unberührt wie ein Mönch, unbefleckt von der häßlichen Sünde der Fortpflanzung. Ich bin unbeteiligt, distanziert und frei – wie es Reisende eben sind. Ich habe kein Land, keine Heimat und keine Kinder. Keine Kinder. Ich bin unfruchtbar.

Einige Völker des Altertums hielten einen unfruchtbaren Mann für heilig, andere für verflucht.

Ich bin verflucht.

Amerika ist schwanger von potentiellem Leben. Aber ich bin kein Teil davon. Ich bin verdammt.

Oh, Amerika – schwanger von künftigem Lachen, künftigem Haß und künftiger Liebe. Unter der Bürde des Genies seiner ungeborenen Söhne, der Schönheit seiner ungeborenen Töchter, der Schrecken zukünftiger Revolutionen, des Grauens kommender Kriege, des Wohlstands eines versprochenen Friedens. Oh, Amerika, überladen mit Möglichkeiten und Hoffnungen – oh, endlose Landschaft, Landschaft der Jugend – Landschaft, die mir den Tod bringen wird. Denn ich bin haltlos, nutzlos und verdammt.

Diese staubige Wildnis hält den Tod für mich bereit. Diese ewigen Highways haben für mich kein Ziel, keine Bestimmung. Ich kann in den leeren Ebenen nur die dumpfen und mörderischen Züge der Medusa erkennen.

Dieses Land bringt mich allein durch seine Größe um. Es zerstört mich mit seiner Jugendlichkeit, seiner Kraft, seiner überreichen Realität. Das wußte ich, als ich die Gebäude in New York sah, als ich das Lachen jener jungen Kreatur, Johns, meines Führers und Beschützers hörte und fühlte, – der mich verließ. Dieses Land tötet mich. Ich ahnte es bei meiner Ankunft. Ich spürte es, als ich Kopenhagen verließ. Ich wußte, ich begebe mich auf meine letzte Reise.

Amerika überwältigt mich. Ich bin am Ende.

Es betäubt mich mit seinen Flüssen und Fabriken, mit seiner athletischen Jugend, seinen Negersongs, seinem grausamen Lärm, seiner Langeweile, seinem kindischen Enthusiasmus, seinen Muskeln aus Stahl, seiner Vitalität, seiner enormen Lebenslust ... mit seiner Größe, einer Größe, die zu ertragen ich nicht stark genug bin.«

Die Tage vergehen, und die Nächte finden zuletzt doch ein Ende, aber der Zug rollt immer weiter, der transkontinentale Zug, der Zug ohne Ziel und Bestimmungsort. Die Szenerie wechselt; jetzt muß die Lokomotive steile Anhöhen und hohe Berge erklimmen. Man sieht Felsen und tiefe Täler zwischen schneebedeckten Gipfeln. Der Reisende in der Zurückgezogenheit seines eleganten Abteils spürt einen Stich in der Brust; aber diesmal einen physischen Schmerz. Sein Herz – er hat es die ganze Zeit gewußt – kann diese Höhe nicht ertragen. Die Ärzte haben ihn vor seiner Abfahrt gewarnt. Aber er hat nur gelächelt und geistesabwesend die Achseln gezuckt. Jetzt ist er da, der Herzanfall, der Krampf: er kann kaum noch atmen.

Hastig schluckt er seine Medizin. Der schmerzhafte Anfall geht vorüber. Der Zug rast bergab.

Für dieses Mal hat er die gefährliche Attacke überstanden. Aber es würden andere Berge kommen – noch höhere, sehr hohe, das weiß er. Würde sein Organismus den plötzlichen Wechsel der Atmosphäre, die dünne Luft aushalten? – »Und wenn nicht?« denkt er mit verzweifelter Hartnäckigkeit. »Ich bin sowieso am Ende. Ich habe kein besonderes Verlangen danach, San Franzisko zu sehen, und auch nicht die Buddha-Tempel des Fernen Ostens. Ich trete von der Weltreise zurück. ›Der kürzeste Weg zur eigenen Seele führt um die Welt.‹ Welcher Philosoph hat dieses dubiose Epigramm erdacht? Er hat auf jeden Fall unrecht. Ich kann das Rätsel wenigstens zur Hälfte lösen. Ich erkenne die grausamen Gesetze, die mein Leben bestimmen, an, schaudernd zwar, aber ich akzeptiere sie.

Und wenn man denken könnte, daß man sich selbst tief in die Seele sähe, dann würde man es als eine geringe und notwendige Strafe betrachten, von sich aus und ohne Zögern sein Haupt auf den Block zu legen.

Ich klage nicht.

Ich warte geduldig auf das Ende der Nacht – und ich weiß, das Morgenrot wird von blutiger Pracht sein.«

Er studiert die Landkarte und findet heraus, daß der Staat Utah ziemlich hoch liegt: der tiefste Punkt ist Salt Lake Valley, 4 210 Fuß über dem Meeresspiegel. »Gesundes und herrliches Klima«, versichert der Prospekt. »Nicht für mich«, denkt der Reisende.

Mechanisch liest er weiter, ohne den Sinn der Worte richtig zu erfassen. »Wenig Holz und Landwirtschaft ... Ein Großteil des Bodens ist von Salz und Alkali durchtränkt. Große Teile sind noch immer hoffnungslos unfruchtbare Wüste.«

»Wie ich: hoffnungslos unfruchtbar. Mein Herz, meine Seele, mein Gehirn, mein Körper, hoffnungslos unfruchtbar.«

Und er liest die erstaunliche Geschichte der Pioniere von Utah. Die Geschichte von Brigham Young, der mit hundertdreiundvierzig Männern, drei Frauen und zwei Kindern über die Berge und Täler zieht. Sie leben in Zelten, Planwagen und Blockhütten; sie schützen sich vor feindlichen Indianern, vor Wölfen und anderen wilden Tieren. Sie sind, ihrer eigenen Auslegung der Heiligen Schrift folgend, starrsinnig in ihrem Glauben. Das liegt kaum siebzig Jahre zurück und klingt doch wie eine alte Heldensage – die Saga der Mormonen, die Kirche Jesu Christi der Heiligen der letzten Tage, die, aus Illionois vertrieben, durch die Wildnis und das unbekannte Land ziehen, angezogen von den endlosen Weiten des Westens, und sich schließlich an den Ufern eines Sees niederlassen, dessen Wasser salzig ist – salzig wie die Tränen – das Tote Meer Amerikas, der See der Tränen, die Stadt der Tränen, das Tal der Tränen.

»Ich nähere mich dem Land der Tränen. Wie weit entfernt mag der geheimnisvolle See sein?« Eine Flut innerlicher Tränen gibt die Antwort: »Du bist dem Ziel nahe.«

Seine Gedanken wenden sich der Polygamie zu. »Wie seltsam! Hundertdreiundvierzig Männer und nur drei Frauen ... und doch beansprucht jeder Mann mehrere Frauen für sich ... Ich gäbe keinen guten Mormonen ab«, er lacht leise in sich hinein, erschrickt jedoch über den Klang seines eigenen Gelächters in der Einsamkeit dieses Zugabteils inmitten einer vorbeirasenden, leeren und gewaltigen Landschaft.

»Meine Insel hat keine Frauen, wen kann ich also lieben?«

Mit einem stechenden Schmerz erinnert er sich an diese Worte Joáns auf einer der letzten Seiten von *Die Vaterlandslosen*. Der Heimatlose, melancholischer Held des Romans, versucht, eine Heimat zu finden: er geht nach Dänemark, und das erweist sich als Fehlschlag. Bevor er sein ihm entfremdetes Heimatland verläßt, macht er einen Spaziergang mit einem Freund, dessen Leben ebenfalls ruiniert ist. »Was ist mit dir, Joán«, sagt er. »Wir sind doch noch jung – warum suchst du dir keine Frau?« – »Ich?« fragt Joán. Sie sehen den Nachtexpreß herannahen; der Scheinwerfer der Lokomotive nimmt sie, wie ein dämonisches Auge, ins Visier. – »Ich?« wiederholt Joán, und seine Stimme ist ebenso ausdruckslos wie sein Gesicht; »Ich muß einsam sterben, Erik.«

Ich muß einsam sterben.

Ich ... muß ... einsam sterben ... einsam ...

Er schläft beinahe ein. Er hört das Geräusch der Räder – ihren monotonen, qualvollen Rhythmus, gegen den Joáns Stimme, zu seiner eigenen Traumstimme geworden, immer wieder ankämpft. »Dies war meine letzte Stunde«, sagt Joán, der Violinvirtuose. »Und mit dem heutigen Abend hat alles ein Ende. Denn ich habe einen Größeren gehört. Sein Spiel kündet von bedeutenderen Dingen. Es kündet von einer neuen Freude.«

Eine neue Freude ... Er sieht John vor sich, den muskulösen und geflügelten Führer, wie er zwischen den Wolkenkratzern tanzt, hüpft und umherfliegt. Er ist halbnackt und trägt nur dunkelrote Shorts und riesige Boxhandschuhe. Er ist ein Preisboxer, sehr stark, sein Schlag ist tödlich, sein Lachen tödlich; tödlich auch seine Jugend, seine Stärke und seine grausame Unschuld ...

»Er wird mich treffen«, das hat der Schlafende im Gefühl.

Und der Schlag kommt.

Ein großer Schmerz durchdringt ihn. Er versucht aufzustehen, doch es gelingt ihm nicht! Er ist wie gelähmt, er ist ohne Gefühl. Sein Herz schmerzt. Er preßt seine zitternde Hand an die Brust. Er will schreien, aber er hat keine Stimme. Er stöhnt. Er weiß, das ist das Ende.

Der Zug hält inmitten einer großartigen und furchteinflößenden Landschaft – eine biblische Szenerie, dürr und heroisch, bedrohlich und bezaubernd mit ihren eisigen Bergen, die sich scharf gegen einen glühenden Himmel abheben. Aus dem Himmel kommt ein hartes, metallisches Licht. Zwischen Felsen stürzen eisblaue Wasser in die Tiefe. Die Luft ist erfüllt von einem hohen, klirrenden Geräusch – dem triumphierenden Gesang der Morgenröte, der grausamen Hymne eines neuen Tages.

Einige Tage später erhält Mr. Opffer, der Herausgeber des *Nordlyset*, ein Pressetelegramm aus Ogden in Utah, mit der Mitteilung, der große dänische Autor und Vortragende Herman Bang sei in kritischem Zustand aus dem transkontinentalen Zug in ein Krankenhaus jener Stadt gebracht worden, wo er um sechs Uhr morgens gestorben sei. Mr. Opffer ruft sofort Mr. Eskensen an, der sagt: »Armer Kerl! Ich habe so etwas ähnliches erwartet. Er hatte so ein kleines, blasses Gesicht.« »Was können wir nun tun?« fragt Mr. Opffer. Mr. Eskensen schlägt vor, eine Totenmaske anfertigen zu lassen. Mr. Opffer hält das für eine ausgezeichnete Idee. Und zwei ausführliche Telegramme werden losgeschickt, eines an den dänischen Vizekonsul in Ogden, Mr. Thorvald Orlob, das andere an Mr. O.D. Rasmussen, den Eigentümer einer Warenhauskette in Utah und Wyoming. Beide Herren schätzen sich glücklich, ihrem berühmten Landsmann, der ohne Freunde in ihrer Gegend gestorben ist, diesen kleinen Dienst zu erweisen.

Mr. Eskensen überbringt der Baronin die Nachricht. »Es war eine Art Herzanfall«, legt er dar. »Wir werden natürlich einen Gedenkgottesdienst abhalten, vielleicht in der kleinen dänischen Kirche in der Bronx. Wir möchten es einfach, aber würdevoll gestalten. Einige Redner – Stephan Hansen, Jonas Lie, obwohl er Norweger ist, und Emile Bomén. Und hoffentlich singt Holger Birkerod das *Ave Maria*. Haben Sie ihn schon einmal gehört? Er hat eine wunderbare Stimme.«

Aber die Baronin hört gar nicht zu. Sie ist wie versteinert. Sie kann sich kaum bewegen.

»Er ist tot«, sagt sie einige Stunden später zu John.

Er weint. Die Tränen strömen über sein Gesicht, welches durch das Weinen nicht verzerrt wird. Es ist das starke und schöne Gesicht eines trauernden jungen Gottes.

»Das ist unsere Schuld!« schreit er und ballt wütend seine mächtige Faust.

»Wie meinst du das – unsere Schuld?«

»Wir haben ihn getötet!« insistiert er verzweifelt und schüttelt sein prächtiges Haupt und seine Fäuste.

»Sei still!« fleht sie ihn an. »Niemand ist dafür verantwortlich. Wir haben keine Schuld. Du redest Unsinn.«

Aber er schüttelt weiterhin verzweifelt den Kopf. »Wir haben ihn getötet. Amerika hat ihn getötet. Er konnte es nicht aushalten. Er war anders. Die Wolkenkratzer, das große Land – und auch ich – jagten ihm Furcht ein. Wir alle zusammen haben ihn umgebracht!«

Sie nimmt sein tränennasses Gesicht in ihre Hände. Sie trocknet mit ihren Fingern sein Gesicht. Sie küßt seine Wangen und Lippen. Sie schmeckt den bitteren Geschmack seiner Tränen. Sie bittet ihn nochmals:

»Sei still! Sei still, mein Liebling – weine nicht! Ich bin ja bei dir.«

KAPITEL IX

PARK AVENUE 791

IVAR KREUGER

Jim ist ein heller, tüchtiger Bursche – der perfekte Liftboy: munter, zuverlässig, klug und diskret. Seit mehreren Jahren arbeitet er in dem teuren Appartmentgebäude in der Park Avenue 791. Die Stellung gefällt ihm, und er gibt sich große Mühe, seine Arbeitgeber zufriedenzustellen. Und über 25 Dollar die Woche rümpft man, besonders in diesen Zeiten der Depression, nicht die Nase. Außerdem gibt es da noch die Trinkgelder, manchmal sehr großzügige, besonders dann, wenn sich der schwedische Industrielle, Mr. Kreuger, in der Stadt aufhält.

Der Liftboy bedauert, daß Mr. Kreuger sein luxuriöses Penthouse, sechzehn Stock über der Park Avenue, nicht öfters besucht. Er kommt ungefähr einmal im Jahr, meistens während der Weihnachtszeit. Sein längster Aufenthalt, 1931, hat drei Monate gedauert. Jim vergnügt sich oft mit der Vorstellung, an welch wundervollen Orten Mr. Kreuger wahrscheinlich den Rest seiner kostbaren Zeit verbringt. In alten Schlössern in Schweden, in eleganten Hotels an der französischen Riviera, in ehrwürdigen Londoner Klubräumen ... Vielleicht angelt er mit Mr. Morgan in Schottland oder spielt mit dem König von Schweden Tennis in Cannes.

Im allgemeinen hat Jim keine sehr hohe Meinung von den reichen Leuten des Park-Avenue-Palastes. Er hört zwar ganz gerne ihren Gesprächen zu, findet die meisten aber ziemlich albern. Als einzigen bewundert er den Streichholzkönig, und für ihn empfindet er beinahe so etwas wie Vergötterung.

Die Vorstellung, sich allein mit dem Verkauf von Streichhölzern ein riesiges Vermögen zu schaffen, gleicht einem modernen Märchen. Immer wenn ihm Mr. Kreuger Trinkgeld gibt, macht er eine tiefe Verbeugung und errötet ein wenig. Manchmal unternimmt Jim den Versuch, mit dem berühmten und geheimisvollen Mieter ein Gespräch zu beginnen; doch der große Mann reagiert so gut wie nicht, wenn der Liftboy eine schüchterne Bemerkung über das kalte Wetter oder die hohe Luftfeuchtigkeit murmelt. Dennoch erweckt Mr. Kreuger keineswegs den Eindruck von Unfreundlichkeit oder Arroganz – jedenfalls nicht bei Jim. Er besitzt eher die geistesabwesende Freundlichkeit von Menschen, die ständig mit weitreichenden und komplizierten Überlegungen beschäftigt sind. Jim sieht ihn ehrfürchtig an und überlegt, ob er jemals so werden könnte: so professionell und gescheit, so verbindlich und doch so distanziert.

Seine Erscheinung und seine besondere Art, zu sprechen oder zu lächeln, enthalten etwas ganz Verwirrendes und gleichzeitig Anziehendes. Er ist nicht im entferntesten gutaussehend, aber etwas in seinem Gesicht und seiner Stimme prägen sich einem tief ins Gedächtnis ein. Gleichzeitig ist es schwierig, wenn nicht gar unmöglich, sich an Einzelheiten seiner Gesichtszüge oder seiner stets korrekten, konventionellen Kleidung zu erinnern. Seine Physiognomie hat etwas seltsam Unpersönliches, ja fast Unmenschliches. Er ist gut einen Meter achtzig groß. Seine außerordentlich blasse Gesichtsfarbe betont die fast tiefschwarzen Augen. Aber sind sie wirklich schwarz? Jim glaubt vielmehr, sie seien grau oder leicht blau: jedenfalls von einem intensiven Glanz, der sie seltsamerweise dunkel erscheinen läßt. Manchmal jedoch hat Jim das beklemmende Gefühl, er hätte Kreugers Augen nie gesehen. In Jims Erinnerung ist der Streichholzkönig blind, oder er versteckt seine Augen, als ob ihr Blick, wie der mancher mythologischer Ungeheuer, tödlich sei. Sein Gesicht mit der hohen Stirn und den aufgeworfenen, sinnlichen Lippen wirkt entschlossen, energisch, konzentriert – und doch zugleich schlaff. Sein angespannter, herrischer Ausdruck steht im seltsamen Kontrast zu seinem aufgedunsenen Körper.

Während der letzten Woche seines Aufenthalts in New York im März 1932 sieht sein Gesicht besonders grau, müde und verlebt aus. Er scheint totmüde und erschöpft; wenn er mit schönen Frauen scherzt oder sich mit Geschäftsfreunden unterhält, hat seine Fröhlichkeit immer etwas Angestrengtes. Es ist ein Schlag für Jim, als sein Idol eines Tages im Aufzug fast einen Zusammenbruch erleidet. Er schwankt, und als Jim ihm mit einer spontanen Geste zu Hilfe eilen will, lehnt er mit einer schwachen Handbewegung ab. »Ist schon gut, danke.« Mit einem düsteren, hoffnungslosen Lächeln fügt er hinzu: »Ich bin nur ein bißchen überarbeitet; das ist alles.« Bevor er aussteigt, gibt er Jim ein besonders großzügiges Trinkgeld, als müsse er für alles, sogar für einen freundlichen Blick, bezahlen.

Am nächsten Tag bricht er mit der *Île de France* nach Europa auf, und Jim trägt ihm die Koffer zu seinem Auto. Der Industrielle reist niemals mit großem Gepäck. Als Jim die Autotür öffnet, wirft er einen letzten Blick auf Mr. Kreugers Gesicht und stellt einmal mehr fest, wie grau und abgespannt es aussieht. Um die weichen, halbgeöffneten Lippen spielt ein trauriger, bitterer und fast angewiderter Ausdruck.

»Auf Wiedersehen, Sir«, sagt Jim. »Gute Reise, Sir.«

Aber Kreuger nimmt ihn weder wahr, noch erkennt er ihn. Sein leerer, starrer Blick geht durch Jim hindurch, als bestünde der Junge aus Luft. Er vergißt sogar, was noch nie vorgekommen ist, ihm ein Trinkgeld zu geben.

Eine Woche später liest Jim in der Zeitung, daß der schwedische Industrielle Ivar Kreuger am 12. März 1932 in Paris Selbstmord begangen hat.

Er kann es kaum glauben. Erst als er Mr. Kreugers Haushälterin, Mrs. Aberg, trifft, akzeptiert er die Wahrheit: Der Streichholzkönig ist tot; er hat sich umgebracht.

Mrs. Abergs Gesicht ist von Trauer gezeichnet. Offensichtlich hat sie die ganze Nacht geweint. Jim flüstert: »Ist es denn wirklich wahr?« Sie nickt bekümmert. »Wie konnte das nur geschehen?« fragt der Liftboy. Sie zuckt die Achseln, weint wieder und gestattet ihm, ihr in die Wohnung zu folgen.

»Hast du ihn so gerne gehabt?« Sie klingt etwas überrascht und sogar ein wenig mißtrauisch.

»Ich habe ihn unendlich bewundert. Er war eine große Persönlichkeit. Ein echter Selfmademan. Und trotz seines großen Erfolges so einfach und ehrlich. Ich hatte immer gehofft, es würde mir eines Tages gelingen, mit ihm zu sprechen. Ich wollte ihn fragen, ob er nicht Verwendung für mich hätte, als Hausangestellter oder sonst irgendetwas ... « Er wird rot und fügt hastig hinzu: »Ich fürchte, das klingt ziemlich anmaßend, aber ich hätte alles darum gegeben, für ihn zu arbeiten.« Als Antwort schenkt sie ihm ein abwesendes, trauriges und nervöses Nicken. Sie blickt ihm nicht in die Augen, als sie sagt: »Kennst du unsere Wohnung überhaupt?« Jim murmelt, er habe sie natürlich betreten, wenn er ein Telegramm oder Blumen abgeliefert habe. Aber er hat nie mehr als einen flüchtigen Blick auf all den Luxus werfen können. »Du kannst sie jetzt anschauen«, sagt Mrs. Aberg – und öffnet mit einer großartigen, majestätischen Geste die Tür, wie eine Königswitwe, die den verlassenen Palast nach dem Tod des Königs für den Mob freigibt.

Es ist das prachtvollste Appartement, das er je gesehen hat. Alle neun Zimmer sind riesig und mit Mobiliar von Meisterhand sowie fürstlichen Tapeten ausgestattet. Besonders beeindruckt Jim das Schlafzimmer aus massivem Walnußholz mit einem ausladenden Himmelbett. Die Wände sind getäfelt und mit kostbaren Stoffen verkleidet. Es ist vollkommen ruhig in diesem Raum, denn die hohen Fenster sind lärmgeschützt.

»Er litt an Schlaflosigkeit«, flüstert Mrs. Aberg, als ob sie noch immer fürchte, ihren nervösen Herrn zu stören.

»Er sah gar nicht gut aus, als ich ihn – zum letzten Mal – sah ...«, bemerkt Jim.

Und Mrs. Aberg erwidert – eher zu sich selbst: »Ich hätte ihn nicht wegfahren lassen dürfen. Das war ein großer Fehler! Er hat es mehrere Male aufgeschoben; aber dann wurde er immer ruheloser ... Und wahrscheinlich rechnete er sich dort drüben immer noch eine Chance aus ...«

»Was für eine Chance meinen Sie?« fragt Jim.

Sie wirkt verlegen, als ob sie zuviel preisgegeben habe. »Ich möchte dir seine Bilder zeigen«, fährt sie schnell fort. »Er verstand eine Menge von Kunst, und er war ein eifriger Sammler. Hier – das sind Zeichnungen von Rembrandt; und das sind Werke des skandinavischen Malers Anders Zorn. Schön, nicht wahr? Mr. Kreuger hegte besondere Bewunderung für ihn!«

Überwältigt von anrührenden Erinnerungen füllen sich ihre Augen wieder mit Tränen, als beide den Wintergarten betreten. »Er betete Blumen förmlich an«, sagt sie. »Besonders Maiglöckchen – er war verrückt nach ihnen. Wenn er müde und der Menschen überdrüssig war, pflegte er hierher zu kommen und sich bei seinen geliebten Blumen auszuruhen. Ich sehe noch sein Gesicht vor mir, wie er sich über diese Blüten beugt: ein Verdurstender, der in der Wüste einen Brunnen gefunden hat ...«

Die Terrasse, die das Appartement umgibt, ist voller Büsche und Sträucher: ein verzauberter, blühender Garten, ganz oben, auf dem Gipfel einer kolossalen Konstruktion aus Stahl und Beton. Zwei Bäume recken ihre Äste über zehn Meter und zwei weitere mindestens sechs Meter hoch in die Luft. »Alles ist so wunderschön«, äußert Jim. »So herrlich angeordnet.«

Mit bescheidenem Stolz stimmt Mrs. Aberg zu. »Es war auch ein gutes Stück Arbeit.« Und sie gibt ihm einen genauen Bericht darüber, wie sie – unmittelbar nachdem der Bau beendet war – in das leere Appartement eingezogen ist und wie sie die Innenausstatter überwacht hat. »Es wurde an nichts gespart! Von allem nur das Beste. Mr. Kreuger hätte in seinem Heim nichts Billiges oder Gewöhnliches ertragen.«

»Natürlich nicht«, meint Jim, und Mrs. Aberg weint wieder.

»Das war vor nahezu fünf Jahren«, sagt sie. »Und seither verbrachte ich die meiste Zeit damit, auf ihn zu warten ... immer zu warten. Du weißt, wie selten er hierher kam. Und in der Zwischenzeit mußte ich mich um seine Blumen kümmern und Mahlzeiten bereithalten, wenn auch nur die geringste Möglichkeit für sein Kommen bestand. Denn er pflegte einfach hereinzuschneien – manchmal ohne jede Ankündigung – so hielt er es auch in seinem Haus in Paris oder in seinen Wohnungen in Berlin und Stockholm.«

»Hat er denn überall Wohnungen?« Jim ist schrecklich beeindruckt.

Sie macht eine vage Handbewegung. »Fast überall ... Die schönste liegt in Stockholm, Villagatan 13. Seine Freunde warnten ihn, die Dreizehn sei ein schlechtes Omen, aber er äußerte mit jenem unwiderstehlichen, sorglosen Lachen, das er manchmal zeigte: ›Mir bringt sogar die Zahl Dreizehn Glück!‹ Er besitzt auch mehrere Landhäuser in der Umgebung von Stockholm. Das schönste heißt *Skuggan* – das bedeutet ›Der Schatten‹.«

»Welch seltsamer Name für ein Landhaus!« bemerkt Jim mit einer unheilvollen Ahnung – während Mrs. Aberg stolz fortfährt, sämtliche Wohnungen ihres Herrn in ganz Europa aufzuzählen. »Und er hatte einen unfehlbaren Instinkt für die exklusivsten Gegenden. In Berlin war es der Pariser Platz, in der Nähe des berühmten Brandenburger Tors; und in Paris – die Avenue Victor Emmanuel ... « Sie unterbricht ihren animierten Redefluß; denn in der Pariser Wohnung ist ihr großer Herr ja gestorben.

Jim achtet ihre Gefühle. Ganz sanft sagt er, als sei es ein Zeichen seines Mitgefühls: »Er muß *sehr* reich gewesen sein.«

Sie lächelt traurig. »Und doch hörte ich ihn vor kurzem sagen, nach amerikanischen Maßstäben sei er ein armer Mann. Er war so bescheiden, nie arrogant oder prätentiös. Fragte ihn jemand nach seinen Geschäften, beliebte er in seiner charmanten, fast beiläufigen Art zu antworten: ›Ich verkaufe nur Streichhölzer, das ist alles ...‹ Luxus bedeutete ihm gar nichts.«

»Aber die vielen Parties«, meint Jim nachdenklich. »Manchmal brachte ich zehn oder fünfzehn Mädchen hinauf. Und mietete er nicht immer eigens Kapellen? Man sagt, er bot seinen Gästen regelrechte Musikshows.«

»Zuerst fällt sein ausgeprägter und wohlgeformter Hinterkopf mit dem glatten, schwarzglänzenden Haar auf; dann der traurige Blick seiner tiefliegenden Augen unter den langen Wimpern und schließlich die unendliche Sensibilität und Vornehmheit seines Gesichts … ›Er sieht wie ein orientalischer Prinz aus.‹« – Herman Bang, Zeichnung von Emil Krause

»Sein Gesicht mit der hohen Stirn und den aufgeworfenen, sinnlichen Lippen wirkt entschlossen, energisch, konzentriert – und doch zugleich schlaff.« – Ivar Kreuger, der *Streichholzkönig*

Wieder scheint sie von ihren Erinnerungen überwältigt. »Seine kleinen Parties ... « Sie schüttelt den Kopf, als wolle sie ihr melancholisches Mißfallen über gewisse boshafte Deutungen und Gerüchte hinsichtlich dieser kleinen, harmlosen Zusammenkünfte ausdrücken. »Er mußte ja von Zeit zu Zeit seine Geschäftsfreunde einladen«, erklärt sie. »Und ein oder zwei Mal hat er ein paar Revuetänzerinnen kommen lassen – zum Amusement der anderen Herren. Für ihn war es sicherlich kein Vergnügen, diese armen, lasterhaften Geschöpfe in seinem schönen und ehrwürdigen Heim zu dulden. Mein Gott, was die immer für ein Durcheinander im Eßzimmer anrichteten!« Plötzlich wechselt sie das Thema und erklärt ziemlich unvermittelt: »Er war sehr einsam. Die meisten seiner Bekannten versuchten, ihn auszunutzen. Er hatte keine echten Freunde. Überhaupt keine Freunde in dieser riesigen Stadt.« Sie blickt hinunter auf das Panorama, das sich so großartig vor ihnen ausbreitet. »Er liebte New York«, betont sie feierlich. »Er hat oft zu mir gesagt, es sei der schönste und aufregendste Platz auf der Welt ... Aber dann jagte es ihm wieder Angst ein. ›Ich fürchte mich vor New York‹, pflegte er zu sagen. Die grellen Lichter schadeten seinen Augen, und der ständige Verkehrslärm quälte ihn. Er war wirklich sehr empfindlich.«

Jim wundert sich über ihre Gesprächigkeit. Bisher ist sie immer still und zurückhaltend gewesen, als ob ihre eigene bescheidene Existenz mit all den kleinen Handgriffen und Pflichten, Teil des Geheimnisses gewesen sei, das ihren Freund und Hausherrn umgab. Der neugierige Liftboy rätselt über Mrs. Abergs Alter. Man sagt, sie arbeite seit beinahe fünfzehn Jahren für Mr. Kreuger. Mit ihrem sanften, intelligenten ovalen Gesicht sieht sie immer noch recht hübsch aus. Unter den sorgfältig rasierten Brauen leuchten ihre Augen in geheimnisvoll verschleierter Reinheit, traurig, sinnlich und eine Spur boshaft. Jim ertappt sich bei der Frage, ob diese attraktive Frau und ihr Chef sich je geliebt haben, und vielleicht bringt ihn dieser Gedanke dazu, mit der simplen und schockierenden Frage herauszuplatzen:

»Warum hat er sich umgebracht? Sie müssen den Grund kennen, Mrs. Aberg! Sagen Sie es mir, bitte!«

Sie fixiert ihn kurz, wie mit plötzlichem Mißtrauen. Dann schüttelt sie den Kopf: »Ich weiß es nicht, mein Junge. Keiner weiß es. – Nun, ich glaube, du solltest zu deiner Arbeit zurückkehren. Und ich zu meiner. Gute Nacht.«

Das ist Jims letzte Möglichkeit, mit Mrs. Aberg zu sprechen. Sie fällt zurück in ihr Schweigen, und kurze Zeit später verläßt sie die Penthouse-Wohnung, die nun zu vermieten ist. Jim muß die Lösung des Kreuger-Rätsels alleine suchen.

Er ist von der Idee besessen, die Wahrheit über diesen ungeheuren Aufstieg und Fall herauszufinden. Er hat das unbestimmte, aber doch sehr intensive Gefühl, der Schlüssel zu diesem Rätsel könne auch einige Fakten zutage bringen, die für seine eigene Lage sowie die allgemeine Verfassung der Gesellschaft wichtig sind. Denn die Person Ivar Kreugers ist in Jims Phantasie zum Symbol überragenden Erfolgs und triumphierender Willenskraft geworden. Nachdem er beschlossen hat, diesem rühmlichen Beispiel zu folgen, muß er die geheimen Quellen der gewaltigen Energien dieses Mannes kennenlernen. Aber er muß natürlich auch die wahre Geschichte seines Zusammenbruchs herausfinden, will er die fatalen Fehler, die dazu führten, vermeiden.

Nach Kreugers Tod findet Jim seine Bewunderung zum ersten Mal durch reale Zahlen untermauert. In der *New York Times* vom 13. März 1932 liest er:

»Zur Zeit seines Todes verfügte Ivar Kreuger über Mehrheiten an Geschäftsbeteiligungen, die sich auf mehr als 1350 Millionen Dollar Kapital beliefen. Er übte seine Macht hauptsächlich mit Hilfe seiner persönlichen Anteile in der Kreuger & Toll Company aus, deren Aktivposten 400 Millionen Dollar beträgt ... Sie kontrolliert Besitztümer im Werte von 865 Millionen Dollar, davon ist das Hauptunternehmen die 365 Millionen schwere Streichholzindustrie, die von der 140 Millionen schweren Schwedischen Streichholzgesellschaft kontrolliert wird. Immobilien, Industrie- und Bankbeteiligungen belaufen sich auf ungefähr 500 Millionen Dollar. Weitere Aktiva liegen bei zirka 270 Millionen Dollar.«

Die Zahlen klingen phantastisch. Sie gleichen einer dieser erstaunlichen Geschichten, die man in einem Buch über Sterne finden kann. Die Tatsache, daß jemand Hunderte von Millionen Dollar besitzt und sich dennoch umbringt, ist ebenso verwirrend wie bestimmte, unfaßbare Berichte über die Größe und Entfernung riesiger planetarischer Nebel.

Jim sammelt und studiert alle erreichbaren Zeitungsberichte über Ivar Kreuger. Er liest die Geschichten über seine Jugend und läßt in seiner Phantasie Kreugers Geburtsort, die romantische schwedische Kleinstadt,

Kalmar an der Ostsee, erstehen. 1899 geht Ivar als junger Mann nach Amerika. Die bescheidene Fabrik seines Vaters lockt ihn nicht; jeden ehrgeizigen Menschen zieht es nach Übersee: »Es hat keinen Sinn, zu Hause die Erfolgsleiter Stufe um Stufe zu erklettern«, meint Ivar. Nach Amerika muß man gehen. »Dort gibt es viel Platz. Die Menschen sind hart, aber sie geben jedem eine Chance.« – »Er hat vollkommen recht«, denkt Jim. »Ich hätte dasselbe getan.« Und er ist ganz aufgeregt, als er liest: »Bei seiner Ankunft trug Kreuger weniger als 100 Dollar in der Tasche.« Als er Schweden verläßt, hat er gerade sein Ingenieursstudium beendet, aber in Amerika beginnt er seine Karriere als Immobilienmakler und verkauft Grundstücke in Chikago. Später arbeitet er beim Brückenbau in Mexiko, kehrt anschließend nach New York zurück, wo er sich am Bau des Flatiron-Gebäudes, des Kaufhauses Macy's, des Plaza-Hotels und des St. Regis-Hotels beteiligt. Es folgen Jahre harter Arbeit in Indien, Kanada und Südafrika. Kurz vor dem Weltkrieg steigt Kreuger mit dem schwedischen Ingenieur Paul Toll ins Geschäftsleben ein. Er borgt sich 50 000 Schwedenkronen von seinem Vater – und das ist der Anfang. Sie produzieren Streichhölzer. Ein Streichholztrust entwickelt sich. Man muß die Konkurrenz der anderen schwedischen Streichholztrusts bekämpfen. Kreuger besiegt die Konkurrenten. Für Jim, der bis tief in die Nacht über seinen Zeitungsausschnitten sitzt, scheint alles ganz einfach: Man stellt Streichhölzer her, jeder braucht sie, sie sind so unentbehrlich wie Brot und Wasser. Und über Nacht hat man hundertsechzig Fabriken mit sechzigtausend Arbeitern in fünfunddreißig Ländern, und man besitzt die Kontrolle über fünfundsiebzig Prozent der gesamten Streichholzproduktion und des weltweiten Vertriebs. Man besitzt eine solche Macht, wie sie noch kein Magnat dieser Erde sich zu erträumen gewagt hat. Und die Zeitungen melden: »*Chef des Streichholztrusts neuer Titan der Industriewelt* ... Ivar Kreuger aus Schweden, eine Stinnes-ähnliche Persönlichkeit, hat eine Organisation geschaffen, die mehr als die Hälfte der Weltproduktion kontrolliert ...«

Wer ist Stinnes? – Der Liftboy versucht, sich zu erinnern. »Ach, wieder so ein großes Tier ... Erstaunlich, was sie alle vollbringen, diese großen Spieler, diese Industriellen und Bankiers. So muß man sein: so kühn und klug, so gnadenlos und erfolgreich ... Es kann dennoch sehr schwierig sein ...«

Ivar Kreuger hat einmal gesagt: »Geld verdienen ist ein Kinderspiel. Ein

Narrenstück. Ich habe mit Streichhölzern Geld verdient. Es ist nicht das Geld, das zählt. Mit dem Geld kann man Macht erringen, das ist das Ziel des Finanziers.«

Macht – sinniert Jim – was bedeutet das eigentlich? Was bedeutet das Wort Macht? Was ist Macht? Wer hat sie? Hat ein Politiker Macht? Hat der Präsident der Vereinigten Staaten alle Macht, die er will und die ein Mensch nur haben kann? Oder hat Mr. Morgan sogar mehr Macht als Mr. Hoover? Und Ivar Kreuger – hatte er vielleicht mehr Macht als Mr. Morgan und Mr. Hoover zusammen?

»Kreugers geschäftliche Beteiligungen umfaßten weite Gebiete ... Darin sind eingeschlossen Streichhölzer, Banken, Eisen, Holz, Papier, Zeitungen, Energie und Immobilien. Er besaß zahlreiche Monopole.« ... »Während der letzten vierzehn Jahre wandten sich ausländische Bittsteller an den schwedischen Streichholztrust um finanzielle Unterstützung, und beträchtliche Darlehen wurden arrangiert, wenn die Schuldner bereit waren, Streichholz-Monopole als Gegenwert zu bieten. Darlehen dieser Art wurden unter anderem Polen, Griechenland, Rumänien, Peru, Deutschland, Lettland und Jugoslawien gewährt ... «

Unter anderem ... Es ist nahezu erschreckend. Er handelt wie ein großer Staatsmann. Er kämpft um den Markt in Japan und Rußland – »zwei Länder, in denen er trotz wiederholter Versuche vergleichsweise wenig oder keinen Erfolg erzielte«. Das klingt wie ein Satz aus der Biographie eines Eroberers. »Schritt für Schritt kam er voran, erwarb Eisenerzbergwerke in Algerien, Marokko und Chile und ging 1927 nach Kanada, um dort Fuß zu fassen ... «

Was hat Eisenerz mit Streichhölzern zu tun? Offenbar gibt es da eine Verbindung, auch wenn es Jim nicht gelingt, sie auszumachen ... Kreuger geht nach Berlin und verhandelt mit dem Präsidenten der Reichsbank, Herrn Luther. Er macht Geschäfte mit Herrn Mussolini. Er wirkt auf deutsche Banken ein, auf die Banque de Suède et de Paris und die einflußreiche Skandinaviska Kredit AG. Mit Telephongesellschaften und Schiffsfahrtslinien spielt er, wie ein Kind mit Puppen. Er amüsiert sich mit Goldminen in Nordschweden. Er ist stets optimistisch, entschlossen und zuversichtlich. Angesichts auftretender Schwierigkeiten äußert er gewöhnlich: »Ich habe noch immer bekommen, was ich wollte. Das wird auch dieses Mal nicht anders sein.« Offenbar ist das die richtige Art, auf die Leute Eindruck zu machen. Die Krisen ignoriert er. Er scheint unanfechtbar. Die politischen Verwicklungen Europas berühren ihn kaum. Er liebt es, vor den Amerikanern als berufener Fürsprecher und Verteidiger Europas aufzutreten. Als Präsident Hoover ihn am 7. Januar 1932 im Weißen Haus empfängt, äußert der große Industrielle die Meinung: »Ich glaube, daß es für die Amerikaner wegen der Lage in Europa keinen Anlaß zur Beunruhigung gibt. Natürlich hat Europa seine Probleme, aber nicht solche, die eine Panik in den Vereinigten Staaten rechtfertigten. Man wird die Probleme Europas lösen, und es gibt keinen Grund, wieso das amerikanische Volk deswegen überreagieren sollte ... «

Wie beruhigend! Besonderes Vertrauen scheint der Streichholzkönig hinsichtlich der Zukunft Deutschlands zu haben. »Sehen Sie sich Deutschland doch jetzt an!« sagt er gegenüber seinen amerikanischen Gesprächspartnern. »In bezug auf Deutschland sind Sie viel pessimistischer als seine unmittelbaren Nachbarn. Wir schwedischen Geschäftsleute sind überzeugt, daß Deutschlands Wirtschaft grundsätzlich solide ist und in nächster Zukunft einen starken Aufschwung erleben wird ... « Politiker und Direktoren von Banken und Trusts nehmen sein Urteil ernst; überall sucht man seinen erfahrenen Rat. Er erfreut sich des vollen Vertrauens sowohl seiner Kollegen wie auch der Öffentlichkeit. Niemand wagt, ihm zu widersprechen oder seine Zuverlässigkeit anzuzweifeln. Keinesfalls ist er einer von den dubiosen Nachkriegsabenteurern, die bei Spekulationen mit der europäischen Inflation Millionen gewonnen und verloren haben. Er ist ein solider und vertrauenswürdiger Gigant. Er ist ein Mann aus Stahl – Schwedens Stolz und einer der einflußreichsten Bürger der Welt.

Millionen junger Männer aus vielen Ländern sind vom Werdegang Ivar Kreugers ebenso fasziniert wie Jim. Sie alle haben beim Lesen der Zeitungsausschnitte das Gefühl: das ist der wirkliche Herrscher unserer Zeit. Könige und Präsidenten sind dagegen vergleichsweise schwerfällig und schwach. Er verachtet Titel, bleibt der einfache Ingenieur – nennt sich selbst »Vorstandsvorsitzender der Kreuger & Toll AG« – doch welch erschreckende Macht verbirgt sich hinter dieser einfachen Fassade! Er ist der Diktator, der absolute Führer, der Boss, nichts und niemandem Rechenschaft schuldig, außer Gott und seinem eigenen Gewissen. Er ist der Generalissimo, und seine Direktoren sind einfachste Soldaten, die seine Befehle ausführen. Wer ist denn schon Herr Juhlin Danfelt, sein stellvertretender Vorsitzender? Und Herr Nils Ahlström, der Präsident, Herr Erik Sjostrom der Vizepräsident, die Herren Paul Toll und Krister Littorin – wer sind sie denn schon? Schachfiguren in des Meisters Hand. Er allein ist verantwortlich, er allein trifft die Entscheidungen. Er ist der Mann der großen Visionen und schnellen Aktionen. Er ist der nüchterne und realistische Hellseher, der die übermenschliche Bürde seiner Arbeit trägt, um der Menschheit und des Ruhmes seines kleinen Vaterlandes willen. Er ist kein Krösus im alten Stil, der sein Vermögen irgendeiner Laune opfert. Er ist Asket und betrachtet seine Macht als heilige Verpflichtung. Gut, er unterhält mehrere Wohnungen, aber das ist bei dem anstrengenden Leben, das er sich zumutet, eine verständliche Schwäche. Auch gibt er den Liftboys gute Trinkgelder, was sich aber heutzutage selbst ein Asket erlauben kann und was nur recht und billig sein sollte. Er ist in Ordnung, befindet Jim in seinem kalten, kleinen Zimmer. Im allgemeinen halte ich es nicht so mit den Reichen, wir aber brauchen Männer wie ihn, viel klüger als alle unsere Morgans und Rockefellers, ganz zu schweigen von den verknöcherten Bankiers in London und Paris. Kein Wunder, daß er sie verachtet, weil er im Überfluß hat, was ihnen fehlt: rücksichtslose Energie, Tempo, den atemberaubenden Rhythmus des modernen Lebens.

Warum aber begeht er dann auf dem absoluten Höhepunkt seiner Karriere Selbstmord? Er hat noch so viele aufregende, weitreichende Vorhaben auszuführen. Finanzexperten glauben, er habe weitgreifende Pläne zur Erlangung der Weltherrschaft entworfen. Den Regierungen würden Darlehen gegen die Konzession des Telephon- wie auch Streichholzmonopols gewährt. Welch ein Geniestreich wäre das gewesen! Er hätte immer mehr Staatsdarlehen organisiert und dafür immer mehr Monopole erhalten. Das ist ganz einfach – und doch ist es völlig mysteriös und verwickelt. »Ich hätte für ihn arbeiten sollen«, denkt Jim immer wieder. »Ich hätte ihn um eine Arbeit als Bediensteter in einem seiner Häuser oder als Laufbursche in einem seiner zahlreichen Büros bitten sollen. Dann hätte ich ihn beobachten können, wie er kalkuliert, Telegramme diktiert und am Telephon mit Tokio oder Buenos Aires über wichtige Angelegenheiten spricht. Ich hätte eine Menge lernen können. Vielleicht hätte ich eines Tages die Formel, das

Geheimnis begriffen. Vielleicht hätte er mich mit der Zeit zu seinem Vertreter und dann zu seinem Partner gemacht ... Warum mußte er sterben?«

Stundenlang brütet der ehrgeizige Junge über dieser verwirrenden und bedrückenden Frage. Mrs. Aberg hat die Antwort verweigert, und die Journalisten wissen auch nicht sehr viel. Einige Zeitungen erwähnen Gerüchte um eine »unheilbare Krankheit«. Krankheit spiele auf jeden Fall eine Rolle, schreiben sie und fügen verschiedene Einzelheiten bezüglich »eines Nervenzusammenbruchs« hinzu, »der ihn in seinem Appartement fast bis zu seiner Abreise nach Europa festhielt«. Jim weiß, daß das weit übertrieben ist. Vielleicht ist Mr. Kreuger während der letzten Tage seines Aufenthaltes etwas nervös und deprimiert gewesen; aber Jim ist fest davon überzeugt, daß keine geheimnisvolle Krankheit den Streichholzkönig in den Freitod getrieben hat. Es muß einen anderen Grund geben: vielleicht eine Frau? Warum hat er nie geheiratet? Vielleicht hätte ihn eine Ehe gerettet ... Vor zwei Jahren gab es ein Gerücht über Kreugers Verlobung mit Madame Ingeborg Wachtmeister, Witwe des Grafen Erik Wachtmeister. Aber offenbar verlief diese Romanze im Sande. Dann taucht der Name einer weiteren Schwedin, einer gewissen Ingeborg Eberth, in den Schlagzeilen auf. Die *Daily News* schreiben:

»*Kreugers Geliebte? – Dame der Gesellschaft sagt nicht nein.* Mrs. Eberth erklärt, das letzte Mal habe sie ihren verstorbenen Freund kurz vor seiner Abreise aus Amerika gesehen. Er gab ihr 37 000 Dollar ... Sie nennt ihn einen ›feinen, noblen Menschen‹.«

Ist sie die geheimnisvolle Frau, die seinen Tod bewirkt hat? Oder war er unglücklich in Greta Garbo verliebt? Klatschreporter hatten die beiden, die große schwedische Schauspielerin und den Streichholzkönig aus Stockholm, zusammen in Restaurants und Nachtklubs gesehen.

Aber bald verwirft Jim alle romantischen Spekulationen. Ein Mann mit seiner Energie und seinen realistischen Vorstellungen – von Herzensangelegenheiten ruiniert? Unsinn. Jim setzt seine Suche fort. Vielleicht waren Kreugers Reichtum und Macht für einen einzelnen Menschen nicht zu ertragen? Vielleicht hat ihn das bloße Übermaß seines Reichtums zerstört? Es ist bemerkenswert, wie viele Millionäre Selbstmord begehen oder unter mysteriösen Umständen sterben. Zum Beispiel der rätselhafte Fall des großen Bankiers Alfred Löwenstein, der während eines Fluges aus seiner

Maschine verschwindet. Und zwei Tage nach Ivar Kreugers sensationellem Tod werden die Amerikaner von einem weiteren Selbstmord aufgerüttelt: der Begründer und Aufsichtsratvorsitzende der Eastman Kodak Company, George Eastman, erschießt sich in Rochester, N.Y. Im ganzen Land diskutieren die Menschen diesen ernsten Vorfall, und William Randolph Hearst persönlich schreibt den Nachruf.

Doch Jim interessiert sich kaum für das Drama um Mr. Eastman, noch für sonst etwas in den Zeitungen, außer Kreuger. Und es gibt viele wichtige Themen in dieser Sonntagsausgabe vom 13. März 1932. »*Heute wählt Deutschland* ... Hindenburg gegen Hitler ... Ein Sieg des Reichspräsidenten würde als echter Schritt zur europäischen Stabilität erachtet ... Bankrottes Wien läßt seine Heiterkeit aufleben ... Italien hofft auf Frankreichs Zustimmung ... ›Keine ermutigenden Neuigkeiten‹, Lindbergh informiert Mutter ...«

Jim ist das alles eigentlich egal. Er versäumt es, die Besprechung eines Buches mit dem Titel *Kann Europa den Frieden aufrechterhalten?* zu lesen, obwohl er durchaus das Gefühl hat, dies sei ein wichtiges Thema. Er sieht sich weder die neuesten Photos aus Shanghai an, noch die tragischen Bilder von den Flüchtlingen aus Chapei, den neuen Opfern der japanischen Aggression. Es gibt Nachrichten über Leo Trotzki und das Asylrecht; über die Ankunft Gerhart Hauptmanns, des Nobelpreisträgers von 1912, in New York; Princeton schlägt Columbia 38:35; Bürgermeister Walker begibt sich nach Hot Springs; Deutschland feiert Goethes hundertsten Todestag; Vicki Baum sucht um amerikanische Staatsbürgerschaft nach; Befürchtungen um den Zusammenbruch des deutschen Familienlebens ...

»Warum sollte das deutsche Familienleben plötzlich zusammenbrechen?« überlegt Jim mit beiläufiger Neugier. Das scheint besonders überraschend, da der Garant der europäischen Stabilität, Hindenburg, den Nachrichten vom 14. März zufolge sehr gut dasteht: »*Hindenburg kann die Wahl kaum verlieren* ... Pariser jubeln Hindenburg zu, als sie erfahren, ihr früherer Feind führt vor Hitler ...«

Aber Jim langweilen das Lindbergh-Baby, die deutschen Wahlen und die Pariser, die einem preußischen General zujubeln. Er studiert die Photos von Kreuger, als enthielten sie in versteckten Hieroglyphen des Rätsels Lösung. Kreuger vor dreißig Jahren, in britischer Uniform in Südafrika; Kreuger am 9. Juni 1930 bei der Überreichung der Ehrendoktorwürde für Wirtschaftswissenschaften an der Universität von Syracuse. Mit welcher Würde trägt er die schwarze Robe! Wie ein Magier, denkt Jim, wie ein sehr bedeutender und charmanter Hexenmeister ... Und da ist Mr. Jerome D. Green von Lee, Higginson & Co., Boston, Kreugers amerikanischer Bank. Ganz offensichtlich ein feiner Herr und auch kein Dummkopf. Aber was erwartet man anderes von Kreugers Kollegen?

Und dann tauchen ganz unerwartet zwischen all diesen eindrucksvollen Photographien die schrecklichen Zeilen auf: »Schöpfer des riesigen Wirtschaftsimperiums, einer der bedeutendsten Organisatoren hinterläßt Nachricht: ›Des Lebens überdrüssig.‹«

Jim kann diese grausamen Worte nicht verstehen – des Lebens überdrüssig ... Das Leben ist doch in jeder einzelnen Minute aufregend und bunt, sogar für einen armen Kerl wie ihn, wie dann erst für eine so herausragende Persönlichkeit wie Ivar Kreuger.

Während der Überfahrt nach Europa auf der *Île de France* ist Kreuger guter Laune, fast übermütig. Berichten zufolge amüsiert er sich mit der bekannten Eiskunstläuferin Sonja Henie, und er gibt eine außerordentlich erfolgreiche Party für seine Freunde unter den Passagieren der zweiten Klasse. Als er am 11. April in Paris ankommt, begibt er sich sofort in seine Wohnung in der Avenue Victor Emmanuel. Als allererstes kauft er sich eine Pistole. Am nächsten Morgen, um elf Uhr, hat er ein wichtiges Treffen mit schwedischen und amerikanischen Geschäftsfreunden im Hotel Du Rhin. Gegen zwölf Uhr Mittag werden die Herren ungeduldig. Direktor Durant von Lee, Higginson & Co. – der ihn von New York aus begleitet hat – ruft schließlich in seiner Wohnung an und erhält von der Haushälterin die Auskunft, Mr. Kreuger schlafe noch. Ivars engste Mitarbeiter, Direktor Littorin und die Sekretärin, Miss Boekman, wechseln besorgte Blicke. Es gehört nicht zu den Angewohnheiten ihres Chefs, bis in den Mittag zu schlafen und Geschäftstreffen zu versäumen. Man eilt zu seiner Wohnung. Er liegt auf dem Bett, vollständig bekleidet, aber mit entblößter Brust. Miss Soerensen entdeckt die Schußwunde unterhalb seines Herzens.

Alle dem schwedischen Millionär gewidmeten Nachrufe sind voller Respekt und Bewunderung. Der Schriftsteller Isaac F. Marcosson, der Kreuger vielleicht besser kannte als die meisten in diesem Land, veröffentlicht seine Erinnerungen in der *New York Times*. Laut Mr. Marcosson war der Streichholzkönig »ein Mann von hoher Sensibilität, der vor jeglicher Art Publicity zurückschreckte«. Er hat sich selten in der Öffentlichkeit gezeigt. Musik und Literatur waren seine einzigen Hobbies. Seine Kenntnisse im kulturellen wie wirtschaftlichen Bereich »überraschten«. Außerdem war er leidenschaftlicher Patriot: mit der Gründung des schwedischen Streichholzkonzerns verschaffte er seinem Land Weltruf. Mr. Marcosson räumt jedoch ein, sein Freund Ivar sei, ungeachtet seiner natürlichen Bescheidenheit, »ganz einfach machthungrig gewesen«. Bei seiner Abreise nach Europa »schien er über die politische Lage, besonders in Deutschland, verstört«.

Das stimmt nicht mit dem oft demonstrierten Optimismus des Streichholzkönigs überein. Jim mißfällt auch Mr. Marcossons Bemerkung, Kreuger hätte »verstört« gewirkt. Wieso sollten ihn, den niemand je unausgeglichen gesehen, der die Millionen mit einem Lächeln jongliert hat, die internen Schwierigkeiten der deutschen Republik oder eines anderen unwichtigen europäischen Landes nervös gemacht haben? Gleichermaßen ist Jim über verschiedene andere ominöse Andeutungen verärgert. Die *Times* deutet an, daß Kreuger »Hoffnungen auf die Vereinigten Staaten gesetzt habe, daß sie ihm über seine Schwierigkeiten hinweghelfen, und daß er nach New York gefahren sei, um von amerikanischen Finanziers Unterstützung zu erbitten ... Bei seiner Rückkehr nach Frankreich habe er seine bittere Enttäuschung über die Weigerung der amerikanischen Bankiers, ihm zu helfen, geäußert ... «

Was kann »einen der reichsten Männer der Welt« vor amerikanischen Bankiers auf die Knie zwingen? Zu Jims großer Genugtuung verneinen Lee, Higginson & Co., daß der Streichholzkönig sie um ein Darlehen gebeten habe. Sie wiederholen, Mr. Kreuger »habe sich am Rande eines Nervenzusammenbruchs befunden« – als schließe diese Tatsache sein Ansuchen um ein Darlehen aus. Darüber hinaus teilen Lee, Higginson & Co. ihr »größtes Bedauern« über das »frühzeitige Ableben« ihres prominenten Kunden mit.

Sämtliche Einzelheiten von Kreugers letzter Reise werden mit feierlicher Genauigkeit berichtet. »Heute nachmittag erteilte die Polizei die Erlaubnis zur Beerdigung Ivar Kreugers, nachdem ein jüngerer Bruder aus Stockholm eingetroffen war ... Streichholzkönig millionenschwer versichert ... Kreugers Leichnam zu Hause ... Einfache Feier für Kreuger; jedoch große Menschenmenge wohnt Begräbnis in Stockholm bei ...«

Es gibt einen privaten Aspekt des Dramas – der jüngere Bruder, der aus Stockholm anreist; die weinende Madame Eberth, die Interviews gewährt; seine New Yorker Wohnung, die zur Miete angeboten wird; – und es gibt den offiziellen Teil, der der wichtigere zu sein scheint. Jim liest die Meldungen, wo immer er kann: im Lift, in der U-Bahn auf dem Weg nach Hause, beim Frühstück.

Am 14. März:

»*Kreuger-Verkäufe werden hierzulande nicht eingeschränkt* ... Schwedische Börse nach Selbstmord des Industriellen in Paris geschlossen ... Tardieu berät sich mit Gesandten ... Zentralbank studiert die Lage in Basel ...«

»*Selbstmord erschüttert Polen*. Die Bank von Polen überwies heute große Summen, um der polnisch-amerikanischen Bank zu helfen, ihren Verpflichtungen nachzukommen ...

Gestern besprach sich der französische Premierminister Tardieu mit dem schwedischen Botschafter in Paris, wobei die durch den plötzlichen Tod des Finanzmannes drohenden möglichen ernsten Auswirkungen auf die Börse erörtert wurden ...«

»*Konzerne erhalten Aufschub*. Das schwedische Parlament handelt nach Ivar Kreugers Selbstmord schnell. Heute wurde die Regierung bevollmächtigt, Geschäftszinsen zu stunden. Als erste kamen die eigenen Konzerne des Streichholzkönigs in den Genuß dieses Privilegs ... Man hofft, die ersten Anflüge von Panik in den Griff zu bekommen ...«

Panik? Ernste Konsequenzen? Aufschub? Das klingt alles ziemlich düster und verwirrend. Kann es womöglich doch sein, daß Ivar, der schwedische Zauberer, Jims Idol aus dem Lift, tatsächlich am Rande des Bankrotts gestanden hat, während er mit seinem verbindlichen Lächeln den Bediensteten fürstliche Trinkgelder aushändigte? Die *Times* schreibt ohne jede Beschönigung: »In der Wall Street zweifelt man nur wenig daran, daß Ivar Kreuger, hätte er einige Stunden länger gelebt, mit den Folgen eines internationalen Liquidierungsprozesses von beachtlichen Ausmaßen konfrontiert worden wäre.«

Am 15. März:

»Basel, Schweiz: *Weltbank-Direktoren warten auf Kreuger-Nachrichten.* Präsidenten treffen sich in Basel. Zwei eilen nach Stockholm zurück.«

Mr. Clarence K. Streit telegraphiert aus der Schweiz: »Basel hält Kreuger-Verluste für schwerwiegend.«

Für Jim ist es ein magerer Trost, daß »Deutschland nur wenig betroffen« ist. Kreuger-Aktien sind an der Berliner Börse zwar noch zugelassen, aber nur wenige befinden sich in deutschem Besitz. Wieder eine andere Schlagzeile beruhigt die Gemüter bezüglich möglicher Verluste der Londoner City. »Ivar Kreugers Tod hat keine negativen Auswirkungen auf Vermögen in London ... «

Trotzdem scheint der Tod des Streichholzkönigs an der Themse einige Erschütterung ausgelöst zu haben. Denn Mr. Kreuger spielte in der Londoner Finanzwelt eine bedeutende Rolle. »Der arme Kreuger«, ruft eine wichtige schwedische Persönlichkeit in einem Interview der *Sunday Times* aus. »Die Gläubiger waren ihm auf den Fersen ... « Dieser Satz kommt Ivars ergebenen Bewunderer in der Park Avenue 791 hart an.

In Paris gibt es einen durch »Kreugers Niedergang« verursachten rapiden Kurssturz.

»Der letzte Samstag bescherte der Pariser Börse den schwärzesten Tag seit dem Zusammenbruch der Österreichischen Kreditanstalt ... Die französischen Zeitungen behandeln Kreuger freundlich ... Man liest eigentlich nur Lob auf seine Vornehmheit, seinen Charakter und seine guten Eigenschaften ... «

Das gefällt Jim schon besser. Allerdings verblüfft ihn die Behauptung deutscher Zeitungen, Kreuger sei ein glühender Anhänger des Reichs gewesen; das Parteiorgan der deutschen Antisemiten, der *Völkische Beobachter,* nennt ihn sogar »das Opfer einer bösartigen jüdischen Verschwörung«. Andererseits zitiert man den französischen Parfumhersteller Monsieur Coty, der Kreuger als Märtyrer beklagt, »von Stalin und dem Hause Morgan zugrunde gerichtet«. In *Le Matin* erinnert Monsieur Sauerwein seine Leser an den zwei-Billionen-Kredit, den der Schwede einst Frankreich gewährt habe. Kreuger hat, als Anerkennung für die besonderen Verdienste um die französische Republik, das Großkreuz der Ehrenlegion erhalten.

»Welche politische Überzeugung mag er wirklich gehabt haben?« fragt sich Jim. »Wahrscheinlich gar keine. Seltsam, wenn man darüber nachdenkt ... Aber vielleicht kann man nur so eine große Karriere machen ...«

Als einziges Land nimmt die Sowjetunion eine durchgängig feindliche Haltung gegenüber Kreuger ein.

»*Sowjetunion erklärt Selbstmord als Verzweiflungstat des Kapitalisten ...* Moskau, 14. März: Der Selbstmord Ivar Kreugers erhält heute mehr Raum in der sowjetischen Presse als der Tod Aristide Briands ... Die Kommentatoren nennen den Selbstmord ›ein Indiz für die verzweifelte Lage und den Niedergang des Kapitalismus‹ ... *Iswjestija* stellt fest, der ›Streichholzkönig‹ sei, ebenso wie Sir Henry Deterding und J.L. Urquart, ein Erzfeind der Sowjetunion, die allein es gewagt habe, sich seinem gewaltigen Trust entgegenzustellen ... Man hebt hier den Selbstmord des großen Kapitalisten auch deshalb hervor, um von dem enttäuschenden Eindruck des kommunistischen Präsidentschaftskandidaten in Deutschland, Ernst Thälmann, abzulenken ... Die *Prawda* veröffentlicht unter dem Titel ›Ivar Kreugers Ausweg‹ einen gehässigen Leitartikel, der folgendermaßen endet: ›Der einzelne Kapitalist mag sich in einer auswegslosen Situation selbst erschießen. Der Kapitalismus als solcher jedoch zieht es vor, in auswegslosen Situationen andere zu erschießen.‹«

Jim findet diesen Standpunkt recht interessant und denkt von Zeit zu Zeit darüber nach. Womöglich ist es nicht Ivars persönliches Unglück gewesen, sondern ein Symptom für den Untergang des Kapitalismus. Ja, es gibt Augenblicke, in denen er Ivar für einen großen Mann im Dienste einer faulen Sache hält.

Seltsam, wie viele verschiedene Namen und Dinge mit dem Kreuger-Drama mehr oder weniger verknüpft sind. Was hat Ernst Thälmanns politische Niederlage mit einem Pistolenschuß in der Avenue Victor Emmanuel zu tun? Sogar die Tennispartien seiner Majestät des Königs von Schweden in Südfrankreich scheinen von dem Schuß in Paris irgendwie betroffen. »*König von Schweden beendet Urlaub wegen Kreugers Selbstmord ...* Seine Majestät ernsthaft in Sorge wegen möglicher geschäftlicher Probleme zu Hause ...« Glücklicherweise gelingt es seinem Sohn, dem Kronprinzen, ihn zu überzeugen, daß übergroße Eile bei der Heimreise nicht notwendig ist. »Man nimmt an, der König werde diese Woche, wie verabredet, am Turnier des Tennisklubs von Cannes teilnehmen ...«

Es tritt immer offener zutage, daß das wirkliche Drama mit der fatalen Szene in Kreugers Schlafzimmer nicht beendet ist, sondern erst begonnen hat. Die Tragödie steigert sich, entwickelt sich zu einer Lawine und erreicht immer schrecklichere Ausmaße. Berichte über Selbstmorde und versuchte Selbstmorde von Leuten, die ihre Ersparnisse als Folge von Kreugers Zusammenbruch verloren haben, häufen sich. Besonders in Schweden steigt die Zahl der Selbstmorde rapide an; um Panik zu vermeiden, werden viele der tragischen Fälle vor der Öffentlichkeit geheimgehalten. Das Leben der gesamten schwedischen Mittelklasse ist zutiefst erschüttert. »*250 Millionen Dollar Verluste durch Kreugers Schuld ...*«

Noch vorgestern wurde Ivar Kreuger, der schweigsame Junggeselle, Schwedens Idol, unser Ingenieur, gepriesen und gerühmt; gestern als der große Geschäftsmann beschrieben, der auf Grund kleinerer »Liquidationsschwierigkeiten« den Kopf verloren hatte; und heute ... »Die Schande lauert bereits, als die lobrednerische Welt seinen frühen Tod beklagt... Wahrheit enthüllt ...«

Und was für eine entsetzliche Wahrheit wird da nach und nach ans Tageslicht gezerrt. In bitterem Triumph schreien die Zeitungen sie hinaus – was kaum gerechtfertigt scheint, angesichts der unterwürfigen Schmeicheleien, mit denen sie Ivar Kreuger noch kurz zuvor überschüttet haben. Und jetzt auf einmal: »*Wirtschaftsprüfer entlarven Kreugers Buchführung als ›total getürkt‹.*« (*Daily News*, 6. April 1932).

Für den armen Jim gleicht alles einer Götterdämmerung. Woran kann man noch glauben, wenn sich der große Mann und Führer, das Genie des Erfolgs, erweist als ein ... ? Nein! Er will noch immer nicht wahrhaben, daß sein Idol ein Betrüger sein könnte. Ein waghalsiger Glücksspieler, vielleicht. Aber ein Gauner, ein Fälscher?

29. März:

»*Kreugers Erklärungen nachweislich falsch ...* Schwedische Direktoren verneinen Kenntnisnahme des Berichts vor Veröffentlichung ...«

Sie wußten natürlich nichts, denn sie wurden von ihrem autokratischen General wie gemeine Soldaten behandelt. Seine riskanten Machenschaften wurden über ihre Köpfe hinweg abgewickelt. Er arrangiert langfristige Staatsdarlehen ohne jede Absicherung. Er bricht eine der elementaren Regeln der Finanzwelt – erfährt Jim in einigen erhellenden Zeitungsartikeln –

nämlich, daß kurzfristig angelegtes Geld nicht für langfristige Geschäfte verwendet werden darf. Die Sache ist so evident wie ein Naturgesetz. »So als borgte ich mir einige Dollars von jemandem, der sie innerhalb von vierundzwanzig Stunden zurück haben will. Und dann setze ich diese paar Dollars auf ein Pferd, das erst in zwei Wochen laufen wird. Logischerweise wird der andere ungeduldig, und ich gerate in Schwierigkeiten. Das ist doch klar, oder?« So einen Schwindel kann sich nicht einmal der Streichholzkönig erlauben.

Vielleicht mußte er so handeln; hatte keine andere Wahl. Sowohl die Kredite als auch das Streichholzgeschäft mußten ausgedehnt werden. Es gibt gewisse Zwangsläufigkeiten, logische Konsequenzen. Jeder, der einmal so tief im Kapitalismus steckt, muß noch tiefer hinein ...

Jim gewinnt den Eindruck, der schwedische Hexenmeister habe den großen J. P. Morgan, die reine Verkörperung unerschütterlichen Reichtums, irgendwie provoziert und verärgert.

Vor allem hat er den mächtigen Amerikaner mit seinem Einstieg ins Eisengeschäft verärgert. Dem Herrscher der United Steel Corporation gefallen Kreugers »Standbeine« in Kanada und Chile gar nicht. Jim liest mit Entsetzen: »Wie ein Riese, der einen frechen Zwerg in seinem Revier entdeckt, wartete Morgan auf den Tag, wo er, wie er selber sagte, ›den Kerl in seine Schranken weisen würde‹.«

Zwei Männer, von ungeheurer, fast monströser Statur, die aufeinander losgehen! Ein atemberaubendes Schauspiel! Jim ist beeindruckt, entsetzt, und tief in seinem Herzen fühlt er sogar einen Anflug von patriotischem Stolz.

Es gibt da eine häßliche und verworrene Geschichte über eine skandinavische Telephongesellschaft namens Ericsson. Als Kreuger in Amerika über neues Geld verhandelt, versucht er, seinen Gewinnanteil und seine Direktorsrechte an der Ericsson-Gesellschaft, die dem Kreuger-Konzern gehört, abzugeben. Nun hat jedoch zwischen der Ericsson und der International Telephone and Telegraph Company, die in Morgans Einflußbereich liegt, eine Art Fusionierung in Form eines groß angelegten Aktientausches stattgefunden. Die schwedische Firma hat vierhunderttausend Aktien des amerikanischen Unternehmens übernommen, während Morgans Gesellschaft sechshunderttausend schwedische Aktien erworben hatte. Als 1932 Morgan plötzlich den Wunsch verspürt, diese Vermögenswerte zu realisieren, macht er eine schreckliche Entdeckung: Ericssons flüssiges Kapital existiert nur auf dem Papier ... »Mr. Morgan«, konstatiert der Bericht, »reagierte sehr ungehalten« – und mit Bestürzung malt sich Jim aus, wie der wütende Krösus Gift und Galle auf den zitternden Zwerg aus dem Norden spuckt.

In Jims lebhafter Phantasie wird die schillernde Figur Ivar Kreugers immer bemitleidenswerter. Es wird ganz offensichtlich, daß sich der bedauernswerte Zündholzkönig während der letzten Wochen in seiner fürstlichen Wohnung in der Park Avenue in einem qualvollen Zustand befunden haben muß. Er hatte guten Grund, müde und niedergeschlagen auszusehen, wenn er Jim geistesabwesend ein »Guten Morgen« zumurmelte. Hinter der leeren, liebenswürdigen Maske seines bleichen Gesichts haben sich Furcht, Kummer und Ekel verborgen. Weil seine Augen auf den Ruin blickten, haben sie blind und tot gewirkt.

Der März des Jahres 1932 gestaltet sich besonders kritisch für den Streichholzkönig. Verschiedene verarmte Schuldnerländer können ihren Verpflichtungen nicht nachkommen, die sie mit Kreuger als Bedingung für die Gewährung der Zündholzmonopole eingegangen sind. Der Finanzier muß bis zum 1. April 6 Millionen Pfund als Rückzahlung an die Skandinaviska Kredit AG auftreiben; 700 000 Pfund bis zum 15. März als erste Rate der zweiten Hälfte eines 6,3 Millionen Pfund hohen Darlehens an Polen; zudem werden bestimmte ausländische Kredite in den Vereinigten Staaten und Frankreich fällig. Ein Antrag auf weiteren Kredit wird von der Schwedischen Nationalbank zweimal abgelehnt. Amerika ist die letzte Hoffnung – doch auch die erfüllt sich nicht. Kreuger fühlt instinktiv, daß er das in ihn gesetzte Vertrauen verloren hat. Natürlich reagiert er nervös und sensibel. Einmal bricht er mitten in einer Versammlung in Tränen aus. Der große Optimist, der Mann aus Stahl – in Tränen!

Als Jim ihn sich in seiner luxuriösen Kabine auf der *Île de France* vorstellt, hin und her wandernd, durch Geldforderungen von überallher gepeinigt – von Polen, von Frankreich, von der Skandinaviska Kredit AG – und von Morgan, dem allgegenwärtigen, allwissenden, gnadenlosen Hause Morgan, empfindet er Mitleid für den gequälten Millionär. Gerüchten zufolge sollen zwei Geheimagenten J. P. Morgans Kreuger auf seiner letzten Reise, zwei erbarmungslosen Schatten gleich, überallhin gefolgt sein: Morgans

Detektive sehen, wie er mit Sonja Henie tanzt und wie er in Paris die verhängnisvolle Pistole kauft. Gewisse Reporter berichten über Ivar Kreugers letzten Besucher vor seinem Selbstmord, einen Mann, der sich mit dem Namen John C. Brown aus Chikago vorstellt. Aber dann gibt er sein Inkognito auf und rückt mit der schrecklichen Wahrheit heraus: Er kommt von Mr. Morgan: »Mein Boss weiß alles ...« Ivar erbleicht und stammelt: »Ich werde ihm alles zurückzahlen ... alles, was er will ...« Woraufhin der Agent mit vernichtender Häme antwortet: »Ich nehme an, Sie wollen Mr. Morgan mit gefälschten Wertpapieren bezahlen, nicht wahr, Mr. Kreuger?«

Das ist das Todesurteil.

Der Bericht wird dementiert und sogar als melodramatischer Unsinn belächelt. Jim neigt allerdings dennoch dazu, ihn zu glauben. Ivar Kreuger hat Selbstmord begangen, nicht weil er »des Lebens überdrüssig« war, sondern weil er vom Hause Morgan zum Tode verurteilt worden ist. Die gleiche kapitalistische Gesellschaft, die er zu beherrschen versuchte, zerstört ihn und löscht ihn aus. Seine letzte Nachricht an Littorin lautet: »Lieber Krister! Ich habe ein derartiges Chaos verursacht, daß dies wohl die befriedigendste Lösung für alle Beteiligten ist.«

Die befriedigendste Lösung: das klingt wie ein grausamer Scherz. Tausende ruinierter Familien, die aufgebrachte Börse, der König von Schweden auf dem Tennisplatz nicht in Form, ein ärgerlicher Mr. Morgan, der das Durcheinander in der Ericsson-Gesellschaft zu klären versucht – und ein verantwortungsloser Spieler, der seine schmutzige Karriere mit einer verzweifelten Geste beendet, hat die Stirn, von einer »befriedigenden Lösung« zu sprechen.

Nahezu täglich berichten die Zeitungen neue, verblüffende Einzelheiten über Kreugers zweifelhafte Machenschaften, aufgedeckt von den Wirtschaftsprüfern Price, Waterhouse & Co., die mit der gründlichen Untersuchung der Lage einzelner Fimen beauftragt sind. »Neuer Kreuger-Betrug! Gefälschte Unterschriften berühmter Persönlichkeiten auf Stempeln gefunden.« Die Geschichten werden immer phantastischer. Mitte Mai berichtet die konservative *Times:*

» ... Buchführung der Gesellschaft gefälscht, fiktive Aktiva über erhebliche Summen erfunden. Während der laufenden Untersuchung stellt man immer eindeutiger fest, daß die betrügerischen Manipulationen seit mindestens acht Jahren stattgefunden haben ... Den bisher vorliegenden Zeugenaussagen zufolge wurde International Match in eine Schein-Holdinggesellschaft umgewandelt, die aber tatsächlich nichts in Händen hatte außer ein paar Quittungen für Safegebühren, einige Staatsanleihen der Türkei und Guatemalas, erfundene Investitionen in Tochtergesellschaften und einen kleinen Bargeldbetrag ... Die Geschichte von Kreuger und seinen Methoden klingt unglaublich. Er hat nicht nur den amerikanischen, sondern den Finanziers der ganzen Welt Sand in die Augen gestreut ... Kreuger fuhr nach Paris und erschoß sich, weil sein riesiges Finanzimperium vor seinen Augen zerfiel ... Dem Leben konnte er entfliehen, der Schande jedoch nicht einmal im Tod ...«

Ein Imperium, aufgebaut auf den Tricks eines gerissenen Schwindlers. Das Geheimnis liegt einfach in der ungeheuerlichen Kaltblütigkeit. Niemand hat die Vermutung gewagt, ein »seriöser Geschäftsmann« würde auf solche Tricks zurückgreifen. Er erwähnte oft gewisse Riesenkredite bei einem großen Bankier in Amsterdam. Aber diese Kredite bestehen nur aus Phantastereien.

Er verweist auf sein Übereinkommen mit Polen; verändert und fälscht aber entscheidende Einzelheiten. Und sein Abkommen mit der italienischen Regierung? Kreuger hüllt es in ein großes Geheimnis. Denn das italienische Darlehen ist angeblich für die Ausrüstung der italienischen Flotte bestimmt, wovon Frankreich wiederum nichts wissen darf. In Kreugers Safe findet man zwei Serien italienischer Pfandbriefe, unterzeichnet von dem Generaldirektor für Staatsmonopole, Signor Boselli, und dem Finanzminister, Signor Mosconi. Die International Match Corporation zahlt für die italienischen Papiere 50 Millionen Dollar in deutschen Pfandbriefen. Darauf basiert der Kredit der Skandinaviska Kredit AG, mit dem Kreuger Anteile an den Goldminen von Boliden in Nordschweden erwirbt. Diese Anteile legt er als Sicherheit in die Schwedische Nationalbank und erhält dafür rund 100 Millionen Schwedenkronen in bar. Niemand hat je erfahren, was er damit gemacht hat. Was die italienischen Pfandbriefe betrifft, waren sie gefälscht. Eine Abmachung zwischen Kreuger und der faschistischen Regierung existierte nie. Die Handschrift der italienischen Staatsmänner hat er gefälscht.

Die *Daily News* verkünden:

»*Kreuger, der Streichholzkönig, genannt der Gauner* ... Europa verblüfft von seinen Betrügereien ... ›Jetzt ist auch der letzte Rest des romantischen Glorienscheins um Kreugers Haupt verschwunden‹, sagt ein Mitglied des Untersuchungskomitees ... Bereits mehrere Jahre lang hatte Kreuger recht merkwürdige Finanzierungen in Verbindung mit der Kreuger & Toll Gesellschaft unternommen; aber erst 1918 kommt die Sache richtig in Schwung ...«

Erst 1918 ... Jim rechnet nach. »Das war vor vierzehn Jahren. Jedenfalls haben sie eine ganze Weile gebraucht, um dahinterzukommen. Vierzehn Jahre lang hat er sie zum Narren gehalten. Es muß etwas faul an einer Welt sein, in der Betrüger Ehrentitel verliehen bekommen und vom Präsidenten empfangen werden ...« Jetzt wendet sich natürlich der ganze Mob gegen Kreuger. Er ist nicht mehr der Mann aus Eisen, sondern der aus Papier: »Es gibt nichts, was er nicht aus Papier machen konnte.« Er ist der »Cagliostro der Finanzwelt«, »einer der skrupellosesten Fälscher und Betrüger in den Annalen des *big business*.«

Hinter der Wand des Schweigens, die all seine Machenschaften umgibt, jongliert er mit Millionen. Er erfindet geheime Abkommen mit diesen oder jenen Staaten, denkt sich besondere Klauseln in nicht-existenten Verträgen aus und zaubert enorme Kredite aus seinem eigenen Zylinder. Die Bankiers verhalten sich wie Kinder in der Algebrastunde: sie verstehen nichts und nehmen alles als selbstverständlich hin. »*Kreugers Billionen-Dollar-Seifenblase.*« Das ist der Titel einer brillanten Artikelserie im New Yorker *World Telegram* im Mai 1932. »Rechenstift des Revisors schreibt das Urteil über den Giganten, der ein Schwächling war und mit seinem Versagen nicht fertig wurde ...«

Jim liest das mit grimmiger Genugtuung. Seine enttäuschte Liebe hat sich erst in Mitleid verwandelt und ist jetzt an dem Punkt, sich in echten Haß zu kehren. Denn dieser elende Gauner, Mr. Kreuger aus Stockholm, hat nicht nur internationale Bankiers und Politiker hinters Licht geführt; er hat auch ihn, den cleveren amerikanischen Jungen betrogen. Die Kaltblütigkeit dieses Mannes! Diese Ratte, dieser dreckige Ausländer! Kommt mit 100 Dollar in der Tasche aus Schweden und nistet sich in einem Spitzenappartement in der Park Avenue ein! Und er, Jim, ein Bursche mit Selbstachtung, muß sich vor ihm verbeugen, ihn anlächeln: »Wie geht es Ihnen heute morgen, Sir?« Sing-Sing wäre der richtigere Platz für so einen

Typen gewesen, nicht das Penthouse. Und als seine teuflischen Tricks nicht mehr funktionieren, bricht er in Tränen aus.

Wie verachtenswert er doch ist, wie abscheulich! Nicht nur selbst ein Betrüger, sondern auch noch das Opfer anderer Betrüger – das macht alles noch schlimmer. Einen ansehnlichen Teil des Geldes, das er mit Fälschungen erworben hat, muß er in Bestechungs- und Erpressungsgeldern anlegen. Alle Arten korrupter Personen sind hinter ihm her und fordern einen hohen Anteil seiner illegalen Gewinne. Bei seinen Papieren findet man einen ganzen Ordner voller Erpresserbriefe. Der große Betrüger ist selbst von spanischen Senatoren und Mitgliedern des deutschen Reichstages betrogen worden. Gerüchten zufolge haben so hochkarätige Persönlichkeiten wie Marschall Pilsudski aus Polen und Spaniens Diktator Primo de Rivera gedroht, ihn bloßzustellen und zu ruinieren, wenn er sich nicht entgegenkommend zeige ... »Eine saubere Bande, diese Herrscher der modernen Zivilisation!«

Und dann die Frauen! Die Zahl seiner Geliebten geht in die Dutzende, nein in die Hunderte, und – ist seine Zuneigung erst abgekühlt – wollen ihm die meisten von ihnen übel. In ganz Europa, in Hollywood und in New York sitzen seine früheren Geliebten – Schauspielerinnen, Opernsängerinnen und Kurtisanen – die ihm gegenüber nun sehr ausfallend werden, und sie alle wollen Geld ... »Ich hätte ihn ebenfalls erpressen sollen. Ich hätte herausfinden sollen, was er vorhat, und ihm dann auf Schritt und Tritt folgen ... «

Er führte ein unerhörtes Doppelleben – nicht nur als Geschäftsmann, sondern auch als Privatperson. Neben seinem offiziellen Wohnsitz in der Park Avenue unterhält er noch eine zweite, geheime Wohnung. »*Kreugers Liebesnest in New York aufgespürt!*«

»Wieso habe ich es nicht entdeckt? Wie dumm ich doch war! Ich hätte 10 000 Dollar dafür kassieren können, daß ich den Mund halte. Ach, ich habe meine Chance verpaßt ... Ich hätte Detektiv spielen sollen.«

Man hat ihn als Asketen gerühmt. Aber er entpuppt sich nicht nur als Spekulant und Bluffer, sondern auch als Lüstling. Ein moderner Casanova, unersättlicher Erotiker, ein verkommenes Subjekt – so wird er jetzt von denen beschrieben, die ihn wirklich gekannt haben.

Er bevorzugt schlanke Frauen – »schlank wie Feen« – für seinen ausgefallenen Geschmack können sie gar nicht schlank genug sein. Gleichzeitig sollen sie energiegeladen und stark sein. Er hat eine Schwäche für Mädchen mit hohen Stiefeln und Peitschen – für Jim ist das überraschend und ziemlich verrückt. Was bedeutet eigentlich das Wort »Masochist«? Er muß es im Wörterbuch nachschauen. Das ist es also, womit sich diese reichen Kerle amüsieren ... Manchmal tauchte der große Finanzier für ein paar Tage unter. Jetzt hat sich herausgestellt, daß er dann immer, schäbig gekleidet, in billigen Spelunken herumsaß und mit ordinären Amazonen flirtete.

»Frauen und Champagner, in jeder Hauptstadt ein Liebesnest, wo er die jeweilige Favoritin unterhielt, die sich im Glanz seiner Millionen sonnen durfte ...« Dieser frauenbesessene Betrüger besaß regelrechte Harems, ein orientalisches Serail, das über ein Dutzend Wohnungen in fünf oder sechs Hauptstädten verteilt war. Bei seinen »netten, kleinen Parties« in der Penthousewohnung handelte es sich um veritable Orgien, »arabische Nächte« von skandalöser Vielfalt. Das Orchester spielte in einem Nebenraum, von wo aus die obszönen Tänze nicht gesehen werden konnten. Seine letzte New Yorker Party hat ihn ungefähr 10 000 Dollar gekostet. Jeder Gast erhielt ein Zigarettenetui aus massivem Gold mit seinen Initialen in Diamanten.

»Und während all dies geschah, stand ich da und fuhr mit meinem Lift rauf und runter! Was bin ich für ein Idiot gewesen! Warum habe ich nicht einfach mitgefeiert? Vielleicht hätte ich ein Zigarettenetui – und ein Mädchen bekommen ...«

10 000 Dollar für eine einzige Party! So sieht also seine berühmte Bescheidenheit aus! Klar, geschmuggelter Champagner ist nicht gerade billig ... Merkwürdige kleine Spiele spielten sie, beispielsweise »Tische leeren«. Mehrere Flaschen mit unterschiedlichen alkoholischen Getränken wurden auf kleine Tischchen verteilt, und wem es gelang, als erster einen ganzen »Tisch« zu leeren, ohne das Bewußtsein zu verlieren, der war Sieger. Man behauptet, Kreuger habe diesen reizenden Spaß in Rußland kennengelernt. Und Kreuger, dem man nachsagte, er rühre niemals Alkohol an, ist natürlich der Trinkfesteste von allen.

Er hat ein echtes Talent, sein gestohlenes Geld zum Fenster hinauszuwerfen. Seine Launen sind kostspielig und kurzlebig. Er gibt ein Vermögen für Blumen aus, für Frauen und für seine von einer Detroiter Firma gebaute Yacht – die schnellste der Welt. Stolz bekennt er: »Meine Sehnsüchte in dieser Welt entspringen gewöhnlich einer momentanen Laune – und sind ebenso schnell gestillt wie geweckt. Ich habe große Summen für Dinge ausgegeben, von denen ich glaubte, sie unbedingt besitzen zu müssen, und sah sie oft nicht einmal mehr an, sobald sie mir gehörten. Einmal kaufte ich einen Diamantring für 20 000 Dollar, der beim Juwelier so verlockend ausgesehen hat. Sobald ich ihn zu Hause hatte, legte ich ihn in eine Schublade und habe seitdem kein Auge mehr darauf geworfen.«

Wie hirnverbrannt von ihm! Jim ist wütend. Es wird immer eindeutiger: sein ehemaliges Idol war ein durch und durch schlechter Charakter. Wie gemein hat er doch jene bedauernswerte Dame in Stockholm, Ingeborg Eberth, behandelt! Zunächst, als sie über die ihr geschenkten Pfandbriefe noch nicht Bescheid wußte, lobte sie ihn noch als »feinen, noblen Menschen«. Jetzt klagt sie bitter: »Selbst ich stehe ohne Geld da. Ich habe blind an seine Unternehmungen geglaubt, aber warum hat er mich nicht gewarnt? Hätte ich das drohende Unglück geahnt, hätte ich meine Liegenschaften abstoßen können. Schließlich bin ich mit Ivar zwanzig lange Jahre zusammen gewesen ... « Allgemeine Entrüstung macht sich breit. Plumpe Schlagzeilen erscheinen: »*Unaufrichtig sogar zu der einzigen Frau, die sich wirklich etwas aus ihm machte!*« Er hat sie mit seiner grundlosen Eifersucht gequält und mit seinen ständigen Lügen gedemütigt. Die Dame, nicht gerade die einfältigste, gibt selbst zu Protokoll: »Ich habe noch nie jemanden getroffen, der so lügen konnte wie er. Sogar wenn man den Beweis seiner Unaufrichtigkeit hatte, gelang es ihm, einen davon zu überzeugen, daß er die Wahrheit sagte. Er besaß eine bemerkenswerte Überzeugungskraft.« Den einzigen Vorteil, den die arme Frau aus ihrer unglückseligen Beziehung zu dem Erzgauner ziehen kann, sind ihre Memoiren, die sie für schweres Geld an die internationale Presse verkaufen kann.

Madame Eberth neigt dazu, die hartnäckigen Gerüchte für wahr zu halten, daß Kreuger noch am Leben sei. Viele Menschen in Paris und Stockholm glauben, der Finanzier sei nach Bekanntwerden seines Todes geflohen. Möglicherweise hat er heimlich irgendwo eine große Summe beiseite geschafft – eine echte Chance für Madame Eberth, zumindest eine Teilentschädigung für ihre Verluste zu erhalten. Wieso hat man Kreugers Sarg in Stockholm nicht geöffnet? Und was soll das Gerede über ein Glasfenster am Sarg? Und das Gerücht über die Einbalsamierung seiner Leiche? Vielleicht ist gar keine Leiche im Sarg, sondern nur eine Wachsfigur? Leute, die der Verbrennung in Stockholm beigewohnt haben, schwören, es habe nach Wachs gerochen ... In Paris wird ein Mann gesehen, dessen Ähnlichkeit mit Kreuger verblüfft. Andere munkeln wiederum, der Zündholzkönig sei nach Rußland gegangen, um seine alten Erzfeinde, die Sowjets, strategisch bei der Vernichtung des Kapitalismus zu beraten. Es wird auch berichtet, ein geheimnisvoller Kunde habe eine ganze Schiffsladung der eigens in Ostindien für Mr. Kreuger gefertigten Zigarren geordert.

Jim, der Liftboy, hat auf Ivar Kreugers menschliche Größe vertraut und ihre Hohlheit feststellen müssen. Jetzt glaubt er bedingungslos die albernsten Geschichten über dessen abscheulichen Charakter und seine üblen Machenschaften. Eine neue Kreuger-Legende entsteht: das Idol ist zum Monster geworden, und Jim, einst der leidenschaftliche Bewunderer, ist nun genauso unerbittlich in seinen Anklagen wie alle anderen.

Für ihn ist Kreugers Verhalten eine persönliche Beleidigung – und darüber hinaus ein Angriff auf seine ganze Nation. Der große Betrüger hat das vornehme Gebäude in der Park Avenue, in dem er wohnte, besudelt, er hat die Stadt New York, das Weiße Haus und die Gestade Amerikas beschmutzt. Schamlos hat er die Gastfreundschaft dieses Landes ausgenützt. Allerdings unterschätzte er die wachsame Klugheit des gesunden Menschenverstandes in Amerika. Hier hat er vor vielen Jahren, mit 100 Dollar in der Tasche, seine erstaunliche Karriere begonnen, und hier beginnen auch sein Abstieg, seine Bestrafung und seine endgültige Erniedrigung.

Der einfache Liftboy entwickelt, dank seines tiefsitzenden Kummers und Ärgers, nahezu hellseherische Fähigkeiten. Er versteht mit einem Mal einige grundsätzliche Dinge, bestimmte moralische Vorstellungen und Erkenntnisse, die weit über sein Wissen und seine intellektuellen Kapazitäten hinausgehen.

Jim wird, ohne es groß in Worten ausdrücken zu können, folgendes klar: Überall auf der Welt, aber besonders in Europa, gibt es gewisse Neigungen und Gruppen oder auch Einzelpersonen, die ein gefährliches Zerrbild von menschlicher Größe entwickeln. Es gibt Menschen, deren grenzenloser Ehrgeiz ihre Urteilskraft überlagert, so daß sie jeden Sinn für Rechtschaffenheit und Proportionen verlieren. Sie gieren nach Macht – nach der Macht als solcher, als Selbstzweck. Sie begehen Verbrechen, um Macht zu erlangen, und sie rechtfertigen das mit der Behauptung, der Zweck heilige die Mittel. Aber es existiert kein Zweck; denn ihr Machtkult ist zwecklos, sinnlos und destruktiv.

Ivar Kreuger war ein Anarchist ohne Moral, aber mit ausgesprochenem Organisationstalent. Er war der unechte Diktator eines Lügenreichs. Seine ganze Diplomatie und Klugheit gipfelten in einer tiefen und umfassenden Menschenverachtung. Der Erfolg seines Bluffs – der allerdings nur kurzlebig sein konnte – lag in dessen unvorstellbarer Dimension begründet. In vielerlei Hinsicht ist er ein allerdings vergleichsweise harmloser Vorläufer eines anderen »Mannes aus Eisen«, dessen Taktik er bis zu einem gewissen Grad vorwegnimmt. Unser Freund Jim kann das weder wissen noch sich vorstellen, und da wir immer noch dem Wahrheitsprinzip huldigen, geben wir nicht vor, er hätte eine Vorahnung dieser Art gehabt. Es bleibt jedoch Tatsache, daß Jim nicht sehr überrascht ist, als er am 18. April 1932 in den *Daily News* folgende Meldung aus Stockholm entdeckt: »Die Zeitung *Social Democraten* meldete heute, man habe sichere Beweise dafür gefunden, daß der verstorbene schwedische Finanzier Ivar Kreuger die faschistische Regierung in Deutschland unterstützt hat. Die Quittungen sind mit *Im Auftrag Adolf Hitlers* unterzeichnet.«

Die Affäre um Ivar Kreuger hat bei Jim einen Abscheu vor seiner Arbeit, der Park Avenue 791, seinem Lift und dem Leben an sich hervorgerufen. Er wird faul und mürrisch. Manchmal läßt er Kunden einfach ein paar Minuten warten, weil er keine Lust hat, den Lift zu betätigen. Sogar die wohlwollendsten Mieter beklagen sich: Jim habe sich vollständig verändert. Er sei stets ein so höflicher und fleißiger Junge gewesen. Und jetzt sehe er immer verdrossen und übelgelaunt aus ... Was ist nur los mit Jim?

Er verspürt fast eine gewisse Erleichterung, als ihn sein Boss feuert. Jetzt in der Depression würde es schwer werden, eine neue Stellung zu finden. Aber Jim ist überzeugt, schon irgendwie durchzukommen. Er freut sich jedenfalls, den Ort verlassen zu können, der seinem Gefühl nach mit einem verhaßten Namen verbunden ist. Wenn er in New York keine Arbeit findet, gibt es immer noch die Highways und das weite, offene Land. Es könnte ja auch ganz schön sein, nach Kalifornien oder Florida zu trampen ...

Während seiner letzten Arbeitswoche in der Park Avenue 791 hat Jim Nachtschicht. Viele Mieter kommen zwischen Mitternacht und zwei Uhr morgens, festlich gekleidet, gähnend und kichernd, von Nachtklubs oder irgendwelchen Parties nach Hause. Gegen halb drei morgens wird es dann allmählich ruhiger. Einige Minuten nach drei taucht ein Betrunkener auf. Sein schöner schwarzer Überzieher ist vollkommen verschmutzt, sein Haar ist zerzaust, und der Zylinder sitzt schief auf seinem dümmlichen, betrunkenen Haupt. Es ist nicht einfach, ihn zum Lift zu bugsieren. Er weigert sich eigensinnig, in seine eigene Wohnung zu gehen, sondern singt lauthals immer wieder: »Ich will ins Penthouse gehen ... das Penthouse ... das Pent-Pent-Penthouse ... Da gibt's 'ne Menge Mädchen, Kreugers Mädchen, königliche Spiele für den großen Streichholzkönig, tolle Mädchen, ich will ins Penthouse, dort feiert man 'ne Party, mit Champagner und Mädchen ...«

Jim ist über das Gebrabbel verärgert. Er hält den Lift bei dem Stockwerk an, in dem der Trunkenbold wohnt, und schubst ihn in Richtung seiner Wohnungstür. »Da wären wir, Sir. Gute Nacht!« Doch noch von drinnen hört er den betrunkenen Narren grölen: »Jede Menge hübsche Mädchen ... Kreugers Mädchen ... Kreugers Spiele ... Champagner ...«

In die Hotelhalle dringt bereits das fahle, kühle Licht der Morgendämmerung. Es ist totenstill. Ein paar Minuten lang fährt draußen kein einziges Auto vorbei.

Jim setzt sich auf die schmale Bank im Lift. Mindestens für die nächste halbe Stunde rechnet er mit keinen weiteren Fahrgästen. Und doch mag er nicht schlafen. Er muß über vieles nachdenken. Morgen würde er arbeitslos sein ...

Vielleicht ist er schließlich doch eingenickt. Jedenfalls hat er den Mann nicht bemerkt, der durch die Halle gegangen ist und den Lift betreten hat.

Er spürt die zarte Berührung eines weichen, eiskalten Fingers an seinem Nacken, genau oberhalb des steifen Uniformkragens. »Wer ist da?« ruft Jim – obwohl er nur zu gut weiß, wer es ist.

»Erkennst du mich nicht?« Die Stimme klingt sanft und mild, etwas salbungsvoll.

»Aber natürlich, warum sollte ich nicht – Mr. Kreuger ...« stammelt Jim.

Bei dem Klang seines Namens wird Mr. Kreugers Lächeln merkwürdig traurig. Und doch wirkt er irgendwie erfreut. »Ja, ich bin es«, nickt er mit einer gewissen traurigen Genugtuung. »Worauf wartest du noch, mein lieber Junge? Wieso bringst du mich nicht hinauf in meine Wohnung?«

»Es ist nicht mehr Ihre Wohnung, Sir.« Jim bemüht sich, seine Worte höflich, aber entschieden klingen zu lassen; in Wirklichkeit sind sie weit davon entfernt, seine Stimme ist heiser und unsicher.

Der seltsame Besucher ignoriert Jims schwachen Einwand. Mit einem geistesabwesenden, gierigen und sinnlichen Lächeln sagt er: »Ich möchte nach meinen Blumen sehen – meine geliebten Maiglöckchen ...« Und sehr leise fügt er hinzu: »Ich hatte Sehnsucht nach ihnen ...«

Jim reißt sich zusammen. »Ich fürchte, Sie werden dort keine Blumen vorfinden, Sir. Es ist alles leer. Mrs. Aberg ist auch nicht mehr da.«

Mr. Kreuger scheint das nicht zu berühren. Er wechselt das Thema und fragt, auf einmal ganz schüchtern und ängstlich: »Habe ich mich stark verändert?«

Der Liftboy wirft einen scharfen Blick in das bleiche, schlaffe Gesicht seines unheimlichen Fahrgastes. In den tiefliegenden Augen entdeckt er keinerlei Leuchten oder Ausdruck: sie sind wie zwei schwarze Höhlen. Die fleischigen blauen Lippen sind im Zustand der Zersetzung. Trocken bemerkt Jim: »Sie haben sich vielleicht ein bißchen verändert, aber nicht sehr. Ich mag Ihr Gesicht nicht, Sir.«

Ivar zuckt lächelnd die Achseln. Er ist nicht beleidigt, sondern wird sogar noch sanfter und freundlicher. »Weshalb solltest du mein Gesicht mögen? Ich habe es selbst nicht so gerne.«

»Aber ich habe es einmal gerne gemocht, Sir.« Jim errötet bei diesem Geständnis.

Und Mr. Kreuger fährt nach einem nachdenklichen Schweigen fort: »Ich auch. Aber schreckliche Erlebnisse haben ihre Spuren auf meinem Gesicht hinterlassen. Ich habe gelitten, Jim.«

»Verzeihen Sie, Sir – aber Ihre Leiden interessieren mich nicht.« Jetzt klingt Jims Stimme fest und scharf – es ist eine sehr junge Stimme: schneidend, grausam und metallisch. »Ich habe auch gelitten, Sir. Sie denken niemals an die Gefühle der anderen.«

»Wie könnte ich?« Er macht eine hilflose und zugleich königliche Geste. »Ich war immer beschäftigt, mein Junge. Immer so beschäftigt.«

»Damit beschäftigt – Sie müssen schon entschuldigen, Sir – anständige Leute hereinzulegen.«

»Du bist sehr jung«, murmelt Ivar ausweichend. »Du kennst die Welt nicht. Das Leben ist kompliziert. Wer ist anständig? Was bedeutet schon Anstand?«

»Da haben Sie recht, Sir«, antwortet Jim mit verletztem Stolz. »Ich bin sehr jung, und doch begreife ich einige Dinge – zu einem Teil verdanke ich das Ihnen, Sir. Das Leben ist sehr kompliziert. Das habe ich bereits erfahren, wenn Sie nichts dagegen haben, Sir. Aber es ist nicht so verworren, wie Sie es hinstellen wollen. Es gibt einige Grundwerte, Sir, und ein paar grundsätzliche Entscheidungen, die wir alle treffen müssen. Es ist ganz einfach: Man kann ein Gauner werden, Sir, oder ein anständiger Kerl. Man kann an Gott glauben oder nicht. Man muß sich eben entscheiden.«

Mr. Kreugers bleiches Gesicht zuckt vor amüsierter Entrüstung. »Diese Jugend!« ruft er aus, als wende er sich an eine imaginäre dritte Person im Lift, die seine ironische Verwunderung teilen würde. »Diese Kinder! Sie ändern sich nie! Diese Unschuld! Wie sie die kompliziertesten Moralprobleme angehen!« Und mit der resignativen Toleranz eines weisen alten Mannes fügt er hinzu: »Aber ich nehme an, das ist notwendig – und gut. Ideen und Werte würden sich abnutzen und würden sinnlos – hätte die Jugend nicht den Mut, deren ursprüngliche Bedeutung von Zeit zu Zeit neu zu entdecken und wieder herzustellen. – Irgendwie beneide ich dich wirklich, mein junger Freund«, schließt er mit einem frommen und gezierten Lächeln.

»Natürlich tun Sie das, Sir«, antwortet Jim ohne Mitgefühl. »Denn Sie sind ein toter Betrüger aus Europa, und ich bin Amerikaner und am Leben. Ich werde nach Kalifornien trampen. Ich werde die Abendschule besuchen und mir Vorlesungen über Wirtschaftswissenschaft und Soziologie anhören. Ich möchte so vieles herausfinden. Wie ist diese riesige Maschinerie unserer Gesellschaft eigentlich konstruiert, und wie funktioniert sie? Das muß ich wissen! Ich habe meine Unwissenheit satt. Die Produktionsplanung; die Verteilung der Waren ... das ist alles so aufregend ... Und dann die Technik! Man erfindet die erstaunlichsten Methoden, Instrumente und sogar neue Energiequellen. Ich habe etwas über Atome gelesen ... Anscheinend sind ungeheure potentielle Energien in den Atomen eingeschlossen – könnten wir sie doch freisetzen! Und wenn das gelungen ist – wie werden die neuen Kräfte genutzt? Ich meine – wessen Interessen werden sie dienen? Vielleicht stellt man bloß neuartige Waffen her, todbringender denn je ...

Alles ist so kompliziert, so verwirrend – und so wichtig! Ich muß lernen, ich muß wissen: sonst kann ich nicht handeln.

Mr. Kreuger nickt mit einem finsteren Lächeln. »Ich verstehe dich vollkommen, junger Freund. Du bist sehr ehrgeizig. Du möchtest ein großer Mann werden.«

»Ein großer Mann?« Offensichtlich mißfällt Jim diese Bezeichnung. Schließlich jedoch gibt er zu: »Ja, ich denke, Sie haben recht. Aber – kein großer Mann in Ihrem Sinne. Sie haben versucht, ein großer Mann gegen die Gesellschaft zu sein, Mr. Kreuger ...« Wiederum nickt der Industrielle mit einem flüchtigen Lächeln, während der Junge fortfährt: »Ich werde versuchen, etwas für die Menschen zu tun ... Vielleicht klingt das lächerlich: für die Menschen. – Es ist ziemlich schwierig, das auszudrücken, was ich meine. Sehen Sie, ich möchte ein großer Mann *und* mit den Menschen sein – ich möchte einer von ihnen bleiben, wenn Sie verstehen, was ich meine – obwohl ich möglicherweise die meisten an Wissen, Energie und Erfolg überflügeln werde. Ich will erfolgreich, reich und all das sein: natürlich möchte ich gerne viel Geld besitzen. Aber ich will mich nicht so von den anderen loslösen ... Ich möchte einer Gewerkschaft beitreten. Ich möchte heiraten und Kinder haben. Ich möchte ein berühmter Pilot oder Erfinder oder Ingenieur werden.«

»Ich war einst Ingenieur«, bemerkt Kreuger und schüttelt mit trauriger Verwunderung den Kopf, als könne er nicht begreifen, daß sein Leben mit diesem vielversprechenden und respektablen Anfang solch ein schlimmes Ende gefunden hat.

»Sie sind kein Ingenieur, Sir«, sagt Jim mit solcher Schärfe, als habe Kreuger die Berufsehre der Ingenieure verletzt. »Sie sind nur ein häßlicher Spuk mit abstoßenden Zeichen von Verwesung.«

»Und du bist außerordentlich grob, mein lieber Junge«, sagt der Besucher mit mildem Tadel. »Aber das macht nichts. Ich bin nicht mehr empfindlich. Dennoch solltest du deine Worte etwas sorgfältiger wählen. Wer behauptet, daß ich tot bin? Vielleicht sehe ich aus wie ein Geist, aber das besagt gar nichts. Da, berühre meine Hände, mein Gesicht! Ich bin wirklich, Jim, ich bin lebendig – für diesen Augenblick.«

Langsam und mit grausamem Nachdruck sagt Jim: »Fahren Sie zur Hölle, Sir!« – woraufhin Kreuger sein bleiches Gesicht in den weißen, aufgedunsenen Händen vergräbt. »Dort komme ich gerade her«, gesteht er mit zitternden Lippen. »Es ist furchtbar dort ... kein Licht ... keine Blumen ... Ich bin so schrecklich einsam – und weit und breit keine Maiglöckchen als Trost ... «

»Das tut mir aber leid für Sie, Sir – obwohl ich Ihr Selbstmitleid etwas übertrieben finde. Bedenkt man das Ausmaß Ihrer Verfehlungen, scheint es doch eine milde Strafe, ohne Blumen zurechtkommen zu müssen.«

Die hohle Stimme aber klagt weiter. »Du weißt ja nicht, wovon du sprichst, Jim. Dort unten ist es unerträglich. Es ist so leer – so grauenhaft, unbeschreiblich leer ... Keine tröstlichen Erinnerungen, nichts ... Hätte ich je einen Menschen geliebt, könnte ich jetzt daran denken – an etwas Wärmendes in all der Leere und Kälte. Aber ich habe die Menschen nie gemocht, ich habe sie eher verachtet, sie haben mich gelangweilt: das war mein großer Fehler. Eigentlich habe ich nur Blumen wirklich gemocht – Rosen, weißen Holunder, blauen Holunder, die herrlichen Formen der Orchideen, die wächserne Schönheit der Tulpen und Hyazinthen und meine Maiglöckchen – meine unschuldigen, süßen Blüten ... Ich bewunderte ihr Weiß und ihre Reinheit; ich betete sie um ihrer Unschuld willen an ... Ohne meine Maiglöckchen hätte ich das Leben nicht ertragen. Sie waren für mich das einzige Symbol für etwas Höheres, Lichteres – etwas Unverdorbenes, Schönes und Entrücktes ... Und jetzt nimmt man sie mir weg ... «

Nach einem langen Schweigen sagt Jim, ohne seinen Fahrgast anzusehen: »Ich könnte zum Times Square oder zur Zweiundfünfzigsten Straße laufen, Sir ... Vielleicht finde ich noch einen Blumenverkäufer in einem der Nachtklubs ... Ich kann versuchen, Ihnen ein paar Maiglöckchen zu besorgen, Sir ... Soll ich?«

Sehr sanft erwidert Ivar Kreuger darauf: »Ich danke dir, mein Junge. Ich danke dir vielmals. Das ist das erste Mal in meinem Leben – ich meine das erste Mal, seit ich Menschen kenne – daß jemand etwas für mich tun will, das allererste Mal ... «, wiederholt er langsam, während Jim ungeduldig die Frage wiederholt: »Soll ich gehen, Sir?«

Aber Mr. Kreuger schüttelt nur ruhig den Kopf. »Zu spät, mein Freund. Ich habe nur noch einige Augenblicke übrig, bevor ich wieder zurück muß.« Beiläufig schaut er auf sein Handgelenk, als trüge er dort eine Uhr;

aber da ist keine Uhr, wie Jim sofort bemerkt. Fast freudig äußert Mr. Kreuger: »Gerade genug Zeit, um drei Streichhölzer abzubrennen. Wie du vielleicht weißt, gibt es einen alten Aberglauben, demzufolge es Unglück bringt, wenn drei Personen ihre Zigaretten mit einem einzigen Streichholz anzünden. Aber eine Zigarre mit drei Kreuger-Zündhölzern anzuzünden bringt ganz bestimmt Glück.«

»Sie unverbesserlicher, alter Schwindler!« Jim ist halb verärgert, halb amüsiert. »Diese alberne Idee mit den drei Streichhölzern ist doch nur wieder so ein Trick von Ihnen: den haben Sie erfunden, damit die Leute mehr von Ihren Streichhölzern kaufen. Und jetzt als Geist erfinden Sie diese Geschichte mit der Zigarre.«

Kreuger lacht leise in sich hinein. »Ihr jungen Leute seid einfach zu klug – und zu ehrlich. Wärst du nicht so ehrlich, kleiner Jim, könntest du ins *big business* einsteigen ... Nun ja, macht nichts. Nimm diese Zigarre; meine eigene, phantastische Spezialmarke, hergestellt in Ostindien ...«

»Ich weiß«, erwidert Jim. »Und ich habe nichts dagegen. Danke, Sir.« Er nimmt die Zigarre.

Kreuger gibt ihm Feuer. Im flackernden Schein der kleinen Flamme kann Jim zum ersten Mal seine Augen sehen. Sie sind von einem dunklen, bläulichen Grau, die Lider ein wenig entzündet. Sein Blick ist müde, ziemlich traurig, aber freundlich. Jim ist tief berührt von ihrem unerwartet menschlichen Ausdruck. Versehentlich bläst er die Flamme des ersten Streichholzes aus.

»Es tut mir leid, Sir.«

»Das macht nichts. Wir haben ja noch zwei.«

Als er das zweite Streichholz entflammt, murmelt er leise: »Jetzt fällt es mir weniger schwer zurückzukehren. Der weite, unendliche Ort wird nicht mehr ganz so leer sein, weil ich an etwas Tröstliches denken kann.«

Als Antwort auf Jims fragenden Blick erklärt Kreuger: »Ich werde an dich denken, mein Junge, weil du mir diese Maiglöckchen angeboten hast.« Daraufhin ist Jim so überrascht und verlegen, daß er das zweite Streichholz ausbläst.

»Dies ist das letzte.« Kreuger hebt die winzige Fackel in die Höhe, schwenkt sie im Scherz und nähert sie Jims Lippen. Dieses Mal jedoch ist er der Ungeschickte. Er berührt Jims kindlichen Mund mit dem brennenden

Streichholz: Es ist schmerzhaft, wie eine grausame Liebkosung, ein überraschender und brennender Kuß. »Sie tun mir weh!« ruft Jim.

Ein leises, hohles und trauriges Lachen ist die Antwort. Der Streichholzkönig ist verschwunden. Von draußen hört man die nüchternen, treibenden Geräusche der erwachenden Stadt.

KAPITEL X

DER LETZTE MONOLOG

ELEONORA DUSE

Viele Leute versuchten, bei der berühmten Patientin im Shenley-Hotel in Pittsburgh vorzusprechen. Aber nur Mademoiselle Desirée und Maria Avagadro, beide treue und erfahrene Begleiterinnen des Stars aus Italien, war der Zutritt erlaubt. Dr. Charles J. Barone gab Pressebulletins heraus; seine Diagnose schwankte von Stunde zu Stunde. Am Morgen ging es etwas bergauf; in der Nacht befürchtete er das schlimmste; das Morgengrauen stimmte ihn wieder optimistisch. Nach einigen Tagen war jedoch offensichtlich, daß es Signora Eleonara Duse wirklich sehr schlecht ging.

Die Rollos waren zugezogen, und der scharfe, süßliche Geruch von Medizin erfüllte den Raum. Desirée kam auf Zehenspitzen aus dem Vorzimmer herein und flüsterte: »Schläft sie?« Und Maria Avagadro antwortete beinahe stimmlos: »Nein ... sie ist völlig durcheinander – ihre Temperatur ist gestiegen. Sieh nur, sie spricht andauernd ...«

Sie betrachteten sie, sahen, wie sie den gequälten Kopf in den Kissen hin- und herwarf. Da lag das Gesicht, einst das Idol zweier Kontinente: häßlich und menschlich, ein altes und leidendes Gesicht, die gepeinigte Maske, auf der wir die Inschrift des nahen Todes erkennen. Das weiße, drahtige Haar lag schwer auf der feuchten Stirn – der schönen, gewölbten Stirn, die D'Annunzio als »die herrliche Stirne eines überaus intelligenten Menschen« gepriesen hatte. Die Lider waren halb geschlossen über »dem dunklen, lebendigen Firmament ihrer Augen«, und ihre Hände – die berühmten, so sehr bewunderten und so oft beschriebenen Hände der Eleonora Duse – umklammerten das Bettuch; im Zwielicht schienen sie mager, zerbrechlich und fast durchsichtig.

Signorita Maria wirkte verängstigt. Sie wollte dem Flüstern, der Berührung, dem schrecklichen Geschmack des Todes entfliehen. Aber ihr Schamgefühl ließ sie an der Tür zögern. »Glaubst du, sie hat Schmerzen?« fragte sie angstvoll. »Glaubst du, sie leidet?«

Die Frau im Bett hörte das Wort und wiederholte es jammernd mit einer selbstmitleidigen Altfrauenstimme: »Leiden ... Ich leide. Oh, Desirée, ich kann nicht atmen, ich kann nicht. Es ist so viel Staub in der Luft. Pittsburgh ist voller Staub ... Ich ersticke ...«

»Nein, Madame ... Soyez tranquille, Madame ...« Sie starrte hilflos auf das Bett. »Sie müssen sich ausruhen. Es ist kein Staub in der Luft ...«

»Eine Unmenge Staub, ich fühle es ... von den Kohlengruben, von den Fabriken ... Pittsburgh ist schwarz vor Staub ...« Sie setzte sich plötzlich auf, und ihre Stimme wurde schrill und hysterisch. »Ich hasse Pittsburgh ... ich will nicht in Pittsburgh sterben ... ich möchte nach Hause. Ich will in mein kleines Haus in Asolo. In Asolo ist die Luft so frisch, und der Wind aus den Bergen riecht so herrlich. Oh, die Berge. Wir müssen unsere Sachen packen! Ist das Gepäck fertig? Das Schiff in New York wartet. Wir müssen es erreichen. Beeil dich, Desirée! Rufe das Mädchen, den Chauffeur! Das Auto wartet ... An Bord ... Italien ... Wir haben keine Zeit zu verlieren ... Andiamo, andiamo ...«

»Ja, Madame. Alles ist bereit. Wir fahren am Morgen. Die Nacht ist fast vorüber. Versuchen Sie zu schlafen.«

»Beinahe Morgen ...« Sie sank in die Kissen zurück, die Desirée sanft glattstrich. »Asolo ...«, hauchte die Duse und schloß die Augen vor dem unwirklichen Raum. »Monte Grappa ... mein geliebter Monte Grappa ...« Dort, ja dort in dem grünen Tal war das Leben friedlich. Von Casa dell'Arco, ihrem herrlichen, alten Haus aus konnte man den Monte Grappa sehen. Jede Minute des Tages und zu jeder Jahreszeit sah er gleich majestätisch aus.

»Ich muß ganz ruhig bleiben«, überlegte sie mit verzweifelter Schlauheit. »So lange ich mich nicht bewege, so lange ich die Augen nicht öffne, bleibe ich in Asolo, bin ich zu Hause. Da an der Wand die Porträts von Shelley und Beethoven ... und die Bücherregale. Welch herrliche Bücher! Die französischen Klassiker, und Dante, und die schönen Werke Carduccis, und Ibsen ... Ach, und hier, neben Shakespeare, die theologischen Bücher. Die *Confessiones* des Hl. Augustinus ... Ich sollte auch bekennen, sollte all meine Sünden bekennen. Ich wollte rein sein und war schamlos. Jedermann sollte wissen, wie sensibel ich war, wie zart gestimmt, wie sehr ich litt. Und die Leute glaubten mir. Es gelang mir, sie zu täuschen. Sie sahen in mir eine Heilige: Ach, all diese Frauen, die mich anbeteten! Oh, diese Hysterie, die peinliche Ekstase ihrer Bewunderung! Nein, nein, ich ließ mich niemals interviewen. Ich weigerte mich immer, bestimmt, aber höflich. Hinter der Bühne war ich Privatperson … Nur meine Kunst … Ich verabscheute Publicity. Das war schlau: Wer hatte es sich ausgedacht? Es war meine eigene kleine Idee. Wie schüchtern ich war, wie genant, wie bescheiden, wie zurückhaltend. Es war genial, und es klappte vorzüglich. Oh, Herr, vergib mir! Ich ersticke … Warum hatte ich nicht den Mut, meine Wünsche offen zuzugeben? Sarah Bernhardt schämte sich niemals, sie verhehlte nie ihre Gier und Eitelkeit. War sie stärker als ich? Keine Gewissensbisse quälten sie. Sie hatte ein reines Gewissen. Denn sie war ungeheuer stark. Sarah! Sie suchte nie die Einsamkeit, sehnte sich nie nach einem ruhigen, beschaulichen Leben. Ich schon: Ich schwöre, es war so, ich haßte Zeitungen und Reporter, ich verabscheute die Öffentlichkeit, ich wollte alleine sein.

Ich wollte alleine sein und bin allein. Wenn ich sterbe, bevor ich aufwache … Ich habe Angst. Ich bin alleine, ganz allein in diesem riesigen, fremden Land. Ich sterbe. Die Zeitungen in der ganzen Welt werden voll davon sein. Ich hasse Publicity. Sie werden mehr schreiben, als sie jemals über meine Affäre mit Gabriele geschrieben haben. Liebte ich ihn? Gabriele … Gabriele D'Annunzio. Es ist so lange her. Man wird um mich trauern, die ganze Welt wird wehklagen, Menschen, die mich nie gesehen haben, Mädchen, die die Liebe niemals gekannt haben. Es wird in allen Zeitungen Schlagzeilen geben, in den amerikanischen, den italienischen, französischen und japanischen Zeitungen … *Die Duse ist tot* … Die Hohepriesterin des Dramas ist verschieden … Die Duse ist tot, die Duse ist tot, die Duse ist tot … das ist wie der Rhythmus eines fahrenden Zuges. Die Duse ist tot … Ich will nicht sterben, nicht in Pittsburgh, nicht einmal in Asolo. Es ist jetzt Frühling in Asolo, alles ist grün und üppig. Wieso bin ich hierher gekommen? Ich hasse das Theater. Habe es nie ganz ernstgenommen, nie, nie, nie. Ich habe es, im Grunde meines Herzens, immer verachtet. Ja, deshalb zog ich mich zurück. Ich habe es ernstgemeint, als ich sagte, das Theater solle dem Erdboden gleichgemacht werden. In Rom, als das Publikum verrückt spielte und wegen Francesca da Rimini schrie und tobte … Ich kann mich nicht mehr erinnern. Ich bin eine müde, alte Frau; eine traurige, kranke, alte Frau … Die zwölf Jahre, von 1909 bis 1921, ohne Schauspielerei, die waren friedlich. Der Krieg, die jungen Männer, die starben ... Nein, nein, jetzt nicht daran denken ... Ich will mich nicht erinnern. Zu jener Zeit war ich ganz ich selbst, keine Schauspielerin. Nicht Camille, nicht Magda, nicht Nora, nicht Hedda Gabler oder die Frau vom Meer. Ich war Signora Duse, eine ganz durchschnittliche Dame aus Asolo; mollig, unauffällig, leidlich gebildet. Ich hätte eine pensionierte Lehrerin sein können. Ich erkenne mich kaum wieder auf den Bildern jener Zeit. Die Duse in der Rolle der Provinzmatrone! Ich verabscheue das Theater, ich verachte es!

Alles Lüge. Ich habe verlernt, die Wahrheit zu sagen. Diese zwölf Jahre! Sie waren so dumpf, so leer, so langweilig! Nichts, worauf man sich freute, wenn man morgens aufstand. Die Lichter, das plötzliche Verstummen der Stimmen, wenn der Vorhang aufgeht, das dunkle, geheimnisvolle, das überfüllte Theater! Es war mein Leben, das einzige Leben, das ich kannte ... Ich spielte nicht die Frau vom Meer; ich *war* Ellida – liebe, geliebte Ellida, meine Lieblingsrolle. Man sagt, es sei eines von Henrik Ibsens schwächsten Stücken, aber das stimmt nicht. Ellida ist eine ausgezeichnete Rolle ... Wie still es im Theater ist, kein einziges Husten ... Sie lieben mich, ich kann es fühlen, sie sind verrückt nach mir ... Sie werden Blumen schicken, Unmengen davon ... Die Leute wissen, daß ich Blumen liebe; daß ich sie brauche; von ihnen abhängig bin ... Rosen, Nelken, Orchideen ... Als Gabriele kam – wo war das noch? wann? – ließ ich die ganze, lange Hotelhalle voll Rosen streuen ...

So viele! – Als meine arme Mutter starb, gab es keine Blumen. Ich kaufte mir nicht einmal Trauerkleidung. Ich war nicht bei ihr. Ich konnte nicht. Ich spielte – und meine arme Mutter erstickte im Krankenhaus, unter lauter Fremden. Meine Tochter Enrichetta, wo ist sie? Ich kenne sie kaum – haßt sie mich? Ich erinnere mich schwach, daß Enrichetta mich manchmal mit einem sonderbaren Ausdruck ansah – traurig und zugleich streng. Enrichetta war süß als kleines Mädchen; zerbrechlich, nervös, schüchtern ... und so voller Groll, als ich sie in ihrem vierten Lebensjahr verließ.

Mit vier habe ich bereits die Cosette in *Les misérables* gespielt, vor sechzig Jahren ... Sechzig Jahre ... Es ist wie gestern ... Ich stand schaudernd in den Kulissen, zu ängstlich, um vorwärts zu gehen, traute mich nicht einmal zu weinen, da gab mir Vater einen kleinen Klaps, einen Schubs ... Er war selbst kein schlechter Komödiant, mein armer Vater; obwohl Großvater etwas besser war, und Onkel Frederigo und Tante Cecelia, sie alle hatten ein gewisses Talent, aber ich bin das erfolgreichste Mitglied der Familie, ich bin der Star, ich bin berühmt ... Da war ich nun, die arme, kleine Cosette, in meiner schäbigen, wunderbaren Welt. Die Lichter – die einzigen Sterne, die ich je kennengelernt habe ... Das Publikum – Ungeheuer und Liebhaber zugleich ... Ich versuchte zu sprechen – es war wie der Ruf nach Hilfe in einem Alptraum. Meine Stimme war irgendwo in meinem Hals eingeschnürt, und ich brach in kalten Schweiß aus ... Ich erstickte ... Oh, ich ersticke, ich kann nicht atmen, Staub ist in der Luft ... Dann, ehe ich es merkte, kam die Stimme wieder, laut und schrill, ein Schrei – und die Zuschauer kreischten vor Lachen.

Ich erinnere mich an Theater in ganz Italien, in Europa, überall in der Welt. Ich erinnere mich an Züge und schmuddelige Garderoben, und ich erinnere mich an Zuschauer in der ganzen Welt. An lachende, brüllende, enthusiastische oder feindliche oder höflich kühle ... Mit vierzehn war ich Julia ... *Und für den Namen, der deiner selbst nicht ist ... Nimm meines ganz.* Lieber Gott, ich konnte nicht anders ... So war ich eben ... Du selbst hast mein sündiges Herz gewollt und erschaffen, mein sündiges Fleisch und meine sündigen Gedanken. Du, gnädiger Vater, bist verantwortlich dafür ... ich konnte nicht anders.

Ich wollte es. Ich haßte mich dafür. Aber ich konnte nicht anders. Maria, Mutter Gottes, vergib mir. Unser gnädiger Vater, dein gesegneter Sohn, der Vater deines Sohnes hat mich als sündige Kreatur geschaffen ... Ich konnte in der Nacht nicht schlafen, weil ich daran denken mußte. Im Zug, auf einem Schiff, wie im Fieberwahn immer unterwegs. Mein armer Gabriele, werde ich ihn je wiedersehen? Ich habe ihn so geliebt. Es war kein Vergnügen, ihn zu lieben – ihn so zu lieben, bis zum Wahnsinn, mit solchem Abscheu, solcher Erniedrigung. Das war kein Glück – glaube mir, Maria, Mutter des Erlösers! Aber was ist Glück? Ich weiß nicht, was es bedeutet, ich könnte mir nicht einmal vorstellen, was Glück wirklich ist ...

Es war nicht einfach, Maria, Mutter Gottes! Glaube mir – ach, du mußt mir glauben! Es war schrecklich, einen ehrgeizigen Clown, ein herzloses Ungeheuer zu lieben. Mein Leben mit Gabriele D'Annunzio – manchmal war es das Tollhaus; manchmal der Himmel ... Oh, Gabriele, Prinz der

Dichter, du ältlicher Komödiant, du abgetakelte Primadonna – meine groteske, abstoßende, unglückliche alte Liebe. Heute kann ich an deinen Namen denken – ich kann ihn sogar aussprechen. Wenn du jetzt diesen Raum betreten würdest, könnte ich dich ganz ruhig ansehen; ohne feuchte Hände und trockenen Mund. Ich könnte mit dir ohne Angst oder Feindseligkeit sprechen. Ich möchte dich nicht einmal mehr demütigen. Ich würde dich nur ansehen – ich würde deine seltsamen, aufgeregten Gesten, deine Überheblichkeit, deine ewig wechselnde Mimik betrachten – so wie man einem Schauspieler auf der Bühne zuschaut. Du und ich, wir haben unsere kleine Tragikomödie eigensinnig durchgespielt. Auch wenn das Stück zu lang war, wenn unsere Romanze einer neuen Generation abgestanden erscheint – es war alles sehr gut. Nichts haben wir je verändert, keiner wurde beleidigt: unsere Zuschauer konnten nach Hause gehen und ihr Leben weiterleben. Und wir zwei alten Narren, die schon so viele Rollen gespielt hatten – wir konnten den Vorhang fallen lassen.

Aber jetzt bist du zu weit gegangen, Gabriele. Wenn du verstört bist, verlierst du immer deinen Sinn für Werte. Wissen jene Straßenjungen, die du – für ein paar Lire, für eine Flasche Wein – angeheuert hast, damit sie das Volk aufhetzten, daß das nur ein Spiel ist? Wissen sie, daß es ein wahnsinniges Spiel ist, daß das Schwert, welches auf die Brust zielt, ein echtes Schwert ist? Und ebenso das Blut in den Straßen; der Hintergrund deiner Melodramen konnte niemals düster und blutig genug sein.

Ich erinnere mich – ja, ich erinnere mich genau, wie ich dir das letzte Mal zuhörte ... Du hieltest in Mailand vom Balkon eines öffentlichen Gebäudes eine Ansprache an die italienische Jugend. Ich hatte dich achtzehn Jahre nicht gesehen – achtzehn Jahre ohne dich! Gewiß, du hast dich in der Zwischenzeit etwas verändert; aber deine geschulte Eloquenz war fesselnd wie immer – ein künstliches Gewitter, ein hervorragendes Feuerwerk – ich war gebannt, ich war gerührt: ich fürchte, ich weinte sogar ein wenig. Wie absolut lächerlich, daß ich mich von dem vielen leeren Gerede täuschen ließ. Denn ich glaubte dir kein einziges Wort: Patriotismus. Italiens historische Sendung! Was bist du doch für ein alter, zynischer Schwindler!

Früher warst du ehrlicher, mein Gabriele. Wieso sprichst du heute von Patriotismus, wenn du deinen eigenen Ruhm meinst? Wer hat dir diesen neuen, raffinierten Trick beigebracht? Könnte es dieser zweifelhafte Kerl

»Ich weiß, ich weiß … Ich weiß, mein Gabriele. Ich habe dich erwartet. Da bist du, da deine Stimme, deine Augen, deine Hände.« – Eleanora Duse im Garten der Villa Capponcina, fotografiert von Gabriele D'Annunzio, dessen Schatten im Vordergrund zu sehen ist

gewesen sein, den du irgendwo aufgelesen hast? Dieser andere Clown und unverschämte Abenteurer, Benito Mussolini? Ihr seid wahrhaftig ein nettes Paar, der Scheinpoet und der Scheintyrann – *Il Commendatore von Fiume* und ein Napoleon aus Pappmaché! Denn wenn ich mich nicht irre, hat er dir einen Titel verliehen. Nicht gerade die Art Titel, nach der du dich sehntest, als ich dich noch gut kannte. Damals wolltest du *poeta laureatus* werden – errinnerst du dich noch? Du hast von Lorbeer geträumt – *jener latinische Lorbeer von den Sträuchern auf den Hügeln, wo sich in den Tagen des Altertums die Adler zu ihren Weissagungen niederließen* ... Wirst du, mon pauvre ami, mit deinen jüngsten politischen Eskapaden latinische Lorbeeren ernten? Wirst du unsterblich werden, während *Il Duce* die von dir kreierten, imposanten Schlagworte populär macht? La fiamma e bella ... ich weiß, ich weiß ... Aber dies ist echtes Feuer, siehst du das nicht? Es brennt, es schmerzt, es zerstört, fühlst du das nicht? Der Rauch, die Hitze ... Ich ersticke. Italien brennt, unsere Häuser stehen in Flammen. Ach, Gabriele, was hast du getan?

Benito Mussolini ist ein unangenehmer Mensch. Ich mochte sein Gesicht nicht. Mir mißfielen seine riesigen Kiefer, die alberne Arroganz seiner Gesten. Ich schäme mich, daß ich ihn, bevor ich Italien verließ, in jenem Brief um Hilfe bat. Aber was hätte ich sonst tun sollen? Ich hatte keine Wahl. Ich brauchte Geld. Ich nehme an, es war eine große Ehre, daß er mir einen Besuch abstattete, und mir sogar, sehr ritterlich, die Hand küßte, wobei er lächelnd bemerkte: ›Die gefeierten Hände der Duse ...‹ Welch schmutziges Lächeln! Nein, ich mag sein Gesicht nicht. Mit öliger Stimme sagte er dann: ›Madame, ich habe beschlossen, für Sie zu tun, was immer Sie wünschen.‹ Aber als ich sagte, ›Ich bin in Schwierigkeiten, Eure Exzellenz! Würden Sie die Güte haben, meiner Truppe die Gehälter zu zahlen?‹ – da schien er schockiert; er setzte ein ernstes, enttäuschtes Gesicht auf und sagte bedeutungsvoll: ›Ich danke Ihnen für Ihre Offenheit, Eleonora Duse!‹ Und das war das letzte, was ich je von ihm hörte. Ich bekam nicht einen Centesimo ... nicht einen Penny. Wie schrecklich komisch! Wie überaus lächerlich!«

Sie lachte. Es war ein schauriges Lachen – schwach, bösartig, fast obszön. Wie eine Hexe lag sie da im Zwielicht. Ihre riesigen schwarzen Augen leuchteten fiebrig in dem hageren Gesicht, und das strähnige weiße Haar lag ausgebreitet auf dem Kissen. Desirée fürchtete sich. Sie flüsterte: »Signora, Signora Duse ... was ist mit Ihnen?«

Das verzerrte Gesicht ihrer Herrin wurde wieder menschlich. Die Augen schweiften durch den Raum, erkannten ihn und nahmen Desirée wahr. »Er ist äußerst komisch, findest du nicht?«

»Qui donc, Madame?«

Die Kranke zeigte ein entrücktes und zärtliches Lächeln. Schließlich sagte sie: »Er war wunderbar, weißt du. Er war so zärtlich, zärtlicher als jeder andere. Er hatte eine überaus bezaubernde Stimme. Allerdings etwas nasal, aber das machte nichts, im Gegenteil, ich mochte seinen nasalen Akzent sehr, seine Stimme war wie Balsam für mich. Ja, wir verbrachten wunderbare Stunden zusammen. Er schrieb all diese herrlichen Stücke für mich. Heute vielleicht ein wenig aus der Mode; einige Kritiker halten sie für veraltet ... Nun ja, die Welt dreht sich weiter, aber es gibt großartige Szenen in jedem von ihnen.«

»Ja, Signora. Aber Sie müssen versuchen zu schlafen.«

»Er war blond – für einen Mann vielleicht zu blond, jedenfalls für einen Italiener. Es machte Spaß, mit ihm zu reisen. Wußtest du, daß wir oft zusammen reisten?«

Sie blickte Desirée mit ruhigen, leuchtenden Augen an. »Natürlich weißt du es. Alle wissen es. Wir verursachten einen riesigen Skandal, Gabriele und ich ... Wir fuhren nach Mykene, damit er *La città morta* schreiben konnte. Hervorragende Szenen darin. Er war vielleicht eine Spur zu literarisch. Niemals ließ er einen die Landschaft einfach nur betrachten. Er mußte sie einem beschreiben – der ganz persönliche Baedeker. Komisch, diese Mischung aus Enthusiamus und Pedanterie ... sehr seltsam ... «

Auf einmal sah sie viel jünger aus – fast glich sie einem jungen Mädchen – wie sie so dalag und träumte, mit geschlossenen Augen, mit ihrem Lächeln ...

»Oh, mein Liebling, wir waren glücklich zusammen – wahnsinnig glücklich, allem zum Trotz. Wie konntest du mich derart betrügen? Ich kannte dich so gut. Ich war nicht blind, nicht völlig hypnotisiert. Du konntest nicht anders. Ich weiß, ich weiß, ich weiß alles über dich. Verrat lag dir im Blut, das wußte ich und liebte dich dafür ... Nein, nein, natürlich wurde ich nicht hintergangen. Ich war opferwillig, das hingebungsvolle Opfer.

Du warst eben meiner überdrüssig ... Ich langweilte dich; eine ältere, würdelose Frau, die einem jungen Genie nachlief. Aber du, mein Liebling – warst du nicht dazu verurteilt, dich in eine ältere Frau zu verlieben? Ein junges Mädchen hätte dich nicht ertragen. Seien wir ehrlich – mit all deinem Genie, deiner Empfindsamkeit, deinem unberechenbaren Charme – du warst im Grunde ein Zuhälter ... Sei nicht beleidigt, Liebster! Ich will dich nicht verletzen; ich muß nur versuchen, ehrlich zu sein. Ich habe die Lügen bis oben hin satt ... Die Wahrheit ist, daß du sogar wie ein Zuhälter aussahst – dein glattes, verschlagenes, faszinierendes Gesicht; deine blendende, vulgäre Eleganz; immer ein wenig zu elegant gekleidet, immer irgendwie auffallend. Ich tadle dich nicht – wie könnte ich? Ja, es muß in meinem eigenen Herzen einen Hang, eine Ader zur Korruption gegeben haben, die genau darauf ansprach. Ein Dichter und eine Göttin der Tragödie! Erinnerst du dich, wie wir – lautstark, verbittert und endlos – über Geld stritten? Du kauftest immer teure Kleider, Blumen und Parfums: ›Schicken Sie die Rechnung an Madame Duse.‹ Oh, ich haßte es. Mir war schlecht vor Scham, daß ich dich liebte. In meinem Herzen herrschte Aufruhr – Ekel, Mitleid und Scham und eine panische Angst, dich zu verlieren. Liebe ist ein Wort, das man auf der Bühne mit Würde, mit angemessenem Pathos sagt. Aber die Realität der Liebe ist um so vieles unfaßbarer. Es ist mir nie ganz gelungen, sie zu begreifen. Mein Liebster ... mein Liebster ...

Mir ist so kalt. Es ist dunkel hier. Wo bin ich? Es muß sehr schmerzhaft sein zu erfrieren – obwohl man angeblich vor dem Sterben wunderbare Träume hat. Aber ich will keine Träume. Ich hatte genügend – zu viele. Ich habe in so vielen verschiedenen Räumen und Ländern geschlafen und geträumt. Erinnerst du dich noch, mein Gabriele, an die fremden Dächer, die uns beschützten, an die Gasthäuser, die Hotels, die Palazzi, die Schlafwagen? Erinnerst du dich an Paris, Venedig, Rom ... Ich bin alleine und verloren. Ich werde niemals mehr zurückfinden. Wo bist du? Ich habe Angst ... Pittsburgh ... Ich bin sehr krank. Hättest du Mitleid mit mir? Würdest du mich trösten? Wo ist er, der Balsam deiner Stimme? Wirst du weinen, wenn sie dir mitteilen ... Natürlich nicht. Du könntest gar nicht. Denn du hast keine Tränen. Du bist wie jemand aus einem Märchen, das ich einst las. Du siehst wie ein Mensch aus, du sprichst wie einer – du verstehst – du argumentierst – aber du hast kein Gefühl. Es ist sehr traurig, mein Liebling, wenn man von der Menschheit verstoßen ist.

Erinnerst du dich, als du *Il fuoco* schriebst? Ich wußte, da liegt etwas in der Luft. Was konnte ich tun? Das plötzliche Interesse an allem, was mir je zugestoßen war. Wie hast du dich da gefühlt? Als du mich immer wieder ausfragtest? ›Warum? Wo? Erzähle mir alles! Schäme dich nicht, Eleonara! Weine ruhig, mein Herz, wenn du dich dann besser fühlst ...‹ Und deine Küsse, deine Stimme: ›Jetzt die Wahrheit! Komm, mein Liebling! Ich möchte mir dich mit zwanzig vorstellen ... so wie es wirklich war.‹

Du hörtest zu, du, der nie zuhörte. Was war es für eine Erleichterung, alles zu erzählen. Ich weinte, während du dastandest und mich mit verlangenden und neugierigen Augen ansahst. Als du mir dein Manuskript zeigtest. Ich konnte es nicht glauben. Es war nicht anständig, Gabriele, aber das ist ein Wort, das du kaum verstehst. Ich konnte nicht glauben, daß du es veröffentlichen würdest.

›Aber ich muß, meine Liebe‹, sagtest du. ›Es ist ein Meisterwerk. Außerdem habe ich von meinen Verleger 25 000 Lire Vorschuß akzeptiert und, wie du weißt, bin ich kein reicher Mann.‹

Ich gab dir die notwendige Geldsumme: damit du sie deinem Verleger zurückzahlen konntest. 25 000 Lire – eine nette, kleine, runde Summe. Und natürlich hast du sie behalten. Aber was hatte ich denn erwartet? Kannte ich dich nicht, mein geliebter Dieb? Du warst nicht der Mensch, eine solche Gelegenheit zu verpassen. Jetzt hattest du 50 000 Vorschuß auf dein Meisterwerk – 25 000 vom Verleger und 25 000 von deinem Opfer ...

War das nicht ein skandalöser Erfolg, mein Liebling? Eine spannende Geschichte für die Zeitungen? Ich zog mich in mein Bett zurück: Ich drohte, dich zu töten. Genau das brauchten wir, um das Klischee vollends zu erfüllen. ›Er hat meine Liebe gestohlen und sie verkauft. Ich werde ihn umbringen ...‹

Du wurdest zu einem Duell gefordert. Wie ein Gentleman strittest du ab, daß ich die von dir porträtierte Frau sei. Tapfer und aufrecht stand ich dazu. Als der wilde Skandal abzuflauen drohte, frischten wir ihn mit unserer Versöhnung auf. Ich spielte wieder in deinen Stücken ...

Kann Gott mir vergeben? Kann er dir vergeben, mein armer Gabriele? Wir haben beide viel zu bereuen. Ich habe so schrecklich und so viel gelitten, daß es mir schwer gefallen ist, bis zum Ende durchzuhalten. Und du Gabriele? Hast du auch gelitten? Weißt du denn, was es heißt – zu leiden?

Ich leide ... Ich habe Schmerzen im Hals, Schmerzen im Kopf, in den Füßen, im Herzen ... Und meine Hände erfrieren.

Wollte ich dich wirklich davon abhalten, *Il fuoco* zu veröffentlichen? Du konntest mich nicht verraten, ohne dich selbst zu verraten. Und wollte ich nicht doch, daß jeder erfahren sollte, wie hoffnungslos und erniedrigend ich liebte? ... Und zwar einen Mann wie dich? Ich litt, und die Welt weinte mit mir. Aber jetzt, in diesem Augenblick, leide ich viel mehr, viel grausamer, und keiner weint, keiner hat Mitleid mit mir. Meine Hände sind eisig, und meine Stirne glüht. Hat denn niemand Mitleid mit mir?

Lieber Gott, habe Erbarmen! Jetzt weine ich – und ich weiß nicht genau, warum. Ich weine bitterlich um Gabriele und mich, über unsere Fehler, unsere Sünden, die Mißverständnisse, die Missetaten ... das vergeudete Leben. Oh, unsere vergeudeten Leben. Seltsam, wie mir gerade mein kleiner Sohn in den Sinn gekommen ist, den ich, als dummes, junges Mädchen, in einer Bauernkate zur Welt gebracht habe. Er starb innerhalb weniger Tage, und ich trug ihn zu einem Friedhof. Er war ein liebes, hübsches Kind. Ich kann mich noch an seine winzigen Hände und an sein drolliges, dünnes Haar erinnern. Oh, welch vergeudetes Leben; all die Dinge, die ich besaß und wieder verlor – oder verlor, ohne sie je besessen zu haben ... Es ist Jahre her, seit ich an meinen kleinen Sohn gedacht habe. Wer war sein Vater? Mal sehen ... Es wird mir einfallen ... Der erste Mann. Ja, wenn ich still liege und mich konzentriere ... Der Strand von Neapel, die kleinen Fischerboote, der kräftige Geruch des Meeres und der wolkenlose Himmel in einem Blau, das fast schon violett war ... Ich wußte, ich würde mich erinnern – Martino Cafliero ... Martino, genau ... Voller Qual schrieb ich ihm Dutzende von Briefen. Langweilte ich ihn, so wie später Gabriele? Du bist nun tot, du bist schon lange tot, wie dein kleiner Sohn, den du nie gesehen hast. Werde ich euch beide wiedersehen – dort auf der anderen Seite?

Ich habe auch meinen Ehemann vergessen. Nicht seinen Namen, den kann ich ohne Zögern nennen, Tebaldo Checci ... Aber er bedeutet nichts ... Ich kann den Namen immer wieder aussprechen, und mein Kopf ist leer, mein Herz ist leer, leer. Es ist so lange her, und ich bin müde. Ich möchte wissen, wie er war. Wahrscheinlich sehr nett, aber eben zu anständig für mich. Ich hätte ihn nicht heiraten sollen, aber ich hatte Angst davor, was aus mir werden könnte. Deshalb heiratete ich ihn. Armer Tebaldo. Ich war nicht treu, und ich hätte wenigstens diskreter sein sollen. Es war zu dumm, daß er es herausfinden mußte, wo ich ihn doch nicht verletzen wollte. Er muß ein sehr freundlicher Mensch gewesen sein, mir zu verzeihen und mir ein Erbe zu hinterlassen – wirklich eine sehr schöne, beachtliche kleine Erbschaft. Warum empfinde ich nichts für ihn? Hätte ich doch nicht gelogen. Hätte ich doch den Reportern nicht erzählt, daß er so grausam zu mir war, daß ich ihn für das Allernötigste um Geld betteln mußte, um Geld, das ich selbst verdient hatte. Lieber Gott, versuche mich doch zu verstehen! Maria, Mutter Gottes, bitte erkläre dem allmächtigen Vater die schwierige Situation einer Frau hier auf Erden ... Schließlich war ich Schauspielerin – eine sehr berühmte dazu. Die Reporter hatten herausgefunden, daß ich verheiratet war, und ich mußte erklären, warum mich mein Mann nicht begleitete. Ich konnte ihnen doch nicht die Wahrheit sagen, oder? Außerdem reiste ich mit Signor Ando, sehr gut aussehend ... und mein Hauptdarsteller.

Vielleicht war Tebaldo etwas knauserig. Aber ich selbst war auch nicht gerade großzügig. Jesus, ich gebe es zu. Heilige Maria, versuche der Dreieinigkeit klarzumachen, wie sich die Menschen auf Erden verhalten, besonders die Frauen. Ich zahlte meiner Truppe sehr knappe Gehälter. Niemand durfte jemals seinen eigenen, kleinen Triumph feiern. Ich war der Star ... dafür kämpfte ich, dafür litt ich ... Andere gute Schauspieler konnte ich nicht ertragen.

Hab Erbarmen mit mir! Ich war geizig, ich war eifersüchtig. Ich war eine schlechte, selbstsüchtige Mutter. Enrichetta hatte schwache Lungen, wie meine Mutter, wie ich. Oh, dieser Husten! Ich erfriere ... Sie war zu zart, um mich auf all den düsteren, gefährlichen Straßen meines Lebens zu begleiten ... Aber es wäre auch ungelegen und peinlich gewesen, sie um mich zu haben – eine erwachsenen Tochter ... Wo bist du jetzt, Enrichetta, mit deinem ernsten, lieben Gesicht ...

Ich bin schuldig, schuldig, mit Untaten beladen. *Das Herz ist rastlos, bis es ruhet in Dir, oh Herr.*

Das Leben ist nur eine Vorbereitung auf den Tod. Ich bin schlecht vorbereitet. Ich werde bestraft werden, schrecklich bestraft. Oh, Madonna, Madonna.

Ich ersticke, Gabriele, du hast mir den Tod in Amerika prophezeit. In einer fremden Stadt, hast du gesagt, von den Rädern eines Zuges zermalmt. Der Nebel ist dick – soviel Staub in der Luft! Es ist eiskalt, und dies ist eine fremde Stadt. *La città morta* ... Die Stadt des Todes, die Stadt des Stahls ... Und da kommt auch schon der Zug. Ich leide und ersticke. Was will ich in der Stahlstadt? Ich bin zu alt ... Ich erlebte Fehlschläge in Italien und in ganz Europa. Niemand mehr will diese altmodischen Stücke sehen. Magda, Camille – das war vor dem Krieg gut, aber der Krieg hat so vieles verändert ...

Ich bin alt. Ich bin alt und häßlich. Ich schäme mich meines alten, häßlichen Gesichtes. Warum weigerte ich mich, jegliches Make-up zu benutzen? Weil ich mir und den anderen beweisen wollte, daß ich mich nicht schämte. Aber in Wirklichkeit tat ich es. Ich wollte Jeanne d'Arc, die Heldin von Orléans, spielen ... Ich dachte, ich könnte in einem Helm auftreten und der Helm würde mein Gesicht verstecken, und dann wollte ich mein Gesicht dem Publikum in seiner schamlosen Nacktheit präsentieren ... Ich wollte mein Haar abschneiden, – mein weißes, häßliches Haar – um Lear, den königlichen Märtyrer, zu spielen. Ja, ich plante, durch die Länder und Kontinente zu ziehen und die entsetzliche Klage, die entsetzliche Anklage aller leidenden Kreaturen herauszuschreien. Sarah war Hamlet mit einem Holzbein; ich wollte King Lear mit einem gebrochenen Herzen sein. Das wäre sicherlich eine Sensation geworden. Aber jene Agenten, jene kleinmütigen Manager glaubten nicht daran. Natürlich nicht ... Ach, diese Impresarios! Diese Idioten! Immer auf der Jagd hinter mir her! Sie betrogen mich, beuteten mich aus! Sie gaben mir niemals genug Geld – niemals, nie, niemals. Jener Produzent in Paris, der mich scheel anblickte: ›Wirklich, Sie glauben noch an die Kunst, Madame?‹ Ich warf ihm einen einschüchternden Blick zu – meiner Meinung nach war er sogar vernichtend ... ›Ungeheuer!‹ sagte ich, ›Monster – Sie ekeln mich an!‹

Hier ist es anders. Die Leute glauben noch an die Kunst. Einige wenigstens ... Es existiert noch eine gewisse Begeisterung, eine gewisse Jugendlichkeit. In Italien sind alle bankrott. Und der Französische Franc fällt: Inflation, sagt man. Vielleicht ist Europa wirklich am Ende, ein Kontinent, dem Untergang geweiht, ausgedient, erschöpft – aber so schön. Ich fühle mich als ein Abgesandter europäischer Melancholie und europäischen Glanzes, wenn ich die Huldigungen der amerikanischen Jugend entgegennehme. Ich feiere Triumphe hier – wie niemand anders, nicht einmal Sarah. Volle Häuser in New York, Chikago und San Franzisko. Welch ein Trost nach all den Demütigungen zu Hause!

Enorme, enorme consolazione ... Junge Männer schicken Blumen, junge Mädchen warten auf mich am Bühneneingang; sie folgen mir nach der Vorstellung – manchmal von Stadt zu Stadt ... Überall junge Gesichter, leuchtende, gläubige Gesichter. Aber mein Gesicht ist alt, schlaff und verwelkt. Ich habe keine Kraft mehr. Ich wollte der Mittler zwischen unserer alten Kultur und dieser strahlenden Jugend sein. Aber ich habe keine Kraft mehr.

Botschafter sollten jung und lebendig sein. Ein in die Jahre gekommener Vermittler – was für eine traurige Figur! Es wird junge Leute geben, die in beiden Welten zu Hause sind, Bürger der Alten sowie der Neuen Welt ... Sie werden eine Sprache sprechen, die man überall versteht, und ihre Willkommensbotschaft in alle Welt tragen. Ihre Sprache – das inspirierte Esperanto der Jugend; ihre Botschaft – Friede und ein fairer, begeisterter Wettbewerb; eine neue Einfachheit, ein neuer Stolz, eine neue Liebe. Ja, eine neue Liebe! Unsere Liebe ist schal, verdorben und vergiftet worden. Wir haben unsere Liebe zerstört, mein armer Gabriele; unsere Tage sind vorüber ...

Die Menschen sollten gemeinsam alt werden. Wenn du nahe bei mir wärst, wäre alles leichter, mein alter Freund. Die Welt wäre nicht so leer, so beängstigend ...

Morgen geht es mir besser ... Das hat der Doktor gesagt ... Ich muß arbeiten ... Ich werde arbeiten können ... Wenn ich mich zusammennehme – wenn ich mich wahnsinnig anstrenge ... Aber ich habe, während ich krank war, all meine Texte vergessen ... Ich muß schon eine Ewigkeit krank sein ... Ich fürchte, ich muß alles nochmal auswendig lernen – *La porta chiusa* ... Ich weiß kein einziges Wort mehr ... *La porta chiusa* – ein wirkungsvolles, sehr klug gemachtes Stück – aber worum ging es? Das habe ich vollkommen vergessen ... Ich vergesse – vergesse – vergesse ...

Die Griechen glaubten, es gäbe einen dunklen, geheimnisvollen Wein, und wenn man ihn trinke oder auch nur probiere, vergesse man alles –

Schmerzen und Wünsche, begangene Fehler und Triumphe, Liebe und Haß – alles, das ganze Schauspiel ... Man fühlt sich sicher ganz unbeschwert, hat man erst einmal vergessen ... völlig losgelöst, wie ein Vogel, wie ein Engel ...

Aber ich kann mich noch erinnern, wenn auch etwas ungenau ... Ich muß mir Dinge, Gesichter und Bilder ins Gedächtnis zurückrufen ... auch wenn sie etwas verschwommen sind.

La porta chiusa ... La porta chiusa ... La porte fermée ... Die verschlossene Tür. Was ist hinter dieser Tür? Es muß etwas dahinter sein ...

Vielleicht mein hübscher kleiner Sohn, der geboren wurde und starb ... geboren und gestorben, nichts weiter. Er hatte keine Erinnerung, er brauchte keinen dunklen Wein des Vergessens. Aber das ist die Bühnentür des Theaters. Wie hieß es wieder? Das Syria-Moschee-Theater – seltsam, daß ich mich erinnere – und was für ein alberner Name, das Syria-Moschee-Theater in Pittsburgh. Die Türe war verschlossen, als ich kam. Es war eiskalt. Ich mußte im Regen warten – Eisregen! Stundenlang, so schien es mir wenigstens. Der Concierge sagte mir, der Schlüssel sei verlorengegangen – er könne den Schlüssel nicht finden. Aber wahrscheinlich verbarg er etwas hinter der Türe – etwas, was ich nicht sehen sollte. Desirée gab mir ihren Mantel, aber das nützte nichts. Ich fror weiter. Das Ganze war wahrscheinlich arrangiert worden, um mich umzubringen ... Es gibt so viele Leute, die mich hassen und die nur zu bereit wären, mich zu ruinieren – Kritiker, und Agenten, und Schauspielerinnen. Es muß sich um eine mörderische Verschwörung gehandelt haben. Und sie hatten Erfolg damit. Und was für einen! Eine Lungenentzündung – das wollten mir meine guten, hilfreichen Kollegen bescheren. Eine nette, tödliche Lungenentzündung.

Oder gab es gar keine Verschwörung? Vielleicht gab es tatsächlich keine Verschwörung. Nur das Geheimnis hinter der Türe – die verborgene Schönheit, die ich nicht sehen durfte. Dann hätte der Concierge seine Anweisungen von jemand Höherem erhalten – von dem Allerhöchsten: den entschiedenen Befehl, die Türe nicht zu öffnen – mir keinen Einblick zu gewähren ...

Aber, endlich. Welch Erleichterung! Die Türe öffnet sich ... endlich, endlich. Oh, das Licht ... diese Lichtexplosion ... der herrliche Schein ...

er blendet mich ... es ist ohrenbetäubend ... es ist ein Glanz, wie ich ihn noch nie gesehen habe ... Töne, wie ich sie noch nie gehört habe. Es ist wie eine Oper, aber um so vieles überwältigender. Es ist wie Feuer ...

La fiamma e bella ... Ich weiß, ich weiß ...

Ich weiß, mein Gabriele. Ich habe dich erwartet. Da bist du, da deine Stimme, deine Augen, deine Hände. Keine Flammen mehr ... keine Musik ... nur deine Stimme ... das vertraute Spiel deiner Gesten, die beflügelte Eleganz deiner Schritte. Wie jung du aussiehst, Gabriele, meine gealterte Liebe. Ich auch ... hast du das sagen wollen? Jünger denn je, anziehender denn je? Danke sehr, mein Lieber, für deine ausgesuchte Höflichkeit ... Es ist allerdings seltsam, daß du nur flüsterst und geheimnisvolle Laute von dir gibst, anstatt richtige Worte zu artikulieren – du, der du der Prinz der Beredsamkeit warst. Oh, wie ergreifend ist das! Du bewegst deine Lippen, unbeholfen wie ein Stummer. Ich muß deine Worte erraten, aber ich errate sie gerne. Was für ein edles Geschenk dein Schweigen ist, nach so vielen Worten, mein Liebling. Deine stumme Beredsamkeit – was für eine wundersame Überraschung! Denn ich habe Worte satt – sie haben ihren Sinn, ihre Bedeutung, ihr Geheimnis verloren. Sie sind sinnlos und verbraucht – du und ich, wir haben sie überstrapaziert. Wir haben mit ihnen gespielt, haben sie verstümmelt, verfälscht und besudelt. Sollen wir, wie ein Papageienpaar, den alten Text ewig wiederholen? Oh nein mein Liebling, nein. Endlich dürfen wir still sein ...

Komm näher zu mir ... Ja, so, danke ... noch ein wenig näher. Wie lange hat es gedauert, Gabriele! Wieviel vergeudete Zeit! Wie viele Umwege – bevor wir es erreichten – dieses Ziel. Wir haben unsere Monologe getrennt von einander aufgesagt. Nun wollen wir gemeinsam schweigen.

›Ich erfriere ... Deckt mich zu ...‹

Zwischen den Vorhängen, durch die Fenster konnte man bereits die Morgendämmerung erkennen; den düsteren, kühlen Morgen des 10. Aprils 1924 in Pittsburgh, Pennsylvania.

KAPITEL XI 　　　　　　TRAUM-AMERIKA

*KARL MAY, JEAN COCTEAU,
FRANZ KAFKA UND ANDERE*

SEIT URZEITEN HÄNGT DIE Menschheit mit Inbrunst an bestimmtem Visionen. Gerade darin zeigt sich der geheimnisvolle Charakter der großen Utopien, daß sie gleichzeitig in die ferne Vergangenheit und die ferne Zukunft weisen. Das verlorene und das zu gewinnende Paradies sind auf wunderbare Weise miteinander verbunden, sind in Wirklichkeit sogar identisch. Die Zeit ist nur eine Täuschung: Das Goldene Zeitalter stand am Beginn, ein Goldenes Zeitalter wird es auch am Ende wieder geben.

Der schmerzensreiche und sündhafte Weg der Menschheit führt vom Garten der Unschuld hin zu dem ungeheuren Turm von Babel. Die frevlerische Erhabenheit des Turmes muß fallen: Eine riesige Flut kommt und spült alle Zeichen vergänglichen Ruhms hinweg. Allein die stumme Beredsamkeit der Steine und Ruinen kündet späteren Generationen vom Untergang der Völker, von den Königreichen, die in die Tiefen der Ozeane versunken sind. Oh, wo ist Atlantis, die versunkene Insel? Wann ist sie verschwunden – und warum?

In den stürmischen Tagen des Erwachens, in der Renaissance, glaubte der Mensch, er könne das Paradies auf die Erde bringen: Utopia schien auf wunderbare Weise wahr zu werden.

Ein Traumland war es, in das Kolumbus eindrang.

Da war es, das gelobte Land – das großartige Land mit genügend Platz, Reichtum und Glück für alle. Da lag die gewaltige Landschaft von Utopia, da lagen die Flüsse und Berge, die Wälder, und die endlosen Prärien; das Gold, die Blumen, das Holz, das Eisenerz, die Pelze wilder Tiere, die Früchte unbekannter Bäume, die Waffen und Gesänge exotischer Stämme: da gab es unermeßliche Schätze, die nur darauf warteten, entdeckt, gehoben, geplündert und gestohlen zu werden.

Die Habgier der Erforscher verwandelte das Traumland in Kolonien. Das endlich wiedergefundene Paradies wurde zum Objekt imperialistischer

Streitigkeiten, schmutziger Geschäfte und blutiger Ausbeutung. Die Kolonien befreiten sich selbst. Sie bildeten einen unabhängigen Teil genau jener Zivilisation, die sie entdeckt und ausgebeutet hat. Anstelle des Paradieses gibt es nun ein großes Land, das die gleichen Verbrechen und Heldentaten begeht wie andere Länder, das deren Ruhm teilt und bisweilen überflügelt und das, von den gleichen Übeln befallen, zum gleichen Leid verdammt ist.

Und doch spricht man auf der anderen Seite des Atlantiks, dort drüben in den alten Städten Europas, wo man die griechischen Götter erfunden und überwunden, das Christentum begründet und oft verraten hat, immer noch von der »Neuen Welt«. Und man meint damit Amerika – die Vereinigten Staaten. Denn in der Vorstellung eines armen Durchschnittseuropäers klingen allein in dem Namen Amerika noch immer all die alten Verheißungen und utopischen Hoffnungen mit. Es bleibt die Neue Welt, das Land der unbegrenzten Möglichkeiten, die offene Tür für Rebellen, für Abenteurer, für die Unterdrückten und die Armen. Das sagenhafte Land, wo man in den Wäldern jagen, nach Gold graben, Indianer töten, Millionär werden, eine Karriere als Preisboxer machen, dem Präsidenten die Hand schütteln oder einen Filmstar heiraten kann. Wenn sich auch diese naiven Vorstellungen von der Neuen Welt geändert haben, so bleiben sie doch stets phantastisch, prachtvoll, absurd und von märchenhafter Anziehungskraft.

Die Amerikaner sind groß und unbeholfen, aber furchtbar stark. Beim Lachen blitzen ihre Goldzähne. Sie sind alle reich, und die meisten von ihnen sind Gangster, Goldgräber oder Reporter. Sie tragen großkarierte Anzüge. Sie fahren *Tin Lizzies* – meist sehr waghalsig – sie bieten einem gute Jobs an. Wenn sie aber zufällig schlechter Stimmung sind, neigen sie dazu, einen nach Landessitte zu teeren und zu federn. Sie konsumieren eine unglaubliche Menge Gin und Whiskey. Die Frauen sind alle sehr hübsch, leichtfertig und eiskalt. Sagt man zu einer »Hello«, wird man entweder gelyncht, oder man muß sie sofort heiraten. In Amerika ist alles riesig: die Gebäude, das Einkommen von Komikern, Klatschreportern, Alkoholschmugglern und Politikern, die Schlagzeilen in den Zeitungen, die Truthähne, die Äpfel, die Erdbeeren, die Hummer und die Berge, die Einkommensteuer, die Salonwagen, die Hunde, die Städte und die Chance für eine eigene Karriere.

»Oh, Amerika, mein neu gefundenes Land ...«, so singt ein englischer Dichter des 16. Jahrhunderts. Es ist jedoch heute nicht mehr so »neu«. Aber es hat noch immer allen, die es in Wirklichkeit oder in ihren Träumen besuchen, etliches an Wundern zu bieten.

KARL MAY

Für die Jungen in Leipzig, Breslau und Hannover ist der Wilde Westen immer noch wild und wunderbar und sehr weit weg. Über Namen wie Arizona, Texas, New Mexico, Rio Grande, Sierra-de-los-Organos, Rianca und Guadalupe liegt nach wie vor der Zauber der Romantik. Oh, diese endlosen Prärien, dieser glühende Wüstensand! Oh, diese verzauberten Nächte, unter dem Purpur-Mond und diesem hinreißenden Sternenhimmel, der so viel strahlender glänzt als der europäische! Oh, dieses kriegerische und doch so idyllische Leben im Wigwam, diese stampfenden Büffel, diese ungezähmten Mustangs, diese standhaften Sioux! Oh, Winnetou, edler Häuptling der Apachen! Das Leben in diesen Gebieten strotzt vor Gefahr und vor Lust. Es ist ein nie endendes Spiel, ein Kampf und ein Abenteuer, fröhlich und blutig zugleich. Ständig lauern die tückischen Ogallalah-Indianer im Hinterhalt auf ihre unschuldigen Opfer. Überhaupt pflegt ein jeder einen Großteil des Tages im Hinterhalt zu liegen – ein ebenso behagliches wie aufregendes Plätzchen. Der tapfere Winnetou ist immerzu auf der Hut. Die jungen Krieger sind stolz auf ihre Skalpsammlung, wie europäische Jungen auf ihre Briefmarken und Schmetterlinge. Die Schurken handeln schlau und wirkungsvoll: aber natürlich nicht so wirkungsvoll wie Old Shatterhand, der stets in der letzten Sekunde, gleich einem versierten *Deus ex machina*, auf der Bildfläche erscheint – eine faszinierende Mischung aus Jung-Siegfried und Tom Mix: klug und kühn, zäh und charmant, großzügig und gewandt, außerordentlich attraktiv, recht gebildet, sogar gelehrt, und eine Idee sadistisch. Er plant riesige Metzeleien, führt sie auch aus und informiert uns dann, das Blut tropft noch von seinen Händen, gezielt über das Leben der Indianer. Denn er ist rein zufällig auch ein hochbegabter Schriftsteller, der seine zahllosen Abenteuer beredt und mit Verve ins Bild setzt. Auf vielen tausend Seiten brüstet er sich frohgemut seiner erstaunlichen Heldentaten. Seine Eitelkeit ist entwaffnend. Immer wieder tönt er: »Ich bin ganz großartig, ich bin wunderbar« – und die Jungen glauben es. Jahrzehntelang hat er Millionen jugendlicher Leser in allen deutschsprachigen Ländern in seinen Bann gezogen. Er ist nicht einfach irgendein Lieblingsautor: er ist ein Idol, und alle seine Bewunderer haben nur den einen brennenden Wunsch, so heldenhaft, wagemutig und erfindungsreich zu sein wie Old Shatterhand.

Sein wahrer Name ist Karl May, und er ist einer der populärsten Schriftsteller, die Deutschland je hervorgebracht hat. Seine Bücher erreichen noch heute enorme Auflagen. In Radebeul bei Dresden gibt es eigens einen Karl-May-Verlag, und Mays früherer Wohnsitz, die Villa Shatterhand, ist der Öffentlichkeit als Museum zugängig. Es zeigt all die »Trophäen«, die der heldenhafte Autor angeblich auf seinen Abenteuerreisen durch Amerika und den Orient gesammelt hat.

Karl May lesen, ihn nachahmen und anbeten grassiert wie eine ansteckende Krankheit unter den Jungen in ganz Deutschland und den Nachbarländern. Zunächst wenden sich Eltern und Lehrer gegen diese Karl-May-Manie der Jugend. Ihr gesunder Instinkt sagt ihnen, daß die literarische Produktion dieses zweifelhaften Abenteurers reiner Schund ist, aber keinesfalls ebenso harmlos. Sie wollen jedoch sichergehen und lesen deshalb erst einmal selbst Karl May. Und auch sie lassen sich betören. Old Shatterhands sprudelnde Phantasie, sein keckes Selbstbewußtsein und seine überwältigende Naivität erweisen sich schlechterdings als unwiderstehlich.

Einer der glühendsten Karl-May-Verehrer ist ein gewisser Nichtsnutz aus Braunau in Österreich, der noch in eindrucksvolle Höhen aufsteigen soll. Jung-Adolf ist von Karl May völlig hingerissen. Auch in späteren Jahren bilden dessen Werke seine Lieblingslektüre, wenn nicht gar seine einzige. Seine Vorstellungskraft, seine ganze Lebensauffassung ist von diesen Westernabenteuern durchtränkt. Das billige Heldenklischee, wie Karl May es zeichnet, fasziniert den zukünftigen *Führer*. Ihm gefällt die primitive, aber wirkungsvolle Gerissenheit: die Anwendung von »Geheimwaffen« und scheußlichen Kunstgriffen, wie der Einsatz von Gefangenen als Schutzschilder, die gerissene Brutalität der Wildnis. Ihn begeistert die Verherrlichung der Wilden. Adolf, faul und ziellos, fühlt sich sofort in diesem dubiosen Labyrinth zu Hause, das ein krankhaftes und infantiles Gehirn geschaffen hat. Am meisten bewundert der erfolglose österreichische Anstreicher mit seinen Anlagen zum Diktator an Old Shatterhand dessen Mischung aus Brutalität und Heuchelei. Er kann mit größter Leichtigkeit die Bibel zitieren und dabei morden; reinen Gewissens führt er die schlimmsten Greueltaten aus; denn selbstverständlich gehören seine Feinde einer »minderwertigen Rasse« an und können kaum als Menschen bezeichnet werden – während er, Old Shatterhand, ein von Gott berufener Übermensch, das Böse vernichten und dem Guten zum Sieg verhelfen soll. Er verkörpert die aggressive Seite aller guten und edlen Prinzipien: seine Grausamkeit wird als Heldentum gepriesen, sein Mangel an Moral als bewundernswerte Findigkeit interpretiert. Der verderbte, ehrgeizige junge Mann aus Braunau gewinnt die Überzeugung, daß man genau so sein muß. Er sieht keinen Grund, weshalb Old Shatterhands Maximen und Taktiken nicht auch in der nationalen und internationalen Politik anwendbar sein sollen. Durch Rückgriff auf die Gesetze des Dschungels könnte man vielleicht die Zivilisation unterwerfen ... Es ist wohl kaum übertrieben, zu behaupten, Karl Mays kindische und kriminelle Phantasie habe, wenn auch indirekt, die Weltgeschichte beeinflußt.

Die Bewunderung gilt nicht nur einem großen Erzähler, sondern auch, oder sogar hauptsächlich, einer starken Persönlichkeit – dem Held also, der tatsächlich all den Gefahren ins Auge geblickt und die verblüffenden Heldentaten ausgeführt hat, die er in seinen Büchern beschreibt. Kaum ein Leser hätte es gewagt, die Glaubwürdigkeit seiner dramatischen Berichte in Frage zu stellen. Er hat den Orient bereist, Abenteuer erlebt, die es mit den Geschichten aus *Tausendundeiner Nacht* aufnehmen können. In Bagdad und Kairo verkleidet er sich als Araber und nennt sich Kara Ben Nemsi, während er in Amerikas Wildnis als Old Shatterhand auftritt. Aber er bleibt doch derselbe Karl May, der sich mit seinen dreisten Erfindungen ein beträchtliches Vermögen und noch beträchtlicheren Ruhm erworben hat. Sogar einige Kritiker halten Mays phantastische Geschichten für eine wahrheitsgetreue Schilderung der amerikanischen Welt. Ein französischer Schriftsteller beispielsweise stellt in seinem Vorwort zu der französischen Version von Karl Mays Geschichte *Die Rache des Farmers* folgendes fest: »Der Reisende (Karl May) versichert uns, daß nichts in seiner Geschichte erfunden oder übertrieben ist. Er habe die Vereinigten Staaten ausgiebigst bereist und beschreibe nur, was er wirklich gesehen habe. Die Eigenheiten der

Neuen Welt können ihn nicht mehr erschüttern oder überraschen: er sei sie gewohnt ... Im allgemeinen ist die amerikanische Moral, egal was gewisse Anhänger jener jungen Zivilisation auch sagen mögen, der unseren unterlegen: manchmal fallen die Bewohner Amerikas in tiefste Barbarei zurück, besonders was die gräßlichen Praktiken persönlicher Rache betrifft ... «

Der französische Bewunderer fügt ein paar Bemerkungen über den schrecklichen Brauch des Lynchens hinzu – gestrenge Worte, die, an sich zweifellos berechtigt, nur sehr wenig mit Karl Mays merkwürdiger Interpretation des amerikanischen Lebens zu tun haben, und kommt dann zu diesem Schluß: »Eine Art verstümmeltes Christentum, so wie wir es in jenem Land vorfinden, ist nicht in der Lage, das göttliche Gesetz des Vergebens aufrechtzuerhalten ... Gier nach Gold und Rache sind des Yankees schlimmste Leidenschaften.«

Dieser begnadete Kritiker muß sich etwas genarrt vorgekommen sein, als schließlich die lächerliche Wahrheit durchsickert; daß Herr Karl May aus Radebeul bei Dresden Millionen gläubiger Anhänger betrogen hat: er hatte nie auch nur einen Fuß auf amerikanischen Boden gesetzt. Das ist ein empfindlicher Schlag für alle Anhänger Karl Mays; aber Old Shatterhands Lage wird noch kritischer, als plötzlich die Frage auftaucht: Wo ist er dann all die Jahre gewesen, die er angeblich in den Vereinigten Staaten verbracht hat? Die Antwort löst einen ziemlichen Schock aus!

Die unvermuteten Enthüllungen über Karl Mays zweifelhafte Vergangenheit bedrohen und ruinieren sogar eine Zeitlang dessen literarische Karriere. Kurioserweise provoziert er selbst tollkühn den ganzen Skandal, als er ein Verfahren gegen die Erben seines früheren Verlegers, Herrn Münchmeyer, anstrengt. Dieser Herr hatte vor Jahren eine Reihe billiger Geschichten mit dem Titel *Das Waldröschen* – ein ziemlich sentimentales Zeug mit ausgesprochen pornographischem Beigeschmack – veröffentlicht. Hinter einem romantischen Pseudonym verbirgt sich niemand anderer als Karl May. Da er es inzwischen zu einer beachtlichen Popularität gebracht hat, halten es Münchmeyers Erben für geboten, eine neue Ausgabe der schlüpfrigen Romanzen herauszubringen – jetzt allerdings unter dem Namen des gefeierten Lieblings der deutschen Jugend. Old Shatterhand, das erste Mal in seinem Leben ernsthaft angegriffen, versucht verzweifelt, sich zu verteidigen: er behauptet, die kompromittierenden Veröffentlichungen seien Fälschungen, die wichtige Passagen des Originaltextes entstellt wiedergeben würden. Winnetous Großer Weißer Bruder begeht allerdings einen fatalen Fehler: er hätte sich der Unsicherheit seiner eigenen Position bewußt sein sollen.

Denn das Idol der deutschen Jungen entpuppt sich als gewöhnlicher Exsträfling, der mehrere Jahre schweren Kerkers in verschiedenen sächsischen Gefängnissen abgebüßt hat. Er ist wiederholt wegen aller möglichen Diebstähle und Betrügereien verurteilt worden. Er hat so ziemlich alles gestohlen, von Billiardbällen und goldenen Uhren bis zu Kinderwagen und Pferden; hat Bauern und kleine Geschäftsleute betrogen, indem er sich als berühmter Arzt oder Versicherungsagent ausgegeben hat; interessanterweise benutzt er für solche Gelegenheiten neben anderen phantasievollen Pseudonymen den Namen Dr. Heilig. Er ist ein pathologischer Lügner und ein gewöhnlicher, kleiner Gauner mit einem ausgeprägten Hang zum Größenwahn. Seine unbedeutenden Straftaten, seine heimtückischen, hinterhältigen kleinen Betrügereien gegen die Gesellschaft zeugen von einem augenfälligen und recht bedauernswerten Minderwertigkeitskomplex. Geboren als Sohn eines armen Webers in einem elenden Dorf bei Chemnitz in Sachsen, verlebt er eine erbärmliche Jugend. Er ist über die Maßen eitel und darauf erpicht, die Welt, die ihn so schlecht behandelt, zu beeindrucken. Vielleicht hat er zunächst davon geträumt, ein berühmter Räuber zu werden, gefürchtet von den Reichen und beneidet von den Armen. Doch seine grotesken Versuche in diese Richtung bringen ihm nur noch größere Demütigungen ein. Schließlich wird er seiner eigenen Identität, seines dumpfen, traurigen Loses überdrüssig und beschließt, sich in Old Shatterhand und den heldenhaften Abenteurer des Orients, Kara Ben Nemsi, zu verwandeln. Beide stattet er aufs großzügigste mit jenen Eigenschaften und Tugenden aus, die der reale Karl May bedauerlicherweise vermissen läßt. Da dieser unehrlich, knauserig, kränklich und neurasthenisch ist, müssen seine exotischen Doppelgänger natürlich großzügig, charmant und athletisch sein. Den größten Teil seiner kostbaren Jugend verbringt er hinter Gittern, aber seinen Traumfiguren öffnet sich die ganze Welt. Sie durchstreifen, romantisch als Cowboy oder orientalischer Scheich gekleidet, die Ebenen Amerikas und die Wüsten Arabiens.

Einmal gelingt es ihm, während des Transports von einem Provinzgefängnis in ein anderes, seinen Bewachern zu entkommen. Mehrere Monate ist er verschwunden, und wahrscheinlich hat er die Zeit bis zur erneuten Verhaftung tatsächlich in Südfrankreich, Italien und Ägypten verbracht. Ein unvermuteter Augenzeuge von Mays Aufenthalt in Marseille ist der französische Dichter Comte de Lautréamont, ein exzentrischer und hochbegabter Vorläufer der modernen Surrealisten. Lautréamont – sein wirklicher Name ist Isidore Ducasse – erwähnt gelegentlich einen liederlichen Deutschen, dem er in Marseille begegnet ist und der eine augenfällige Ähnlichkeit mit Karl May besitzt. (Letzterer übrigens benutzt Ducasses aristokratisches Pseudonym, nur ein wenig abgeändert in Latréaumont, als eigenen *nom de plume*.

Seine arabischen Geschichten, wie unter anderem *Im Reiche des Silbernen Löwen*, sind natürlich genauso märchenhaft wie die aus Texas und Arizona. Doch scheint der französisch-afrikanische Hintergrund dem Verfasser ein wenig vertrauter als der amerikanische. Kaum ein Detail in seinen sogenannten amerikanischen Geschichten, *Winnetou, Old Surehand, Der Schwarze Mustang, Weihnacht* und *Winnetous Erben,* das nicht vollständig und lächerlich verdreht wiedergegeben ist. Atmosphäre, Landschaft, Gesten, Sprache und Handlungsweise sind durch und durch unamerikanisch. Unamerikanisch auch die Schurken, die rätselhafterweise gewöhnlich als »Mormonen« oder »Amerikaner« bezeichnet werden; unamerikanisch die edlen Helden; gänzlich unamerikanisch vor allem der selbstgerechte Erzähler, Old Shatterhand-Karl May. Seine kalte Grausamkeit und sein völliger Mangel an Humor weisen ihn sogar als entschieden anti-amerikanischen Typ aus. Er verkörpert nur das, was sich ein kleiner Gauner aus Sachsen unter einem amerikanischen Abenteurer vorstellt.

Schon früher ist ein sanfter Protest gegen Karl Mays übermäßigen Einfluß auf die deutschen Jungen laut geworden. Aber als die schreckliche Wahrheit seiner Vergangenheit ans Licht kommt, geht ein Aufschrei moralischer Entrüstung durch die konservative und liberale Presse. Von Rednerpulten und Kanzeln herab wird er als ein Verführer der Jugend abgestempelt. Die milderen seiner Richter erklären ihn für halb verrückt. Hat er nicht mit seinem berühmten Winnetou einen wahnsinnigen Dichter porträtiert, der in ständigem Kampf mit inneren Stimmen und fürchterlichen Halluzinationen lebt? Und Karl May, in seiner beschämenden Not, glaubt beinahe selbst daran, verrückt zu werden und vielleicht nie ganz normal gewesen zu sein ... Er wird nicht nur als Dieb, Hochstapler und Fälscher, sondern auch als wollüstig und sexuell pervers beschimpft. Journalisten decken kompromittierende Einzelheiten aus seiner ersten Ehe auf und geben diese ohne zu zögern der Öffentlichkeit bekannt: seine Neigungen werden als unaussprechlich geschildert.

Er erleidet einen heftigen Nervenzusammenbruch, und es ist nur ein schwacher Trost für ihn, daß sich ein paar vereinzelte Stimmen zu seiner Verteidigung erheben. Ein gewisser Professor Gurlitt veröffentlicht ein Pamphlet mit dem Titel *Gerechtigkeit für Karl May!* Andere wohlgesonnene Kritiker geben sogar ihrer Überzeugung Ausdruck, daß der Verfasser von *Winnetou* zu guter Letzt doch irgendwann in den Vereinigten Staaten gewesen sein könnte. Das Hauptargument für diese Theorie ist die sporadische Verwendung bestimmter amerikanischer Ausdrücke, die man – jenen Beobachtern zufolge – unmöglich kennen kann, wenn man nicht wirklich unter den Cowboys gelebt hat. Das »amerikanische« Vokabular, welches diese Kritiker so beeindruckt, besteht hauptsächlich aus kurzen Ausrufen wie *He, greenhorn ... Ah, devils ... Damned ...* oder aus einem gelegentlichen *Well ... Old Boy ...* und *Good Night*. Selbst einem Weberssohn aus Chemnitz sollte man soviel sprachliche Intuition zugestehen, daß er die Bedeutung solcher Wörter erfassen kann, ohne dafür den Atlantik überquert zu haben.

Die Frage, ob Old Shatterhand wirklich am Schauplatz seiner angeblichen Abenteuer gewesen ist, spielt in der Diskussion um Karl Mays Werk und Charakter eine entscheidende Rolle. Er selbst zieht sich auf eine rein defensive Position zurück, und seine Äußerungen über seine Erfahrungen mit Amerika werden immer verschwommener und zweideutiger. Er beschränkt sich auf Allgemeinplätze: daß es schließlich das angestammte Recht eines Schriftstellers sei, Geschichten zu erfinden; daß er niemals behauptet habe, einzig und allein die reine Wahrheit zu schreiben; daß bestimmte symbolische Elemente, ja sogar ein Hauch von Märchen, für seinen Stil charakteristisch seien ... und so weiter. Doch all diese Ausflüchte können die Jungen, die ihm treu und ergeben geglaubt haben, kaum überzeugen. Und was ist mit der Trophäensammlung in der Villa Shatterhand? Und mit all den Interviews, in denen er immer wieder die Authentizität seiner Geschichten bestätigt hat? Ist es denn auch das angestammten Recht eines Schriftstellers, seine naiven Bewunderer zu betrügen und belügen?

Die Belästigung durch Fragen und Schmähbriefe veranlassen Karl May, eine Märtyrerhaltung einzunehmen, die Haltung eines großmütigen Opfers bigotter und kleinlicher Vorurteile. Sehr klug appelliert er an das Mitgefühl, die Toleranz und das psychologische Verständnis seiner Mitbürger. Er tritt zum katholischen Glauben über und schreibt mystische Bücher. Allmählich ebbt die öffentliche Entrüstung ab. Mit seiner zweiten Frau, Klara, unternimmt er mehrere ausgedehnte Reisen. Die ehrenrührigen Gerüchte über seine Feigheit und seine Verlogenheit versucht er mit einer Reise nach Ägypten zu entkräften. Vier Jahre vor seinem Tod überquert er schließlich im Jahre 1908 mit Frau Klara auch den Atlantik. Der verspätete Besuch der Vereinigten Staaten muß sich zwangsläufig als Enttäuschung für die Reisenden erweisen. Das ältere Ehepaar besucht die Niagarafälle, den Yellowstone Park, den Grand Canyon, verschiedene Indianersiedlungen und das Grab von Harriet Beecher Stowe. Karl May mißfallen die lauten, amerikanischen Städte. Seinem Gefühl nach entspricht Amerika keineswegs jener großartigen Vision, die ehemals in sächsischen Gefängniszellen geboren wurde. Frau Klara schreibt 1931 ein Buch, dem sie den Titel *Mit Karl May durch Amerika* gibt. Es enthält auch die Geschichte ihrer zweiten Reise in die Vereinigten Staaten, die sie nach dem Tode ihres Mannes unternimmt. Die hingebungsvolle Witwe folgt getreulich dem, was sie »Karl Mays Fußstapfen« nennt – und was sich vermutlich auf das bizarre Hin und Her bezieht, wie es in Old Shatterhands frei erfundenen Berichten vorgezeichnet ist. Im Zoo von Denver sieht sie sich »Leo den Löwen« an – »das Vorbild für das Markenzeichen der Filme von Metro-Goldwyn-Meyer« – wie sie es formuliert. Das stolze Tier feiert gerade seinen sechzehnten Geburtstag. Der deutschen Lady wird es auch gestattet, Präsident Hoover die Hand zu schütteln. Ihren Eindruck vom Präsidenten faßt sie folgendermaßen zusammen: »Präsident Hoover ist ein Mensch, dessen Persönlichkeit keine herzlichen Gefühle erwecken kann, selbst bei den Amerikanern nicht. Aber als ich seine wie gemeißelten Züge erblickte, hatte ich sofort den Eindruck: Das ist ein Mann, der genau weiß, was er will.«

Die Tatsache, daß der deutsche Botschafter Mays Witwe im Weißen Haus vorstellt, scheint ein Indiz dafür, daß zur Zeit seines Todes, im Jahre

1912, Old Shatterhand sein Ansehen mehr oder weniger zurückgewonnen hatte. Der deutsche Glaube an Autorität ist nicht so leicht zu erschüttern. Und der Autor des *Winnetou* hat sich selbst zur Autorität in Sachen Indianer, Araber, Wüste, Urwald und Prärie ernannt und ist, in der Tat, so etwas wie eine nationale Institution geworden. Für kurze Zeit bloßgestellt, sollte er doch wieder neue Generationen deutscher Knaben in seinen zweifelhaften Bann ziehen.

Viel Begeisterungsfähigkeit wird vergeudet, jugendliche Vorstellungskraft vergiftet und verwirrt. Eine ganze Generation wird in Deutschland brutalisiert und gebärdet sich wie wild – teilweise aufgrund des schlechten Einflusses von Karl May. Denn er hat bewußt das Bild fremder Länder verfälscht, vor allem das Amerikas, seiner Landschaften, seiner Menschen und seiner Moralvorstellungen. Er hat die Herzen der Deutschen mit heuchlerischer Gesinnung und widerlicher Gewaltverherrlichung vergiftet. Er hat das simple Gespür für richtig und falsch verwirrt. Er hat die katastrophale Wirklichkeit, die nun vor uns liegt, auf einer quasi literarischen Ebene vorweggenommen; er ist der groteske Prophet eines falschen Messias.

Das Dritte Reich ist Karl Mays endgültiger Triumph, die entsetzliche Realisation seiner Träume. In direkter Anlehnung an Mays ethische und ästhetische Grundsätze versucht heute der österreichische Anstreicher, der Old Shatterhand mit der Muttermilch eingesogen hat, die Welt umzugestalten. Seine mordlustigen Schergen sind pervertierte Romantiker, infantil, kriminell und verantwortungslos. Sie sind der Wirklichkeit und der Kunst hoffnungslos entfremdet. Sie haben auf dem Altar eines brutalen Heldentums alle Zivilisation und jeden gesunden Menschenverstand geopfert, immer, bewußt oder unbewußt, in hartnäckiger Treue gegenüber dem faulen Poesie- und Kulturersatz, wie er von Karl May vertreten wird.

JEAN COCTEAU

DER AMERIKANISCHE ZAUBER, stets gegenwärtig in der Phantasie der Massen, übt während bestimmter Zeitabschnitte seine Macht sogar auf die elitäre Sphäre der ernsthaften Kunst aus. Solch eine Strömung gibt es in der französischen Literatur in den Tagen Chateaubriands und dann wieder in den hektischen Jahren nach dem Ersten Weltkrieg.

Die französische Kultur ist in der Regel eigenständiger als alle anderen, vielleicht mit Ausnahme der chinesischen. Die kreative Kraft des französischen Geistes hat schon oft die ideologische und ästhetische Entwicklung anderer Nationen beeinflußt und sogar beherrscht. Aber der französische Genius selbst bleibt unberührbar und hält auf geheimnisvolle Weise sein produktives Gleichgewicht zwischen konservativen und revolutionären Tendenzen.

Zuweilen allerdings verwandelt sich das stolze, kultivierte Schiff der französischen Literatur unvermittelt in ein ungestümes Boot – *Le bateau ivre* – verläßt die traditionellen Kanäle der Routine und gemäßigten Vernunft und schaukelt auf das offene Meer der Abenteuer hinaus. Ganz plötzlich schnellt es aus dem milden, silbrigen Dämmerlicht der Boulevards und Boudoirs in die leuchtende Wildheit exotischer Landschaften – in Wüsten, Dschungel und wucherndes Unterholz sündhafter Südseeparadiese.

Arthur Rimbaud, – der ekstatische Kapitän von *Le bateau ivre* lockt die französische Poesie in das Hochland von Abessinien und in die primitiven Eingeborenendörfer Afrikas. Er schüttelt die Fesseln aller europäischen Traditionen ab. Er verachtet die Literatur – und revolutioniert die französische Poesie. Man nennt ihn »Shakespeare enfant«. Die nächste Generation französischer Dichter folgt ihm, wenigstens bis an den glühenden Rand der Sahara.

Wieder einmal hat der französische Geist, ideologisch wie ästhetisch, die Ketten der Konvention durchbrochen. Die vornehmsten und kultiviertesten Köpfe lassen sich von dieser Einladung in die Wildnis verführen. Claude Farrère und Pierre Loti kehren mit erstaunlichen Geschichten von ihren Fernostreisen zurück, Gepäck und Kopf voller seltsamer Andenken: kleine Buddhafiguren, exotische Düfte, Opiumpfeifen und obszöne Bilder. Die französische Literatur entdeckt das Reisen: aber vorzugsweise innerhalb der Grenzen des weitläufigen französischen Kolonialreiches.

Nach dem Ersten Weltkrieg, im Jahre 1919, erfährt der kreative französische Geist jedoch eine tiefgreifendere Veränderung. Romanschriftsteller und Publizisten, die sich bis dahin auf die Beschreibung und Analyse der französischen Gesellschaft beschränkt haben, entdecken jetzt die Geheimnisse Berlins, Barcelonas, Londons und Wiens. Einige gehen sogar in die Sowjetunion. Aufmerksame Emissäre gallischen Geistes überqueren Ozeane und bringen aus Buenos Aires oder Shanghai aufregende Neuigkeiten über asiatische Laster, politische Skandale in Argentinien und soziale Fortschritte in Mexiko und Japan mit nach Hause. Zur gleichen Zeit werden die Vereinigten Staaten von französischen Dichtern, Schriftstellern und Journalisten erneut entdeckt.

Einige von ihnen sind während des Krieges, in den Jahren 1916 und 1917, aus überwiegend praktischen Gründen gekommen. Sie treten voller Patriotismus und Neugierde für *la douce France* ein: sie reden, fordern und betteln. Henri Bergson, der große Philosoph des *élan vital*, kommt, und mit demselben Schiff Jean Giraudoux, damals ein junger Offizier. Er ist teilweise in diesem Land aufgewachsen, und seine Gefühle für Amerika sind nicht wie die eines Europäers einem jüngeren Cousin gegenüber, eher ähneln sie der Dankbarkeit eines Sohnes – *des sentiments filiaux*. In seinem kleinen, leidenschaftlichen Buch *Amica America* beschreibt er den überwältigenden Empfang, den die Amerikaner ihm und seinen Kameraden bereitet haben. Das geschah einige Wochen vor Amerikas Kriegseintritt. An der Harvard Universität äußert jemand gegenüber dem französischen Besucher: »Ich wünschte ... ich wünschte, die deutschen Flugzeuge würden *unsere* Städte bombardieren ...« Und der Leiter der französischen Gruppe kann nur unter größten Schwierigkeiten seine Rede beginnen, da seine ersten beiden Worte mit donnerndem Applaus begrüßt werden: »La France ...« Tumultartige Begeisterung setzt ein, Geschrei, Pfeifen und Hurra-Rufe. »La France ...«, wiederholt der Redner, und abermals bricht Tumult aus. »La France, chaque jour ...«, versucht er fortzufahren, vergeblich. Schließlich ruft er aus: »Freunde! Seht ihr denn nicht, wie das Antlitz Frankreichs täglich blässer wird?«

Nach dem Sieg verkörpert Paul Claudel, der französische Botschafter in Washington, die Dritte Republik ebenso wie das heimliche Königreich französischer Dichtkunst. In dieser Ära – der letzten französischer Größe und französischen Glanzes – reisen zahlreiche literarische Beobachter aus Paris, erfahrene Botschafter der intellektuellen Elite Frankreichs, durch dieses Land. Sie interviewen das amerikanische Volk, zeichnen Einzelheiten des Alltaglebens auf und untersuchen die ökonomischen, sozialen und kulturellen Verhältnisse. Ausführliche Essays von Autoren wie André Siegfried, Bernhard Fay und anderen machen Tausende, die die internationalen

Beziehungen studieren, in Paris und in den Provinzzentren mit grundlegenden Fakten über das Leben in Amerika vertraut.

Die Mehrheit der Franzosen hält jedoch eigensinnig an einem anderen Bild der Vereinigten Staaten fest – an einem Bild so phantastisch wie die großartige Konzeption Chateaubriands vor hundert Jahren. Einmal mehr sind die Dichter, diese unschuldigen Fälscher, die Hauptverantwortlichen für die erstaunliche Verzerrung der Realität im öffentlichen Denken. Sogar die Beschreibungen derer, die die Neue Welt tatsächlich gesehen haben, sind auf ebenso seltsame Weise überzeichnet wie die frühen Stummfilme.

Ob bourgeoise Hausfrauen in Lyon, Nizza oder Nantes, Gymnasiasten in Paris, Oberkellner in Straßburg oder kleine Beamte in Le Havre, sie alle stellen sich Amerika als eine Art *Pleasure Island* vor – als einen aufregenden Vergnügungspark voll Zaubertricks, sprühender Feuerwerke, dröhnendem Jazz, bewohnt von amazonenhaften *chorus-girls,* exzentrischen Millionären und riesenhaften Baseballhelden. Unzählige Bücher über Amerika erscheinen, mit Titeln wie *New York, La nuit* ... oder *Le jazz hot* ... – und alle werden sie verschlungen. Billige Filmmagazine regen die Phantasie der Massen an, und eine drittklassige deutsche Schauspielerin namens Marlene Dietrich avanciert in den verwirrten Köpfen provinzieller Zeitungsreporter und ihrer spießbürgerlichen Leser zum strahlenden Symbol amerikanischer Schönheit. Leute mit exquisiterem Geschmack orientieren sich an dem redegewandten Snob und Globetrotter Paul Morand, der die Vereinigten Staaten gut kennt – ihre Geographie, ihre Literatur und ihren Klatsch. Er fühlt sich in New York zu Hause. »Ich liebe New York, weil es die großartigste Stadt des Universums ist und dort sehr energische Menschen leben – die einzigen, die nach dem Krieg in den Alltag zurückfanden ...« Er ist von der amerikanischen Vitalität, dem Enthusiasmus, von dem, was er den amerikanischen *élan sportif* nennt, wie hypnotisiert. Er möchte selbst gerne Amerikaner sein – wenigstens für kurze Zeit. Denn, »wem imponiert ein Sieg nicht?« Er nimmt für sich in Anspruch, der französische Experte für Harlem, *Le quartier noir, la patrie du jazz,* zu sein ebenso wie der Barde der Preisboxer, der eloquente Bewunderer der *Champions du monde.* Und doch haben seine zündenden Skizzen des amerikanischen Alltags, trotz ihres Reichtums an wirklichkeitsgetreuen Details, eine bizarre, traumähnliche Komponente.

Ein anderer – und bedeutenderer – französischer Dichter sagte einmal zu Paul Morand in Paris: »Sie fahren nach Amerika? Sie werden New York besuchen? Das gleicht einem Besuch bei einer Wahrsagerin ... « Er will damit sagen, daß die Metropole am Hudson den Stil und die Errungenschaften, die Schrecken und den Charme einer zukünftigen Welt vorwegnimmt.

Einige Jahre später unternimmt dieser Dichter selbst die erste ausgedehnte Reise seines Lebens. Es ist Jean Cocteau, der hypersensible Kenner aller Spielarten künstlicher Paradiese – der letzte legitime Erbe Baudelaires und Verlaines, der *poètes maudits*. Bis dahin war er so gut wie nie aus Frankreich herausgekommen. Nun verzichtet er eine Zeitlang auf die kultivierte Erimitage seiner Pariser Wohnung. Er kennt sich in Verkleidungen aus, und diesesmal verwandelt er sich in Mr. Phileas Fogg, die Hauptperson aus Jules Vernes utopischem Roman *In achtzig Tagen um die Welt,* der Cocteau als Junge fasziniert hat. Jetzt will er Vernes Phantasien Wirklichkeit werden lassen und detailgetreu den Spuren Phileas Foggs folgen, den gleichen Zeitplan einhalten und alle Orte besuchen, an denen sein klassisches Vorbild gewesen ist. Jules Verne hat seinem schweigsamen Globetrotter einen jungen Begleiter mitgegeben, einen wendigen, witzigen Franzosen namens Passepartout. Jean-Phileas Cocteau-Fogg hat seinen eigenen »Passepartout«: dessen bürgerlicher Name ist Marcel Khil, und er ist Schauspieler. Das merkwürdige Abenteuer hat die bekannte Zeitung *Paris Soir* arrangiert und finanziert, als deren Sonderkorrespondent Cocteau reist. Er erweist sich als der unzuverlässigste, launischste und geistreichste Berichterstatter, den je eine Redaktion beschäftigt hat. Charles Baudelaire hat einmal vorgeschlagen, man solle ein Genie als *homme-enfant* betrachten – »einen Menschen, der immer und überall die Genialität eines Kindes besitzt, als einen Menschen also, für den die Vertrautheit noch keiner Kleinigkeit unseres Alltags den Glanz geraubt hat.«

Aufs äußerste beeindruckbar, ständig in kindlicher Hochstimmung erlebt der Poet und Reisende die Wunder von Ägypten und China, Japan und Honolulu. Noch ganz erschöpft und begeistert von der Kulisse, den Düften und der Musik des Fernen Ostens, erreicht er San Franzisko; er eilt sofort nach Hollywood, wo er aber außer King Vidor und Mr. und Mrs. Chaplin niemanden trifft; anschließend genießt er intensiv die aufregende Erfahrung eines Nachtflugs von Los Angeles nach New York.

Die große Stadt, wie er sie vom Fenster des Hotels Ambassador sieht, erinnert ihn an Venedig mit dem von Palästen gesäumten Canal Grande. »Die vereinzelten Autos eines Sonntagmorgens glitten wie Gondeln dahin ... «

Es ist eine seltsame Erfahrung, mit diesem *homme-enfant,* diesem hellsichtigen und zugleich kindlichen Wesen durch die vertrauten Straßen jener wunderbaren Stadt New York zu gehen. Die Wolkenkratzer verlieren ihre Masse und werden transparent wie verzauberte Märchenschlösser. Sie sind duftig und durchsichtig wie Tüllvorhänge; umweht von lebhaften Windstößen, die um die hohen Fassaden spielen ... Der begeisterte Dichter sagt gegenüber Lokalreportern, New York sei eine Stadt aus Tüll, und seine Luft frei von »moralischem Staub«. Sie verstümmeln diesen Ausspruch und geben ihn folgendermaßen wieder: »Jean Cocteau sagte uns, New York trage eine Frauenrobe.« Er ist von seinem kurzen Besuch im Radio-City-Gebäude hingerissen, und der Broadway, besonders herrlich in der Dämmerung, fasziniert ihn: »Seine Geschäfte verkaufen genialen Schund, die Automatenbars sind übervoll von den Schätzen Cathays: Milch, Malz und Eis und Bier schießen als Fontänen aus Marmorwänden, während hoch oben die Licht-Reklamen in himmlischer Findigkeit wetteifern.«

Er fährt nach Coney Island und erkennt mit Schrecken und Ergötzen einen alptraumhaften Rummelplatz wieder, den er früher einmal in einem Film gesehen hat. Zwei junge Liebende könnten hier tatsächlich auseinandergerissen werden und sich verlieren, wie in der alten Filmkomödie. Er stürzt sich hinein in das Blitzlichtgewitter der Photographen, in einen Wirbel von russischen Karussellpferden, die sich in den Gartencafés drehen, in einen Strudel von Monstern, die in Shanghai als Massenware hergestellt werden. Er läßt sich von Minskys Burlesque Shows verzaubern, von dem erstarrten Lächeln und den anstößigen Gesten der Striptease-Tänzerinnen und besonders von der berühmten Miss Murray, »einer Repräsentantin des Flamboyantstils«. Was ihm jedoch am besten gefällt und was ihn am stärksten beeindruckt ist *Le quartier noir.*

»Ich sehe Harlem als das Kraftwerk der Stadt und seine ausgelassene schwarze Jugend als die Kohle, die den Kessel speist und die Maschine in Gang hält. Im Mittelalter fielen die Massen dem Veitstanz zum Opfer; seine peitschenden Rhythmen, die sich wie eine ansteckende Krankheit ausbreiteten, brachten eine ganze Stadt dazu, Luftsprünge zu vollführen. Und

New York, vernarrt in Kathedralen, Orgeln, Weihkerzen, Wasserspeier, fahrende Sänger und Tingeltangel, in Mysterien und Mystizismus, New York wird vom schwarzen Rhythmus geschüttelt.«

Welch seltsame Impressionen erhalten Hunderttausende von Lesern des *Paris Soir* von New York! Viele von ihnen denken sich wahrscheinlich: »Nun ja, es klingt merkwürdig, aber er hat es ja schließlich gesehen; also wird es wahr sein. So also ist New York: eine Traumstadt mit Festungen aus Tüll; eine gotische Kathedrale mit elektrischem Feuerwerk: besessen von einer düsteren Verzückung; grandios, obszön und unglaublich. Junge, athletisch gebaute Schwarze tanzen wie verrückt den Broadway auf und ab, verkaufen wundersamen Schund und lärmen dabei mit riesigen Trompeten, Saxophonen und Trommeln – während Horden von Footballspielern und Jungen aus dem College ihre Zeit damit verbringen, Miss Murray zu verehren, jene überwältigende Persönlichkeit, Repräsentantin des Flamboyantstils. Sie ist die ungekrönte Königin dieser bemerkenswerten Stadt, in der die Autos wie Gondeln durch die Prachtstraßen gleiten ... Eigenartig: aber wenn es im *Paris Soir* steht ... «

Wäre Cocteau in seiner Pariser Wohnung geblieben – in dieser magischen Höhle voll von seltsamen Gegenständen und noch seltsameren Träumen: hätte er davon abgesehen, diese anstrengende Reise zu unternehmen, sein verblüffendes Porträt von New York wäre doch ebenso authentisch und absurd geworden.

FRANZ KAFKA

ES GIBT EINEN WEITEREN DICHTER, ebenso begabt wie Jean Cocteau, weniger kapriziös, dafür aber tragischer veranlagt, der es nicht für nötig hält, die Vereinigten Staaten zu besuchen, um sie zu beschreiben. Franz Kafka ist ein deutschsprachiger Jude aus Prag. Er muß in einem Büro arbeiten, doch seine engen Freunde wissen, daß die wirkliche Leidenschaft seines Lebens das Schreiben ist. Außerdem ist ungefähr einem Dutzend eingeweihter Literaturkenner klar, daß dieser kränkliche junge Mann – melancholisch, schüchtern, aristokratisch, mit einer fast beängstigenden Ernsthaftigkeit und einem bizarren Sinn für Humor begabt – einer der wenigen großen Meister der deutschen Sprache in diesem Jahrhundert ist. Er wird von allen möglichen Ängsten und Befürchtungen heimgesucht und gequält, ständig verfolgt von alptraumhaften Visionen. Der Gedanke an die Erbsünde, an Schuld und Sühne bildet das Fundamnent seines Denkens und Fühlens. Der Gott, an den er seine nahezu hoffnungslosen Gebete richtet und dessen heiligen Namen er kaum erwähnt, ist Jehova, der Gott der Rache, und es gibt keinen Erlöser, der die verdammten Sterblichen mit ihrem erbarmungslosen Vater versöhnt. Die Menschen haben ohne Unterlaß für Vergehen zu büßen, deren Schwere und Natur sie gar nicht ermessen können. Unsere unerklärliche Schuld wird in einem ewigen Prozeß untersucht; es gibt eine Hierarchie verborgener Richter, unter ihnen ist sogar der niedrigste von solcher Majestät, daß es unerträglich wäre, ihm von Angesicht zu Angesicht gegenüberzutreten. Die einzigen Vertreter dieses Obersten Gerichtshofes, die wir zuweilen sehen dürfen, sind die untertänigsten Diener der Sekretäre des niedrigsten Emissärs des niedrigsten Unter-Richters. Denn es handelt sich um eine außerordentlich komplizierte Maschinerie, die jede Einzelheit unserer Sünde registriert und überprüft.

Kafkas gigantische und schreckliche Vision des Prozesses und des Schlosses, in welchem sich die unsichtbare Macht versteckt hält, ist beeinflußt sowohl von der esoterischen Weisheit der Kabbala wie von dem überaus komplizierten System der altösterreichischen Bürokratie, die in launischer Tyrannei über sein Land regiert. Eigentlich kennt Kafka nur die Stadt Prag: auf ganz besondere Weise ist sie seine ganze Welt, sein zweifelhaftes Paradies und das Gefängnis, aus dem es kein Entkommen gibt. Sein eigener Genius ist durchtränkt von dem morbiden, dennoch heldenhaften Genius dieser alten Kapitale. Er sehnt sich nach anderen Landschaften, nach einer leichteren und helleren Schönheit. Aber die wenigen Reisen mit Freunden oder allein, die er sich leisten kann, sind kurz und kaum zufriedenstellend. Er ist dazu verdammt, nach Prag zurückzukehren, in die geheimnisvolle Atmosphäre seiner engen Gassen, zu den blutigen und großartigen Erinnerungen, zu seinem literarischen Klatsch und zu seinen permanenten politischen Auseinandersetzungen. Er ist ein Gefangener Prags.

Er unternimmt einen Fluchtversuch, aber nur auf literarischer Ebene. Ziel seiner kühnen Unternehmung sind die Vereinigten Staaten. Seine Freunde zeigen sich höchst überrascht, als er ihnen sein kleines Geheimnis anvertraut – er werde einen Roman mit dem Titel *Amerika* schreiben: tatsächlich hat er bereits damit begonnen.

»Was weißt du über Amerika?« fragen sie. Und er antwortet fröhlich: »Ich kenne die Autobiographie Benjamin Franklins, und ich habe immer schon Walt Whitman bewundert; ich mag die Amerikaner, weil sie gesund und optimistisch sind.« In seiner Vorstellung tragen alle Amerikaner ein ständiges Lächeln auf den Lippen. Später, in den Jahren seiner unheilbaren Krankheit, trifft er in einem Sanatorium mehrere Amerikaner, die doch recht oft nörgeln und sich beklagen. Dies enttäuscht ihn zutiefst. Aber als er 1913 seinen Roman *Amerika* konzipiert, kennt er überhaupt keine Amerikaner und versteht nur sehr wenig Englisch. Seine einzigen Informationsquellen sind die wenigen Bücher, die er gelesen hat, – und seine poetische Vorstellungskraft.

Er scheint ungewöhnlich heiter und zuversichtlich, während er an Amerika arbeitet. Seine Freunde registrieren mit Genugtuung, daß sich sein Aussehen und seine Stimmung auf fast wundersame Weise gebessert haben. Sein relativer Optimismus kann ihn jedoch nicht ganz vor Zweifeln und Skrupeln schützen. Zu jener Zeit liest er erneut mehrere Dickens-Romane und vermerkt in seinem Tagebuch: »Dickens *Copperfield*. – *Der Heizer* glatte Dickens-Nachahmung, noch mehr der geplante Roman.« (*Der Heizer* ist das erste Kapitel des *Amerika*-Romans und erschien als eigenes kleines Bändchen vor der Veröffentlichung des Romanes.) ... »Meine Absicht war, wie ich jetzt sehe, einen Dickens-Roman zu schreiben, nur bereichert um die schärferen Lichter, die ich der Zeit entnommen, und die matten, die ich aus mir selbst aufgesteckt hätte. Dickens' Reichtum und bedenkenloses mächtiges Hinströmen, aber infolgedessen Stellen grauenhafter Kraftlosigkeit, wo er müde nur das bereits Erreichte durcheinanderrührt. Barbarisch der Eindruck des unsinnigen Ganzen, ein Barbarentum, das allerdings ich, dank meiner Schwäche und belehrt durch mein Epigonentum, vermieden habe.« Merkwürdigerweise sind vor Kafkas geistigem Auge die Personen und Werke Dickens' eng mit der Atmosphäre und der Landschaft Amerikas verknüpft. Und diese Identifikation liegt nicht an Dickens' beißender Amerika-Satire in *Martin Chuzzlewit*. Das Bild, welches Kafka vor sich sieht, ist das des väterlichen Genies Charles Dickens, wie er in New York von Tausenden seiner amerikanischen Leser enthusiastisch empfangen

»… ich mag die Amerikaner, weil sie gesund und optimistisch sind.«
Franz Kafka um 1906/1908

»Das Dritte Reich ist Karl Mays endgültiger Triumph, die entsetzliche Realisation seiner Träume. In direkter Anlehnung an Karl Mays ethische und ästhetische Grundsätze versucht heute der österreichische Anstreicher, der Old Shatterhand mit der Muttermilch eingesogen hat, die Welt umzugestalten.«
Karl May alias Old Shatterhand

wird. Kafka hat seinen Freunden oft das freudige Spektakel beschrieben, wie das erwartungsvolle Publikum, dicht gedrängt am Kai, ungeduldigt auf ein neues Kapitel von *David Copperfield* wartet und winkt und ruft, während das Schiff mit seinem literarischen Schatz an Bord langsam einfährt.

Wenn er seinen Roman eine Dickens-Nachahmung nennt, so gibt das bei weitem keinen stimmigen Eindruck wieder. Denn die Ähnlichkeit mit Dickens ist rein zufällig und oberflächlich, wogegen die Unterschiede zwischen der sentimentalen und humorvollen Ausführlichkeit eines Dickens und Kafkas traumwandlerischer Genauigkeit von grundsätzlicher und wesentlicher Art sind.

Der Roman *Amerika* beginnt mit folgendem, bemerkenswerten Abschnitt: »Als der sechzehnjährige Karl Roßmann, der von seinen armen Eltern nach Amerika geschickt worden war, weil ihn ein Dienstmädchen verführt und ein Kind von ihm bekommen hatte, in dem schon langsam gewordenen Schiff in den Hafen von New York einfuhr, erblickte er die schon längst beobachtete Statue der Freiheitsgöttin wie in einem plötzlich stärker gewordenen Sonnenlicht. Ihr Arm mit dem Schwert ragte wie neuerdings empor, und um ihre Gestalt wehten die freien Lüfte.«

Das ist ein meisterhafter Anfang – in einigen konzentrierten Sätzen schildert er nicht nur die wichtigsten Tatbestände aus der Vergangenheit des Helden, sondern auch die Atmosphäre des Hafens, dem er sich gerade nähert. Allein der Ausdruck »die freien Lüfte« charakterisiert die besondere Stimmung der ganzen Geschichte. Denn dieser kühne und doch bescheidene junge Mann, Karl Roßmann, den wir in New York ankommen sehen, ist, trotz der Mühsal, die vor ihm liegt, nahezu glücklich: glücklich zumindest im Vergleich mit seinen tragischen Verwandten, den verdammten Helden aus den beiden späteren Romanen Kafkas, *Der Prozeß* und *Das Schloß*. Dort bleiben die Hauptpersonen seltsam anonym – oder besser gesagt, sie verbergen ihre geheimnisvolle Identität mit dem Autor hinter dem eindeutigen Buchstaben K. – wohingegen dem jungen Karl Roßmann ein eigener Name zugestanden wird, in dem zwar das fatale K. erscheint, aber nicht beherrschend wirkt. Er ist ein jüngerer, glücklicherer Bruder jenes namenlosen Wesens K., für den es kein Amerika geben wird: der in Europa, in Prag bleiben und die unergründlichen Entscheidungen der gnadenlosen Richter ertragen muß.

Es ist jedoch möglich, daß Karl ebenso schuldig ist – ungeachtet des Geständnisses des Dienstmädchens, sie sei der aktive Teil in der schmutzigen Affäre vor der Abreise des jungen Mannes gewesen. Nach menschlichem Ermessen ist er nicht dafür verantwortlich. Allerdings ist unser Urteil Irrtümern unterworfen und von höheren Instanzen leicht widerrufbar. Und selbst wenn Karl Roßmann nahezu frei von Schuld ist – das Problem der Schuld an sich, der mystische Fluch der Erbsünde begleitet ihn über den Ozean. Aus eben diesem Grunde begrüßt ihn die Freiheitsstatue überraschenderweise mit erhobenem Schwert. Sogar im Lande der Freien, in Amerika, wird der Junge aus Europa von der Erbsünde verfolgt.

Während der letzten Stunden seiner Reise freundet er sich mit dem Heizer des Schiffes an – einem starrsinnigen und ziemlich unbeholfenen Kerl, der aus irgendeinem Grund glaubt, er sei von den Offizieren ungerecht behandelt worden. Nach seiner bitteren Beschwerde ergeben sich langwierige Untersuchungen des Falles – eine Art ernsthafter, zugleich halb-burlesker Verhandlung in der Kapitänskabine. Karl versucht sein Bestes, die Offiziere von dem Recht des Heizers zu überzeugen, aber irgendwie hat man von Anfang an das Gefühl, daß der Fall hoffnungslos ist: alle Autoritäten sind gegen ihn eingenommen. Die komische und düstere Szene erreicht ihren Höhepunkt mit der plötzlichen Erklärung eines der anwesenden Herren, eines gewissen Senators Jakob, er sei Karls reicher Onkel. »Gib mir einen Kuß!« fordert Senator Jakob. Und der Kapitän fügt hinzu: »Das ist eines jener Wunder, die immer noch geschehen können, besonders hier in Amerika.« Und tatsächlich nimmt Onkel Jakob den jungen Karl mit in sein luxuriöses Heim – während wir den unglücklichen Heizer seinem vermutlich düsteren und schrecklichen Schicksal überlassen. Alle Einzelheiten in Kafkas Beschreibungen des amerikanischen Lebens sind relativ ungenau, und doch enthält das Bild als Ganzes eine gewisse poetische Wahrheit. Der Balkon von Onkel Jakobs Haus, von dem aus der junge Roßmann stundenlang auf die Straßen New Yorks hinabstarrt, erinnert eher an ein Pariser Atelier als an irgendetwas Amerikanisches. Der hypermoderne Schreibtisch, den der generöse Onkel seinem Neffen zur Verfügung stellt, wirkt wie ein groteskes Requisit aus einem Charlie-Chaplin-Film: ein furchteinflößender Gegenstand mit zahllosen technischen Tricks – Geheimfächern, die beim Berühren eines verborgenen Knopfes aufspringen, kleinen Falltüren, komplizierten Schlössern usw. Das Landhaus eines Millionärs in der Nähe New Yorks gleicht einem alten europäischen Schloß – einem typischen Kafka-Schloß – verwirrend, furchterregend, mit zahllosen Korridoren und Galerien, großen, leeren Räumen, riesigen Treppenhäusern und einer unvollendeten Kapelle – ein richtiges Labyrinth. In der Nacht ist es stockfinster, da es nicht elektrisch erleuchtet wird, sondern von einer einzigen Kerze, die ein uralter und krummbeiniger Diener trägt. Es ist ein Landhaus wie in einem Traum, düster und verhext, und seine Bewohner sind entsprechend sonderbar: der wohlmeinende Mr. Green, sein Freund Mr. Pollunder, ein ziemlich bösartiger Herr, und ein streitlustiges Mädchen namens Miss Klara Green. Karl gibt ganz naiv seiner Verwunderung Ausdruck: »Da gibt es also auch schon in Amerika so alte Häuser!« »Sie haben merkwürdige Begriffe von Amerika«, spottet sie. »Sie sollen mich nicht auslachen«, sagt er ärgerlich, und der Autor fügt hinzu: »Schließlich kannte er schon Europa und Amerika, sie aber nur Amerika.«

Diese Miss Klara ist ein schwieriger Fall! Als der junge Roßmann sie nicht küssen will, wird sie sehr wütend, schlägt ihn und wirft ihn auf das Bett. Der junge Mann aus Europa bemerkt, nicht ohne Entsetzen, daß sie Muskeln aus Stahl hat, und er tröstet sich: »Natürlich ist es nicht beschämend, von einem Mädchen geworfen zu werden, das wahrscheinlich den größten Teil ihres Lebens mit dem Lernen von Ringkämpferkniffen verbracht hat.« Dieser kleine Kampf mit Miss Klara war ganz sicher nicht von Lust bestimmt; und doch muß Roßmann dafür büßen: Sein Onkel Jakob übermittelt ihm durch Mr. Pollunder einen Abschiedsbrief, in dem er ihm in ernsten und traurigen Worten mitteilt, des Senators Haus werde von nun an für den treulosen Neffen verschlossen sein. Denn Karl hätte die ganze Zeit wissen müssen, daß es ihm nicht bestimmt war, Mr. Greens Einladung anzunehmen. Er hätte bei seinem Onkel bleiben sollen, anstatt mit der muskulösen Miss Klara herumzutändeln. Die Reaktion des Senators scheint übertrieben und sogar ein wenig grausam angesichts von Karls unbedeutendem Vergehen. Aber vielleicht hat der unwissende Jüngling ein sehr übles, sogar unverzeihliches Verbrechen begangen – und der Onkel hat seine Anweisungen möglicherweise von einer höheren Instanz erhalten. Mr. Pollunder könnte irgendwie in diesen geheimnisvollen Prozeß verwickelt sein: vielleicht ist er einer der ergebenen Diener des Sekretärs des niedersten Unter-Richters des Obersten Gerichtshofes ...

So unbarmherzig von seinem Gönner im Stich gelassen, findet sich der junge Abenteurer mittellos und ohne Freunde auf den Highways wieder: dem weiten, unbekannten und furchterregenden Land schutzlos ausgeliefert. Vor ihm erstrecken sich die immer wieder erstaunlichen Straßen amerikanischer Städte, mit den gotischen Konturen der um Stahlkonstruktionen errichteten Wolkenkratzer, die sich wie Kathedralen eines fremden Planeten, auf dem die Menschen zu einem fremden Gott beten, gegen einen bleichen, farblosen Himmel abheben. Er sieht zahllose lärmerfüllte kleine Gasthäuser am Rande der endlosen Highways: staubige Gärten, in denen schmutzige Männer unbeschreibliche Getränke hinunterstürzen und in denen Kellner mit Gesichtern herumlaufen, wie von permanenten Schmerzen verzerrt. Ununterbrochen fließt ein endloser Autostrom vorüber: Karl sieht keinen einzigen Wagen anhalten oder jemanden aussteigen.

Zuerst will der hilflose Wanderer nach San Franzisko, denn er hat gehört, man könne dort, *im Osten,* mit etwas Glück vielleicht noch Gold finden. – Kafka spricht ganz ernsthaft vom *Osten,* wenn er Kalifornien meint. Vielleicht verwirrt ihn die Tatsache, daß San Franzisko dem Fernen Osten näher ist als New York. Das ist aber nur einer seiner verblüffenden Fehler.

Karl ändert allerdings seine Pläne, als er die Bekanntschaft zweier Landstreicher macht – die Delamarches, eines Franzosen, und die Robinsons, eines Iren. Karl mißtraut Robinson, weil er irgendwo einmal gelesen hat, man solle sich in Amerika vor allen Iren hüten. Aber es zeigt sich, daß der Franzose der bösere und gefährlichere von beiden ist: eine gierige und unverschämte Kreatur, obszön, grausam und selbstgefällig, beinahe schon mit Zügen eines Ungeheuers. Kurz, die beiden spielen die Rolle böser Dämonen in Karls Leben. Sie wollen ihn in eine große Stadt namens Ramses mitnehmen; aber es ist eine lange Reise, und auf dem Weg machen sie Halt in einer anderen großen Stadt, Butterford. Dort hat Karl Roßmann das Glück, im Hotel Occidental Arbeit als Liftboy zu finden, dank der Protektion einer gütigen und mächtigen Frau, der *Oberköchin*. Diese freundliche und einflußreiche Persönlichkeit, deren Titel eher österreichisch als amerikanisch anmutet, ist jedoch bei weitem nicht die höchste Autorität in der komplizierten Hierarchie des riesigen Hotels. Der Hauptportier – ein brutaler Kerl, der die Liftboys zu verprügeln pflegt – und der strenge Oberkellner sind möglicherweise viel mächtiger als sie. Jedenfalls scheint es dieser mütterlichen Königin der Küche doch unmöglich, ihrem Schützling zu helfen, als er durch den völlig betrunkenen Robinson in beängstigende Schwierigkeiten gerät, der ihn vermutlich mit dem ausdrücklichen Vorsatz besucht, ihn in seiner Stellung zu gefährden. Karl verliert seine Arbeit. Einsam, ratlos und von der Polizei gesucht, sieht er sich schließlich gezwungen, die harte und demütigende Stellung als Diener jener zwei teuflischen Gauner, Delamarche und Robinson, anzunehmen. Das ist der düstere Höhepunkt seines Märtyrertums. Delamarche hat es in der Zwischenzeit zu fragwürdigem Erfolg als Liebhaber und Pfleger einer ungeheuerlichen Frau mit dem Namen Brunelda gebracht: einer ehemaligen Opernsängerin, faul, halb schwachsinnig, lüstern und sinnlich fett. Sie stellt eine Art groteske Wagnerheldin dar, dennoch anziehend und auf eine ihr eigene entsetzliche Weise sogar schön. Das Leben in der schmuddeligen, chaotischen Wohnung dieser Dame ist eine einzige Hölle. In einem neuen Morgenmantel aus Brokat bedient Delamarche seine groteske Geliebte. Robinson bedient Delamarche, und Karl muß hinter beiden aufräumen. Das Kapitel, welches diese gräßliche Szenerie beschreibt, heißt, in beißender Ironie: *Ein Asyl.*

Aber als ob der Autor es selber unerträglich gefunden habe, diesen makabren Bericht weiterzuführen, bricht er seine Erzählung plötzlich ab, und als Karl wieder auftaucht – Monate, vielleicht Jahre später – sucht er gerade eine neue Stelle. Auf beinahe wunderbare Weise findet er eine in dem *Naturtheater von Oklahoma,* das offenbar eine Unmenge Angestellter benötigt. Keiner weiß genau, was er tun soll, noch wer ihn bezahlen wird. Geld ist aber da und auch Arbeit: man sucht Leute. Revuetänzerinnen, als pompöse Engel zurechtgemacht, blasen gewaltige Trompeten, um die Arbeitslosen herbeizulocken. Unter diesen Reklame-Cherubinen entdeckt Karl eine frühere Freundin, die ihn aufmuntert: »Es ist das größte Theater der Welt!« Das weiß sie allerdings nur vom Hörensagen.

Die Institution, scheinbar eine Art riesiges Arbeitsbeschaffungsprogramm, wird von unsichtbaren, aber außerordentlich mächtigen Gönnern organisiert und finanziert. Die Arbeitslosen sind zunächst etwas mißtrauisch und beteiligen sich nur zögernd, aber Karl hat nichts zu verlieren und ist folglich wagemutiger. Als ein Beamter ihn nach seiner früheren

Betätigung in Europa fragt, antwortet er ziemlich vage: »Ich wollte Ingenieur werden.« Der Beamte drückt mit einer nachlässigen Geste aus, wie weit entfernt Europa doch für ihn ist und wie unbedeutend hier alle Pläne oder Hoffnungen sind, die einer in jener anderen Welt gehabt haben mag. Karl erhält eine Arbeit als Maschinist und ist sehr zufrieden – besonders begeistert ist er von dem üppigen Mahl, das von der unsichtbaren Verwaltung des *Naturtheaters* allen Neuangestellten offeriert wird. Dieses etwas eilig vollzogene Fest vor der Abreise nach Oklahoma ist die letzte Szene aus Karl Roßmanns traumartigen Abenteuern in Amerika, bei der wir Zeuge sein dürfen. Dieses abschließende Kapitel liegt Kafka besonders am Herzen, und seine Freunde berichten, daß er es auf »eine unvergeßliche Art und Weise« laut vorzulesen pflegte. Mit rätselhaftem Lächeln habe er erklärt, daß sein junger Held, Karl Roßmann, »in diesem nahezu grenzenlosen Theater« seinen Beruf, seine Sicherheit und Freiheit wiederfinden könne und – »wie durch einen paradiesischen Zauberspruch« – vielleicht sogar seine Heimat und seine Eltern.

Kafka selbst ist nicht in der Lage, diese glücklichen Entwicklungen zu beschreiben. Der Roman bleibt, wie alle seine größeren Schöpfungen, einem geheimnisvollen inneren Gesetz folgend, Fragment. Gerade die Themen dieser Werke – Schuld und Sühne, menschliche Einsamkeit und das unfaßbare Rätsel des Obersten Gesetzes – verhindern ein Ende: sie sind ihrem Wesen nach und notwendigerweise endlos. Jedoch ist *Amerika* das einzige von Kafkas Romanfragmenten, auf dessen letzten Seiten eine zuversichtliche Stimmung vorherrscht. Der jugendliche Held verliert sich – Kapriolen schlagend wie ein Fohlen – in einer weiten, heroischen Landschaft. Sein tragischer Bruder und Schöpfer, Franz Kafka, schaut der behenden Figur zu, wie sie allmählich zwischen den riesigen Hügeln, Bäumen und Gebäuden immer kleiner wird. Schließlich wendet der Dichter seine schöne, umschattete Stirne ab und ruft ihm ein trauriges Adieu nach, voll von Zärtlichkeit und Verzicht.

Seine Reise in die Neue Welt hat ein Ende gefunden. Prags düstere Straßen haben ihn wieder: seine Heimat, sein Gefängnis, der vertraute Hintergrund seines Leidens. Die Stadt, starr und ernst, heißt den verlorenen Sohn willkommen. Die barocken Statuen, die Kathedralen, die geheimnisvollen Behausungen der Alchimisten, die Bibliotheken, die eigenartigen, süßlichen Gerüche des Ghettos, der melancholische Glanz der alten Schlösser – diese ganze wohlvertraute Schönheit, der wohlvertraute Schrecken empfangen ihn mit einem schwachen, unergründlichen Lächeln: Hier bist du nun – unser Sohn, unser Gefangener, unser Dichter; dies hier ist Europa – deine Fessel, dein Fluch und deine Liebe: Europa, deine bittere Liebe, die du ertragen und annehmen mußt. *Hier* mußt du weiter schreiben, weiter meditieren und beten; Gott suchen und ihn fürchten. *Hier* mußt du die Qualen deines religiösen Verfolgungswahns ertragen und deine dauernden Seelenängste in die spröde Schönheit deiner klaren Prosa verwandeln. *Hier* mußt du dienen und zugrunde gehen, um schließlich die dunkle Krone zu empfangen – den düsteren Ruhm deiner eigenen Zerstörung. Hier liegt, in der Mitte zwischen Ost und West, das Zentrum Europas, das blutende Herz des Kontinents – die glorreiche und schreckliche Bühne deiner Niederlagen und deiner zweifelhaften Siege. Beuge dein Haupt! Nimm dein Schicksal an! Du kannst ihm nicht entgehen.

Er versucht erst gar nicht, sich davor zu drücken. Er ist tapfer, dieser zarte, aber zähe Sproß einer alten, heldenhaften Rasse, erfahren in Leid, Demütigung und Ausdauer.

Er verkörpert das Drama und das Märtyrertum eines Juden, eines Europäers, eines Dichters und Propheten in dieser Zeit ohne Zuversicht. Er nimmt es gänzlich und ohne zu klagen an. Manchmal allerdings wandern seine liebevollen, traurigen Gedanken über den Ozean und besuchen diesen herumwandernden Jungen, den er geschaffen und dann dort zurückgelassen hat. Er sendet ihm seine Wünsche und Hoffnungen. Er möchte, daß Karl dort, in Traum-Amerika, tapfer ist – genauso tapfer wie sein älterer Bruder es an seinem Platz sein muß. Der Dichter und Prophet muß das auf ihm lastende Schicksal verherrlichen und analysieren; er ist gezwungen, sein Zwiegespräch mit einem verborgenem Gott fortzuführen – unermüdlich, geistreich, leidenschaftlich, verzweifelt und doch gläubig. Karl aber hat nur einfach zu leben – was auch keine leichte Aufgabe ist. Er muß in Amerika leben. Das ist eine besondere Chance. Sein Schöpfer hofft, daß er sich dessen würdig erweist. Er will nicht, daß er untergeht. Denn der Dichter, in all seinem Glanz und Elend, liebt aufs innigste seine unschuldige Schöpfung, seinen Lieblingstraum, seinen Erben.

Karl wird nicht untergehen. Er strauchelt, aber fällt nicht. Wir folgen eine Zeitlang seinem schnellen, doch unbestimmten Weg. Wir zittern, wenn er oft von bösen Mächten, unglücklichen Umständen oder seiner eigenen Zaghaftigkeit bedroht wird. Aber am Ende wird er beides überwinden, seine eigene Schwäche und die Härten einer unbekannten Welt. Wir vertrauen ihm. Er wird alles überstehen.

An ihm ist nichts Außergewöhnliches; er ist wie tausend andere Jungen, die aus Europa kommen, nur ein hungriger Bursche, der seinen Weg machen will oder wenigstens soviel verdienen möchte, daß er nicht verhungert. Er sieht genauso aus wie all die anderen. Er teilt mit ihnen die meisten Wesenszüge und Wünsche – einen gesunden Appetit und Lebenslust. Er tanzt gerne, schwimmt gerne und sieht sich gerne eine Revue an. Er mag Arbeit und Freizeit. Er ist voller Schwung, zuversichtlich und fröhlich, solange er ein Mädchen und einen Job hat. Er denkt wenig – vielleicht ein bißchen mehr als einige der anderen.

Es sieht schlimm aus, als er seinen Job und sein Mädchen verliert. Es macht keinen Spaß, die kalten Nächte auf einer Bank zu verbringen und den ganzen Tag ziellos durch die Straßen zu irren. Das deprimiert ihn. »Das Leben ist erbärmlich – hier genauso wie überall. Das ganze Gerede über Amerika, Demokratie und unbegrenzte Möglichkeiten – nur ein Haufen Lügen ... Und was für Möglichkeiten sich mir bieten! Ich halte es nicht aus, die anderen Kerle in Restaurants sitzen und mit Mädchen herumalbern zu sehen – und ich habe nichts zu essen und kein Mädchen. Ich hätte Lust, einen von ihnen zu töten, nur so zum Spaß. Ich möchte am liebsten den Polizisten dort drüben umbringen. Die Schlagzeilen der Morgenzeitungen wären mir sicher, und eine warme Mahlzeit, ein Glas Bier und der elektrische Stuhl. Man würde sich an meinen Namen erinnern – Karl Roßmann, der harte Bursche, der nur so zum Spaß einen Polizisten umbrachte. So wie es jetzt ist, bin ich ein Niemand, nur ein Vagabund. Wenn ich heute Nacht sterbe, kümmert es niemanden. Keiner macht sich Sorgen. Meine Leute in Europa haben mich auch vergessen. Sie glauben, ich hätte neue Freunde gefunden hier herüben. Aber ich habe keine Freunde. Dort drüben wäre ich vielleicht glücklicher. Man sagt, dort drüben wird man organisiert, erhält Befehle und weiß, was man zu tun hat ... Es kann schließlich nicht so schlimm sein – ein paar Juden zusammenzuschlagen oder ein paar Bomben zu werfen; immer noch besser, als hier herumzuhängen ...«

Aber er ändert seine Meinung. Er gibt die Idee auf, den Polizisten zu töten, Bomben zu werfen oder ein paar Juden zusammenzuschlagen. Tatsächlich schämt er sich später für all das. Er bekommt einen neuen Job. Er findet das Leben wieder ganz erträglich.

Er ist immer noch einsam: um so mehr, da er begonnen hat, ernsthafter nachzudenken. Doch zugleich weiß er, daß er nicht völlig allein ist. In ihm wächst nach und nach das Gefühl, zu einer Gemeinschaft zu gehören – zu einer weitläufigen und umfassenden Organisation, die noch nicht wirklich existiert, sich aber in einem aufregenden Entstehungsprozeß befindet.

Er beginnt zu lesen, zu beobachten, zu vergleichen und Schlüsse zu ziehen. Er weiß genau, daß der gegenwärtige Stand der Dinge in diesem Land – wie anderswo auch – ganz und gar nicht ideal, aber auch nicht völlig hoffnungslos ist. Er erkennt die wesentliche Tatsache, daß die Dinge nicht so bleiben können und sollen wie sie heute sind. Die Welt verändert sich stetig und ständig. Jetzt aber findet die Umformung beschleunigt statt und nähert sich rapide einem Höhepunkt. Es ist Karls Pech – oder sein großer Vorteil – daß er zufällig in einer Zeit von solch überragender Bedeutung lebt. Es ist eine Zeit größter Gefahr und größter Möglichkeiten: reich an Tragödien, reich an neuem Leben.

Es sind vornehmlich zwei geistige Strömungen, zwei Lösungen, die sich einer verwirrten und schmerzgeplagten Menschheit anbieten. Es scheint als habe die eine in den Ländern der Alten Welt triumphiert – wenigstens in den meisten. Die Jugend hat sich begeistern lassen von den neuen, prahlerischen und fanatischen Führern, die sich mit grandiosen Schlagworten und gespenstischer Pracht umgeben. Karl ist diese Art unheilvoller Verführung nur allzu vertraut. Eine Generation, die auf dem besten Wege ist, gefühllos und stumpfsinnig zu werden, folgt schließlich der schrillsten Stimme und den theatralischsten Gesten. Das Leben wird einfacher und doch erhebender. Vorher war es leer. Nun gilt es mitreißende Aufgaben auszuführen: den Ruhm von Führer und Vaterland zu vergrößern; die Überlegenheit der Rasse zu beweisen; minderwertige Völker zu besiegen; die Welt zu beherrschen ...

Die Welt beherrschen ... Und dann? Wenn das Universum mit dem nervtötenden Geschrei totalitärer Propaganda erfüllt und mit dem alles vernichtenden Mantel totalitärer Lügen bedeckt ist? Was wird dann geschehen? Mehr Kriege, noch mehr Zerstörung. Denn die unterjochten Rassen könnten sich mit der Zeit erheben. Es wird Sklavenaufstände geben, gefolgt von blutiger Bestrafung. Es wird keinen Frieden geben. Frieden ist nichts Heldenhaftes. Die glorreichen Sieger werden ihre Macht verteidigen und sie weiter ausbauen wollen. Aber am Ende werden sie übereinander herfallen. Denn die Welt gehört den Stärksten und Unbarmherzigsten.

Dies scheint eine ganz wunderbare Perspektive für einen beschäftigungslosen Jungen – solange er die Augen vor dem kolossalen Schwindel verschließt. Ein junger Mann, der wie Karl nachdenkt, kommt schließlich zu dem Ergebnis: Endloser Kampf bedeutet auch endlose Langeweile. Es gibt nichts Langweiligeres als unablässige Katastrophen. Die ständigen Drohungen, Prahlereien und Lügen werden in ihrer Monotonie unerträglich.

Karl besitzt genügend Vorstellungskraft, sich die Welt vorzustellen, die der Führer nach und nach erschaffen würde. Kein Spaß, kein Glaube, keine Wahrheit, keine Lieder, keine Unschuld, keine Kritik, kein Gesetz, keine Schönheit, kein klares Wort, keine Trauer, kein Abenteuer – und er fühlt sich abgestoßen. Fortgeschrittene Technologie – mißbraucht als Folterinstrument; absolute Befehlsgewalt – die absolute Erniedrigung befiehlt; das abgenutzte Herrschaftsprinzip – das Toleranz und Zusammenarbeit verdrängt. Der endgültigen Katastrophe, dem apokalyptischen Triumph der Vernichtung würde möglicherweise eine Zeit vollständiger Stagnation, kultureller Zerstörung und verzweifelter Stille vorausgehen. Die Verführung durch die heisere Stimme des Führers gleicht der düsteren Anziehungskraft des Todes auf fundamentale Weise.

»*Das ist nicht unser Weg*«, denkt Karl. Der amerikanische Weg muß anders sein. Er führt in die entgegengesetzte Richtung.

Und es wird ihm klar: In unserer geschrumpften Welt ist kein Platz für beide Richtungen – für ein freies Leben und für den mechanisierten Dschungel; für Zivilisation – und für Barbarei. Die beiden Prinzipien sind unvereinbar: sie schließen einander auf diesem so klein gewordenen Planeten aus. Eines von beiden wird besiegt werden; eines muß verschwinden – entweder er oder wir. Die Zeit der Entscheidung rückt näher. Dies ist die Stunde Null.

Es ist merkwürdig, daß sich ein kleiner, fremder und anonymer Vagabund, wenn auch nur in Gedanken, so ausdrücken sollte: »*unser* amerikanischer Weg ... « und »*wir* werden siegen ...«. Betrachtet er sich als Bürger dieses Landes? Betrachtet er sich als Repräsentant der amerikanischen Jugend? Keineswegs. Aber irgendwie hat er ein neues Bewußtsein gewonnen, neuen Stolz und neue Zuversicht. »Diese unamerikanischen Machenschaften werden auf lange Sicht nicht funktionieren«, sagt er zu einem Freund, während sie die neuesten Meldungen von den europäischen Kriegsschauplätzen studieren.

Der andere grinst: »Du klingst wie ein politischer Freibeuter. *Unamerikanisch.* Was weißt du denn schon davon? Du bist ein Ausländer ... Und dann dieses Durcheinander dort drüben in Europa«, fährt er fort und verleiht seinen Worten einen unheilvollen Unterton, »das geht uns nichts an – verstehst du? Sich in fremde Angelegenheiten einzumischen, *das* ist unamerikanisch.«

Was gibt es da für Karl noch zu sagen? Sollte er ihm erzählen, daß die Zivilisation eine unteilbare Einheit und Amerika ein Teil davon ist – ein bedeutender Teil, in der Tat ihr letztes unzerstörtes Bollwerk? Sollte er ihm einen Vortrag über die Torheit des »Isolationismus« halten? Oder sollte er ihm ein kürzlich in einer Zeitung entdecktes Gedicht laut vorlesen? *Es gibt keine Inseln mehr ...* Karl weiß, daß das die Wahrheit ist.

Der schreckliche Zerfall von Anstand und Gesetz »nicht unsere Angelegenheit«? Die Verteidigung eines gemeinsamen Erbes und einer gemeinsamen Zukunft für die gesamte zivilisierte Menschheit – bedeutet das »sich in anderer Leute Angelegenheiten mischen«? Die Solidarität freier, intelligenter Menschen gegenüber dem wütenden Angriff von Fanatikern aufrechtzuerhalten – kann dies ein Verrat an amerikanischen Traditionen sein? – Karl zuckt verächtlich die Schultern.

Die amerikanische Tradition ...: Langsam beginnt er die Kühnheit und Komplexität dieser Konzeption zu erfassen. Wenn er sonntags oder nach der Arbeit in die Bücherei geht, erfährt er etwas über diese Tradition in ihrem besten Sinn. Er liest Washington, Benjamin Franklin, Jefferson und Lincoln. Welch bescheidene Größe, welch stolze Entschlossenheit und vernünftige Zuversicht – das verkörpert also Amerika: nicht ein Traum-Amerika, sondern das echte Amerika; kein Eldorado und kein Paradies, sondern eine beachtliche, ermutigende menschliche Leistung, eine enorme Errungenschaft – oder besser gesagt, ein einzigartiges Versprechen an die Menschheit.

Ewiger Fortschritt, der Kosmos und die Berichte der Neuzeit ... Dies also ist Leben und dies also trat nach soviel Wehen und Kämpfen zutage! Wie seltsam! Wie wirklich!

Diese Stimme – der beflügelte und machtvolle Rhythmus des größten Dichters Amerikas berühren den einsamen Leser mehr als alle anderen Appelle. Dieses Lied der Lieder einer *athletischen Demokratie,* diese rhapsodische Aufzählung all ihrer Schönheiten, dieses ekstatische Lob ihrer technischen Errungenschaften, ihrer Kämpfe, Bekenntnisse und Triumphe: das Werk Walt Whitmans hat Karl Roßmann das umfassendste Wissen und das tiefgreifendste Verständnis für die wahre amerikanische Tradition vermittelt.

Ich höre den Gesang Amerikas; höre seine mannigfachen Hymnen ...
Amerika auf ewig!

Dieser Patriotismus ist grenzenlos, allesumfassend, nicht engstirnig und arrogant. Diese Liebeserklärung ist an die gesamte Menschheit gerichtet – ein Gruß an die Welt – eine begeisterte Huldigung an alle Menschen: vorausgesetzt sie sind wirklich menschlich ... *Ich singe den Körper elektrisch ...* Karl, der unbekannte Fremde, fühlt sich in diese große und ungestüme Umarmung eingeschlossen. Er wird aufgenommen in eine weitläufige Bruderschaft, martialisch und zärtlich zugleich.

Americanos! Eroberer! Märsche der Menschheit! Vorderste! Jahrhundertmärsche! Libertad! Massen!

Das ist ein Kriegsruf – ein weiterer, wuchtiger Abschnitt des »triumphierendsten aller Gedichte«. Der überschwengliche Menschenfreund entbehrt nicht des Kampfgeistes: seine übergroße Sympathie kann sich in donnernde Wut verwandeln. Er ist freundlich, großherzig und liebevoll – jedoch nicht nachlässig; tolerant – aber nicht nachgiebig. Er vermag zwischen gut und böse zu unterscheiden. Er ist wachsam. Er nimmt Herausforderungen an und weiß zu kämpfen.

Oh, ich glaube, es gibt nichts Wirkliches außer Amerika und der Freiheit! Oh, nichts zählt außer der Demokratie ...

Der junge Leser in der Bücherei ist bereits intellektuell soweit geschult und emotional genügend vorbereitet, um diesen gewagten Aufschrei nicht mißzuverstehen. Außer Amerika existiert nichts Reales, denn *the American Way* umfaßt die Gesamtheit aller Ideale und Lehren im Streben nach menschlichem Fortschritt und nach ständiger Vervollkommnung menschlicher Würde; denn der echte Amerikanismus steht in krassem Gegensatz zum Nationalismus. Er beinhaltet in reichem Maße die Hoffnungen und das kreative Bestreben des modernen Menschen. Er enthält das Versprechen und den Anfang einer übernationalen Organisation menschlichen Lebens.

Karl sitzt sehr aufrecht an seinem kleinen Lesepult. Ein seltsames Lächeln, feierlich, konzentriert und fröhlich, liegt auf seinem vor Stolz und Entschlossenheit glühenden Gesicht. Keiner sollte es mehr wagen, seine Mitgliedschaft in der großen amerikanischen Gemeinschaft in Frage zu stellen. Spielt es eine Rolle, ob seine Papiere in Ordnung sind? Oder ob er den richtigen Paß besitzt? Denn Karl Roßmann hat sich entschlossen, nicht mehr vorsichtig und diplomatisch zu sein. Es ist nicht die Zeit für behutsame Worte. Jetzt heißt es direkt sein: Das ist die letzte Chance für die Wahrheit.

Zu jedem, der ihm ein »Ausländer!« entgegenhielte, würde Karl sagen:

Wie kann es Fremde geben, wenn es keine Inseln mehr gibt? Es gibt nur eine Zivilisation, und wir alle leben in ihrem Schutz. Du und ich können immer noch ein Buch lesen, fliegen lernen, ein Mädchen heiraten, das wir mögen, mit Leuten streiten, die wir nicht mögen, einer Gewerkschaft beitreten, diskutieren, verbessern, protestieren und spielen – so lange wir von der Zivilisation beschützt werden. Es mag eine schlechte Zivilisation sein, aber sie ist besser als gar nichts. Und wenn sie zugrunde geht, bedeutet dies das Ende.

Das Ende für die ganze Welt, einschließlich dieses Landes – verstehst du? Oder glaubst du, Amerika ist tabu, eine heilige Oase der Demokratie? Narr!

Demokratie ist kein Ölgötze, den man in einen Schrein stellt und in einer Kirche anbetet, sondern eine öffentliche Flamme und ein Ziel, eine andauernde Bewegung und ein revolutionärer Vorgang. Demokratie kann man nicht kaufen wie ein Auto oder einen Kühlschrank. Man kann nicht für Demokratie bezahlen, indem man ein paar Billionen Dollar für ihre Verteidigung ausgibt. Was ist Demokratie ohne die Leidenschaft, die begeisterten Anstrengungen und die gläubige Vorstellungskraft von Millionen Männern und Frauen? Was ist eine Demokratie, die, wie ein Feigling, ihre eigene Tradition, ihre Grundwerte um eines momentanen Vorteils willen im Stich läßt? Was ist eine Demokratie ohne Visionen, Stolz, Mut und Entschlossenheit? Was ist eine Demokratie wert, die dem weltweiten Triumph der Barbarei zusieht, wie ein unbeteiligter Beobachter einem Straßenkampf von seinem Fenster aus?

Siehst du es denn nicht? Der Himmel ist voller schwarzer Wolken. Hörst du denn nicht diesen dumpfen, unheilverkündenden Lärm? Das ist kein Straßenkampf, sondern ein Erdbeben – fühlst du es denn nicht? Alles erzittert, stürzt und fällt zusammen. Es gibt keine Sicherheit, keine Isolation. Es existiert kein Unterschied mehr zwischen fremd und nicht fremd. Es gibt nur noch Menschen, die versuchen, die Katastrophe aufzuhalten – und andere, die zu feige oder zu unwissend sind, zu begreifen, was sie erwartet ...

Ich bin kein Fremder. Ich bin vor einiger Zeit hierhergekommen, ohne Geld, ohne Freunde und ohne Ruhm. Amerika war groß, eigenartig und ziemlich beängstigend. Ich fing an, Amerika zu lieben, als die Lüfte der Freiheit mein Gesicht liebkosten. Ich überwand meine Furcht, als mir die Freiheitsstatue mit ihrem blitzenden Schwert Mut zuwinkte.

Ist es ein Traum-Amerika, das ich gesehen, geliebt und an das ich geglaubt habe? Aber Millionen Männer und Frauen hegen den gleichen Traum. Ich bin einer von ihnen. Wir leben zusammen, arbeiten zusammen und kämpfen vielleicht Seite an Seite. Wir siegen oder gehen gemeinsam unter – die unbekannten Opfer, die unbekannten Helden, die unbekannten Soldaten. Unsere Namen und Leiden wird man vergessen. Aber unsere Träume dürfen nicht zerrinnen.

Ich biete euch alles an, was ich habe – meinen Mut, meine Ausdauer und meinen Glauben. Wenn ihr mein Leben wollt – ihr könnt es haben. Es würde seinen Wert verlieren, gelänge es dem todbringenden Feind, unseren Traum zu zertreten und dieses Land, von außen oder von innen, zu verwüsten. Und wenn ihr kämpfen werdet, möchte ich ebenso tapfer sein wie ihr. Eure Schande möchte ich nicht überleben. Und ich möchte ebenso wenig an eurem Triumph teilhaben, ohne euer Leid geteilt zu haben.

Denn ich bin weder *berühmt* noch ein *Besucher.* Jetzt ist nicht der geeignete Zeitpunkt, Besuche zu machen: es ist Zeit, Stellung zu beziehen.

Möge ich die richtige Seite gewählt haben – das muß nicht diejenige sein, die leicht gewinnt, sondern die, welche den Sieg verdient. Ich wünsche mir keine andere Auszeichnung.

ANHANG

EINIGE
BIOGRAPHISCHE ERGÄNZUNGEN

Zusammengestellt von Heribert Hoven

FRIEDERIKE CHARLOTTE LUISE RIEDESEL, geb. von Massow, Freifrau zu Eisenbach, heiratete 1762, mitten im Siebenjährigen Krieg, sechzehnjährig den in braunschweigischen Diensten stehenden Oberstleutnant Friedrich Adolph von Riedesel. Dieser bekam 1775 den Befehl, 5723 Soldaten nach Amerika zu führen, wo die britische Regierung sie als deutsche Hilfstruppe gegen die aufständischen Kolonien einsetzte. Dem Braunschweiger Herzog Karl I. brachte das Subsidiengeschäft, wie man den Menschenhandel nannte, zwei Millionen Taler ein. Ein Leben lang an militärische Disziplin und soldatische Lebensweise gewöhnt, folgte Friederike, nur kurzfristig durch eine Schwangerschaft zurückgehalten, ihrem Mann gemeinsam mit ihren drei Kindern nach in eine sieben Jahre dauernde Odyssee durch Feindesland und Kriegsgefangenschaft. Am 17. Oktober 1777 erlebte sie in dem verwüsteten Ort Saratoga nach einer sechstägigen Kanonade ein Stück Weltgeschichte: Die Kapitulation des englischen Generals John Bourgoyne, als Lebemann wesentlich erfolgreicher denn in seinen militärischen Operationen, veranlaßte Frankreich, die Unabhängigkeitsbestrebungen der Amerikaner zu unterstützen.

Friedrich Adolph von Riedesel starb 1800, nachdem er auch in den französischen Revolutionskriegen eingesetzt worden war. Seine Frau verstarb im Alter von 62 Jahren am 29. März 1808 in Berlin.

Die Erinnerungen Friederikes, zunächst nur für die Familie niedergeschrieben, wurden im Jahre 1800 in Berlin veröffentlicht.

FRANÇOIS RENÉ VICOMTE DE CHATEAUBRIAND, geboren am 4. September 1768, entstammte einem alten Adelsgeschlecht. Beeinflußt von Rousseau, befürwortete er den Freiheitsgedanken der Französischen Revolution, lehnte aber deren blutige Eskalation ab. Im Frühjahr 1791 floh er vor der Revolution nach Amerika. Er bereiste den heutigen Staat New York, wo er auf Indianer traf und – vielleicht – die Niagarafälle besichtigte: Seine unter dem Titel *Reise nach Amerika* (1827) veröffentlichte Beschreibung des Mississippi und des Natchez-Gebietes beruht auf den Berichten früherer Reisender, eine Begegnung mit Washington ist erfunden. Im Dezember 1791 kehrte er nach Frankreich zurück. Unter Napoleon und dessen Nachfolgern erlebte er eine wechselvolle politische Karriere, zunächst als Botschafter und dann sogar als Außenminister. 1830 zog er sich aus der Politik zurück und starb 1848 in Paris.

Mit seinem literarischen Werk gilt er heute als der einflußreichste Vertreter der Frühromantik. In seinen exotischen Reiseberichten – *Atala* (1801), *René* (1802), *Die Natchez* (1826) – spiegelt sich kaum die Wirklichkeit wider; angesichts der untergehenden Indianerkultur überläßt sich Chateaubriand vielmehr melancholischen Träumereien, in denen er den Verlust des Naturzustandes beklagt.

HARRIET MARTINEAU, 1802 in Norwich, England, geboren, schrieb bereits mit 17 Jahren für die Unitarier-Zeitschrift *Monthly Repository*. Ihr Einsatz für soziale Reformen brachte sie in Kontakt zu dem Sozialökonomen Thomas Malthus und den Dichtern William Wordsworth und Thomas Carlyle. 1834 und 1835 besuchte sie die USA, wo sie zur entschiedenen Gegnerin der Sklaverei wurde. 1837 veröffentlichte sie *Society in America* und 1838 *Retrospect of Western Travel*. Sie schrieb Märchen, Reiseberichte über den Nahen Osten und philosophische Abhandlungen. Harriet Martineau starb 1876.

FANNY KEMBLE (1809–1893) entstammte einer berühmten englischen Schauspielerfamilie. 1832 begleitete sie ihren Vater auf eine Tournee durch Amerika. 1834 beendete die talentierte Tragödin ihre Theaterkarriere und heiratete den Plantagenbesitzer Pierce Butler. Schockiert von der Wirklichkeit der Sklaverei, trennte sie sich 1848 von ihrem Ehemann. Mit ihrem 1863 veröffentlichten *Journal of a Residence on a Georgian Plantation* beeinflußte sie wesentlich die Haltung der Briten gegenüber dem Amerikanischen Bürgerkrieg.

EINIGE BIOGRAPHISCHE ERGÄNZUNGEN

FRANCES (FANNY) WRIGHT (1795–1852) war eine bekannte schottische Frauenrechtlerin, die zwischen 1818 und 1820 die USA besuchte und 1821 darüber das Buch *Views of Society and Manners in America* publizierte. 1824/25 begleitete sie Lafayette, den französischen Staatsmann und Helden aus dem amerikanischen Unabhängigkeitskrieg, auf dessen triumphaler Amerikareise. Sie kaufte Sklaven und ließ sie als Freie auf ihrer Farm arbeiten. Später geriet sie unter den Einfluß des fortschrittlich gesinnten Sozialpolitikers und Begründers der englischen Genossenschaften Robert Owen und wurde die erste weibliche Vortragsreisende Amerikas.

FRANCES MILTON TROLLOPE (1780–1863). Weil ihr Ehemann für eine ernsthafte Arbeit ungeeignet war, mußte die Mutter von sieben Kindern durch Schreiben den Familienunterhalt verdienen. 1827 wanderten die Trollopes nach Amerika aus. Da ihnen auch dort alle wirtschaftlichen Unternehmungen fehlschlugen, kehrten sie 1831 nach Europa zurück. Frances Trollope (bei Klaus Mann fälschlich: Fanny Trollope) schrieb ihren Erfahrungsbericht *The Domestic Manners of the Americans*, der lange Zeit das britische Amerikabild prägte. Zwei ihrer Söhne, Thomas Adolphus und Anthony, wurden gleichfalls Schriftsteller.

ADELBERT VON CHAMISSO (1781–1838). Die Französische Revolution vertrieb die Chamissos aus ihrem Schloß Boncourt in der Champagne. Charles Louis Adelaide, der sich Adelbert nannte, floh 1789 nach Deutschland. Seine Erfahrung der Heimatlosigkeit spiegelt sich in *Peter Schlemihls wundersame Geschichte* (1813) wider. 1815 bis 1818 nahm Chamisso an einer russischen Expedition teil, die ihn um die Welt führte und über die er in *Bemerkungen und Ansichten auf einer Entdeckungsreise* berichtete. Zur wissenschaftlichen Begleitung gehörten der Zoologe Johann Friedrich Eschscholtz und der Maler Ludwig Choris.

LOLA MONTEZ wurde als Eliza Gilbert 1820 oder 1821 in Irland geboren. Für ihren ersten Bühnenauftritt als Tänzerin wählte sie den Namen Donna

Lola Montez. Sie bereiste ganz Europa; als »fleischgewordene Ketzerin« sorgte sie in der biedermeierlichen Welt mit ihrem frivolen, provozierenden Auftreten für erhebliche Skandale. Ihre Affäre mit Ludwig I., der sie zur Gräfin von Landsfeld erhoben hatte, endete mit der Abdankung des Königs. Die Tänzerin wanderte im Spätherbst 1851 in die USA aus, wo sie im Jahre 1858 ihre Autobiographie veröffentlichte: *Lectures of Lola Montez*. Lola Montez starb als gottergebene Büßerin, wie ihr geistlicher Fürsorger, Reverend F. L. Hawks, versicherte, 1861 in New York. Ihr Grab liegt in Brooklyn.

JENNY LIND (1820–1887), Sopranistin. Die weltberühmte »Schwedische Nachtigall« lebte zwischen 1850 und 1856 in den USA, wo sie, unter Leitung von P. T. Barnum, zahlreiche Konzerte gab.

RACHEL (1820/21–1858), als Elisa Félix in der Schweiz geboren, glänzte in den klassischen Rollen des französischen Theaters. Sie unternahm mehrere Tourneen rund um die Welt, im Jahr 1855 spielte sie in den Vereinigten Staaten.

FANNY ELSSLER (1810–1884) österreichische Ballerina, die mit ihren folkloristischen Tänzen in den Jahren 1840 bis 1842 auch in den USA großes Aufsehen erregte.

SARAH BERNHARDT, 1844 in Paris als Tochter einer holländischen Jüdin geboren, war für die Gesellschaft der Belle Époque, vor allem aber für die Dichter, Maler und Dandys der Boheme die Inkarnation der Femme fatale. Als gefeierter Star der Comédie Française unternahm sie ab 1880 insgesamt acht triumphale Tourneen durch Amerika. Das Repertoire ihrer Rollen, in denen sie auch immer sich selbst spielte, war ebenso weit gefächert wie die Anzahl ihrer skurrilen Marotten, von denen Klaus Mann ein sehr zuverlässiges Bild entwirft. Sie starb 1923.

Peter Iljitsch Tschaikowski wurde 1840 in Wotkinsk, Ural, geboren. 1854 starb seine Mutter an Cholera. Ab 1863 begann er während seines Jurastudiums mit dem Komponieren. Die wohlhabende Witwe Nedeshda von Meck, Schwiegermutter einer Nichte Tschaikowskis, unterstützte den Komponisten finanziell. Aufgrund seiner homosexuellen Neigungen kam es zu keiner engeren Beziehung. Obwohl sie in einem regelmäßigen Briefwechsel standen, haben sich die beiden nie gesehen. Kurz vor seiner Amerikatournee im Jahre 1891 kündigte Frau von Meck ihm überraschend die Freundschaft und entzog ihm die finanziellen Mittel. Tschaikowski dirigierte in New York, Philadelphia und Baltimore. 1893, in dem Entstehungsjahr der *Symphonie pathétique*, erlag er in St. Petersburg der Cholera.

Antonín Dvořák wurde 1841 in Nelahozeves (Mühlhausen) geboren und absolvierte eine Ausbildung als Metzger. Mit 20 Jahren entdeckte er seine musikalische Begabung. 1888 begegnete er Tschaikowski in Prag. Als gefragter Dirigent reiste Dvořák durch ganz Europa. Von 1892 bis 1895 leitete er das National Conservatory in New York. Den Sommer 1893 verbrachte er in der von Klaus Mann beschriebenen Idylle von Spillville, Iowa, wo er das *Streichquartett in F-Dur* und das *Streichquintett in Es-Dur* komponierte. Nach einem Dirigentengastspiel bei der Weltausstellung in Chicago wurde am 16. Dezember 1893 in der New Yorker Carnegie Hall die *Symphonie in e-Moll – Aus der neuen Welt* mit großem Erfolg uraufgeführt. 1904 starb Dvořák in Prag.

Lajos Kossuth (1802–1894). Als Journalist setzte sich der Jurist für bürgerliche Freiheiten und soziale Reformen ein. 1847 wurde er als Führer der Opposition in den ungarischen Landtag gewählt. Unter dem Eindruck der liberalen Revolution in Europa erklärte er 1849 Ungarns Unabhängigkeit von Habsburg, die jedoch nicht von langer Dauer war. Vor den österreichischen und russischen Truppen mußten er und seine Anhänger in die Türkei fliehen. 1851 brachte eine amerikanische Fregatte Kossuth in die USA, wo ihm trotz des triumphalen Empfangs eine militärische Hilfe gegen den österreichischen Kaiser Franz Joseph verweigert wurde. Kossuth starb im Turiner Exil.

Georges Benjamin Clemenceau (1841–1929), geboren im französischen Mouilleron-en-Pareds, studierte zunächst Medizin, verfolgte aber gleichzeitig philosophische und literarische Interessen. Im 2. Kaiserreich wurde er wegen seiner republikanischen Einstellung mehrfach verhaftet. Seit 1876 als Radikalsozialist Mitglied der Deputiertenkammer. In der Tradition des französischen Laizismus forderte er die strikte Trennung von Kirche und Staat. 1917 bis 1920 als Ministerpräsident mit diktatorischen Vollmachten ausgestattet, trat der »Tiger«, überzeugt von der Kriegsschuld Deutschlands, für harte Friedensbedingungen ein.

In den Jahren 1865 bis 1868 lebte Clemenceau in den USA, wo er für französische Zeitungen schrieb und an einer Mädchenschule in Connecticut Französisch unterrichtete. Die Ehe mit Mary Plummer, einer seiner Schülerinnen, dauerte sieben Jahre.

Leo (Lew) Trotzki, 1879 in Rußland geboren, war seit 1898 ständigen Verfolgungen durch die zaristische Polizei ausgesetzt. Er lebte lange Zeit im europäischen Ausland und wurde 1916 aus Spanien ausgewiesen. Am 13. Januar 1917 traf er zusammen mit seiner Familie in den USA ein. Nach der Februarrevolution kehrte er im März nach Rußland zurück und wurde neben Lenin der zweite charismatische Führer der Bolschewiki, für die er die Rote Armee organisierte und die Theorie von der permanenten Revolution entwickelte. 1929 wurde er von Stalin ins Exil getrieben. Alle Kinder Trotzkis starben unter mysteriösen Umständen. 1940 wurde Trotzki von einem GPU-Agenten in Mexiko ermordet.

Tomáš Garrigue Masaryk, 1850 in Hodonin, Südmähren, als Sohn eines Kutschers geboren, studierte Philosophie in Wien und lernte bei einem Aufenthalt in Leipzig die amerikanische Musikstudentin Charlotte Garrigue kennen, die er 1878 heiratete. Ab 1882 war Masaryk Philosophieprofessor in Prag und seit 1897 als Vertreter der Realistenpartei Mitglied des Wiener Parlaments. Gemeinsam mit Beneš und General Stefanik organisierte er später den politischen Kampf gegen Österreich-Ungarn. 1917 rekrutierte er in Rußland eine tschechoslowakische Freiwilligenarmee und führte sie über Sibirien und Amerika, wo es zu der von Klaus Mann beschriebenen denkwürdigen Unterredung mit Wilson kam, nach Frankreich an die Westfront. In den USA erhielt er auch die Nachricht, daß er zum ersten Präsidenten der neuen Tschechoslowakischen Republik gewählt worden war. Masaryk starb 1937, in dem Jahr, in dem Klaus Mann die tschechoslowakische Staatsbürgerschaft erwarb.

HERMAN JOACHIM BANG wurde am 20. April 1857 in Adserballe auf der dänischen Insel Alsen geboren. Die schwindsüchtige Mutter starb bereits 1871, der geisteskranke Vater 1875. Verfall und Resignation bestimmen Bangs Werke: *Hoffnungslose Geschlechter* (1880), *Am Wege* (1886), *Tine* (1889), *Das weiße Haus* (1898), *Das graue Haus* (1901), *Michael* (1904), *Die Vaterlandslosen* (1905). Die eigene Situation als Homosexueller schärfte seinen Blick für Außenseiter. Wegen ihrer Freizügigkeit wurden seine Bücher zeitweilig beschlagnahmt. Den Nazis galt er als dekadent, seine Werke waren im Dritten Reich verpönt. Bang verstarb auf einer Reise durch die Vereinigten Staaten am 29. Januar 1912 im Krankenhaus von Ogden, Utah.

IVAR KREUGER, 1880 in Kalmar, Schweden, geboren, gründete 1908 mit Paul Toll die Kreuger & Toll AG und 1917 die Svenska Tändsticks AG, welche mit ihren zahlreichen Tochtergesellschaften rund drei Viertel des Weltmarkts für Zündwaren beherrschte. Seit 1931 wurden Unregelmäßigkeiten beim Erwerb der Monopole bekannt, die zum Zusammenbruch des Konzerns führten. Ivar Kreuger, der einstige »Streichholzkönig«, beging am 12. März 1932 Selbstmord. Torsten, sein Bruder, versuchte nach dem Zweiten Weltkrieg den Nachweis zu führen, daß Ivar einem Mordkomplott schwedischer Banken zum Opfer gefallen sei.

ELEONORA DUSE beherrschte zusammen mit ihrer großen Konkurrentin Sarah Bernhardt das Theater der Jahrhundertwende. 1859 in eine Schauspielerfamilie geboren, stand sie seit dem vierten Lebensjahr auf der Bühne. 1890 gründete sie ihre eigene Theatergruppe und ging mit ihr auf Tournee durch Europa und die USA. 1897 lernte sie den um vier Jahre jüngeren D'Annunzio kennen, dessen Stück *Francesca da Rimini* (1902) sie zum Erfolg verhalf. Der Dichter, ein entschiedener Parteigänger Mussolinis, beschrieb die Liebesaffäre in dem Roman *Feuer* (1900). 1909 zog sich die Duse vom Theater zurück. Finanzielle Gründe bewogen sie jedoch zu einem Comeback. 1923 spielte sie in New York ihre Lieblingsrolle, Ibsens *Frau vom Meer*. Ihre Fähigkeit, sich ganz der Rolle unterzuordnen, war Vorbild für das moderne amerikanische Theater. Sie starb auf einer Tournee am 21. April 1924 in Pittsburgh.

KARL MAY (1842–1912). Mit seinen fiktiven Ausflügen in die abenteuerverdächtigen Länder des Orients und Amerikas prägte der Dichter und Hochstapler aus Radebeul die Phantasie ganzer Generationen. In den neunziger Jahren – auf dem Höhepunkt seiner Popularität – identifizierte er sich mit den Helden seiner »Reiseromane«. Einen Skandal gab es, als 1904 seine Vorstrafen bekannt wurden. Erst mit 62 Jahren reiste er ein einziges Mal und nur für vier Wochen nach Amerika, wo er zusammen mit seiner zweiten Frau Klara u. a. New York, Albany, Pittsfield, Buffalo und Toronto besuchte.

Die Exilanten reagierten widersprüchlich auf den Mann, der so augenfällig die deutsche Seele und deren Hang zum Eskapismus verkörperte. Ernst Bloch, Egon Erwin Kisch und Carl Zuckmayer traten vehement für ihn ein, für viele jedoch war er durch das Votum eines anderen, weitaus gefährlicheren Traumtänzers diskreditiert: durch Adolf Hitler, der in Winnetou das »Musterbeispiel eines Kompaniefführers« sehen wollte.

JEAN COCTEAU (1889–1963), französischer Dichter von proteushafter Vielseitigkeit und Freund Klaus Manns. 1936 unternahm Cocteau zusammen mit Marcel Khill eine Weltreise, um Jules Vernes *In 80 Tagen um die Welt* zu verwirklichen. Von den Ländern nahmen die beiden allerdings nur wenig wahr. Über seine Erfahrungen berichtete Cocteau in der Zeitschrift *Paris-Soir*. 1937 veröffentlichte er die Reportagen auch als Buch: *Mon premier voyage*.

Franz Kafka (1883–1924). Für seinen Amerika-Roman, dessen Eingangskapitel *Der Heizer* 1913 erschien, plante Kafka den Titel »Der Verschollene«. Kafkas Onkel Alfred hatte 1905 Amerika besucht und Ansichtskarten geschickt, mehrere Neffen wanderten dorthin aus. Außerdem las Kafka das Reisebuch Arthur Holitschers *Amerika heute und morgen* (1912).

Klaus Mann folgt in seiner Einschätzung des Fragments wesentlich Max Brods Nachwort zur ersten Ausgabe von 1927. Während Thomas Mann im Sommer 1940 Alfreds Knopfs Ausgabe von Kafkas *Schloß* einleitet, verwendet Klaus Mann das Kapitel *Dream America* aus *Distinguished Visitors* für sein Vorwort zur New-Directions-Ausgabe von *Amerika*, die ebenfalls 1940 erschien. Es ist bis heute das einzige Buch, mit dem in den USA eine breitere Leserschicht den Namen Klaus Mann verbindet.

Klaus Manns Abschrift des Goethe-Gedichts *Amerika, du hast es besser*
und das Typoskript der Übertragung

```
America, your lot is better
Than ours with all our ancient faults;
No castle ruins there to fetter,
And no basalts.
Your heart keeps direction
Mid your quivering life;
No vain recollection,
No profitless strife.

Employ with skill your present days,
And when your sons seek poet's glories,
May kindly fate preserve their lays
From mysteries and pale ghost-stories.

                                  Goethe.
```

NACHWORT

Bis in die letzten Stunden seines Lebens suchte Klaus Mann auf nahezu manische Weise menschliche Kontakte. Über den halben Erdball hinweg knüpfte er ein dichtes Geflecht persönlicher Beziehungen. Immer wieder verband er sich in seinen Werken auch mit historischen Figuren und schuf so eine Lebensbühne, auf der er atemlos agierte, in einem Spiel, das ihn kaum anders denn als flüchtige Erscheinung kannte. Lediglich während einer kurzen Periode des Exils schien er, in paradoxer Umkehrung der Weltverhältnisse, einen Ruhepunkt erreicht zu haben, der Aussicht auf eine tragende Rolle versprach: Zum einen stellte sich eine bedeutungsvolle Aufgabe, nämlich der Kampf gegen die Hitler-Barbarei, zum anderen bot sich dem Heimatlosen ein Ziel, die Integration in die amerikanische Gesellschaft als Bürger und Künstler. Und in beiden Fällen war er seinem väterlichen Rivalen ein kleines Stück voraus. *Distinguished Visitors* ist ein Zeugnis dieser Überlebensstrategie, das Schicksal des Textes zugleich ein Dokument ihres Scheiterns.

»Die Geschichten der ›erlauchten Gäste‹ sollten teils unterhaltsame Novellen, teils essayistische Porträts sein.« So beschrieb Klaus Mann am 22. November 1939 sein neuestes Projekt gegenüber Ferris Greenslet, dem Lektor des Bostoner Verlages Houghton Mifflin, wo gerade eben, im Frühjahr 1939, mit einigem Erfolg Erika und Klaus Manns fulminantes Emigranten-Epos *Escape to Life* erschienen war.

Es wirft ein bezeichnendes Licht auf die prekäre persönliche und künstlerische Situation des Exils, wenn der international bekannte Autor werbend hinzufügen mußte: »Ich habe diese Verschmelzung des erzählerischen und des analytischen Stils immer für eine meiner ›literarischen Spezialitäten‹ gehalten ... Gewisse Abschnitte von *Escape to Life* dürften Sie davon überzeugen, daß ich in dieser Art des Schreibens nicht ganz unerfahren bin. Vielleicht gibt es eine geistige Verwandtschaft – wenngleich natürlich keine unmittelbare Ähnlichkeit – zwischen dem Thema von *Distinguished Visi-*

tors und dem Stoff von *Escape to Life*.« – Was er mit *Escape to Life* eingeleitet hatte, die Begegnung zweier Kulturen, hoffte er nun fortsetzen zu können. Die Berichte über die Besucher aus dem alten Europa sind Klaus Manns Gastgeschenk an die Neue Welt. Zugleich wagt er mit der Übernahme der amerikanischen Sprache den entscheidenden Schritt, um den Kontinent für sich selbst zu entdecken.

Amerika hatte der älteste Sohn Thomas Manns bereits 1927 zusammen mit der Schwester Erika besucht, und noch bevor Hitlers Truppen fast ganz Europa überrannten, wählte er die Staaten zum endgültigen Aufenthaltsort. Mit dem Kriegsausbruch, den das Tagebuch als »finalen Eclat« wertet, zog er auch einen persönlichen Schlußstrich unter seine deutsche Herkunft (»immer ferner, ferner, gleichgültiger«, Tagebucheintragung vom 15. März 1940).

Konsequent mied er zu dieser Zeit die Ausflüge in die Scheinwelt der Drogen, er ging auf Distanz zu den völlig zerstrittenen Emigrantenkreisen und plante eine Zeitschrift mit dem programmatischen Titel *Decision*. Im Gegensatz zu vielen Schicksalsgenossen entschloß er sich, mit der Nationalität auch die Sprache zu wechseln. Schon während seiner zahllosen Lecturer-tours, die ihn kreuz und quer durch den Kontinent führten, hatte Klaus Mann wichtige Orte der amerikanischen Vergangenheit besichtigt und viele der Plätze aufgesucht, die eine zentrale Bedeutung für europäische Besucher haben. Im Herbst 1939 mietete er, der sonst immer nur in Hotelzimmern lebte, in New York eine Wohnung (111 East 39th Street). In der nahe gelegenen New York Public Library vertiefte er sich in historische Bücher, Akten und Zeitungen. Ausleihscheine in seinem Nachlaß zeugen von der intensiven Quellenarbeit. Einen ›patriotischen‹ Schub löste wohl ebenfalls ein Besuch im Weißen Haus (12. Mai 1939) aus. Während er sich auf der Eisenbahnfahrt nach Washington noch an eine entsprechende Szene aus Herman Bangs Roman *Die Vaterlandslosen* erinnert fühlte, schüttelte er Roosevelt, der vor der Bildgalerie seiner Vorgänger thronte, ergriffen die Hand. Die Präsidenten der USA, beginnend mit George Washington, verknüpfen dann auch leitmotivisch sämtliche Kapitel des Buches, das Klaus Mann im Herbst 1939 zu schreiben begann.

Den amerikanischen Leser, bei dem er ein gewisses Interesse an sensationellen Geschichten sowie »melancholischen Schicksalen« (Tagebuch vom

12. Januar 1939) aus der Alten Welt vermutete, wollte er gewinnen. Obwohl dies mißglückte, eroberte er sich mit *Distinguished Visitors* seine eigene Neue Welt. Mit essayistisch abgerundeten Novellen, in denen der Autor bisweilen als Kommentator auftritt, entwirft er ein Breitwandpanorama Amerikas, wie es sich, und dies war das Neuartige, »berühmten Besuchern« bot. Während sich in Europa die Nationen anschickten, übereinander herzufallen, besann sich der Europa-Flüchtling auf eine Nation, die trotz ihrer schmerzhaften Geburtswehen bis heute nichts an Anziehungskraft verloren hat. Klaus Mann, dem vielfach Oberflächlichkeit vorgeworfen wird, entwickelte einen regen antiquarischen Spürsinn. Es sind kaum die »Sternstunden«, die sein Interesse weckten. Aus der umfangreichen Liste der Amerika-Reisenden strich er illustre Persönlichkeiten, wie z.B. Napoleon III., Oscar Wilde, Caruso und Nijinsky, als »sattsam bekannt«. Statt dessen förderte er längst vergessene, doch gleichwohl erinnernswerte Namen zutage, deckte die kleinen Schwächen und die grotesken Fehler der Großen auf und erinnerte an rasch verdrängte Tragödien, die, wie etwa die Schrecken des Bürgerkriegs, trotz allem den Treibsatz bildeten für eine gerechtere und freiere Gesellschaft. Geschickt entgeht er dem Musealen, indem er dokumentarisches Material und fiktive Biographie verquickt, zu Szenen von hintergründiger Ironie oder gar zu einem großangelegten Schlachtenszenario; eine lebensnahe Mischung, die neugierig und nachdenklich macht, weil die Historie als menschliches Ereignis erfahrbar wird.

So begegnen wir einer deutschen Aristokratin, die mitsamt den Kindern ihrem Mann folgt, der im Dienste der englischen Krone gegen die aufständischen Kolonien kämpft. Als die mutige, aber völlig ahnungslose Baronin Riedesel in die Gefangenschaft der vermeintlich halbwilden Farmer gerät, überrascht sie die noble Gesinnung der Sieger, deren Unabhängigkeitswillen aus dem Land geboren scheint, das sie bewohnen. Nicht nur in dieser Episode appelliert *Distinguished Visitors* mit Blick auf die drängende Exilproblematik an die alte Tradition amerikanischer Gastfreundschaft. Das Kapitel *Die großen Kämpfer* stellt »Staatsmänner aus Europa« vor, Kossuth, Clemenceau, Trotzki, Masaryk, die lange vor der großen Flüchtlingswelle unseres Jahrhunderts, wie Klaus Mann in einem Exposé ausführt, »in den Vereinigten Staaten Zuflucht – oder die konstruktive Hilfe des amerikanischen Volkes für ihre politischen Pläne suchten«. Es sind nicht nur Flüchtlinge, die in Amerika vorurteilslos und oft erwartungsvoll aufgenommen werden. Wie ein strahlendes Licht zieht das Land der unbegrenzten Möglichkeiten die Glücksritter und Lebedamen, die Künstler und Komponisten an. Manche müssen daran verbrennen, weil sie der verzehrenden Energie des Kontinents nicht gewachsen sind. Für viele endet die Reise ohne Wiederkehr. Wer dennoch zurückkehrt, ist reich geworden, selten an Gold oder Silber, oft aber an prägenden Eindrücken. In die Enge Europas trägt er die urdemokratische Idee von der Vielfalt der Meinung und der Buntheit uneitler Lebensweisen.

Der Schauplatz der Handlung liegt zu gleichen Teilen in Europa, in Amerika und auf dem Ozean dazwischen. *Distinguished Visitors* ist ein Buch, das Fernweh weckt oder zumindest kartographische Erkundungen anregt; es lebt von den Gegensätzen, die der amerikanische Traum allesamt zu vereinen sucht und die den sensibleren Besuchern, die das weite Land zu Fuß und zu Pferd, im Salonwagen oder im Auto durchqueren, natürlich nicht entgangen sind. Die »rauhe Vitalität und ungezähmte Größe dieses jungen Landes«, die dem europamüden Romantiker Chateaubriand das verlorene Paradies verheißen, lassen den rückwärtsgewandten *décadent* Bang verzweifeln. Er erleidet den Tod im Pullmanwagen; ein Ende wie aus einem seiner Romane. Während die prosperierende Industrie den Wohlstand der Massen garantiert, stirbt die Duse, an der unstillbaren Sehnsucht nach der Theaterluft des 19. Jahrhunderts leidend, im Rauch der Fabrikschlote von Pittsburgh. In allen Kapiteln vibrieren jene Spannungen, aus denen die amerikanische Nation geboren wurde und die der Autor als Wanderer zwischen den Welten verspürt haben muß. Zielsicher gestaltet Klaus Mann eine kleine Episode aus Chamissos sprödem Forschungsbericht über den zehntägigen Aufenthalt in der Bucht von San Francisco zu einem farbigen Genrebild der leidvollen hispanoamerikanischen Vergangenheit. Ganz nebenbei liefert Klaus Mann eine Literatur- sowie eine politische Ideengeschichte des Kontinents, in der es keineswegs an kritischen Einwänden mangelt. Eine deutliche Rüge erfährt die Tyrannei der öffentlichen Meinung. »Amerikas kindischer Enthusiasmus«, ein weiterer Kritikpunkt, lockt nicht nur Exzentriker, die eine Spielwiese suchen, sondern ebenso die Propheten des Okkulten sowie dogmatische Eiferer über den Ozean. Aphoristischer Spott trifft den Konflikt zwischen Kunst und Kom-

Klaus Mann in New York, um 1939

merz: »Europa bringt die Genies hervor, doch Amerika bezahlt sie.« Alle Ismen der Alten Welt, wie Pazifismus, Sozialismus, Idealismus, müssen sich mit dem großen Versprechen des »American way of life« messen lassen und haben sich vor der nüchternen Wirklichkeit Amerikas zu bewähren.

Bis in seine Gegenwart verfolgt Klaus Mann die amerikanische Geschichte, an deren Windungen immer wieder Europäer auftauchen. Die Weltwirtschaftskrise wird ihm, personalisiert durch den schwedischen Schwindlerkönig Ivar Kreuger, zu einem spannenden Lehrstück über politische Moral und *big business* und zum Menetekel für die demokratische Gesellschaft. So heterogen der Personenkreis auf den ersten Blick wirkt, sämtliche Besucher erfahren Amerika und Europa als Schicksalsgemeinschaft, und noch das scheinbar unpolitische Porträt, wie etwa das der Duse, gemahnt an die faschistische Gefahr und erinnert die USA an die Verantwortung für die bedrohte Freiheit.

1939 endete mit dem Erscheinen des *Vulkan* im Amsterdamer Querido-Verlag das Romanschaffen Klaus Manns. Ein letztes Mal wandte er sich an ein deutschsprachiges Publikum. So war *Distinguished Visitors* auch ein künstlerischer Neubeginn und sein Autor »plötzlich ... wieder ein Anfänger« (Tagebucheintrag vom 1. Juli 1940). In Wahrheit setzte er seine Themen fort, wenn auch in kleineren Formen, wie in etlichen zur gleichen Zeit entstandenen Kurzgeschichten. *Distinguished Visitors,* dieser »Zyklus trauriggrotesker Künstler-Novellen« (Tagebuch, 27. September 1939), versammelt denn auch all die kaum mehr geheimen Passionen des Autors: das Leiden an der Vergänglichkeit etwa und das verzweifelte Bekenntnis zur Zukunft. »Er ist immer am besten, wenn er über Außenseiter schreibt.« Was Klaus Mann hier über Herman Bang sagt, gilt für ihn gleichermaßen. Jede der vorgestellten Personen enthält unübersehbare Elemente eines Selbstbildnisses. In einer Umbruchsituation läßt sie der Autor allesamt Revue passieren, die ihn zeitlebens zur positiven oder auch negativen Identifikation herausforderten, und bisweilen verliert er alle Distanz: Die Schauspielerin, die ihre »groteske, abstoßende, unglückliche alte Liebe« nicht überwinden kann, der Komponist, dem sich »Heimweh und Begeisterung für die Neue Welt« zu einem großen Werk verbinden, die französischen Dichter, Chateaubriand und Cocteau, die sich »eigensinnig« ihre amerikanische Wirklichkeit selbst erschaffen und von einer ignoranten Umwelt der Fälschung bezichtigt werden. Weniger schonend geht Klaus Mann mit dem Phantasie-Amerika eines Karl May um. In dem »Lieblingsschriftsteller des Führers« sieht er die verhängnisvollen »Sehnsüchte der Deutschen«, ihren Hang zum Eskapismus verkörpert. Und daß Trotzki in seinem Einsatz für das große Werk seinen Sohn in den Straßen von New York vollkommen aus den Augen verliert, mag Klaus Mann nur zu sehr an die eigenen Lebensumstände erinnert haben.

Fortgesetzt werden auch poetische Verfahrensweisen. Nicht nur daß er, dem Biographismus der Zeit folgend, das Leben berühmter Künstlerkollegen adaptiert; auch deren Werke werden großzügig den eigenen Absichten angepaßt. Klaus Manns künstlerische Phantasie scheut nicht zurück vor gewagten Dialogen und effektvollen Traumsequenzen bis hin zum surrealistischen Gespräch mit dem toten Selbstmörder; wie in einem Film erlebt der erstaunte Leser die Apotheose der göttlichen Sarah Bernhardt, die selbst im Himmel nichts von ihrer Eitelkeit verliert. Sogar Kafkas Amerika-Fragment schreibt er kühn als Pamphlet zu Ende, indem er den Auswanderer Karl Roßmann unter den Emigrantenstrom der dreißiger Jahre mischt, wo er die Einsicht verbreitet, daß es, solange Hitler-Deutschland existiert, »keine Sicherheit, keine Isolation« geben wird. Indem die Erzählung zurückfindet in die aktuelle Politik, schließt sich der Kreis. Die Zivilisation ist unteilbar, lautet die Botschaft des Weltbürgers Klaus Mann. Der Blick in die Vergangenheit beweist, daß die »Kultur, zwar die stärkste und reinste Form nationalen Ausdrucks, als verbindende und nicht als separatistische Kraft wirkt«.

Distinguished Visitors beschreibt viele Wege über den Ozean. Es ist ein Werk über Ferne und Nähe, Unterwegssein und Ankommen, ein politischer Aufruf, ein Buch der Desaster, ein Liebesversuch; es ist eine Soap Opera, lyrisch und tiefgründig, satirisch und unterhaltsam, je nach Erfahrung paradiesisch oder infernalisch wie der Erdteil selbst, den es beschreibt. *Distinguished Visitors* dokumentiert einen tragischen Fall. *Amerika, du hast es besser* dichtete Goethe, ohne das Land je betreten zu haben. Klaus Mann kannte die Neue Welt. Obwohl seine Zuversicht längst schwand, reckte er den Glauben an Amerika wie ein Plakat in die Höhe. Für ihn, der nicht zu taktieren verstand, gab es im Leben keinen anderen Ausweg. Die Ablehnung des Buches durch die amerikanischen Verlage hat Klaus Mann tief getroffen. Während er dem Tagebuch noch anvertraute, wie »unverdrossen ... trotz neuer Enttäuschung« er daran weiterarbeitete, und in einem Brief an Hermann Kesten (14. August 1940) sogar jubelte: »Das Buch ist fertig und kommt mir eher bedeutend vor«, taucht es im Lebensbericht *Der Wendepunkt* überhaupt nicht auf. Der Entschluß, in die US Army einzutreten, den Klaus Mann spätestens Ende 1941 faßte, beweist, daß er kein Besucher mehr sein wollte. *You Can't Go Home Again* sollte der Titel eines Werkes lauten, das Klaus und Erika Mann nach dem Kriege gemeinsam schreiben wollten. So rasch indes läßt sich das Heimatland nicht wechseln. Amerika, das verraten die *Visitors*, muß man sich erst gewinnen.

München, Januar 1992   Heribert Hoven

NAMENREGISTER

A., Baronin 244–250, 253, 256–259, 264 f.
Abbey, Henry 130
Aberg, Haushälterin 268 ff., 272 f., 278, 297
Adams, John Quincy 71
Ahlström, Nils 277
d'Albert, Eugen 181
Alexander der Große 46
Alexander I., Zar von Rußland 96, 105, 108
Alexander II., Zar von Rußland 137, 212
Alexander III., Zar von Rußland 167
Ando, Flavio 315
André, General 47
D'Annunzio, Gabriele 128, 303, 305–314, 316 f., 319, 364
Arguello, Don Luis de 101
Aristoteles 120
Armand, Oberst 45
Arnold, Benedict 23, 30
Aspasia 114
Astor, Johann Jakob 170, 197
Augustinus, der Heilige 304
Aus-der-Ohe, Pianistin 171
Avagadro, Maria 303

Bach, Johann Sebastian 182
Baedeker, Karl 311
Balakirew, Mili Alexejewitsch 160
Bang, Herman 242–265, 363, 368, 371, 271
Bang, Großvater 245 f.
Baranoff 101 f., 105, 108
Barnum, Phileas Taylor 125 ff., 360
Barone, Charles J. 303
Barrett 143
Baudelaire, Charles 334
Baum, Vicki 279
Beauvallet, Léon 122

Beecher, Harriet Elizabeth s. Stowe, Harriet Elizabeth
Beecher, Reverend Dr. 80
Beethoven, Ludwig van 121, 181 f., 232, 304
Beneš, Eduard 234, 238, 362
Bergson, Henri 332
Berlioz, Hector 171
Bernard, Tristan 150
Bernhardt, Maurice 130, 134, 146, 148 f.
Bernhardt, Sarah 114, 121, 128–154, 305, 360, 363, 373, *131*
Besant, Annie 6
Bethune, Reverend 197
Birkerod, Holger 265
Blaine, James G. 168
Boardman, H. A. 202 f.
Boekmann 280
Bloch, Ernst 364
Bomén, Emile 264
Borodin, Alexandr Porfirjewitsch 160
Boselli 289
Bourgoynes, John 13, 17–22, 24–27, 357
Brahms, Johannes 167 f., 173, 182 f.
Briand, Aristide 284
Brodsky, Professor 168
Brown, John C. 288
Bruckner, Anton 183
Bryant, William Cullen 81
Bucharin, Nikolai Iwanowitsch 222
Buren, Martin van 116
Burleigh, Henry T. 182, 185
Burr, C. Chauncy, Reverend 120
Busoni, Ferruccio 181
Butler, Pierce 67 f., 358

Cafliero, Martino 314
Campbell, Reverend 62

Carducci, Giosuè 304
Carlyle, Thomas 358
Carnegie, Andrew 169 f., 173
Carroll 36 f.
Carter 200
Caruso, Enrico 369
Cäsar, Julius 46, 239
Cecilia, Tante von Eleonora Duse 307
Céline, Louis-Ferdinand 220, 242
Chamisso, Adelbert von 90–113, 359, 370, *51*
Channing, Edward Tyrrel 78 f.
Channing, William Ellerly 78
Chaplin, Paulette 334
Chaplin, Charlie 11, 334, 341
Chateaubriand, François René Vicomte de 41–57, 330, 333, 357, 372, *51*
Checci, Tebaldo 314
Chinard, Gilbert 50
Chopin, Frédéric 167
Choris, Ludwig 51, 93–97, 111 f., 359
Clark, Eleanor 6
Claudel, Paul 332
Clay, Henry 70 f., 197
Clemenceau, Benjamin 207
Clemenceau, Georges 195, 207–217, 362, 369, *209*
Clemens, Jeremiah 202
Clemm, Virginia 82
Cleveland, Grover 188
Clinton, General 24, 38 f.
Le Cocq, Philippe 48
Cocteau, Jean 320, 330–336, 364, 372
Coleridge, Samuel Taylor 78
Colombier, Marie 141 f., 145, 149
Columbus, Christoph 41, 320
Comte, Auguste 88, 208
Cooper, James Fenimore 80
Corneille 121 f.
Cornwallis, Charles 37
Corot, Camille 208
Coty 283
Courbet, Gustave 208
Cui, César 160 f.

Damala, Aristide 148
Damrosch, Walter 171, 181

Danfelt, Juhlin 277
Dante 304
Davidow, Alexandra Iljinischna gt. Sascha 157 f., 163
Davidow, Wladimir gt. Bob 157 f., 164, 166, 171 ff, 192, *177*
Delluc, Louis 150
Desirée 303 f., 311
Deterding, Henry 284
Dickens, Charles 170, 211, 338, 340
Dickinson, Emily 11
Dietrich, Marlene 333
Drake, Joseph Rodman 178
Ducasse, Isidore s. Lautréamont, Comte de
Dumas, Alexandre d. Jüngere 132, 142
Durant, Bankdirektor 280
Duse, Eleonora 127, 148, 152 f., 303–319, 363 f., 370, 372, *309*
Duse, Enrichetta 306, 315
Dvořák, Anton 178, 189
Dvořák, Antonín 155, 175–194, 361, *176*
Dvořák, Ottilie 178, 189

Eastman, George 279
Eberth, Ingeborg 278, 282, 293
Edison, Thomas 137 f.
Elssler, Fanny 115 ff., 151, 360
Emerson, Ralph Waldo 11, 80
Engels, Friedrich 197
Eschscholz, Johann Friedrich 93, 97 ff., 106, 359
Eskensen, E. V. 244, 250, 252, 258 f., 264
Eugenie, Kaiserin 151, 207

Farrère, Claude 151, 331
Father Divine 11
Fay, Bernhard 332
Félix, Elise Rachel gt. Rachel 121–124, 129, 152, 360
Ferdinand, Herzog von Braunschweig 28
Fillmore, Millard 200
Fisher, L. S. 182
Flaubert, Gustave 143
Foy, Baronin 16 f.
Franklin, Benjamin 120, 338
Franziskus, der Heilige 106

NAMENREGISTER

Franz-Joseph I., Kaiser von Österreich und König von Ungarn 361
Fraser, Earl v. Balcarres 19, 26 f.
Fréchette, Louis 140
Frederigo, Onkel von Eleonora Duse 307
Freeman, Hauptmann 37
Freiligrath, Ferdinand 196
Frick 170
Friedrich, Prinz von Braunschweig 28
Friedrich Wilhelm II. von Preußen 96

Garbo, Greta 278
Garrigue, Charlotte s. Masaryk, Charlotte
Garrison, William Lloyd 65
Gates, General 22 f., 30 ff.
Gautier, Marguerite 143
Gentz, Friedrich 116
Georg III., König von England 14, 32 f., 35 f., 64
Germaine, George, Lord 33
Gilman, Mr. und Mrs. 73 f.
Gilpin, Bürgermeister 199
Giraudoux, Jean 332
Girodet-Trioson, Anne Louis 51
Goethe, Johann Wolfgang von 6, 232, 236, 279, 373
Goldschmidt 126
Goldwyn, Samuel 329
Gompers 222 f.
Goncourt, Edmond 208
Goncourt, Jules 208
Gould, Jay 170
Grant, Ulysses 214 f.
Greeley, Horace 210 f.
Green, Jerome D. 280
Greenslet, Ferris 367
Grieg, Edvard 168
Grieg, Nina 168
Guitry, Lucien 167
Gurlitt, Ludwig 328
Gustav V., König von Schweden 266, 284, 288

Hansen, Stephan 264
Hanslick, Eduard 180, 183
Harper, Verleger 84
Harrison, William Harry 169, 188

Hauptmann, Gerhart 279
Hawks, F. L. 360
Hawthorne, Nathaniel 81
Haydn, Joseph 116
Hearst, William Randolph 279
Hegel, Georg Wilhelm Friedrich 232
Henie, Sonja 280, 288
Heth, Joyce 125
Hillquit 222
Hindenburg, Paul von 279
Hitler, Adolf 279, 295, 323, 364, 367 f., 373
Hitzig, Julius Edward 98
Hoffmann, E. T. A. 142
Holitscher, Arthur 365
Hoover, Herbert 329
House, Edward Howard 210
Howe, General 33
Howe, Oberst 35, 40
Hugo, Victor 123, 132, 134, 142, 149, 152
Hull, Patrick Purdy 119
Hume, David 236

Ibé 144
Ibsen, Henrik 304, 306, 364
Imlay, Gilbert 50
Irving, Washington 80 f.

Jackson, Andrew 70 f., 73, 87, 203
Jackson, Lidian 80
James, Henry 133
Jarrett, Agent 130, 134, 137, 139 f., 144, 152
Jeanne d'Arc 316
Jefferson, Thomas 36, 64, 72, 77, 92, 94, 203
Jeffrey, Louise 62, 69, 75
Jesus 239, 262
Johnson, Andrew 212 ff.

Kafka, Franz 320, 336–353, 365, 373, *339*
Kant, Immanuel 232
Karl, Kaiser von Österreich 229
Karl I., Herzog von Braunschweig 14, 32, 357
Kemble, Fanny 62, 67 f., 70, 81, 358
Kendall, Amos 70
Kesten, Hermann 373
Khil, Marcel 334, 364

NAMENREGISTER

Kingsland, Bürgermeister 197
Kisch, Egon Erwin 364
Kleopatra 114
Knabe 170 f.
Knopf, Alfred 365
Kollontai, Alexandra 222
Kossuth, Lajos 195–206, 237, 361, 369, *209*
Kossuth, Therese 197
Kotzebue, August Friedrich von 91, 98
Kotzebue, Otto von 90–93, 98–105, 107 ff., 111 f.
Kovařík, Josef J. 178 ff., 186 f.
Kovařík, Vater 186 f.
Krause, Emil 271
Krehbiel, Henry Edward 185
Kreuger, Ivar 266–302, 363, 372, *271*
Kreuger, Torsten 363
Krusenstern, Adam Johann von 90, 111 f.
Kuskoff, Mr. 100 ff., 105, 110

Lafayette, Marie Joseph Marquis de 36, 197, 200, 359
Lafiteau, Pater 42 f.
Landsfeld, Gräfin s. Montez, Lola
Lautréamont, Comte de 327
Lebrun, Pierre Antoine 123
Lena, Kindermädchen 25
Lenin, Wladimir Iljitsch 235
Lie, Jonas 264
Lincoln, Abraham 130, 210
Lincoln, Mary Todd 130
Lind, Jenny 124–128, 152, 360, *131*
Lindbergh, Charles 279
Liszt, Franz 193
Littorin, Krister 277, 280, 288
Livingstone, Gesandter 92
Löwy, Alfred 363
Longfellow, Henry Wadsworth 81
Loos, General 38
Lore, Ludwig 223
Lorne, Marquis de 141
Loti, Pierre 331
Louis Philippe, König von Frankreich 57, 59, 118, 207
Lowell, James Russell 81
Löwenstein, Alfred 279
Ludwig I. von Bayern 117, 119, 360

Ludwig XVI., König von Frankreich 52
Lundy, Benjamin 65
Luther, Hans 275

Madison, James 71 f., 92 f.
Madison, Mrs. 71
Madsen, M. C. 242 f.
Malthus, Thomas 358
Mann, Erika 6, 367 f., 374
Mann, Thomas 365, 368
Marcosson, Isaac F. 280 f.
Marie Antoinette, Königin von Frankreich 50
Mark Twain 11
Marshall, William E. 210
Marteau, Geiger 181
Martineau, Harriet 58–89, 358
Marx, Karl 197, 222
Masaryk, Alice 236
Masaryk, Charlotte geb. Garrigue 236, 362
Masaryk, Jan 236
Masaryk, Tomáš Garrigue 6, 195, 229–241, 362, 369, *231*
Maximilian, Kaiser von Mexiko 212
May, Karl 320, 322–330, 364, 373, *339*
May, Klara 329, 364
Mazzini, Giuseppe 197
McKinley, William 168 f.
Meck, Natascha-Filaretowna 158 f., 171, 361
Melba, Madame 167
Melville, Herman 82
Mendelssohn Bartholdy, Felix 190
Metternich, Clemens August Fürst von 116, 118, 196
Mill, John Stuart 208
Minsky 335
Molière 134
Monroe, Gesandter 92
Monroe, James 60, 63
Montez, Lola ehem. Gräfin Landsfeld 117–121, *131*, 152, 195, 197, 359
Montreal, Bischof von 141
Morand, Paul 333 f.
Morgan, John Pierpont 266, 275, 277, 286 ff.
Mosconi 289

NAMENREGISTER

Mozart, Wolfgang Amadeus 116, 168
Münchmeyer, Heinrich Gotthold 325
Murray 335 f.
Murray, John 81
Mussolini, Benito 275, 310, 364
Mussorgski, Modest 160

Napoleon Bonaparte 46, 49, 92, 96, 134, 138, 208, 310, 358
Napoleon III. 137, 151, 205, 207, 212, 216, 369
Nichols, Thomas 197, 200
Nikisch, Artur 181
Nietzsche, Friedrich Wilhelm 232
Nijinsky, Waslaw 128, 369
Nikolaus I., Zar von Rußland 59, 77, 196, 204 f.
Nikolaus II., Zar von Rußland 229, 235 f.
Norris, Frank 11

Offenbach, Jacques 143
O'Neill, Miss 99
Opffer, Emil 244, 249, 252, 258 f., 264
Orlob, Thorvald 264
Ostrowskij, Alexandr Nikolajewitsch 192
Owen, Robert 61 f., 88, 359

Paderewski, Ignacy Jan 181
Page, Oberst 199
Palmer 141
Patterson, General 37
Pawlowa, Anna 128
Penn, William 45
Perrin 129
Persor, Ann 6
Petrowitsch, Martin 98
Philipps, General 19, 25, 27, 30, 37, 39
Philipps 214
Pilsudski, Józef Klemens 291
Pius IX. 137
Plato 230, 236, 239
Plummer, General 216
Plummer, Marie 215, 362, *209*
Poe, Edgar Allan 11, 82
Pompadour, Madame 114
Prinz von Wales 40, 197
Proudhon, Pierre Joseph 218

Récamier, Julie 57
Racine, Jean 121 f., 134, 150
Rasmussen, O. D. 264
Réjane, Chansonette 257
Rembrandt 269
Renault, Maurice 165 f.
Renault, Mrs. 165
Reszke, Gebrüder 167
Richepin, Jean 149
Riedesel, Caroline von 13, 15, 18, 26 f., 29, 38, 40, 357
Riedesel, Friederike Charlotte Luise von 13–40, 357, 369, *51*
Riedesel, Friederike von 13, 15, 18, 26 f., 29, 38, 40, 357
Riedesel, Friedrich Adolph von 15, 18, 20–26, 28, 33 ff., 37–40, 357
Riedesel, Gustava von 13, 15, 18, 26 f., 38 ff., 357
Rimbaud, Arthur 331
Rimski-Korsakow, Nikolai Andrejewitsch 160, 176
Rinda, Pastor 188
Rivera, Primo de 291
Rochambeau, General 47
Rockefeller, John 170, 277
Rockel, Bediensteter 13 f., 16, 22, 25, 40
Rodin, Auguste 248
Romanzoff, Graf 90, 92 f., 102
Roosevelt, Franklin Delano 368
Rosewater, Verleger 188
Rosine, Tante von Sarah Bernhardt 133
Rossini, Gioacchino 181
Rousseau, Jean-Jacques 42, 44, 57, 357
Rubinstein, Anton 160, 183
Rubinstein, Nikolaus 160

Salvini, Tommaso 145
Sand, Karl Ludwig 112
Sauerwein 283
Scheffer, Dr. 101
Schischmareff, Gleb Simonowitsch 94, 96, 109
Schlüter 223
Schubert, Franz 116
Schuyler, General 30 f.
Scribe, Eugène 122

Seidl, Anton 180 f., 189
Seward, William H. 195, 203
Shakespeare, William 138, 304, 331
Shelley, Mary Wollstonecraft 304
Siegfried, André 332
Siloti, Alexander 191
Simrock, Karl 189, 193
Sjostrom, Erik 277
Smetana, Friedrich 176
Smith, Henry 139 f., 146, 152
Soerensen 280
Sokrates 238
Sola, Paolo Vicente de 100–106, 108 ff.
Sophie, Prinzessin 40
Specht, Oberst 37
Staël, Germaine de 97
Stalin, Josef 222, 362
Stanton 213
St. Clair, General 19
Stefanik, Milan 234, 362
Steiner, Rudolf 6
Stevens, Thaddeus 214
Stinnes, Hugo 274
Stowe, Calvin E. 80
Stowe, Harriet Elizabeth ehem. Beecher 80, 243, 329
Strauß, Johann 161, 176
Streit, Clarence K. 283
Strogonoff, Iwan 109
Summer, Charles 212, 214
Swedenborg, Emanuel 6

Talleyrand, Charles Maurice de 92
Tameiameia, König 101, 111
Tardieu, André 282
Thälmann, Ernst 284
Thomas, Theodore 187
Thoreau, Henry David 11
Thumb, Tom 125, 138
Thurber, Jeanette M. 175, 179, 182, 188, 190
Tischbein 51
Toll, Paul 274, 277, 363
Tolstoi, Leo 233
Trollope, Adolphus 359
Trollope, Anthony 359
Trollope, Frances Milton 60 f., 67 f., 79, 85, 359

Trollope, Thomas 359
Trotzki, Leo 195, 217–229, 235, 279, 362, 369, 373, *231*
Trotzki, Natalia 220, 225
Trotzki, Serjoscha 220, 225–229, *231*
Tryon, Generalgouverneur 37 f.
Tschaikowski, Alexandra Andreiewna 157
Tschaikowski, Modest 158, 166, 171, 192
Tschaikowski, Peter Iljitsch 6, 155–174, 176, 190–193, 361, *177*

Urquart, J. L. 284

Vanderbilts 170
Verlaine, Paul 334
Vernes, Jules 334, 364
Vidor, King 334
Viktor Emanuel, König von Italien 205
Viktoria, Königin von England 141, 197
Violet, Koch 47 f.

Wachtmeister, Erik 278
Wachtmeister, Ingeborg 278
Wagner, Cosima 151
Wagner, Richard 145, 168, 176, 180, 193
Walker, Bürgermeister 279
Washington, George 11, 36, 46, 70, 199, 202 f., 214, 358, 368
Watson Webb, General 197
Watt 70
Webster, Daniel 71, 196 f.
Weston Chapman, Maria 84
Wheeler Wilcox, Ella 11
Whitman, Walt 11, 82, 243, 338
Wilde, Oscar 135, 243, 369
Wilson, Woodrow 151, 222, 229, 236–240
Windsor, Herzogin von 119
Wolter, Charlotte 257
Wordsworth, William 358
Wormskiold, Martin Petrowitsch 93
Wright, Frances 60 f., 359

Young, Brigham 262

Zola, Émile 208
Zorn, Anders 269
Zuckmayer, Carl 364
Zukor, Adolph 149 f.

BILDNACHWEIS

François René Vicomte de Chateaubriand: Porträt von Anne Louis Girodet-Trioson, Musée Versailles

Georges Benjamin Clemenceau: Radio Times Hulton Picture Library

Franz Kafka: Archiv Klaus Wagenbach, Berlin

Klaus Mann: Klaus-Mann-Archiv, München

Karl May: Archiv der Karl May Gesellschaft, Bad Segeberg

Mary Plummer: Musée Clemenceau

Friederike Charlotte von Riedesel: nach einem Gemälde von Tischbein, Privatbesitz

Leo Trotzki: United Press International, New York

Trotz intensiver Recherchen konnte für einige Abbildungen der Verbleib der Urheberrechte nicht geklärt werden. Rechteinhaber werden gebeten, sich ggf. an den Rowohlt Taschenbuch Verlag zu wenden.

Klaus Mann

Klaus Mann, 1906 in München als ältester Sohn von Thomas und Katia Mann geboren, schrieb schon als Schüler Gedichte und Novellen. 1924 ging er als Theaterkritiker nach Berlin und lebte dort als exzentrischer Bohemien, der aus seiner Homosexualität nie einen Hehl machte. Während sein Vater mit pedantischer Disziplin Weltliteratur verfaßte, reiste Klaus Mann ruhelos durch die Welt. 1933 emigrierte er vor den Nazis. Im Exil schrieb er den Roman *Mephisto*, dessen Hauptfigur, der Schauspieler Höfgen, für Klaus Mann zum Symbol eines «durchaus komödiantischen, zutiefst unwahren, unwirklichen Regimes» wurde. Am 21. Mai 1949 starb Klaus Mann in Cannes an einer Überdosis Schlaftabletten.

Alexander *Roman der Utopie*
(rororo 5141)

Flucht in den Norden *Roman*
(rororo 4858)

Der fromme Tanz *Das Abenteuerbuch einer Jugend*
(rororo 5674)

Maskenscherz *Die frühen Erzählungen*
(rororo 12745)

Der siebente Engel *Die Theaterstücke*
(rororo 12594)

Speed *Erzählungen aus dem Exil*
(rororo 12746)

Klaus Mann
Mephisto

Mephisto *Roman einer Karriere*
(rororo 4821)

Symphonie Pathétique *Ein Tschaikowsky-Roman*
(rororo 4844)

Treffpunkt im Unendlichen *Roman*
(rororo 4878)

Der Vulkan *Roman unter Emigranten*
(rororo 4842)

Kind dieser Zeit
(rororo 4996)

Der Wendepunkt *Ein Lebensbericht*
(rororo 5325)

rororo Literatur

Klaus Mann

«Er liebte die ganze Erde, und besonders Paris und New York, und floh vor sich selbst. Er zerrte am dünnen, flatternden Vorhang, der den Tag vom Nichts trennt, und suchte überall den Traum und den Rausch und die Poesie, die drei brüderlichen Illusionen der allzufrüh Ernüchterten. Er war voller nervöser Daseinslust und heimlicher Todesbegier, frühreif und unvollendet, flüchtig und ein ergebener Freund, gescheit und verspielt. Bei all seiner verbindlichen Grazie im Werk und im Leben, ward dieser leise Spötter über philiströse Moralschranken ein lauter Ankläger vor dem eigentlichen Geschäft der Welt, der Regelung des öffentlichen Lebens und der Gesellschaft. Zum Spaß war er ein Spötter, und wenn es ernst wurde, ein Idealist. Er bewies es, als ihn der Umschwung der Zeit aus einem Ästheten zu einem Moralisten machte; er bewies es im Exil.»
Hermann Kesten, 1950

Die neuen Eltern
Herausgegeben von Uwe Naumann und Michael Töteberg. Aufsätze, Reden, Kritiken 1924 - 1933
(rororo 12741)

Zahnärzte und Künstler
Aufsätze, Reden, Kritiken 1933 - 1936
(rororo 12742)

Das Wunder von Madrid
Herausgegeben von Uwe Naumann und Michael Töteberg. Aufsätze, Reden, Kritiken 1936 - 1938
(rororo 12744)

Zweimal Deutschland
Herausgegeben von Uwe Naumann und Michael Töteberg. Aufsätze, Reden, Kritiken 1938 - 1942
(rororo 12743)

Auf verlorenem Posten
Herausgegeben von Uwe Naumann und Michael Töteberg. Aufsätze, Reden, Kritiken 1942 - 1949
(rororo 12751)

Tagebücher (1931 - 1949)
Band 1-6 als Kassette
(rororo 13237)

Erika und Klaus Mann
Rundherum
Abenteuer einer Weltreise
(rororo 4951)

Klaus Mann
dargestellt von
Uwe Naumann
(mono 332)

rororo Literatur